Wilhelm Schlötterer

Macht und Missbrauch

Inhalt

Vorwort 9

KAPITEL 1
Die Karriere eines Ministerialrats

Beamtenschicksal unter F. J. Strauß 11
Der Glorienschein des F. J. Strauß 133
Ministerpräsident Max Streibl und die Amigo-Affäre 182
Ministerpräsident Edmund Stoiber – das »zweite Ich« von F. J. Strauß 204
Erwin Huber und sein Vorbild F. J. Strauß 227
Die Übermacht 237
Persönliche Bilanz 247

KAPITEL 2
Parteifreunde

Justizminister Alfred Sauter und die LWS-Affäre 255
Staatssekretär Erich Riedl 274

KAPITEL 3
Strafverfolger und Ermittler

Staatsanwälte 287
Regierungsdirektor Henner Fischer-Stabauer 302
Steueramtsrätin Ingrid Meier 310
Kriminalhauptkommissar Hans Brendel 315
LKA-Präsident Hermann Ziegenaus 318
Generalstaatsanwalt Hermann Froschauer 321
Ministerialdirektor Wolfgang Held 323
Die Justiz im Allgemeinen 324

KAPITEL 4
Anklagen von dritter Seite

Die Anklagen der Finanzgewerkschaft 335
Die Anklagen des Rechtsanwalts Peter Spörlein 337
Landesbankverluste, Erwin Huber und die Wahrheit 357

KAPITEL 5
Verantwortlichkeit

Das Ausweichen und Abstreiten 361
Die Ausrede »Ressortprinzip« 363
Die Gehilfen 365

KAPITEL 6
Gnade und Gnadenlosigkeit

Gnade 369
Gnadenlosigkeit 373

Kapitel 7
Das Waffenarsenal

Waffen des Ministers und des Beamten 377
Der missbrauchte Schutzschild »CSU« 383
Der Schutzschild »Unwissenheit« 386
Der Schutzschild »Steuergeheimnis« 389
Der Schutzschild »Fehldokumentation« 390
Der Schutzschild »Aktenschwund« 391
Die »Aktionseinheit« 392
Die unscheinbare Waffe »Anschein« 393
Die Beweismanipulation 395
Andere Waffen 396
Gefechtsfeld »Untersuchungsausschuss« 399
Die Hauptwaffe gegen Parteifreunde: Das Dossier 400
Grenzen des Waffeneinsatzes 406

Nachwort 408
Literaturverzeichnis 412

Vorwort

Franz Josef Strauß, Max Streibl, Edmund Stoiber und Erwin Huber sind die Namen von Herren, mit denen ich während meiner fast dreißigjährigen Tätigkeit im bayerischen Finanzministerium bemerkenswerte Erfahrungen gemacht habe. Hinzu kommen noch andere CSU-Größen wie Ludwig Huber, Gerold Tandler und Georg von Waldenfels.

Ich wandte mich deswegen mehrmals an den Landtag. Es gab 1978 den Untersuchungsausschuss »Steuerfälle«, 1994 den Amigo-Untersuchungsausschuss, Landtagsdebatten, staatsanwaltschaftliche Ermittlungen, Strafverfahren, Disziplinarverfahren usw. Die Presse berichtete darüber, die *Süddeutsche*, der *Spiegel* und viele andere Blätter bis hin zur *Bild*-Zeitung.

Freunde haben mich immer wieder gedrängt, darüber ein Buch zu schreiben. Im Herbst 2006, inzwischen pensioniert, fand ich die Zeit dazu und begann mit dem Schreiben, wegen anderer Arbeiten ließ ich aber wieder alles bleiben. Ende 2006 brach dann plötzlich die Affäre um Gabriele Pauli und Edmund Stoiber los. Die »schöne Landrätin«, langjähriges Mitglied des Landesvorstands der CSU, beschwerte sich öffentlich darüber, dass der Ministerialdirigent Michael Höhenberger, einer der engsten Mitarbeiter Stoibers, in einem Telefonanruf bei einem Bekannten ihr Privatleben auszuforschen versucht habe, ob sie Alkoholprobleme habe oder andere Schwierigkeiten. Dazu von einem Journalisten befragt, reagierte Stoiber abrupt: »Sie glauben doch nicht, dass ich mich dazu äußere. Ich befasse mich mit den Zukunftsfragen Bayerns!«

Als ich diese seine Antwort im Rundfunk hörte, war ich empört. Was bildete sich dieser Mann überhaupt ein? Er war verantwortlich für das dienstliche Verhalten seiner Mitarbeiter. Daher hätte er sagen müssen, ob er davon wusste oder nicht. In jedem Fall hätte er zusichern müssen, er werde das überprüfen. Er aber nahm für sich in Anspruch, das gehe ihn nichts an, er als Ministerpräsident schwebe über den Wolken.

Ich wusste, die Realität war anders. Stoiber war keineswegs über alle Niederungen erhaben, keineswegs trieben ihn nur die »Zukunftsfragen Bayerns« um. Er war durchaus beschäftigt mit den aktuellen Einzelfällen und Geschehnissen. So einfach konnte er sich seiner Verantwortung nicht entziehen! Dem galt es entgegenzutreten.

Stark motiviert nahm ich meine Schreibtätigkeit wieder auf. Für mich wollte ich nichts mehr erreichen – was sollte das auch sein? Aber ich wollte den Gutgläubigen die Augen öffnen. Sie sollten nicht mehr aufschauen zu einem Riesendenkmal Strauß, sie sollten Bescheid wissen über Max Streibl, sie sollten keine bitteren Tränen über Stoibers Sturz vergießen und sie sollten Erwin Huber so sehen, wie er sich sonst nicht darstellte. Recht und Ordnung? *Liberalitas Bavariae?* Christliches Sittengesetz? Schöne Vokabeln, vollmundig propagiert. Aber wie sieht die Wirklichkeit aus? Darüber geben meine eigenen Erlebnisse Auskunft, aber auch die Erlebnisse von Staatsanwälten, Beamten, Parteifreunden und anderen. Stellt man die Einzelfälle nebeneinander, erkennt man sofort die gemeinsame typische Grundkonstellation. Und man sieht die Praktiken der Herrschaft.

Das Buch macht nicht Front gegen die CSU. Es befasst sich vielmehr nur mit einer Handvoll von CSU-Spitzenpolitikern. Es ist aus dem Antrieb geschrieben worden, dass sich grundlegende Strukturen in der CSU ändern mögen. Dazu gehört, dass man aufhört, F.J. Strauß als den Felsen darzustellen, auf den die CSU gründet.

1 Die Karriere eines Ministerialrats

Beamtenschicksal unter F. J. Strauß

Berufliche Anfänge

17. Mai 1968. Der Schnellzug von München nach Lindau schlängelte sich in verhaltener Fahrt durch die Allgäuer Hügellandschaft. Ich blickte hinaus auf die blühenden Wiesen, auf denen das braune Herdbuchvieh graste, und auf die schmucken Bauernhäuser, die sich im Morgenlicht sonnten. Eine heitere Atmosphäre. Meine Gedanken waren jedoch woanders, ich war in gespannter Erwartung. Ich war unterwegs, um meinen Dienst als Assessor am Finanzamt Lindau anzutreten, das zweite juristische Staatsexamen lag wenige Wochen hinter mir. War meine Berufswahl glücklich? Was würde das Berufsleben wohl bringen? Die Tätigkeit eines Richters, eines Staatsanwalts und eines Beamten der inneren Verwaltung hatte ich während meiner Referendarzeit ausreichend kennengelernt, von der Verantwortung eines Finanzbeamten des höheren Dienstes hingegen hatte ich keine festen Vorstellungen.

Als ich im Finanzministerium in München wegen meiner Stellung vorgesprochen hatte, hatte ich als Wunsch für den ersten Dienstort das Finanzamt Lindau genannt. Von Lindau aus hatte ich Jahre zuvor als Student mit zwei früheren Klassenkameraden eine Radtour durch die Schweiz und Oberitalien gestartet. Die heitere Erinnerung daran hatte mich auf die Idee kommen lassen, dort das erste halbe Jahr meiner Ausbildung als Finanzassessor abzuleisten.

Der Zug näherte sich dem Ziel, er fuhr auf einmal eine Schleife und unterhalb sah man den Bodensee liegen. Noch einige Kilometer Fahrt, dann befand sich auf beiden Seiten des Zuges plötzlich nur noch hellblau glänzendes Wasser, der Zug schien hinein in den See zu gleiten. Über den Bahndamm, der die Insel mit dem Festland verbindet, lief er ein in den Lindauer Hauptbahnhof. Von dort aus schlenderte ich auf der Uferpromenade, an den weißen Schiffen der Bodenseeflotte entlang, hinüber zur anderen Seite des Hafenbeckens. Dort stand das schönstgelegene Finanzamt Deutschlands mit Blick auf die vom bayerischen Löwen und dem Leuchtturm flankierte Hafeneinfahrt, den See und die sich am gegenüberliegenden Ufer im Dunst abzeichnenden Schweizer und Vorarlberger Alpen. Der Vorsteher des Finanzamts, Günter Goettgens, erwartete mich bereits. Er freute sich sichtlich über mein Kommen. Er eröffnete mir, ich sei der einzige Assessor, der sich je an das Finanzamt Lindau zur Ausbildung beworben habe – ich war stolz auf meine schlaue Idee. Dann erzählte er mir ausführlich von seiner Behörde, von seinen Aufgaben und von denen, die auf mich zukämen. Schließlich sagte er: »Und jetzt muss ich Ihnen noch den Beamteneid abnehmen.«

Wir erhoben uns. Der unvermittelte Übergang vom zwanglosen Gespräch zum feierlichen Akt inmitten der umstehenden Büromöbel nötigte uns beiden ein Lächeln ab. Der Amtsvorsteher sprach mir die Eidesformel vor, ich sprach sie nach, er händigte mir die Ernennungsurkunde aus. Damit war ich Finanzbeamter des Freistaats Bayern, verpflichtet, dem Wohl des Volkes zu dienen. Und dies hatte ich auch tatsächlich vor.

Der erste Eindruck von meiner künftigen Arbeitsstätte war freilich desillusionierend. Der für drei Personen bestimmte Raum war beengend klein, Schreibtische und Stühle waren alt und abgenutzt und aus den offen stehenden Aktenschränken starrten einem schäbige, bräunlich umhüllte Papierbündel entgegen, die Steuerakten. So war es in allen Zimmern. Ich konnte mir gut vorstellen, dass es jeden Sachbearbeiter, der morgens aus seinem gepflegten Zuhause kommend hier eintraf, in diesem spartanischen Ambiente einige Überwindung kosten mochte, sich mit Elan in die Arbeit zu stürzen.

Ich wurde einer sehr tüchtigen und engagierten Oberinspektorin zugeteilt. Unter ihrer Anleitung begann ich, mich in die Praxis des Steuerrechts einzuarbeiten, Steuererklärungen nachzuprüfen und Veranlagungen zu erstellen. Ich sah, wie weit die Einkommen der Leute auseinanderlagen, war aber auch beeindruckt vom harten Zugriff des Staates, der den sehr gut Verdienenden rund die Hälfte ihres Einkommens wieder abnahm.

Dass gerade in diesem Länderdreieck am Bodensee viele ihr Heil in der Steuerflucht über die Grenze suchten, provozierte häufig die Finanzbeamten.

Überhaupt war ich vom Fleiß und der Gewissenhaftigkeit der Beamten überrascht; der Ruf, der Beamten insoweit anhing, war ja ein anderer. Die Finanzbeamten schliefen keineswegs – genau das war ja der Kummer nicht weniger Steuerpflichtiger. Große Achtung nötigte es mir ab, wie Beamte des gehobenen Dienstes, ohne juristisch ausgebildet zu sein, sich mit diffizilen rechtlichen Fragen auseinanderzusetzen hatten.

Bemerkenswert war auch das Engagement der Beamten. Es war ihnen nicht gleichgültig, ob der Staat zu seinem Geld kam oder nicht, frei nach dem Motto: »Es ist ja nicht mein Geld, ich habe ja nichts davon!« Dieses über bloßes Pflichtbewusstsein hinausgehende Sicheinsetzen war, so erkannte ich, für den Dienstherrn Staat wertvolles Kapital, das er nicht verspielen durfte. Darauf zu achten, dass dies nicht geschah durch Enttäuschung des Vertrauens der Beamten oder gar durch Missachtung, hatte Aufgabe der obersten Vorgesetzten zu sein. Wie ich später sehen sollte, gab es von diesen einige, die anders dachten.

Ich erlebte, dass viele Steuerpflichtige gewaltigen Respekt vor dem Finanzamt, ja sogar Angst hatten. Es gab aber auch den umgekehrten Fall, dass das Finanzamt Angst vor bestimmten Steuerpflichtigen hatte. Es handelte sich um solche, die aggressiv waren, gegen jeden Steuerbescheid Einspruch und Klage erhoben, mit allen Mitteln die Beitreibung fälliger Steuern zu vereiteln versuchten oder sich über den Sachbearbeiter bei dessen Vorgesetzten beschwerten.

Im Finanzamt Lindau war damals ein besonders spektakulärer Fall dieser Art anhängig. Der Steuerpflichtige, Bauunternehmer und Schmalspurjurist, ein wahrer Berserker, hatte 20 Jahre lang keine Steuererklärungen abgegeben, seinen Aufenthaltsort verheimlichte er. Schließlich erwischte ihn die Steuerfahndung, das Finanzamt erließ Steuerbescheide und versuchte, diese zu vollstrecken. Der Steuerpflichtige wehrte sich jedoch so heftig, dass das Finanzamt schließlich resignierte. Es unternahm nichts mehr, um die festgesetzten Steuern beizutreiben. Gerade dieser Fall wurde mir, obwohl ich mich mit Händen und Füßen dagegen sträubte, vom Amtsvorsteher übertragen.

Ich kniete mich in die Sache hinein. Es wollte mir nicht einleuchten, warum der Staat hier kapitulieren sollte. Und so begann ich, nachdem ich beim Amtsgericht das Grundbuch eingesehen hatte, in sämtliche Immobilien des Steuerschuldners zu vollstrecken, indem ich Zwangshypotheken eintragen ließ oder Eigentümergrundschulden pfändete. Der Erfolg war frappierend. Vier Tage später wurde die Tür meines Dienstzimmers aufgerissen, der Steuerschuldner, gefolgt von seinem Steuerberater, stürzte auf mich zu und brüllte, puterrot vor Wut: »Sie haben mein Lebenswerk vernichtet!« Dabei hielt er mir den brennenden Stummel seiner Zigarre so nah ans Gesicht, dass ich Angst bekam. Ich stand auf, sagte kein Wort. Der Mann tobte weiter wie ein Verrückter, schließlich aber beruhigte er sich und – welche Überraschung – bot eine Teilzahlung an. Ich aber hatte erkannt: Steuern zu erheben konnte auch gefährlich sein.

Freilich waren, wie ich mir sagen ließ, wirklich unangenehm meist nur diejenigen Steuerpflichtigen, die »oben einstiegen«, nämlich bei der Oberfinanzdirektion oder beim Finanzministerium, und dort versuchten, eine Korrektur zu ihren Gunsten zu erreichen. Der Amtsvorsteher musste dann einen Bericht machen, sich und seine Beamten rechtfertigen, häufig gegen falsche Anschuldigungen.

Was mich überraschte: Gefahr konnte auch von Politikern drohen. Bis dahin hatte ich geglaubt, Politiker, zumal Spitzenpolitiker, würden sich nur mit den Dingen hoch oben befassen. Weit gefehlt. Die Beamten des Finanzamtes erzählten mir folgende Geschichte: Bei der letzten Oberbürgermeisterwahl in Lindau sei der zweite Mann an der Spitze des Finanzamts, der Oberregierungsrat Steurer, gegen den Kandidaten der CSU angetreten und habe überraschend gewonnen. Darüber sei der Staatsminister Franz Heubl, dessen Stimmkreis Lindau war, schrecklich ergrimmt. Er habe dem damaligen Amtsvorsteher schwer verübelt, dass einige Finanzbeamte die Kandidatur Steurers massiv unterstützt hatten. Der Amtsvorsteher war bald darauf versetzt worden, weit weg, an das Finanzamt Berchtesgaden, von wo er jedes Wochenende nach Lindau zu seiner Familie fuhr.

Die Integrität der Beamten des Freistaats war durch das Strafgesetzbuch und die Beamtengesetze sichergestellt. In der Finanzverwaltung gab es darüber hinaus eine besondere Vorschrift, den sogenannten Kugelschreibererlass, über den viel gewitzelt wurde. Danach war es den Steuerbeamten untersagt, irgendwelche Geschenke von Steuerpflichtigen anzunehmen, insbesondere bei Betriebsprüfungen, sofern sie über den Wert eines Kugelschreibers hinausgingen. Soweit ich sehen konnte, wurde der Erlass gewissenhaft befolgt. Über den Vorsteher des Finanzamts Kempten wurde kolportiert, er habe sogar eine ihm bei einer Betriebsprüfung angebotene Tasse Kaffee zurückgewiesen.

So sammelte ich rasch viele Erfahrungen und Eindrücke. Bald war ein gutes halbes Jahr herum, es galt, vom reizenden Lindau im Bodensee und seinem Finanzamt Abschied zu nehmen. Als netteste Erinnerung nahm ich freilich ein Erlebnis mit, das mit dem Finanzamt nichts zu tun hatte. Als das jährlich stattfindende Kinderfest bevorstand, sagte man mir, ich sollte, wenn die Böller auf der nahen Römerschanze krachten, auf die Schwäne im Hafenbecken achten. Es ging los. Die ersten Böllerschüsse erschütterten mit Urgewalt die Luft. Die Schwäne erschraken, schwammen verstört, jeder für sich, kreuz und quer hin und her. Aber dann geschah etwas Verblüffendes. Sie bildeten eine Linie mit einem Leitschwan an der Spitze und ruderten in geschlossener Formation, einer hinter dem anderen, mit stolz erhobenen Köpfchen zwischen dem Leuchtturm und dem bayerischen Löwen hinaus auf den offenen Bodensee. Man mochte vermuten, dass sie alle Nachkommen des Lohengrin-Schwans waren. Richard Wagner und König Ludwig II. hätten ihre wahre Freude an ihnen gehabt.

Meine nächste Ausbildungsstation war die Oberfinanzdirektion München, es war Anfang Januar 1969, als ich dort eintraf. Im gemeinsamen Vorzimmer des Oberfinanzpräsidenten Fritz Rüth und des Finanzpräsidenten Lippert wartete ich darauf, mich vorstellen zu dürfen. Plötzlich entstand eine Turbulenz. Ein rundlicher, graumelierter Herr, von den Vorzimmerdamen als Herr Generalkonsul angesprochen, stürmte herein, ein großes, in Geschenkpapier eingewickeltes Paket unter dem Arm. Er strebte weiter ins Zimmer des Oberfinanzpräsidenten, den er, wie ich durch die geöffnete Tür bemerken konnte, als »lieber Fritz« begrüßte.

Ich war betroffen. Galt der Kugelschreibererlass hier etwa nicht? Galt er etwa nur für die unteren Dienstränge? Nur zu gern hätte ich gewusst, ob der Herr Generalkonsul das Geschenkpaket wieder mitnahm. Als Verpackung für einen mitgebrachten Kugelschreiber war es eindeutig zu groß. Ich tröstete mich mit dem Gedanken, dass es ja auch ein Geschenk eines privaten Bekannten sein konnte. Aber da wurde ich schon ins Zimmer des Finanzpräsidenten gerufen.

Später erfuhr ich freilich, dass der Oberfinanzpräsident eine höchst umstrittene Persönlichkeit war. Ein Finanzamtsvorsteher hatte gegen ihn und den Oberregierungsrat Lothar Müller den schweren Vorwurf erhoben, sie hätten den Wienerwald-Besitzer Friedrich Jahn steuerlich in Millionenhöhe begünstigt und außerdem versucht, ihn vor der Strafverfolgung wegen Steuerhinterziehung zu bewahren. Es war die berüchtigte Wienerwald-Affäre.

Eine weitere Affäre, die dem Oberfinanzpräsidenten Rüth anhing und große Schlagzeilen in der Presse machte, war ein für ihn überaus günstiges Grundstücksgeschäft. Es kam heraus, dass er 1959 die Villa des Naziministers Hans Frank am Schliersee samt 5311 Quadratmeter Land vom Staat erworben hatte. Der Bayerische Oberste Rechnungshof stellte fest, der 20-fache Preis wäre angemessen gewesen. Der Preis war deshalb so niedrig, weil die veräußernde Behörde davon ausging, dass auf dem Grundstück kein Baurecht lag. Rüth hatte jedoch vor dem Kauf vom Landratsamt ein Baurecht erhalten. Als er einige Jahre später in den Ruhestand trat, erhielt er gleichwohl zur allgemeinen Verwunderung das Bundesverdienstkreuz, wenn auch ein Jahr später als üblich. Ministerpräsident Alfons Goppel ersparte sich bei der Verleihung eine Laudatio mit der Begründung, die Verdienste Rüths seien ja »allgemein bekannt«.

Mir aber dämmerte, dass es neben dem strengen Maßstab des Kugelschreiberlasses noch andere, großzügigere Maßstäbe gab – für bestimmte Spitzenleute.

Über mehrere Monate war ich in verschiedenen Referaten der Oberfinanzdirektion tätig, fertigte Entscheidungsentwürfe und Gutachten an. Beeindruckt war ich von den gewaltigen Entscheidungsbefugnissen der leitenden Beamten. Während ein Richter am Amtsgericht nur über sehr geringe Beträge urteilen durfte, ein Richter am Landgericht oder Oberlandesgericht ans Kollegium gebunden war, konnten sie allein über Hunderttausende und Millionen entscheiden. Das Wohlwollen eines leitenden Finanzbeamten konnte daher für bestimmte Steuerpflichtige sehr viel wert sein. Nahm der Beamte von einer Steuerforderung Abstand, sei es mit zutreffender oder falscher Begründung, so war die Sache für den Steuerpflichtigen gelaufen. Zwar war eine gewisse Kontrolle dadurch gewährleistet, dass der Rechnungshof die Sachbehandlung der Steuerfälle an den einzelnen Finanzämtern prüfte, aber er konnte natürlich nicht alle prüfen und oft waren die Steuerfälle schon rechtskräftig abgeschlossen.

Nach einer kurzen Zeit am Finanzgericht München landete ich beim Finanzamt München-Nord. Aber schon einige Wochen später wurde ich ins Bayerische Staatsministerium der Finanzen versetzt, das Angebot ereilte mich, als ich gerade an der Betriebsprüfung einer Filmfirma, die einem gewissen Leo Kirch gehörte, teilnahm. Zunächst hatte ich das Angebot abgelehnt, weil ich gern Vorsteher eines Finanzamtes mit hohem Freizeitwert im schönen Voralpenland geworden wäre. Schließlich ließ ich mich überreden, die steuerfreie Ministerialzulage von damals 125 Mark war für einen jungen Finanzassessor ein erklecklicher Batzen Geld, zumal ich kurz zuvor geheiratet hatte. Meine Frau, die Volkswirtschaft studiert hatte, fand eine Anstellung bei einer großen Wirtschaftsprüfungs- und Steuerberatungsgesellschaft, gerade 100 Meter vom Finanzministerium entfernt. Eine Wohnung fand sich auch. So ließ sich alles recht ordentlich an.

Junge Jahre im Finanzministerium

Im Ministerium wurde ich dem Referat für Entschädigung nationalsozialistischen Unrechts, Rückerstattung und Nachlassvermögen zugeteilt. Mein Chef, der Ministerialrat Heinrich Kaizik, übertrug mir die Bearbeitung der zahlreichen Revisionen, die beim Bundesgerichtshof gegen oberlandesgerichtliche Urteile eingelegt worden waren, der Eingaben an das Ministerium und an den Landtag, von Anfragen und Berichten nachgeordneter Ämter sowie das Entwerfen von Regelungen.

Kaizik wirkte auf den ersten Blick etwas rau, war aber eine Seele von Mensch. Er stammte aus Breslau, dort hatten ihn die Russen nach dem Einmarsch zum Oberfinanzpräsidenten gemacht, er zog es jedoch vor, sich mit seiner Familie in den Westen abzusetzen. Er war nun schon lange im Ministerium, verfügte daher über einen gediegenen Fundus an Anekdoten und Einsichten, die er gern an mich weitergab. Vor allem aber lernte ich, Sachverhalte genauestens zu überprüfen, die geeignetsten Formulierungen zu suchen und die Entscheidungen nach Für und Wider sorgfältig abzuwägen. Bevor ein Entwurf das Haus als Schreiben verließ oder als Vorlage an den Minister gelangte, wurde darin emsig von den jeweils Ranghöheren herumkorrigiert und herumgefummelt, dass es ein Graus war. Es ging das Sprüchlein:

»Sagst du Fuß, dann sag ich Bein.
Sagst du Bein, dann sag ich Fuß,
weil ich korrigieren muss!«

Peinliche Sorgfalt, Gewissenhaftigkeit und Rechtstreue kennzeichneten die Arbeitsweise des Hauses. Sachfremde Entscheidungen gab es, soweit ich das erkennen konnte, nicht. Dafür stand schon der Minister Konrad Pöhner, eine allgemein als integer anerkannte Persönlichkeit. Zwar hatte der Bayerische Oberste Rechnungshof eine umfangreiche Grundstücksaffäre aufgedeckt – es handelte sich um die sogenannte Steigenberger-Affäre, bei der es um den zu billigen Verkauf staatlicher Grundstücke ging –, aber Pöhner hatte sie nicht zu verantworten. Die Schuld traf frühere Minister, gegen die der Landtag deswegen Ministeranklage erhoben hatte (gemäß Artikel 59 der Bayerischen Verfassung). Das war der erste und letzte Fall, dass der Bayerische Landtag Minister in dieser Weise zur Rechenschaft zog.

Dass die Wiedergutmachung nationalsozialistischen Unrechts mein Arbeitsfeld sein sollte, war für mich zunächst ein schwerer Schock. Die tägliche Konfrontation mit der massenhaften Entrechtung und Vernichtung von Menschen bedrückte mich. Bis dahin hatte ich gedacht, dass die Folgen des NS-Regimes längst aufgearbeitet seien. Jung wie ich war, gerade 29 Jahre alt, war ich innerlich auf die Gegenwart ausgerichtet gewesen. Als 15-jähriger Gymnasiast hatte ich 1955 mit einer CVJM-Gruppe das Fort Douaumont bei Verdun mit der Gedenkstätte für die dort im Ersten Weltkrieg Gefallenen besichtigt. Stumpf stand ich damals vor diesem Rätsel des Irrsinns: »Wie konnte dieses massenhafte Töten geschehen?« Jetzt, doppelt so alt, war ich wiederum mit dem Rätsel eines noch fürchterlicheren Irrsinns konfrontiert: »Wie war dieser primitive Horror möglich? Wie konnten Menschen das Morden als Handwerk betreiben?«

Nach einem Jahr Tätigkeit trat eine gewisse Gewöhnung ein. Diese wurde dadurch erleichtert, dass die Sprache der Akten sich naturgemäß auf die rechtlich erheblichen Tatsachen beschränkte.

Das ungeheure Leid der Opfer wurde auf die schlichte Feststellung von Abläufen reduziert, so wenn es etwa von einem jüdischen Arzt hieß: »Er wurde am 29. Mai 1941 von der Gestapo verhaftet und in das KZ Theresienstadt eingeliefert. Über sein weiteres Schicksal ist nichts bekannt.« Die Klappe schloss sich hinter einem Menschenleben.

Für die Toten gab es keine Wiedergutmachung. Aber auch für die Überlebenden war Wiedergutmachung, soweit sie nicht eine Gesundheitsschadensrente oder Berufsschadensrente erhielten, oft nur ein Zeichen guten Willens. Für einen Monat Haft im Konzentrationslager betrug die Entschädigung gerade einmal 150 Mark.

Neben den typischen Fällen gab es bizarre, die im Gedächtnis haften blieben. So der Fall eines jungen Münchners namens Dellefant, der gegen Kriegsende in der Stadt einen ehemaligen Schulkameraden traf, mit diesem ein Bier trinken ging und dabei äußerte, der Krieg sei doch verloren. Der Schulkamerad zeigte ihn deswegen am nächsten Morgen bei der Gestapo an. Dellefant wurde verhaftet, kam vor den Volksgerichtshof, wo der feine Schulkamerad seine Anschuldigung nicht abschwächte, sondern sogar noch bekräftigte. Dellefant wurde daraufhin zum Tode verurteilt. Doch danach hatte er unglaubliches Glück. Seine Hinrichtung verzögerte sich, weil er von einem Lastwagen springen und entfliehen konnte. Zwar wurde er wieder eingefangen, dann aber wurde das Gefängnis bombardiert, er konnte nochmals flüchten. Wieder wurde er verhaftet, schließlich aber wurde er gerade noch rechtzeitig von den Amerikanern befreit. Er erhielt Jahre später eine Entschädigung, der Staat machte den Betrag von 17 000 Mark gegenüber dem einstigen Denunzianten geltend. Dieser war inzwischen Oberstudienrat an einem Gymnasium im Norden Münchens. Er hatte Familie und besaß ein Einfamilienhaus. Aber statt heilfroh zu sein, so billig davonzukommen, beklagte er sich, er könne nicht zahlen, er bat um Stundung und Erlass. Keine Spur von Reue! Die Geschichte Dellefants ging später durch die Münchner Zeitungen.

Ein anderer Fall. Ein etwa 50-jähriger Mann suchte mich in meinem Dienstzimmer auf. Eine ausgemergelte Gestalt. Er bat um eine Entschädigungsrente, schilderte sein Schicksal. Als junger Mann war er arbeitslos, suchte daher einige Monate lang Anschluss bei der SA, ging dann aber nach Spanien, wo er aufseiten der republikanischen Truppen kämpfte. 1937 kehrte er zurück, wurde sofort verhaftet und ins KZ Flossenbürg überstellt. Dort blieb er bis 1945, schwerste Steinbrucharbeiten verrichtend. Nach der Befreiung verdingte er sich bei einem Bombenentschärfungskommando, bis ihm eine Explosion fast sämtliche Finger wegriss. Seine Invaliditätsrente war so winzig, dass er davon nicht leben konnte.

Verzweifelt streckte er mir seine Hände mit den verbliebenen Stummeln entgegen. An Arbeiten war nicht zu denken. Andererseits aber hatte ihm das Landesentschädigungsamt eine Rente versagt, weil er ehrlicherweise selbst angegeben hatte, er sei bei der SA gewesen. Damit war er grundsätzlich von Entschädigungsleistungen ausgeschlossen. Eine von mir veranlasste Überprüfung ergab jedoch, dass er bei der SA gar nicht als Mitglied geführt worden war. Auf diese Weise konnte man dem armen Mann letzten Endes doch noch helfen.

Und dann gab es natürlich, wie immer, wenn es um Geld geht, auch noch den Fall des Schlaumeiers. Eines Tages sprach bei mir ein sehr kleiner, dafür aber ungeheuer korpulenter Mann vor. Er wog wohl mindestens zweieinhalb Zentner. Er beklagte sich, dass das Landesentschädigungsamt seine Ansprüche wegen Gesundheitsschäden abgewiesen habe, obwohl er als rassisch Verfolgter im KZ Mauthausen inhaftiert gewesen sei. Ich fragte ihn: »Sind Sie Jude oder Zigeuner?« Er schaute mich treuherzig an und sagte in österreichischem Dialekt: »Beides, Herr Doktor, beides!« Da musste ich doch lachen. Wie sich herausstellte, war er Zigeuner, sein KZ-Aufenthalt war aber mehr als zweifelhaft. Nachdem er bei mir abgeblitzt war, wandte er sich an meinen Chef. Der aber ließ sich durch seine Sekretärin verleugnen. Daraufhin belagerte er beide Zimmerausgänge so lange, bis der Ministerialrat Kaizik auf die Toilette musste. Freilich erhielt der Mann keine Entschädigung, Not litt er aber auch nicht, er fuhr einen Mercedes und hatte in Daglfing zwei Rennpferde laufen.

Wenn ich nach Dienstschluss auf den wunderschönen Odeonsplatz hinaustrat und an der Feldherrnhalle vorbeiging, dachte ich häufig daran, dass hier 1923 Adolf Hitler geputscht hatte, derjenige, welcher der Ursprung meiner täglichen Arbeit war. Und ich dachte daran, dass 55 Millionen Menschen nicht gestorben wären, wenn man ihm damals ein für alle Mal das Handwerk gelegt hätte.

Immer wieder aber beschäftigte mich auch die Frage, wieso es möglich war, dass all das, was dieser Verbrecher anordnete, widerspruchslos umgesetzt wurde. Sicher, er verfügte über SS, SA und Gestapo, aber auch Minister, Ministerien und andere Behörden wirkten mit. Gab es da keinerlei Widerstand, zumindest in verdeckter Form? Diese Frage hatte mich schon als Jurastudent beschäftigt. Ich las in den blau gebundenen Protokollen des Nürnberger Kriegsverbrecherprozesses nach, eine Antwort fand ich nicht. Aber von einem Professor für Staatsrecht an der Universität Würzburg hörte ich in einer Vorlesung eine gewisse Erklärung: »Frei sind nur die ganz oben und die ganz unten. Erstere, weil sie die Macht haben, Letztere, weil sie zahlreich sind und nichts zu verlieren haben, in der Regel Arbeiter und Studenten. Die dazwischen haben es schwer.«

Dass es die dazwischen schwer haben, setzt natürlich voraus, dass sie überhaupt anders wollen. Und das ist bei Leuten, denen es nur um ihre Karriere geht, nicht der Fall. In der Hierarchie »dazwischen«

zu sein und deshalb der rechtswidrigen Weisung eines Vorgesetzten zu gehorchen, entschuldigt daher in einem solchen Fall nicht.

Eines Tages hörte ich, dass im Finanzministerium ein von Hermann Göring verfasstes Tagebuch verwahrt werde. Ich ließ es mir kommen, gespannt, was der zweite Mann im NS-Staat darin niedergelegt hatte. Ich wurde enttäuscht, es war kein Tagebuch, sondern eher ein Terminkalender, in dem Besprechungstermine vermerkt waren. Überraschenderweise waren jedoch die Termine, wie sich verschiedentlich aus dem Text ergab, erst im Nachhinein eingetragen worden, jedoch ohne Darstellung des Besprechungsergebnisses. Welchen Sinn hatten die Aufzeichnungen dann überhaupt? Es war wohl nur eine Gedächtnisstütze, Göring wollte eventuell nachweisen können, wann er was gemacht hatte, vielleicht sogar für den Fall, dass er einmal in Schwierigkeiten kommen würde.

So grauenhaft der Blick in die Vergangenheit war, umso freundlicher erschien mir die Gegenwart: Man war niemandem mehr ausgeliefert. Keine Gewalt mehr, keine Verfolgung oder sonstiger Machtmissbrauch. Es war vorgesorgt durch parlamentarische Kontrolle, Gerichte, Presse. Jeder Bürger konnte sich kraft des Petitionsrechts an Landtag und Bundestag wenden. Und man hatte ja sehen können, wie Machtmissbrauch geahndet wurde. Selbst ein mächtiger Verteidigungsminister stürzte, als er sich an einem ihm missliebigen Nachrichtenmagazin rächen wollte und anschließend den Bundestag über seine Urheberschaft belog. Allerdings: Inzwischen war er wieder in Amt und Würden. Anscheinend gab es bisweilen Sachzwänge, Verstöße gegen Recht und Gesetz nicht mehr allzu ernst zu nehmen, wenn einige Zeit ins Land gegangen war. Der Delinquent galt dann als geläutert.

Nach den üblichen vier Jahren als Hilfsreferent, inzwischen hatte ich es zum Oberregierungsrat gebracht, war das Ende meiner Tätigkeit im Bereich der Wiedergutmachung gekommen. Da man mit meiner Arbeit zufrieden war, bot man mir wahlweise an, ein attraktives Referat zu übernehmen oder als Vertreter des Finanzministeriums nach Bonn in die Bayerische Landesvertretung zu wechseln. Ich zog die Position in Bonn vor. Sie und die Leitung des Ministerbüros waren die beiden Karrieresprungbretter. Vor allem aber war ich begierig, die Bundespolitik aus der Nähe zu erleben.

Obwohl es sich um eine politische Vertrauensstellung handelte, gehörte ich damals noch nicht der CSU an. Das verlangte man auch nicht von mir, unter der Regierung Goppel war man tolerant. Natürlich lotete der Amtschef der Landesvertretung beim Vorstellungsgespräch aus, ob ich politisch links eingestellt war. Aber das war ich nicht – und das genügte.

Bonner Erfahrungen

Jedes bayerische Ministerium hatte einen Vertreter in der Landesvertretung in Bonn, so wie heute in Berlin. Dies galt entsprechend auch für die Vertretungen der anderen Bundesländer. Es waren meist jüngere Beamte im Rang eines Oberregierungsrates oder Regierungsdirektors. Ihre Aufgabe war vor allem, an ihr Ministerium zu berichten, was in Bonn vor sich ging, umgekehrt in Bonn Aufträge informativer Art auszuführen. Sie nahmen an den Sitzungen der Bundestagsausschüsse und anderer Gremien teil, auch an Sitzungen des Bundesrats und des Bundestags, hielten Kontakt zu den Bundestagsabgeordneten wegen geplanter oder anhängiger Gesetzesvorlagen. Insbesondere aber waren sie in den einschlägigen Arbeitskreisen der CDU/CSU-Fraktion anwesend. Da die CDU/CSU damals, man schrieb das Jahr 1973, in der Opposition war und daher nicht mehr über das erforderliche Spezialwissen der Bundesministerien verfügte, wurden ihre politischen Initiativen maßgeblich von den unionsgeführten Landesregierungen gestützt und mitvertreten. Die Landesvertretungen in Bonn wurden dadurch wichtig.

Im Übrigen hatten die Länder auch in früheren Zeiten Vertretungen in der Hauptstadt. Bei seiner Ernennung zum Beamten, die ihm die deutsche Staatsbürgerschaft verschaffen sollte, war Adolf Hitler auf eine Planstelle der Vertretung des Landes Braunschweig in Berlin gesetzt worden. Ein wahrhaft prominenter »Kollege«. Den Dienst dort trat er allerdings nie an.

Leiter der bayerischen Landesvertretung war seit Jahren Staatsminister Franz Heubl. Er stand im Ruf, persönlich großzügig und politisch nicht engstirnig zu sein. Meine erste nähere Begegnung mit ihm hatte ich wenige Monate, nachdem ich meine Tätigkeit aufgenommen hatte. Unvermittelt fragte er mich bei einer Sitzung aller Referenten: »Was halten Sie von Helmut Schmidt als Finanzminister?« Völlig überrascht über diese verfängliche Frage sagte ich etwas stockend, ich sei von ihm beeindruckt, er stehe nicht links, sondern könnte eigentlich der CDU/CSU angehören. Heubl nickte beifällig und fragte weiter: »Und wen halten Sie für den besseren Redner, Schmidt oder Strauß?« Ich erwiderte, das sei schwer zu sagen, Strauß werfe Bomben, Schmidt fechte mit dem Florett. Dass ich Strauß nicht einfach den Vorzug gab, schien Heubl zu meiner Verwunderung keineswegs zu stören, er nahm es eher befriedigt zur Kenntnis. Was ich damals noch nicht wusste: Sein Verhältnis zu Strauß war schlecht, abgrundtief schlecht, wie mir Finanzminister Ludwig Huber sagte. Warum es so schlecht war, war rätselhaft.

Dies war wohl auch der Grund, warum Strauß nur sehr selten in den Bierkeller der Landesvertretung kam, während die anderen Spitzenpolitiker der CSU wie die früheren Bundesminister Richard Stücklen, Werner Dollinger und Hermann Höcherl dort laufend verkehrten. Der Bierkeller war für viele CSU-Abgeordnete, Besuchergruppen aus Bayern sowie die Referenten des Hauses am Abend eine erquickende Oase, weil es Geselligkeit gab, anregende politische Gespräche, heimatliche Kost und unbeschränkt Freibier.

Strauß lästerte daher des Öfteren, Heubl sei der bestbezahlte Gastwirt Deutschlands. Wohl um diesem Eindruck entgegenzuwirken, verbot Heubl eines Tages dem Küchenpersonal, zur Bewirtung von Besuchergruppen Sauerkraut zu kochen, dessen betörender Duft immer das ganze Haus durchzog. Damit löste er freilich einen allgemeinen Sturm der Entrüstung aus, schließlich war Sauerkraut ein urbayerisches Gericht. Aber es blieb dabei, fortan gab es kein Sauerkraut mehr.

Das berühmt-berüchtigte Dossier über Heubl, das Strauß später verbreiten ließ, schilderte die Amtsführung und das Verhalten Heubls in sehr verzerrter Weise. Der Vorwurf, Heubl sei stinkfaul, war unberechtigt. Natürlich hatte er weit weniger zu tun als ein Minister mit breit gefächerten Ressortaufgaben, aber das lag an der Position und war ihm daher nicht anzulasten. Jedenfalls vertrat er Bayern in Bonn eindrucksvoll. Dass er, wie Strauß behauptete, sich zum Mittagsschlaf in Decken wickeln ließ, war wohl erfunden. Dass Heubl unter Alkoholeinfluss ausfällig wurde, ein weiterer Vorwurf, habe ich nie erlebt, allerdings habe ich von einem solchen Vorfall gehört.

Der Vorwurf alkoholbedingter Ausfälligkeit traf jedoch weit mehr auf Strauß selbst zu. Finanzminister Ludwig Huber erzählte dem damaligen Staatssekretär Karl Hillermeier und mir eine einschlägige Anekdote. Er habe Strauß in dessen Haus am Tegernsee besucht. Dabei habe ihm Strauß, stark unter Dampf stehend, aufgetragen, dem Justizminister Philipp Held auszurichten, er sei ein Arschloch. Am Rande der nächsten Kabinettssitzung, so Huber, habe er Held auf die Seite genommen und ihm gesagt: »Du, der Herr Landesvorsitzende lässt dir was ausrichten.« Held, neugierig: »Ja, was denn?« – »Ja, ich soll dir sagen, du bist ein Arschloch!« Darauf Held: »Ach so ...«

Ein Vorfall im Bierkeller der Landesvertretung wurde wie folgt geschildert: Strauß war mit einer jüngeren Frau und weiteren Begleitern gekommen. Gegen zwei Uhr nachts ordnete der diensthabende Beamte an, dass kein Wein mehr ausgeschenkt werde, weil das Küchenpersonal ja am nächsten Morgen wieder antreten sollte. Einen der Zecher, der trotzdem in der Küche Wein nachholen wollte, beschied er angeblich mit den Worten: »Selbst ein Strauß kriegt jetzt keinen Wein mehr!« Der Betreffende erzählte dies sofort Strauß. Dieser stürzte daraufhin in die Küche und brüllte den Beamten zusammen. Die Angelegenheit erschien Heubl so gravierend, dass er tags darauf einen klärenden Brief an Strauß schrieb. Eine andere Episode: Strauß war nach einem Fernsehauftritt in den Bierkeller gekommen. Man stellte ihm einen Maßkrug voll Bier hin. Er winkte ab: Kein Bier, Sekt bitte! Und dann kippte er zum ungläubigen Erstaunen der Umsitzenden den Maßkrug voll Sekt praktisch in einem Zug in sich hinein.

Der Vorsitzende des Arbeitskreises Finanzen und Steuern der CDU/CSU-Fraktion war Hermann Höcherl. Der frühere Innenminister und Landwirtschaftsminister, eine langjährige politische Größe in Bonn, war von sehr kleiner Statur und unförmig rund, er wurde deshalb auch Kugelblitz oder laufender Meter genannt. Als ich ihm offenbarte, dass ich aus Regensburg, seinem Bundestagswahlkreis, stammte und dass seine Tochter Helga im Gymnasium in derselben Klasse gewesen war wie ich, hatte ich sofort seine Sympathie.

Höcherl war ein eigenständiger Kopf, er verfügte über viel Schläue und Humor. Amüsiert erzählte er, wie bei öffentlichen Veranstaltungen in Regensburg das Begrüßungsritual ablief, als er Bundesinnenminister war. An erster Stelle wurde seine Eminenz der Herr Erzbischof begrüßt, an zweiter Stelle seine Durchlaucht der Fürst von Thurn und Taxis, dann der sehr geehrte Herr Oberbürgermeister und erst an vierter Stelle der Herr Bundesminister des Innern. Höcherl: »Da war nichts zu machen. Das war einfach so.«

Wie ein Rohrspatz aber schimpfte er bei mir über den Vorsteher des Finanzamts Regensburg: »Zuerst verschaff ich ihm diese Position und dann besteuert der mich so! Wo ich doch ein so sparsamer Großvater bin, der jede Mark zweimal umdreht, bevor ich sie ausgeb!« Ich mimte Mitleid, dachte aber insgeheim erfreut, es gibt Finanzbeamte mit Rückgrat. Er kannte jedoch anscheinend auch Wege, wie man die Steuerlast lindern konnte. Ernst Maria Lang, der große Karikaturist und Präsident der Münchner Architektenkammer, erzählt in seinen Erinnerungen unter dem Titel *Das war's. War's das?*, dass Höcherl ihm einmal angeboten habe: »Ich möchte Ihnen eine Freude machen – ich könnte Kapital von Ihnen auf ein Schweizer Konto bringen, wenn Sie wollen.« Er, Lang, habe das Angebot aber mangels Masse ablehnen müssen.

Höcherls Devise war, dass »die lauten Sachen alle nichts taugen«. Er wirkte viel hinter den Kulissen. Er erzählte mir, wie er sich um die Sanierung von Leo Wagner, parlamentarischer Geschäftsführer der CDU/CSU-Fraktion, bemühte, als dieser gewaltige Schulden angehäuft hatte (später wurde Leo Wagner bezichtigt, gegen Geld für die DDR-Staatssicherheit gearbeitet zu haben). Als die Bestellung des SPD-Finanzstaatssekretärs Hans Hermsdorf zum Präsidenten der Landeszentralbank Hamburg unter anderem an der ablehnenden Stimme Bayerns scheiterte, schimpfte Höcherl mir gegenüber lauthals über die »Duodezfürsten« in München, wo doch sein Freund Hermsdorf sein Wort gehabt habe, dass auch die CDU/CSU für ihn stimme.

Das Urteilsvermögen Höcherls war eindrucksvoll. Nach dem Sturz Willi Brandts und der gleichzeitigen Nominierung Helmut Schmidts zum neuen Bundeskanzler warnte er vor lautem Jubel. Er äußerte im Arbeitskreis, es sei fraglich, »ob sich unsere Situation dadurch verbessert hat«. Nach der Sitzung sagte er zu mir über Helmut Schmidt: »Das wird ein Kanzler!«

Um Höcherl rankten sich zahlreiche Anekdoten. Am meisten gelacht wurde über eine Szene, die sich in seinem Büro im Bundeshaus abgespielt hatte. Er und sein Assistent hatten dort ausgiebig gezecht, waren dann erschöpft auf den Teppichboden hinabgesunken und dort eingeschlafen. Als am nächsten Morgen die Putzfrauen kamen und die beiden Gestalten dort liegen sahen, ließen sie sie ruhig weiterschlafen und saugten sorgfältig mit ihren Staubsaugern um sie herum. In größere Gefahr geriet Höcherl freilich, als er im Bierkeller der Landesvertretung zu vorgerückter Stunde einen CSU-Abgeordneten aus dem Bayerischen Wald, der im Beruf Gastwirt war, »Du b'suffne Sau!« nannte. Dieser riss ein Messer aus der Tasche und ging auf ihn los. Wenn sich nicht andere dazwischengeworfen hätten, so der Kollege, der die Szene miterlebt hatte, dann »wäre damals der amtierende Bundeslandwirtschaftsminister erstochen worden«. Der Alkohol kostete Höcherl Jahre später zwar nicht das Leben, aber immerhin den Führerschein, nachdem er in Regensburg durch die enge Gesandtenstraße in Schlangenlinien gefahren war. Zu dieser Zeit war er Vorsitzender des Deutschen Verkehrssicherheitsrats.

Den Arbeitskreis Finanzen und Steuern der CDU/CSU-Fraktion leitete Höcherl indes mit Souveränität. Dies war auch vonnöten. Damals, es waren die Jahre 1973 bis 1975, war eine umfassende Steuerreform im Gange. Sie umfasste das Einkommensteuergesetz, das Erbschaft- und Schenkungsteuergesetz, die Abgabenordnung und das Körperschaftsteuergesetz.

Argumentationsmotor auf Unionsseite war eine Arbeitsgruppe in der Landesvertretung Rheinland-Pfalz unter dem Ministerialdirektor Franz Klein, der schon unter dem Bundesfinanzminister Strauß an einer Steuerreform gearbeitet hatte und zu diesem beste Beziehungen unterhielt. Zu Bayern hatte er eine familiäre Bindung: Er war der Schwiegersohn des früheren bayerischen Kultusministers Professor Theodor Maunz, der zurücktreten hatte müssen, nachdem seine Parolen aus der Nazizeit publik geworden waren.

Die Arbeitsgruppe Klein war sehr engagiert, fast alle Überlegungen zur Steuerreform kamen von ihr. Die anderen unionsregierten Länder lehnten sich bequem zurück. Als ich im Finanzministerium in München dieses Laisser-faire monierte, erlebte ich eine überraschende Reaktion. Bayern legte, zur geringen Freude der CDU, einen eigenen Gesetzesentwurf zur Reform der Einkommensteuer vor. Das Bayerische Finanzministerium fand in der Folge zunehmend Geschmack an eigenen steuerpolitischen Initiativen und setzte sie in den folgenden Jahren fort.

Die Beratung von Steuergesetzen im Finanzausschuss des Bundestags war, soweit es nicht um Elementares ging, nicht immer spannend, zudem anscheinend etwas unter der Würde eines früheren Bundesinnenministers. So empfand es offensichtlich insbesondere unser Arbeitskreisvorsitzender Hermann Höcherl, der die Sitzungen oft zum Zeitunglesen nutzte. Nicht informiert zu sein konnte aber schnell ins Auge gehen. Eines Tages stürmte er in die Sitzung des Arbeitskreises, völlig aufgelöst. Arges war ihm, erzählte er, in der Sitzung des CDU/CSU-Fraktionsvorstandes widerfahren.

Karl Carstens als Fraktionsvorsitzender habe ihn gefragt, was in einem vom Finanzausschuss gerade verabschiedeten Steuergesetz zur Kohleförderung geregelt werde. Er habe Carstens geantwortet, so genau wisse er das nicht. Carstens habe jedoch insistiert: »Aber ungefähr wenigstens?« Er habe wieder gesagt, Einzelheiten kenne er nicht. Carstens schließlich: »Aber Sie müssen doch wenigstens irgendetwas wissen?« In Erinnerung an dieses hochnotpeinliche Verhör stöhnte Höcherl auf: »Und der Carstens bohrt und bohrt – wo ich doch nichts weiß!« Die Mitglieder des Arbeitskreises, Abgeordnete wie Ländervertreter, grinsten in sich hinein. Höcherl aber vergatterte die Fraktionsassistenten, dass sie ihn künftig ja vorwarnten, wenn so etwas auf der Tagesordnung des Fraktionsvorstandes stehe.

Bald darauf sollte jedoch auch ich selbst in eine ähnlich peinliche Situation hineinschlittern. Steuerreformgesetze, Bundeshaushalt, Finanzplanung, Währung, Beamtenrechtsrahmengesetz, Radikalenerlass – all das war so umfangreich, dass ich natürlich nur die Grundzüge wissen konnte. Eines Tages aber erreichte mich ein dringender Anruf aus dem Finanzministerium in München. Wegen anstehender Verhandlungen der Ministerpräsidenten mit dem Bundeskanzler über die Neuverteilung des Umsatzsteueraufkommens werde am nächsten Morgen Ministerpräsident Alfons Goppel in Bonn eintreffen. Leider sei es nicht mehr gelungen, ihn ausreichend über die schwierige Materie zu informieren. Das solle ich übernehmen, man werde mir dazu ein Fernschreiben schicken. Mir wurde ganz schlecht. Ich hatte von diesen verzwickten Detailfragen allenfalls Ahnungen. Und ausgerechnet ich sollte jetzt das fertigbringen, was man in München nicht geschafft hatte! Über Nacht lernte ich das ellenlange Fernschreiben nahezu auswendig. Am nächsten Tag informierte ich den Ministerpräsidenten, wider Erwarten lief alles ganz gut. Nach zwei Stunden jedenfalls behauptete Goppel, er wisse jetzt Bescheid. Er fuhr zur Sitzung der Unionsministerpräsidenten. Eine halbe Stunde später aber kam von dort ein Telefonanruf, ich solle sofort kommen, die Ministerpräsidenten bräuchten dringend einen Fachmann für die Umsatzsteuerneuverteilung. Ich geriet schier in Panik, der in Finanzfragen versierte Ministerpräsident Gerhard Stoltenberg würde mich in Kleinteile zerlegen. Ich sah nur noch schwarz.

Aber es kam alles ganz anders. Auf der Fahrt hörte ich plötzlich aus dem Autoradio eine schreckliche Durchsage. Ein Kommando der RAF hatte die Deutsche Botschaft in Stockholm überfallen und die Botschaftsangehörigen samt Botschafter als Geiseln genommen. Bei den Ministerpräsidenten angekommen, nutzte ich die erste Sprechpause, um die Schreckensnachricht zu verkünden. Die Sitzung wurde sofort abgebrochen. Ich atmete auf: Ich war gerettet. Der saarländische Ministerpräsident Franz-Josef Röder nahm mich aber noch schnell zur Seite. Er fragte mich: »Sagen Sie, Herr Kollege, Umsatzsteuer und Mehrwertsteuer, ist das dasselbe?« Dies konnte ich guten Gewissens bejahen. Als ich Finanzminister Ludwig Huber erzählte, was mich Röder gefragt hatte, lachte er: »Denken Sie sich nichts dabei, er ist von Beruf Oberstudiendirektor!«

Die parlamentarische Behandlung des Reformgesetzes zur Einkommensteuer näherte sich ihrem Ende. Die maßgeblichen Politiker der Union und die Steuerfachleute versammelten sich zu einer abschließenden Sitzung. Strauß kam mit einer Stunde Verspätung. Wer wie ich erwartet hatte, dass er als ehemaliger Bundesfinanzminister und als CSU-Vorsitzender Grundlegendes sagen würde, insbesondere zum Einkommensteuertarif, zu den Kinderfreibeträgen und zu den Sonderausgaben, wurde jedoch enttäuscht. Stattdessen grummelte Strauß nur, es komme in erster Linie darauf an, keine Neidgefühle bei den Leuten hochkommen zu lassen. Ohne jeden sachlichen Zusammenhang erwähnte er, dass der junge Arndt von Bohlen und Halbach bei seiner Abfindung für sein Ausscheiden aus dem Krupp-Konzern »beschissen« worden sei. Niemand sagte etwas zu diesem seltsamen Redebeitrag. Der Ministerpräsident Gerhard Stoltenberg und der Finanzminister Johann Wilhelm Gaddum schauten befremdet drein. Für Finanzminister Ludwig Huber, dem ich berichtete, war der Auftritt von Strauß keine Überraschung. »Ham's gehört, wie der Strauß sich wieder aufg'führt hat?!«, sagte er zu seinem Ministerbüroleiter.

Als nach dem Tod von Strauß gewaltige Zahlen über das von ihm angehäufte Vermögen die Runde machten, ging mir ein Licht auf.

Nun erschien mir recht plausibel, warum ihm der Neid der Ärmeren auf die Reicheren so arg missfiel.

Weil das neue Einkommensteuergesetz der Zustimmung des Bundesrats bedurfte, in dem die Union über die Mehrheit verfügte, kam es schließlich zu einem abendlichen Einigungsgespräch zwischen Kohl und Strauß mit Bundeskanzler Schmidt. Derweil harrten mehrere Bundestagsabgeordnete der Union, Klein mit seinen Mitarbeitern sowie Vertreter der Landesfinanzministerien, darunter ich, in der Landesvertretung Rheinland-Pfalz aus. Gegen zwei Uhr morgens kamen Kohl und Strauß zurück, man hatte sich geeinigt, alle waren erleichtert. Wein wurde ausgeschenkt. Dann gab es eine denkwürdige Szene. Strauß fing an zu erzählen von den früheren Zeiten, von Adenauer. Er erzählte dies und jenes von dem Alten, er redete und redete und redete. Ein endloser Monolog. Kohl, der ihm gegenübersaß, ließ ihn reden, sagte fast nichts, warf nur hin und wieder amüsiert eine Zwischenbemerkung ein. Alle anderen in dem großen Raum lauschten. Jedermann war klar, was da abging. Strauß wollte Kohl vor Augen führen: »Ich bin politisches Urgestein, ich bin der größere von uns beiden. Ich bin derjenige, der Bundeskanzler werden müsste.« Erstaunlich, dass Strauß trotz aller Intelligenz nicht wahrzunehmen schien, wie sehr er sich lächerlich machte.

Aber auch die sachliche Politik konnte eindrucksvoll sein, insbesondere wenn etwas Neues kreiert wurde. Ein Beispiel war die Einführung des Erziehungsgeldes. Heiner Geißler, Sozialminister von Rheinland-Pfalz, war derjenige, der es damals mit großem Engagement propagierte. In einer Besprechung im kleinen Kreis, an der Höcherl, ein CDU-Bundestagsabgeordneter und ich teilnahmen, trug Geißler seine Vorstellungen vor. Höcherl äußerte sich skeptisch. Ich hatte aus München Weisung bekommen, mich »bedeckt zu halten«. Dass das Erziehungsgeld schließlich verwirklicht wurde, ist Geißlers großes Verdienst. Ziel war damals allerdings nicht nur die Unterstützung junger Familien. Dahinter stand vielmehr erklärtermaßen ein zweites Ziel, nämlich die Erwartung, dass die jungen Mütter nach den drei Jahren des Bezugs von Erziehungsgeld nicht mehr ins Berufsleben zurückkehren, sondern sich der Betreuung ihrer Kinder widmen würden – ein heute überholtes Konzept.

Nach zwei Jahren in Bonn wurde ich nach München zurückberufen. Meine Tätigkeit in der Hauptstadt war eine fachliche, zugleich auch eine politische gewesen, aber ohne dass man je etwas von mir verlangt hätte, was ich als Beamter nicht hätte vertreten können. Ich war der Meinung, dass man Politik nicht bloß anderen überlassen sollte. So trat ich 1975 in die CSU ein.

Strauß-Freund Lothar Müller

Ministerialdirektor Franz Klein hatte in Steuersachen das Ohr von F. J. Strauß. Aber es gab noch einen Zweiten, der das andere Ohr von Strauß hatte, den Ministerialdirektor Lothar Müller, Leiter der Steuerabteilung des bayerischen Finanzministeriums. Und das hatte triftige Gründe.

Lothar Müller genoss in der Finanzverwaltung einen Ruf wie Donnerhall, und zwar einen zweifelhaften. In den Jahren 1969/70 war er als Betriebsprüfungsreferent der Oberfinanzdirektion München, wie erwähnt, in die Wienerwald-Affäre verstrickt. Der angesehene Münchner Finanzamtsvorsteher Felix Ettmayr hatte ihn in einem Schreiben an den Finanzstaatssekretär Anton Jaumann beschuldigt, mit Billigung des Oberfinanzpräsidenten Fritz Rüth den Strauß-Gönner Friedrich Jahn, Besitzer der Wienerwald-Kette, steuerlich in Millionenhöhe begünstigt sowie durch Unterdrückung von Urkunden versucht zu haben, ihn vor der Strafverfolgung zu retten. Das Finanzministerium stellte verdächtige Tatsachen fest, stufte das Verhalten Müllers aber letztlich nur als »ungeschickt«

ein, sodass er mit einem blauen Auge davonkam. Andererseits wurde aber auch ein von Müller gegen den Finanzamtsvorsteher angestrengtes Verfahren wegen Verleumdung und übler Nachrede von der Staatsanwaltschaft eingestellt, weil dieser seine Vorwürfe nicht leichtfertig erhoben habe. Damit war viel ausgesagt.

Jeder andere Beamte wäre nach einer solchen Affäre erledigt gewesen, Lothar Müller hingegen machte eine beispiellose Karriere. Gegen den Widerstand des damaligen Steuerabteilungsleiters Gottlieb Merkel wurde er in das Bayerische Finanzministerium versetzt. Dort wurde er in der absoluten Rekordzeit von fünf Jahren viermal befördert. Er stieg vom Oberregierungsrat zum Ministerialdirektor auf, zum Chef der bayerischen Steuerverwaltung. Die schlichte Erklärung für diese Blitzkarriere: Er war der Mann von F. J. Strauß, sein Intimus in Steuersachen, wie der Staatssekretär a. D. Paul Wilhelm später vor dem Amigo-Untersuchungsausschuss aussagen sollte.

Mit Strauß war Müller außerdem verklammert über seinen Busenfreund Franz Dannecker. Dieser war Wienerwald-Justitiar und Strauß' Anwalt in Vermögensangelegenheiten. Außerdem hatte ihn Strauß als Vorstandsmitglied der CSU kooptiert. Dannecker war daher ein mächtiger Mann. Nachdem Strauß Ministerpräsident geworden war, war er weit mächtiger als jeder Minister.

Im Zuge der Steuerreform kam Müller des Öfteren nach Bonn, wo er an verschiedenen Sitzungen der CDU/CSU-Zirkel teilnahm. So wie er dort auftrat, erregte er jedoch häufig Anstoß. Zu einem bösen Eklat kam es, als er Klein in einem Brief an Strauß beschuldigte, eine sozialistische Steuerpolitik zu verfolgen. Klein, der davon erfuhr, war über diesen Versuch, ihn bei Strauß auszustechen, außer sich. Müller musste klein beigeben. »Ein Hundsfott, wer sich nicht entschuldigen kann«, schrieb er an Klein. Der freilich tat fortan jedermann seine Meinung über Müller kund.

Bei seinen Besuchen in Bonn war Lothar Müller mir gegenüber äußerst freundlich, er machte mir laufend Komplimente über meine Arbeit. Gleichwohl war ich unangenehm überrascht, als er mir eines Tages anbot, ein frei werdendes Referat in der Steuerabteilung zu übernehmen. Ich dachte an sein unsensibles Auftreten in Bonn, die üble Anschuldigung gegen Klein, über die alle nur den Kopf schüttelten, und an die anrüchige Wienerwald-Affäre. So lehnte ich das Angebot Müllers ab, und zwar mehrmals.

Müller aber ließ nicht locker. Er setzte bei Finanzminister Ludwig Huber durch, dass ich im August 1975 in die Steuerabteilung versetzt wurde. Das mir übertragene Referat war sehr umfangreich. Es umfasste die Abgabenordnung, Erlass und Stundung von Steuern, Steuerstrafrecht, Steuerfahndung, Außensteuergesetz, Doppelbesteuerungsabkommen und Steuerberatungsrecht samt Aufsicht über die beiden Steuerberaterkammern.

Was ich nicht ahnte, aber rasch merken sollte: Man hatte mich auf die heikelste Schaltstelle im Freistaat Bayern gesetzt. Bei Steuerhinterziehung, Steuerflucht ins Ausland (Schweiz, Liechtenstein), Steuererlass ging es nicht um kleine Lohnsteuerzahler, sondern um die Großen, ja die ganz Großen. Diese hatten häufig beste Beziehungen zu bestimmten Politikern der staatstragenden Partei. Das war es, was die Sache schwierig machte.

Steuerpraxis

Wider Erwarten ließ sich die Zusammenarbeit mit Lothar Müller ausgezeichnet an. Er war überaus freundlich, bisweilen überschlug er sich geradezu vor Liebenswürdigkeit. Fachlich gab es keinerlei Reibungen zwischen uns, er akzeptierte ohne Korrekturen meine jeweiligen Entscheidungen. In seiner Ansprache bei der Weihnachtsfeier der Steuerabteilung lobte er mich ganz besonders. Meine ursprüngliche Skepsis ihm gegenüber schwand, es entstand geradezu ein Vertrauensverhältnis. Zwar sah ich, dass er mich nicht aus uneigennützigen Gründen geholt hatte. Er wollte sich durch steuerpolitische Initiativen profilieren, dabei sollte ich ihm helfen. Aber das war ja nicht illegitim.

Ließ er mir grundsätzlich freie Hand, so galt dies nicht für zwei Steuerfahndungsfälle, die bereits im Finanzministerium anhängig waren, als ich das Referat übernahm. Hier behielt er sich die Entscheidung selbst vor. Zudem war über jeden Schritt dem Minister zu berichten. Der eine Fall betraf Franz Beckenbauer, der andere die ebenfalls sehr prominente Ella Hornstein*.

Dass der Minister sich hier eingeschaltet hatte, wunderte mich sehr. Gut, im Fall Hornstein war ein gewisses eigenes Interesse des Ministers gegeben. Aber bei Beckenbauer? Dass insoweit nichts ohne Zustimmung des Ministers geschehen durfte, war mir unerklärlich. Beckenbauer war zwar ein umjubelter Fußballer, aber das war doch kein Grund, dass sich der Minister persönlich hier einmischte. Große Kopfschmerzen bereitete mir vor allem, dass Beckenbauer und Hornstein eine völlig unvertretbare Vorzugsbehandlung genossen. Normalerweise hätte die Steuerfahndung einen richterlichen Durchsuchungsbeschluss erwirkt und Durchsuchungen vorgenommen sowie das Steuerstrafverfahren eröffnet. Hätten die Durchsuchungen kein Ergebnis gebracht, so hätte man noch zu anderen Ermittlungsmöglichkeiten gegriffen, z.B. zur Einholung von Auskünften im Ausland.

Prominenz allein schützte nicht vor dem Zugriff der Steuerfahndung. Dirigent Karl Böhm, Udo Jürgens und die Brüder Ernst Wilhelm und Gunter Sachs,** sie erfuhren keinerlei Vorzugsbehand-

* Name geändert.

** Diese Namen können hier genannt werden, weil sie als Steuerfahndungsfälle groß durch die Presse gingen.

lung. Beckenbauer und Hornstein hingegen wurden zu Gesprächen gebeten, nicht etwa ins Finanzamt, nein, gleich ins Ministerium. Die Steuerfahndung hatte derweil stillzuhalten. Es war unglaublich. Ich verging schier bei diesen Gesprächen, aber ich konnte nichts dagegen machen.

Eines Tages bestellte mich der Ministerbüroleiter zu sich. Der Minister, hielt er mir vor, beklage sich, dass ihm der Fall Böhm »in konsularischen Kreisen sehr nachhänge«. Was man denn in solchen Fällen machen könne? Ich war irritiert. Was war denn das plötzlich für ein Kriterium? Um welche Art von Konsuln es sich handelte, war mir klar, es waren bestimmt nicht etwa die britischen, französischen und italienischen Generalkonsuln. Ich erwiderte, er möge doch bitte dem Herrn Minister ausrichten, er solle den Herren einfach sagen, dass alle Fälle »nach Recht und Gesetz« behandelt werden müssten. Das war deutlich.

Der pensionierte Leiter des Einkommensteuerreferats, der Ministerialrat Albert Weber, sagte später als Zeuge aus, früher habe man in der Steuerabteilung völlig unbehelligt arbeiten können. Mit dem Amtsantritt von Ludwig Huber aber habe sich das geändert.

Es gab dort überhaupt bisweilen Merkwürdiges. Als eifriger Benutzer der Bibliothek fiel mir auf, dass das mehrbändige Werk *Brehms Tierleben* im Regal stand. Wer um Himmels willen brauchte im Finanzministerium dieses Werk? Bestimmt niemand. Eines Tages maulte ich gegenüber dem für die Bibliothek zuständigen Kollegen, dass man so etwas angeschafft habe, während wichtige Rechtskommentare fehlten. Daraufhin lachte der Kollege laut auf: »Sie haben völlig recht. Aber das war so: Ein Sohn des Ministers musste im Gymnasium ein einschlägiges Referat halten. Daraufhin musste dieses Werk angeschafft werden.« Anzumerken ist, dass Ludwig Huber neben seinem Ministergehalt noch über so viel Einnahmen als Aufsichtsrat in staatlichen Unternehmen verfügte, dass er rund das Doppelte verdiente wie die anderen Minister.

Zurück zu den Fällen: Der Fall Hornstein erledigte sich relativ rasch. Ella Hornstein bestritt törichterweise, die von der Steuerfahndung unterstellten Einnahmen erhalten zu haben. Durch eine über die französischen Finanzbehörden eingeholte Auskunft wurde sie indessen überführt. Ob dann tatsächlich die gesetzlich gebotene Bestrafung wegen Steuerhinterziehung erfolgte, ist mir nicht bekannt. Es erscheint mir eher zweifelhaft, zumal sie von dem Rechtsanwalt Karl-Heinz Aigner vertreten wurde, dem CSU-Schatzmeister von Oberbayern.

Hingegen zog sich der Fall Beckenbauer ewig lange hin. Zu den ihm unterstellten Geldzuflüssen über die Schweiz gab es im Finanzministerium wiederholt Gespräche mit Beckenbauer und seinem Manager Robert Schwan, jedoch ohne Ergebnis. Dabei führte Schwan ins Feld: »Unsere politische Gesinnung kennt man ja!« Von dieser Plumpheit war ich peinlich berührt. Vor allem aber erklärte Schwan drohend, dass »hohe Politiker« in die Sache verstrickt seien. Müller sagte überraschenderweise, er kenne diese Politiker. Zu meinem Befremden aber behielt er die Namen für sich. Erst als ich ihn nach einiger Zeit ausdrücklich darauf ansprach, nannte er Namen.

Inzwischen war ein riesiger Steuerfall in die Schlagzeilen der Presse geraten. Die Brüder Ernst Wilhelm und Gunter Sachs beabsichtigten, einen großen Firmenanteil an Fichtel & Sachs an einen englischen Konzern zu veräußern. Da die Brüder Sachs in der Schweiz ansässig waren, entstand die Frage, ob der deutsche Fiskus den hohen Veräußerungsgewinn besteuern könne. Lothar Müller machte sich hierfür anheischig, sehr zum Ärger von Finanzminister Ludwig Huber gab er der Presse entsprechende Interviews. Er forderte mich mehrmals auf, die Steuerfahndung zu Durchsuchungen loszuschicken. Dies lehnte ich ab, weil er mir nicht sagen konnte, wonach die Steuerfahndung eigentlich suchen sollte, denn der Sachverhalt, um den es ging, stand ja in der Zeitung.

Als aber eine Illustrierte über ein Jagd- und Gästehaus der Brüder Sachs in Oberaudorf berichtete, gab es wegen eines zweiten Wohnsitzes in Deutschland einen Ansatz für Steuerfahndungsmaßnahmen, über die dann groß in der Presse berichtet wurde. In einer von mir geleiteten Sitzung mit etwa 30 Herren der Oberfinanzdirektionen München und Nürnberg sowie der zuständigen Steuerfahndungsstellen erlebte ich indessen eine unliebsame Überraschung. Unverblümt wurde mir entgegengehalten, dass die Steuerfahndung hier massiv zuschlagen solle, in anderen Fällen aber vom Finanzministerium ausgebremst werde. Ein jüngerer Steueramtmann rief schließlich in die Runde: »Wir wissen schon, dass der Beckenbauer und die Hornstein unter der Protektion des Ministers Huber stehen!« Ich fiel vor Schreck fast vom Stuhl.

Es war klar: Ich musste mich auf der Stelle erklären. Dies war der offene Vorwurf der strafrechtlichen Begünstigung durch das Finanzministerium. Es war ein Eklat, der ausufern konnte. Ich sicherte zu, dass alle Fälle ohne Ansehen der Person nach Recht und Gesetz behandelt würden. Dafür würde ich persönlich geradestehen. Diese Versicherung wurde von allen Anwesenden mit Befriedigung zur Kenntnis genommen.

Nach der Sitzung eilte ich zu Müller und informierte ihn von dem schwerwiegenden Vorfall. Ungerührt antwortete er: »Die haben zu tun, was man ihnen sagt!« Ich gab zu bedenken, dass irgendein Beamter alles durch einen anonymen Brief der Presse stecken könnte. Schließlich sei nicht jeder Finanzbeamte in München ein glühender Anhänger der CSU. Aber auch dieser Hinweis vermochte ihn nicht zu beeindrucken.

Über diese Haltung des höchsten Finanzbeamten war ich bestürzt und empört. Man konnte nachgeordnete Beamte, die ihren gesetzmäßigen Dienstpflichten nachkamen, nicht behandeln wie Kutschgäule, die nach Belieben mal gehen, mal stehen müssen, ihnen mal hüh, mal hott zurufen, bloß weil man oben auf dem Kutschbock saß und die Zügel in der Hand hielt. Sie hatten Anspruch auf Achtung ihrer Berufsehre und auf Wahrung der Menschenwürde, sie waren zu keinem Kadavergehorsam verpflichtet.

Mit der Zeit kamen weitere Fälle hinzu, die Müller anders entscheiden wollte, als es die Rechtslage verlangte. Ich argumentierte dagegen, ich widersetzte mich, musste aber erleben, dass ich überrundet wurde. Müller nutzte dazu sogar meinen Urlaub. So hatte der schwerreiche Unternehmer Magnus* eine längerfristige Stundung seiner Steuerschulden beantragt. Er war ein enger Strauß-Freund und auch ein guter Freund des Ministers. Das erfuhr ich rein zufällig, als ich mich einmal im Ministerbüro danach erkundigte, wo der Minister sei. Die Vorzimmerdamen sagten mir, er sei mit Magnus auf dessen Yacht im Mittelmeer unterwegs. Aber das dürfe niemand wissen. Das war verständlich, denn Magnus stand schon einmal im Mittelpunkt eines großen politischen Skandals. Er war in unglaublicher Weise begünstigt worden. Ein Kollege warnte mich: »Wenn Sie da nicht nachgeben, geht's Ihnen schlecht. Der Minister geht mit dem öfter essen.« Weil die Voraussetzungen für eine Stundung fehlten, bestand ich dennoch auf Ablehnung. Müller redete mir vergeblich gut zu, schließlich lenkte er ein. Nach meiner Rückkehr aus dem Urlaub musste ich indes feststellen, dass er inzwischen meine Entscheidung aufgehoben und die Stundung bewilligt hatte.

Auch in einem anderen Fall wurde ich nach dem Urlaub unangenehm überrascht. Der Steuerpflichtige, eine sehr prominente Persönlichkeit, stand im Verdacht der Steuerhinterziehung über die

* Name geändert.

Schweiz. Die Steuerfahndung verhaftete auf dem Flughafen München einen aus der Schweiz kommenden Verbindungsmann und fand bei ihm Unterlagen, die beweiskräftig waren. Müller hatte gegen die Sachbehandlung zunächst überhaupt nichts einzuwenden gehabt. Als ich aber aus dem Urlaub zurückkam, musste ich in den Akten eine scharfe schriftliche Rüge Müllers entdecken. Was war geschehen? Nichts, rein gar nichts, außer dass inzwischen Müllers Busenfreund, der Rechtsanwalt und Strauß-Intimus Dannecker, die Vertretung des Steuerpflichtigen übernommen hatte. Das Gleiche erlebte ich in einem anderen prominenten Fall, nachdem Dannecker das Mandat übertragen bekam. Es hatte sich herumgesprochen, dass und warum er in aussichtslosen Notfällen helfen konnte.

Mich offenbar als Lieblingsjünger Müllers betrachtend, hatte Dannecker anfangs versucht, mich für sich zu vereinnahmen. Er war über alle Maßen freundlich, ja geradezu plump vertraulich. Bei einem Telefongespräch versuchte er, genüsslich schmatzend, mich detailliert in das Vorleben der Ehefrau eines unliebsamen Konkurrenten, des Rechtsanwalts Detlev Wunderlich, einzuweihen. Es ging um eine geschiedene Renate Thyssen, die mir damals völlig unbekannt war. Angewidert hielt ich den Hörer von mir weg – und von da an auch von ihm persönlich Abstand.

Es schälte sich immer mehr heraus, dass alle Fälle, an denen Dannecker und Strauß ein Interesse hatten, gefährlich werden konnten. Und das war stets nicht vorhersehbar. So bestellte mich eines Tages der Ministerbüroleiter zu sich: Nach der Steuerfahndung bei Fichtel & Sachs habe der dortige Vorstandsvorsitzende angekündigt, er gebe eine Parteispende von 50 000 Mark nicht mehr an die CSU, sondern an die CDU. Strauß, so der Ministerbüroleiter, sei deswegen außer sich. Das sei schlimmer, als wenn die Spende an die SPD ginge! Mein Glück: Diese Steuerfahndung hatte Müller selbst mit aller Macht betrieben, weil er sich damit öffentlich profilieren wollte.

Die Fälle, die zwischen mir und Müller kontrovers waren, häuften sich zunehmend. Müller zog hin, ich zog her. Um Müller den Weg zu verlegen, forderte ich oft noch schnell einen Bericht der zuständigen Oberfinanzdirektion an. Müller sah sich blockiert, war wütend.

Andererseits war mir bewusst, dass ich keinesfalls aus Nachgiebigkeit die Rechtslage missachten durfte, bloß um Frieden zu haben. Hätte ich das auch nur in einem einzigen Fall getan, so hätte mir Müller beim nächsten Fall sagen können, warum ich mich denn jetzt zieren würde, wo doch dieser Fall nicht anders gelagert sei als jener. Ich sah voraus, dass noch viele Fälle nachkommen würden und dass dann alles irgendwann in einer Katastrophe, in einem Riesenskandal enden könnte.

Was die einzelnen Fälle charakterisierte, war nicht etwa, dass immer politische Interessen dahinterstanden, dies war nur ausnahmsweise so. In der Regel waren es höchst persönliche, private Interessen bestimmter Spitzenpolitiker. Wenn sich ein CSU-Abgeordneter für eine Firma einsetzte, der es nicht besonders gut ging, fiel die Entscheidung keineswegs anders aus als sonst auch. Sowohl der Minister als auch Müller unterzeichneten solche Ablehnungen anstandslos. Selbst der Wirtschaftsminister Jaumann, der für ein Unternehmen in Schwaben einen Steuererlass erreichen wollte, erhielt von Finanzminister Ludwig Huber abschlägigen Bescheid. In zwei Fällen, in denen sich ein CSU-Bundestagsabgeordneter und ein CSU-Landtagsabgeordneter eingesetzt hatten, leitete ich nach Prüfung sogar ein Strafverfahren gegen den Steuerpflichtigen ein. All das fand die Zustimmung Müllers und des Ministers.

Aber dann gab es eben diese Sonderfälle. Mein Mitarbeiter Helmut Glogger polterte eines Tages los, mit der Faust auf den Tisch hauend: »Also, dass man jetzt schon bei CSU-nahen Unternehmern zwischen diesen und jenen unterscheiden muss!«

Zur Nagelprobe kam es schließlich in einem Fall, bei dem es um den Erlass von Steuern ging. Betroffen waren ein bekanntes Großunternehmen sowie dessen Chefin, Frau Weber*, und ihr Protegé, der eigentliche Steuerschuldner. CSU-Generalsekretär Tandler hatte sich bei meinem Vorgänger für den Erlass eingesetzt. Die Voraussetzungen für einen Erlass lagen jedoch nicht vor. Auch hatte der Bayerische Oberste Rechnungshof den Fall bereits aufgegriffen. Eines Tages ließ mich Müller kommen. Er eröffnete mir, dass er den beantragten Erlass gewähren wolle. Ohne mich dabei anzusehen, sagte er leise: »Ich bin bei Frau Weber im Wort.« Ich hielt ihm entgegen, maßgeblich sei die Rechtslage, darüber könne ich nicht hinwegsehen. Auch die vom Steuerberater des Großunternehmens vorgetragene Begründung, warum Frau Weber für ihren Protegé einen Steuererlass durchsetzen wolle, nämlich: »Auch ältere Damen sind liebesbedürftig«, vermochte ich nicht als rechtlich tragfähiges Argument anzuerkennen.

Das mittlerweile ohnehin recht gespannte Verhältnis zwischen mir und Müller wurde bald darauf aufs Äußerste belastet. Im Fall Beckenbauer musste, nachdem alle Verhandlungen gescheitert waren, endlich eine Entscheidung getroffen werden. Die Steuerfahndung hatte einen Bericht vorgelegt, in dem sie Durchsuchungsmaßnahmen und die Einleitung eines Steuerstrafverfahrens für unausweichlich erklärte. Ich verfasste eine an Müller und den Minister gerichtete Vorlage. Ein geschlagenes Vierteljahr hörte ich davon nichts mehr, dann rief mich Müller eines Tages zu sich. Er eröffnete mir, der Minister habe ihm tags zuvor mitgeteilt, die Vorlage sei rechtlich und sachlich völlig in Ordnung. Dennoch könne er ihr nicht zustimmen, denn er selbst habe Beckenbauer bei der

* Name geändert.

Sache mit der Schweiz geholfen, und zwar zu seiner Zeit als CSU-Fraktionsvorsitzender.

Jetzt war alles klar. Deswegen also hatte der Minister den Daumen auf dem Fall gehalten! Lothar Müller zeigte mir die Vorlage. Weder der Minister noch sein Büroleiter hatten sie abgezeichnet. Müller bemerkte dazu, es sei sogar erwogen worden, die letzte Seite, die meine Zuleitungsverfügung enthielt, auszutauschen, damit man nicht sehen sollte, dass die Vorlage für den Minister bestimmt war.

Ich war entsetzt. Es konnte keinen Zweifel geben, dass Müllers Mitteilung zutraf. Demzufolge hatte Finanzminister Ludwig Huber früher Beihilfe zur Steuerhinterziehung begangen und sich nunmehr außerdem wegen Strafvereitelung und Begünstigung strafbar gemacht, indem er seine Zustimmung zu den rechtlich gebotenen Maßnahmen der Steuerfahndung versagte. Die Situation war verrückt. Der eigene Minister, der Finanzminister!

Müller forderte mich nun auf, eine Weisung an die Oberfinanzdirektion München zu erlassen, wonach die Durchsuchung und die Eröffnung eines Strafverfahrens gegen Beckenbauer zu unterbleiben habe. Es war glasklar, so etwas war strafbar. Ich weigerte mich. Müller zuckte zusammen, er überlegte. Dann beschloss er, die Weisung selbst zu verfassen. Er ließ meinen Mitarbeiter Glogger kommen, fragte ihn nach dem Aktenzeichen des Falles. Sodann diktierte er, dass die Betriebsprüfung den Fall weiter bearbeiten solle, damit entzog er ihn der Steuerfahndung. Todunglücklich verließ ich mit meinem Mitarbeiter Müllers Zimmer.

Draußen aber raunte mir mein Mitarbeiter zu: »Haben Sie bemerkt, dass ich ihm ein Aktenzeichen genannt habe, das es gar nicht gibt, nämlich III und nicht 38, das Aktenzeichen unseres Referats. Damit wollte ich klarstellen, dass er als Leiter der Abteilung III allein verantwortlich ist und wir damit nichts zu tun haben.« Der gewiefte Mitarbeiter hatte Müller eine Falle gestellt, was weder dieser noch ich bemerkt hatten. Und Müller war prompt hineingetappt. Müllers Weisung löste bei der Oberfinanzdirektion München und der Steuerfahndungsstelle München eine Explosion aus. Der zuständige Regierungsdirektor der Oberfinanzdirektion bestürmte mich und hielt mir vor, es werde offen von Schiebung geredet. Aber ich konnte ihm nur sagen, dass ich leider die Weisung Müllers nicht aufheben könne.

Es war mir klar, dass ich eigentlich nun gegen den Minister und gegen Müller ein Strafverfahren hätte einleiten müssen. Aber das war illusionär. Der Minister hätte geleugnet, Müller hätte abgestritten, dass er mir etwas über eine Verstrickung des Ministers erzählt habe – und ich wäre wegen Verleumdung belangt worden.

Zu allem Überfluss kam hinzu, dass bald darauf Finanzminister Ludwig Huber in einem Pressefoto gezeigt wurde, wie er auf einer Geburtstagsparty Beckenbauers fröhlich neben diesem saß, beide die Champagnergläser vor sich auf dem Tisch. Und der Ministerialdirektor Lothar Müller war im Fernsehen auf der Ehrentribüne des FC Bayern zu sehen. Die gegängelten Steuerbeamten unterhalb des Ministeriums, die mir das vorhielten, fühlten sich maßlos provoziert und gedemütigt. Sie hatten den Eindruck, die da oben machen ungeniert, was sie wollen. Sie mussten sich sagen: »Gesetz hin, Gesetz her, wir hier unten haben zu spuren und das Maul zu halten.«

Mir war bewusst, dass es so nicht weitergehen konnte.

Bundesrechnungshof, Wienerwald und F. J. Strauß

In den nächsten Monaten sollten sich die Ereignisse indessen überschlagen.

Zuerst erfolgte der Rauswurf des Bundesrechnungshofs. Der Bundesrechnungshof hatte bei Prüfungen in bayerischen Finanzämtern eine Reihe politisch prekärer Steuerfälle gerügt, in denen Müller entschieden hatte, immer zugunsten der Betroffenen. Müller beschloss daraufhin kurzerhand, dem Bundesrechnungshof das Prüfen in bayerischen Finanzämtern zu verbieten, mit anderen Worten, ihn hinauszuwerfen. Als ich davon hörte, dachte ich, das sei ein Witz oder eine bloße Unmutsäußerung. Aber es war Ernst. In einer Besprechung, bei der auch mein Kollege Kurt Miehler zugegen war, versuchte ich, Müller mit Engelszungen seine Absicht auszureden. Das Vorhaben war eine Wahnsinnstat: Es war ein Riesenskandal zu befürchten – der Bundesrechnungshof ist ein Verfassungsorgan der Bundesrepublik (Artikel 114 des Grundgesetzes), er prüft seit 1949 in allen Bundesländern. Zudem sprachen die Fälle, um die es ging, für sich; die rechtswidrigen Motive für den Rauswurf waren damit für jedermann sichtbar.

Zunächst brachte ich rechtliche Einwände vor, das aber verfing bei Müller nicht. Dann wies ich darauf hin, dass der Bundesrechnungshof zwangsläufig das Bundesfinanzministerium benachrichtigen müsse. Die SPD/FDP-Koalition würde dann daraus sicher eine gewaltige Affäre machen. Müller erklärte, er sei von der Argumentation beeindruckt, er werde deshalb mit F. J. Strauß sprechen. Während wir im Vorzimmer warteten, telefonierte er mit Strauß. Anschließend verkündete er uns, Strauß sei für den Rauswurf. Schwer deprimiert ging ich zurück in mein Dienstzimmer.

Mir war klar, dass die solide Ära Goppel jetzt zu Ende ging und neue Zeiten anbrechen würden. Dass Strauß dem Rauswurf zustimmte, war so verwunderlich nicht, denn der Bundesrechnungshof hatte ihn in seiner Zeit als Verteidigungsminister wiederholt schwer gerügt. Deutlich wurde auch, dass Strauß und Müller bereit waren, selbst schwerste Hindernisse beiseitezuräumen. Rechtliche Skrupel waren nicht erkennbar. Strauß regierte hier bereits über den Kopf des amtierenden Ministerpräsidenten Alfons Goppel hinweg mit.

Lothar Müller überging bei seiner Aktion sogar Finanzminister Ludwig Huber. Jedenfalls behauptete dieser später glaubhaft, er habe von dem Rauswurf des Bundesrechnungshofs nichts gewusst. Freilich, mit dem Wissen um seine Verstrickung in die Steuerhinterziehung Beckenbauers hatte Müller ihn in der Hand. Müller konnte ihn jederzeit auffliegen lassen.

Kurze Zeit danach geriet Müller ganz unerwartet in schwere Bedrängnis. Der Finanzamtsvorsteher Felix Ettmayr, inzwischen pensioniert, erneuerte im November 1976 im Nachrichtenmagazin *Der Spiegel* seine Vorwürfe, Müller habe den Strauß-Freund Friedrich Jahn steuerlich in Millionenhöhe begünstigt und versucht, ihn der Strafverfolgung zu entziehen. Er hatte erkannt, dass ein Ballon umso leichter zu treffen ist, je mehr er an Volumen zunimmt. Lothar Müller war nicht mehr bloß ein Oberregierungsrat, er war jetzt der oberste Steuerbeamte Bayerns. Der Skandal, den der *Spiegel*-Artikel auslöste, war gewaltig, zumal wegen der Verbindungen Jahns und Müllers zu Strauß.

In der Steuerabteilung herrschte heillose Aufregung, Müller rannte mit hochrotem Kopf hin und her, fachliche Stellungnahmen wurden eingeholt. Schließlich wurde eine Dokumentation zusammengestellt, auch ich bekam ein Exemplar. Dann trat Finanzminister Ludwig Huber vor den Landtag und wies die Vorwürfe als unbegründet zurück. Er erzählte den Abgeordneten etwas verwirrend von dem Unterschied zwischen »großkalibrigen« und »kleinkalibrigen« Hendln. Doch Finanzminister Ludwig Huber hatte vor dem Landtag bewusst die Unwahrheit gesagt. Müller beklagte sich bei mir, der Minister habe Strauß gegenüber geäußert, er, Müller, sei seinerzeit »der Steuerfahndung in den Arm gefallen«.

Nur sehr widerstrebend hatte sich der Finanzminister vor Müller gestellt. Aber er wollte auf den Sitz des Landesbankpräsidenten wechseln. Huber wollte sich rechtzeitig in Sicherheit bringen, bevor Strauß nach der nächsten Landtagswahl die Nachfolge von Goppel antreten würde. Ihm war klar, was er andernfalls zu erwarten hatte. In Bonn hatte er mir gegenüber einmal wütend geäußert: »Ich habe schon immer gesagt, Strauß ist der Prototyp des nicht kriminellen Gewalttäters!« Doch der Wechsel zur Landesbank ging nicht ohne die Zustimmung von Strauß. Für diesen war der Wienerwald ein wirtschaftlicher Grundpfeiler, er hatte mit Friedrich Jahn ein gemeinsames Flugzeug, ließ sich von ihm Reisen und andere Vergnügungen bezahlen und war mit ihm auch sonst wirtschaftlich verbunden. Bei Einladungen von Jahn war außerdem bisweilen neben Strauß fast die gesamte Staatsregierung zu Gast.

Kurz darauf erhielt Müllers Karriere einen weiteren Schub – dank Strauß. Die vakante Position des Amtschefs war zu besetzen. Finanzminister Ludwig Huber wollte Müller keinesfalls zum Amtschef machen, sondern den Haushaltsabteilungsleiter Konrad Mayer. Da griff Strauß ein, wie mir Müller selbst erzählte. Müller wurde Amtschef für die Hälfte der Abteilungen, Mayer für die andere Hälfte. Dass Müller, wie Strauß von Huber wusste, der Untreue und Steuerhinterziehung im Fall Wienerwald beschuldigt war, war in den Augen des früheren Bundesfinanzministers kein Beförderungshindernis.

Obwohl Strauß zu dieser Zeit nur Parteivorsitzender war, redete er auch bei anderen Personalentscheidungen mit. Vor jeder Ernennung zum Ministerialdirektor, so hieß es, musste sich der betreffende Kandidat zunächst bei Strauß vorstellen. Der Ministerialdirektor Konrad Mayer bestätigte dies ausdrücklich für seine Person. Was interessierte, dass solche Praktiken gegen die Bayerische Verfassung verstießen? Verfassung war das, was Strauß wollte – nicht immer, aber wenn's drauf ankam.

Sogar das Wort von Marianne Strauß hatte großes Gewicht. Müller erzählte mir im Januar 1977 besorgt, bei einem Opernbesuch im

Nationaltheater habe Strauß' Ehefrau ihn auf mehrere große Steuerfahndungsfälle, die in die Presse gelangt waren, angesprochen und gerügt: »Weiß der Finanzminister überhaupt noch, was in seinem Hause vor sich geht?« Natürlich meinte sie damit nicht ihren Freund Müller, sondern mich.

Müller sagte zu mir: »Man wird Sie jetzt nicht packen wegen dieser Fälle, sondern irgendwann einmal wegen einer anderen Sache!« Sinnend fuhr er fort: »Sie sind der mutigste Beamte, der mir in meiner Laufbahn begegnet ist.« Ich hätte mich geschmeichelt fühlen müssen, stattdessen war ich alarmiert. Der da vor mir saß, schätzte offenbar das Risiko ein, wenn man mich ablösen würde. Ich bluffte: »Ach Gott, ich habe auch meine Beziehungen.« Müller hob den Kopf: »Ja, welche denn?!« – »Darüber möchte ich nicht reden«, gab ich zurück.

Zurück in meinem Dienstzimmer. Ich stellte mich ans Fenster, blickte hinaus auf die Ludwigstraße, grübelte. Es war für mich jetzt brenzlig geworden. Andererseits aber konnte ich deswegen nicht einfach den Betrieb einstellen. Die Fälle waren nun einmal da und sie mussten gelöst werden, und zwar wie sonst auch nach Recht und Gesetz und nicht anders.

Eigentlich konnte mir nichts passieren. Mich aus dem Finanzministerium hinauswerfen, das würde man sich nicht trauen, das wäre zu spektakulär gewesen. Dann schoss es mir durch den Kopf: Doch, man könnte mir schon etwas anhaben! Man könnte mich ablösen und mir ein anderes Referat übertragen.

Seine guten Beziehungen zu F. J. Strauß hatte mir Müller in einer stillen Stunde damit erklärt, dass er diesem schon viel geholfen und ihn vor vielem bewahrt habe. Er befand sich in einer besseren Position als ich.

In der Tat war meine dienstliche Situation mittlerweile erdrückend: Über mir hatte ich den durch die Fälle Wienerwald und Beckenbauer sowie andere Fälle schwer belasteten Ministerialdirektor Müller, der Strauß hinter sich wusste. Darüber stand ein Minister, der sich Müller zufolge im Fall Beckenbauer strafbar gemacht hatte. Und zu allem Überfluss zog jetzt ganz handfestes Ungemach vonseiten Strauß' gegen mich herauf. Wie sollte ich der mir obliegenden Verantwortung gerecht werden? Welcher Referatsleiter war einer solchen Konstellation ausgesetzt? Was in einem solchen Fall zu tun sei, stand nicht in den Lehrbüchern des Beamtenrechts.

Höhepunkt

Inzwischen wurde der Steuerfall Beckenbauer immer brisanter. Die Presse berichtete, Beckenbauer gehe in die USA zu New York Cosmos, er habe bereits seine Villa in Grünwald verkauft. Wer sollte, wenn die Steuern dann nicht mehr einbringlich waren, dafür geradestehen? Finanzminister Ludwig Huber jedenfalls konnte, da er meine Vorlage nicht abgezeichnet hatte, geltend machen, ihn treffe keine Schuld, er habe nie eine derartige Vorlage erhalten.

Auf meine Anregung hin ersuchte die völlig frustrierte Steuerfahndung das Ministerium in einem erneuten Bericht nochmals um Zustimmung zur Eröffnung des Strafverfahrens und zu Durchsuchungen. Ich leitete dem Minister nunmehr eine zweite, eindringlichst formulierte Vorlage zu, ich setzte ihm die Pistole auf die Brust. Dabei erlaubte ich mir einen listigen Kunstgriff. Der nähere Sachverhalt, führte ich aus, ergebe sich aus der ihm früher zugeleiteten Vorlage vom Soundsovielten. Da Müller das Schriftstück abzeichnete, war damit dokumentiert, dass der Minister die erste Vorlage erhalten hatte, aber auch, dass er ihr nicht zugestimmt hatte.

Außerdem schrieb ich, dass eine erfolglose Fahndung, die auf eine Vorwarnung hindeute, die schon bisher von der Oberfinanzdirektion München und der Steuerfahndung gegen das Ministerium erhobenen Vorwürfe verstärken würde. Auch diesen Passus zeichnete Müller zustimmend ab.

Dieses Mal wagte der Minister nicht mehr, ein Veto einzulegen. Er sah, dass es jetzt zum Schwur kam. Er vermerkte, dass Einigungsversuche nicht mehr veranlasst worden seien. Und: Dem Hinweis auf die ihm früher zugeleitete Vorlage widersprach er nicht!

Meine verklausulierte Warnung vor einer Vorwarnung war mutig, aber begründet. Zum einen hatte man mir bereits im Fall Ella Hornstein angetragen, diese vorzuwarnen. Zum anderen musste der Minister befürchten, dass Beckenbauer ihn als Förderer seiner Steuerhinterziehung bloßstellen würde, wenn bei ihm einschlägige Unterlagen beschlagnahmt würden. Tag und Stunde der geplanten Durchsuchungen behielt ich daher für mich.

Die Durchsuchungen fanden Ende Januar 1977 statt. Sie waren ein völliger Fehlschlag. Beckenbauers Manager Robert Schwan sagte rundheraus, er habe aus der Finanzverwaltung eine Vorwarnung erhalten, nur den genauen Zeitpunkt habe er nicht gewusst. Wütend erklärte er, Urheber der Steuersache mit der Schweiz sei ein hoher bayerischer Beamter bzw. ein »hoher bayerischer Politiker«. Und er drohte: »Maßgebliche Politiker haben jetzt die Hosen gestrichen voll!« Er wisse auch, sagte er, dass man schon früher eine Durchsuchung geplant habe, diese sei aber wieder abgeblasen worden. »Das letzte Wort aber hat der Herr Huber!«, rieb er den Fahndungsbeamten hin.

Bestürzt informierte mich die Oberfinanzdirektion München telefonisch über diese Äußerungen. Ich ordnete an, sie zu protokollieren und dann zu berichten. Vorab konfrontierte ich den Minister mit den Äußerungen Schwans, indem ich ihm über Müller zwei Aktenvermerke hierüber zuleitete – wohl wissend, dass Schwan ihn selbst meinte. Ebenso informierte ich den Staatssekretär Albert Meyer.

Müller zeigte sich stockwütend auf den Minister. Er verdächtigte ihn offen der Vorwarnung – ebenso den Ministerbüroleiter – mir gegenüber, aber auch gegenüber dem stellvertretenden Steuerabteilungsleiter Artur Strassl (was dieser später auch bei der Staatsanwaltschaft bestätigte, während Müller bestritt, dass er den Minister verdächtigt hatte). Müller hasste den Minister, weil dieser ihn nicht zum Amtschef des Finanzministeriums machen wollte. Er kündigte mir gegenüber an, er werde Ludwig Huber, sobald der Landesbankpräsident sei, durch die Steuerstrafsachenstelle vernehmen lassen. Dann stehe ihm seine Immunität nicht mehr zur Seite.

Ein paar Tage später aber schrieb er an den Minister, es sei »untunlich und absurd, eine Untersuchung einleiten zu wollen«.

Bald darauf war die bei Beckenbauer erfolgte Steuerfahndung in den Schlagzeilen der Boulevardpresse. Am selben Tag sollte ich eine üble Überraschung erleben. Lothar Müller ließ mich zu sich bitten. Er eröffnete mir in Gegenwart seines beigezogenen Stellvertreters Strassl, ich würde mit sofortiger Wirkung als Leiter meines Referats abgelöst; stattdessen sollte ich das Organisationsreferat übernehmen. Seine Begründung: Zwar sei mir überhaupt nichts vorzuwerfen, aber ich hätte »leider keine Fortüne gehabt«. Drei große Fälle seien in die Presse gelangt, nämlich die Brüder Sachs, Karl Böhm und jetzt Beckenbauer.

Über so viel Dreistigkeit war ich fassungslos. Im Fall Sachs hatte er selbst mit Erklärungen in die Presse gedrängt, noch dazu gegen den Willen des Ministers, der Fall Böhm war während meines Urlaubs am Mittelmeer gelaufen und den Fall Beckenbauer hatte, wie die Steuerfahndung mitteilte, ein als Zeuge geladener Konsul der Presse gesteckt.

Der wahre Grund für meine Abberufung war offensichtlich ein anderer, nämlich meine rechtlich konsequente Haltung im Fall Beckenbauer. Dies hielt ich Müller auch vor. Allerdings hütete ich mich, ihn in Gegenwart von Strassl an die Verstrickung des Ministers in den Fall zu erinnern. Dass er mir dies mitgeteilt hatte, hätte er sicher sofort abgestritten und mich der Verleumdung des Ministers bezichtigt. Nur in verdeckter Form konnte ich es vorbringen: »Aber Herr Müller, Sie wissen doch, welche Besonderheiten der Fall Beckenbauer hatte …« Es war ein perfides Spiel, das mit mir gespielt wurde.

Wie man den Finanzamtsvorsteher Ettmayr durch Einleitung von Straf- und Disziplinarverfahren mundtot gemacht hatte, wusste ich. Wie der Bundesrechnungshof hinausgeworfen wurde, hatte ich erlebt. Wie der Landtag im Fall Wienerwald mit der Unwahrheit bedient worden war, hatte ich ebenfalls gesehen. Dass nunmehr auch ich als Steuerreferent aus dem Weg geräumt werden sollte, weil ich nicht willfährig war, war eine logische Fortsetzung. Dagegen bäumte ich mich auf, empört, dass man vor keinem Rechtsbruch zurückschreckte, um zum Ziel zu kommen.

Ich beschwor Müller, die Ablösung zurückzunehmen, machte ihm klar, dass ich entschieden dagegen angehen würde, vergeblich. Auf die Frage, ob die Sache mit dem Minister abgesprochen sei, antwortete er ausweichend. Ich kündigte ihm an, ich würde mich wehren, verließ aufgewühlt sein Zimmer. Strassl stürzte mir nach: »Begehen Sie keine Unbesonnenheit, um Himmels willen!« Ich schüttelte ihn ab.

Gegenwehr

Unmittelbar nach der Eröffnung Müllers über meine Ablösung eilte ich ins Büro von Ludwig Huber, der Minister war aber gerade in Urlaub gefahren. Ich wandte mich an den Staatssekretär Albert Meyer, erzählte seinem erschreckten Büroleiter Rainer Martin die ganze Geschichte. Ich beschwerte mich heftig über die rechtswidrigen Entscheidungen Müllers in einzelnen Steuerfällen, nannte sie auch ganz konkret, darunter Beckenbauer und Wienerwald. Auch berichtete ich vom Rauswurf des Bundesrechnungshofs. Zugleich bot ich an, diese Dinge auch schriftlich darzulegen. Martin wehrte ab: »Um Gottes willen, ja nichts schriftlich!«

Der Staatssekretär kannte mich gut aus meiner Zeit in Bonn, er war ein freundlicher, jedoch auch ein bekannt ängstlicher Mann. Er empfing mich nicht, aber er stoppte die Ablösung sofort. Weitere Versuche, ihn persönlich zu sprechen, blockte er ab, er hätte gerade keine Zeit. Beim fünften Anlauf erklärte mir Martin: Wenn ich unbedingt darauf bestünde, sei der Staatssekretär bereit, mich zu empfangen. Es würde jedoch ohnehin nichts geschehen, bis der Minister zurück sei. Ich wollte den Staatssekretär nicht in Schwierigkeiten bringen und verzichtete auf das Gespräch.

Was mir besonders wichtig war: Albert Meyer ließ mir durch seinen Büroleiter ausdrücklich versichern, dass er keine Zweifel an der Ordnungsmäßigkeit meiner Amtsführung habe. Offenkundig wusste er, was es mit Müller auf sich hatte, er wusste, dass Strauß hinter ihm stand. Insofern war sein Eingreifen doch wieder mutig.

Müller selbst ließ ich über seinen Stellvertreter mitteilen, ich sei sicher, dass mir der Minister recht gebe. Falls er aber verhindere, dass ich dort vorgelassen werde, hätte ich nur noch die Wahl, mich an den Landtag zu wenden. Zugleich hielt ich ihm vor, dass der Landtag im Fall Wienerwald getäuscht worden sei. Müller war zutiefst verunsichert. In einem betulichen Gespräch am nächsten Tag gab er klein bei. »Ich weiß«, sagte er, »beim Landtag sehen Sie Ihre Chance!« Er bedankte sich bei mir sogar, dass ich ihn in der Vergangenheit vor mancher Unbedachtheit bewahrt hätte. An die Personalabteilung aber schrieb er hinter meinem Rücken, ich hätte bei einer Reihe von Vorgängen – »trotz rechtlich einwandfreier Bearbeitung« – keine besonders glückliche Hand gehabt. Deshalb wolle er mich ablösen.

Obwohl der Ablösungsversuch Müllers und meine schweren Vorwürfe gegen ihn im ganzen Haus einen Riesenwirbel versucht hatten und ich auch beim Ministerbüroleiter vorstellig geworden war und um ein Gespräch mit dem Minister gebeten hatte, unternahm Ludwig Huber, wie ich schon geahnt hatte, nach seiner Rückkehr überhaupt nichts. Er hatte nur noch ein Ziel: rüber zur Landesbank!

Ich sah ihn noch einmal, es war im Landtag. Er drückte mir zum Abschied freundlich die Hand, ohne ein Wort zu sagen. Meine Gegenwehr hatte Erfolg gehabt, ich amtierte weiter.

Hinsichtlich der Vorwarnung kam man freilich nicht umhin, bei der Staatsanwaltschaft Strafanzeige zu erstatten. Ich wies die Oberfinanzdirektion München schriftlich entsprechend an. Wie sich später herausstellte, führte die Oberfinanzdirektion die Weisung jedoch nicht aus, jemand aus dem Ministerium musste hintenherum eine gegenteilige Weisung gegeben haben. Erst ein halbes Jahr später, als es zum großen Krach gekommen war, beeilte sie sich, Strafanzeige zu stellen.

Von seiner schweren Schlappe erholte sich Lothar Müller verblüffend schnell. Seine eigene Sekretärin warnte mich: »Er sinnt auf Revanche! Seien Sie auf der Hut!«

Dass er nicht bekehrt war, sollte ich bald erfahren. Eines Tages ließ er mich zu sich bitten. Er wolle jetzt dem Steuererlassantrag der Großunternehmerin Weber, bei der er angeblich im Wort stand, und ihres Protegés stattgeben. Vorsorglich hatte er den stellvertretenden Abteilungsleiter hinzugezogen. Müller forderte mich auf: »Bitte, unterschreiben Sie!« – »Nein!«, sagte ich. »Ich unterschreibe nicht. Außerdem steht der angeforderte Bericht der Oberfinanzdirektion noch aus. Solange der nicht da ist, unterschreibe ich schon gar nichts.« Er sprang auf, setzte sich wieder. Nochmals: »Unterschreiben Sie!« – »Nein, ich unterschreibe nicht!« Müller, puterrot vor Wut im Gesicht: »Unterschreiben Sie jetzt oder nicht?« So ging es noch ein paarmal hin und her, doch ich unterschrieb nicht. Und so unterschrieb er schließlich allein. Später sollte ihn der Bayerische Oberste Rechnungshof wegen dieses Falles heftig rügen.

Müller hatte ein Problem. Wenn ich eine Entscheidung nicht mitzeichnete, dann war damit indiziert, dass ich ihn auf deren Rechtswidrigkeit hingewiesen hatte. Nachdem er aber wegen seiner Wienerwald-Affäre schwer angeschlagen war, war das für ihn sehr riskant. Wollte er seinen früheren Handlungsspielraum wiedergewinnen, so musste er mich aus meiner Schlüsselposition drängen, koste es, was es wolle.

Dass die Vorarbeiten für meine erneute Ablösung bereits in vollem Gange waren, zeigte sich einige Wochen später. Ich arbeitete an meinem Schreibtisch, als sich unvermittelt die Tür meines Dienstzimmers öffnete. Herein trat die massige Gestalt des Strauß-Intimus Franz Dannecker. Ohne zu grüßen rief er mir von der Tür aus zu: »Ich sage Ihnen, ich bin Mitglied des Landesvorstands der CSU! Ich werde dafür sorgen, dass die Steuerfälle in Zukunft anders behandelt werden!« Sprach's und verschwand. Es war so, als ob Strauß selbst gesprochen hätte. Das war keine leere Drohung, es war die Ankündigung von Sanktionen. Ich fertigte darüber einen Aktenvermerk an.

Dannecker aber verkündete allerorts, dass ich demnächst abgelöst würde. Der Rechtsanwalt Detlev Wunderlich bestätigte mir dies in einem Brief.

Vorab versuchte Lothar Müller, mich in Quarantäne zu nehmen. Der an der Oberfinanzdirektion München für Steuerfahndung und Steuerstrafrecht zuständige Regierungsdirektor jammerte mir am Telefon immer wieder vor, er habe »in seinem Notizbuch« eine ganze Reihe brisanter Steuerfälle, diese dürfe er mir aber nicht nennen. Herr Müller sage so, ich sage so. Er wisse gar nicht mehr, was er tun solle. Ich schärfte ihm ein: Alle diese Fälle sind nach Recht und Gesetz zu behandeln und nach sonst gar nichts. Aber ich sah natürlich, dass das Ende einer geordneten Verwaltung gekommen war.

Wenn man sich dauernd ängstigen müsste, kann einem die Angst auch abhanden kommen. Ein Kollege aus dem hessischen Finanzministerium hatte ein familiäres Problem. Seine Tochter war in die Hände von Scientology gefallen. Er versuchte, mich dazu zu bewegen, gegen Scientology ein Steuerstrafverfahren und eine Steuerfahndung einzuleiten, weil sie zwar als gemeinnützig anerkannt war, aber, wie er von seiner Tochter wusste, ganz andere Zwecke verfolgte. Das Bundeskriminalamt entsandte zwei Beamte, die mich ebenfalls beknieten, diesen schweren Schlag gegen Scientology zu führen. Zugleich wiesen sie mich darauf hin, Scientology sei gefährlich, ich könnte auch in körperliche Gefahr geraten. Dennoch erklärte ich mich bereit, vorbehaltlich einer genauen Prüfung und der Zustimmung meiner Oberen und vorausgesetzt, dass auch Hessen selbst mitmache. Aber es kam nicht so weit, andere Dinge waren schneller.

Hin und wieder bat mich Rainer Martin zu sich. Unter dem Siegel der Verschwiegenheit befragte er mich – wie er sagte, im Auftrag des Staatssekretärs –, was Müller so alles unternehme. Der Staatsekretär sei besorgt. Müller übergehe ihn ständig. Ihm werde außerdem seitens Strauß' und Danneckers zum Vorwurf gemacht, dass er meine Ablösung gestoppt habe. Ich erzählte, was ich wusste, auch dass Müller mir früher gesagt habe, der Staatsekretär dürfe froh sein, »wenn er das nächste Mal noch dabei ist«. Wegen seiner Beziehung zu Strauß war Müller für den Staatsekretär gefährlich. Ich hatte den Eindruck, er wollte mithilfe von Strauß selbst Staatsekretär werden. Jedenfalls verlangte er für seinen Dienstwagen bereits einen Stander, einen feststehenden Wimpel, wie ihn sonst nur Kabinettsmitglieder führten. Die Haushaltsabteilung aber blockte dies ab.

Eines Tages suchte mich mein Mitarbeiter Glogger auf. Ihm vertraute ich besonders, er hatte Müllers Fehlverhalten immer wieder heftig kritisiert und für mich vertrauliche Aufträge ausgeführt. Jetzt aber bat er mich plötzlich, dass ich ihn in die Auseinandersetzung mit Müller nicht hineinziehen möge: »Sie wissen, die Kleinen kommen bei so etwas leicht unter die Räder.«

Ich war enttäuscht, dass mein engster Mitarbeiter mich im Stich ließ. Ohnehin aber hatte ich nicht vorgehabt, in einem kommenden Gefecht auf einen Mitarbeiter oder Kollegen zu setzen. Zum einen war dies zu riskant, zum anderen wollte ich niemanden in seiner Karriere gefährden. Meine einzigen Helfer würden die Akten sein. Darüber machte ich mir keine Illusionen. Deshalb fertigte ich vorsorglich Hunderte von Kopien an – wer konnte wissen, was vielleicht verschwinden würde.

Insoweit spielte mir ein schöner Zufall in die Hände. Zu meiner Überraschung erfuhr ich eines Tages, dass Lothar Müller einem Mitarbeiter von mir die gesamten Wienerwald-Akten, die ich bis dahin noch nie zu sehen bekommen hatte, zur Aufbewahrung übergeben hatte. Nun konnte ich in aller Muße studieren, was seinerzeit gelaufen war.

Zunächst stellte ich anhand der Paginierung fest, dass jemand Schriftstücke entnommen hatte. Insbesondere vermisste ich eine Ausarbeitung von Ludwig Schmidt, dem damaligen Fachvorgesetzten Müllers im Ministerium. Wie mir Jahre zuvor ein Kollege vertraulich erzählt hatte, wurde Müller darin schwer belastet. Aber auch unabhängig davon kam ich zu dem eindeutigen Ergebnis, dass die Vorwürfe des Finanzamtsvorstehers Felix Ettmayr in vollem Umfang zutreffend gewesen waren. Und dennoch hatten Lothar Müller und Oberfinanzpräsident Fritz Rüth Strafanträge gegen ihn gestellt und ein Disziplinarverfahren gegen ihn herbeigeführt.

Meine Erkenntnis, dass Müller und Rüth sich nicht auf ihre Verteidigung beschränkt hatten, sondern die Verfolgung eines Unschuldigen mit dem Ziel einer Verurteilung betrieben hatten, änderte alles grundlegend. War ich bis dahin auf Abwehr eingestellt, so entschloss ich mich nunmehr, Müller auffliegen zu lassen. Dass dieser Mann jetzt oberster Beamter der Steuerverwaltung war, war ein Skandal. Man musste ihm das Handwerk legen. Dies umso mehr, als die Unruhe über die Aktivitäten Müllers in der Steuerverwaltung immer mehr um sich griff. Es wurde nicht mehr lediglich hinter vorgehaltener Hand geredet, sondern offen protestiert.

Für mich war überhaupt nicht vorstellbar, wie es so in der Finanzverwaltung weitergehen sollte, Jahr für Jahr. Müller war erst 51 Jahre alt und damit von der Pensionierung noch weit entfernt. Irgendwann, dessen war ich mir gewiss, musste alles in einem Riesenschlamassel enden – wenn ihm niemand entgegentrat. Da Strauß hinter ihm stand, womit er selbst ständig Propaganda machte, war es aber unwahrscheinlich, dass einer den Aufstand wagte. Wenn doch, dann musste dies ein Insider sein, einer, der breiten Einblick hatte.

Ich fuhr zum Bundesfinanzhof in der Ismaninger Straße und suchte dort Professor Ludwig Schmidt auf. Einige Jahre zuvor war er vom Finanzministerium zum obersten Steuergericht als Richter gewechselt. Er war ein hervorragender Jurist sowie Mitverfasser und Herausgeber des gebräuchlichsten Kommentars zum Einkommensteuergesetz. In der Finanzverwaltung war allgemein bekannt, dass er von Müller eine äußerst schlechte Meinung hatte und daraus kein Hehl machte. Ich befragte ihn zu seiner aus den Wienerwald-Akten verschwundenen Ausarbeitung. Er bestätigte, dass er darin Tatsachen aufgezeigt hatte, die Müller schwer belasteten. Der frühere Steuerabteilungsleiter Merkel und er hätten Müller dazu auch vernommen. Müller habe vor ihnen gesessen, schweißüberströmt, und sich offenbar für verloren gehalten. Man habe ihn aber schließlich davonkommen lassen, weil man sich gesagt habe: »So dumm kann er gar nicht gewesen sein, dass er das alles absichtlich gemacht hat.« Es sei damals der erste einschlägige Fall gewesen, der bekannt geworden sei. Ministerialdirektor Merkel habe aber gegen Ende seiner Dienstzeit Müller sogar gefürchtet.

Schmidt wusste bereits von der schweren Auseinandersetzung, die ich mit Müller gehabt hatte. »So wie der Müller veranlagt ist, konnte das gar nicht anders kommen«, konstatierte er. »Sie und er – das konnte nicht gut gehen.«

Ich teilte ihm mit, dass ich mich entschlossen hätte, gegen Müller vorzugehen. Er sprach mir hierfür seinen ausdrücklichen Respekt aus. Aber er warnte mich: »Solange Strauß ihn nicht fallen lässt, ist so etwas nahezu aussichtslos.«

Um zu zeigen, wie gefährlich mein Unterfangen war, erinnerte er mich an eine Geschichte, die ich schon von anderen kannte. Es war ein Fall, der einen das Fürchten lehren konnte. Ein Amtsrat, der im Finanzministerium auch für die Verwaltung des Hofbräuhauses zuständig war, beschuldigte den Oberfinanzpräsidenten Fritz Rüth, er habe für den Bau des Dachstuhls seines Hauses Holz aus Beständen des Hofbräuhauses verwendet. Die dazu vernommenen Direktoren des Hofbräuhauses bestritten dies. Der Mann kam vor Gericht. Und er wäre wegen falscher Anschuldigung und Verleumdung verurteilt worden, wenn nicht sein Verteidiger erfolgreich auf Unzurechnungsfähigkeit plädiert hätte, weil er im Krieg einen Kopfschuss erlitten hatte. So kam der Amtsrat ohne Bestrafung davon, wurde aber gleichzeitig in den Ruhestand versetzt. Doch ganz unzurechnungsfähig schien er freilich nicht gewesen zu sein. Er hatte wenige Jahre zuvor die Bayerische Rettungsmedaille erhalten, weil er zwei Kinder vor dem Ertrinken gerettet hatte. Der *SZ*-Journalist Michael Stiller erzählte mir später, der vergrämte Mann habe ihm immer wieder Briefe geschrieben.

Nein, so wollte ich nicht enden. Aber ich hatte keine andere Wahl, ich musste das Risiko auf mich nehmen. In der Position, in der ich mich befand, hatte ich Verantwortung, der durfte ich nicht elegant ausweichen. Würde ich es dennoch tun und weiter bequem Karriere machen, würde ich später immer einen schalen Geschmack empfinden. Dessen war ich mir sicher.

Eines Tages beschwerte sich mein Mitarbeiter Glogger bei mir über Müller. Dieser habe ihn, an mir vorbei, beauftragt, ein Gutachten für den Strauß-Freund Hinz* zu erstellen. Dieser hatte offiziell seinen Wohnsitz im Ausland. Glogger schöpfte aber aus den Äußerungen Müllers den Verdacht, dass er von einem heimlichen zweiten Wohnsitz in Deutschland wusste, womit der Strauß-Freund hier steuerpflichtig gewesen wäre. Glogger beklagte empört, dass Müller, anders als bei den Brüdern Sachs, hier nicht die Steuerfahndung losschickte, sondern den Strauß-Freund sogar noch steuerlich beraten wollte.

Was Müller vielleicht pflichtwidrig unterließ, besorgte ich an seiner Stelle. Ich beauftragte streng vertraulich die Steuerfahndung, im Fall Hinz zu ermitteln. Und ich gab ihr einen Tipp: die Akten der Kriminalpolizei München zu einem spektakulären Kriminalfall. Die Erinnerung an einen Auftrag, den mir der damalige Staatssekretär Karl Hillermeier in Bonn gegeben hatte, hatte mich auf diese Idee gebracht. Ich wusste, wenn die Steuerfahndung fündig wurde, würde es eine Explosion geben, Müller wäre dann kaum mehr zu halten.

Aber es sollte anders kommen.

---

* Name geändert.

Der zerbrochne Krug

Ein halbes Jahr nach dem gescheiterten Ablösungsversuch, es war Juli 1977, teilte mir Rainer Martin unter dem Siegel der Verschwiegenheit mit, auf Vorschlag Müllers werde der neue Finanzminister Max Streibl demnächst verschiedene Umsetzungen vornehmen. Davon sei auch ich betroffen. Ich sah: Jetzt wurde es ernst. Daraufhin bat ich den stellvertretenden Ministerbüroleiter Birkl, meine Vorwürfe gegen Müller vorbringend, um ein Gespräch mit dem Minister. Dieser war jedoch gerade in Spanien in Urlaub. Birkl verständigte ihn telefonisch. Die Reaktion Streibls war umwerfend: Er ordnete an, dass ich sofort zu den von mir erhobenen Vorwürfen vernommen würde – und zwar durch Müller selbst! Durch den Beschuldigten! Streibl war Jurist, es war nicht zu fassen.

Am Gymnasium hatte ich einmal bei einer Aufführung des *Zerbrochnen Krugs* von Heinrich von Kleist mitgespielt. Ich war damals der Gerichtsrat Walter, der zum Dorfrichter Adam auf Revision kommt und dort einer Verhandlung beiwohnt, in der sich der Dorfrichter eigentlich selbst bezichtigen müsste, weil er der Täter war. Stattdessen traktiert er umso übler den von der geschädigten Bäuerin für den Täter gehaltenen jungen Bauern Ruprecht. In einer denkwürdigen Neuinszenierung am 11. August 1977 im bayerischen Finanzministerium war mir eine ähnliche Rolle wie die des Ruprecht zugedacht. Die Vernehmung fand in Müllers großem Dienstzimmer statt. Ich hatte auf einem in der Mitte aufgestellten Stuhl Platz zu nehmen. Links von mir saß der stellvertretende Steuerabteilungsleiter Strassl, rechts an der Wand saßen der amtierende Ministerbüroleiter Birkl und der stellvertretende Personalabteilungsleiter. Hinter mir hatte man einen Schreibtisch aufgestellt, an dem Müllers Sekretärin mit der Schreibmaschine saß.

Die Vernehmung geriet naturgemäß zu einer Komödie. Es begann schon beim ersten Vorwurf. Ich hielt Müller vor, er habe mir erklärt, er werde den Finanzpräsidenten und den Oberfinanzpräsidenten zu sich bitten, »um ihnen zu zeigen, wie man die Fälle im Verhandlungswege tot mache. Die Herren wollten sich bloß die Hände nicht schmutzig machen.« Das nahm er zu Protokoll, fügte aber hinzu, dass er das bestreite. Weiter hielt ich ihm vor, er habe mir angekündigt, er werde die gesamte Hierarchie der Steuerfahndung auswechseln, angefangen von den Leitern der Steuerfahndungsstellen über die zuständigen Referenten der Oberfinanzdirektionen bis oben hinauf. Da die Personalabteilung insoweit schon beauftragt war, war er gezwungen, dies zuzugeben und auch zu protokollieren. Bei den weiteren Vorwürfen aber fing er immer wieder an zu brüllen, er weigere sich, das Vorgebrachte zu protokollieren. Stattdessen protokollierte er seine Weigerung.

Zwischendurch drohte er mir: »Ich werfe Sie raus! Ich leite gegen Sie ein Disziplinarverfahren ein!« Und: »Sie gehören nicht in ein Ministerium! Wenn es nach mir ginge, würde ich Sie in die Wüste schicken! Ich würde Sie nach Hof versetzen!«

In Panik geriet er indessen, als ich ihm plötzlich vorhielt, dass ihn sein früherer Vorgesetzter Ludwig Schmidt seinerzeit in der Wienerwald-Affäre durch eine Ausarbeitung belastet habe, dass dieses Schriftstück aber aus den Akten verschwunden sei. Müller konnte sich nur noch mühsam beherrschen. Er fragte mich immer wieder vergeblich, wer mir gesagt habe, dass diese Ausarbeitung existiere. Es war ein Kollege, der im Rechtsreferat tätig gewesen war. Müller gab zu Protokoll, dass ich auf diese Frage die Aussage verweigere. Die anwesenden Kollegen machten jetzt ein sehr nachdenkliches Gesicht. Da tat Müller etwas Unerwartetes. Er diktierte zu dem Vorwurf ein gesondertes Protokoll, allein für den Minister bestimmt.

Meine Vernehmung hatte, von einer kurzen Pause abgesehen, zehn Stunden gedauert. Als ich das Protokoll unterschreiben sollte, ohne dass ich es vorher lesen durfte, weigerte ich mich. Die Bitte um eine Kopie wurde mir abgeschlagen. Am nächsten Tag ließ Müller das Protokoll nochmals schreiben, die Urschrift wurde vernichtet.

Wo steckte eigentlich währenddessen der Staatssekretär Albert Meyer? Warum griff er nicht ein in diese verquere Vernehmung durch den Beschuldigten? Offenbar saß er unten in seinem Büro im ersten Stock und wartete gespannt ab. Immer wenn zwei, drei Seiten des Vernehmungsprotokolls geschrieben waren, wurden sie sofort in sein Büro gebracht. Später suchte ich seinen Büroleiter Martin auf, um ihn zu informieren. Da fuhr mich dieser an: »Es ist bedauerlich, dass man sich dienstlicherseits überhaupt mit so etwas befassen muss!« Als ich sein Zimmer verließ, schmetterte er die Tür hinter mir zu. Ich war geschockt, man ging jetzt auf Abstand zu mir.

Am übernächsten Tag fuhr ich in Urlaub. Zuvor bat ich Finanzminister Streibl in einem Brief nochmals um ein persönliches Gespräch. Eine Woche später wurde ich telefonisch aus dem Urlaub zurückbeordert, der Minister wollte mit mir sprechen.

Im Vorzimmer wartete schon der Personalabteilungsleiter Gustav Hübner, der zu seinem Ärger ebenfalls aus seinem Urlaub in Südtirol zurückgerufen worden war. Der Minister empfing mich in Anwesenheit von Staatssekretär Albert Meyer. Zu meiner Überraschung war er außerordentlich freundlich, geradezu liebenswürdig. Er bedauerte die schreckliche Vernehmung durch Müller, zudem sei ich Mitglied der CSU. Er kündigte an, er werde meine Vorwürfe gegen Müller durch den Bayerischen Obersten Rechnungshof prüfen lassen, mit dessen Präsidenten habe er bereits gesprochen. Dafür sollte ich alles in einem Bericht aufschreiben. Das von Müller diktierte Protokoll sei selbstverständlich hinfällig. Meine wiederholte Bitte, mir eine Kopie davon zu überlassen, lehnte er ab.

Er äußerte weiter, er habe gehört, dass ich mich an den Landtag wenden wolle. Das Petitionsrecht sei mein gutes Recht, das er nicht beschneiden wolle. Bis zur Klärung der Vorwürfe durch den Rechnungshof müsste ich freilich die Steuerabteilung verlassen. Als ich einwandte, das sei aber gerade das, was Müller erreichen wolle, wurde seine Stimme plötzlich rau. Er fuhr mich unwillig an. Ich sah, die ganze Freundlichkeit war gespielt. Den Ministertrick, lästige Bittsteller und Beschwerdeführer durch vorgetäuschte Freundlichkeit zu entwaffnen, kannte ich freilich schon aus Ludwig Thomas Komödie *Die Lokalbahn*.

Allerdings billigte ich dem Minister zu, dass er zweifellos falsch informiert worden war. Ich war sicher, wenn er erst meinen Bericht lesen würde, würden ihm die Augen aufgehen. Er würde angesichts der schwerwiegenden Vorwürfe, die er ja zumindest teilweise sofort auf ihre Stichhaltigkeit nachprüfen konnte, Müller am Kragen packen. Wenn er mich wider Erwarten dann doch aus der Steuerabteilung entfernen würde, dann allerdings war höchste Gefahr in Verzug. Ich musste mich dann wirklich sofort an den Landtag wenden. Dort, so nahm ich an, lag meine Rettung.

Das Ergebnis der Prüfung des Bayerischen Obersten Rechnungshofs durfte ich keinesfalls abwarten. Zum einen würde er ja nicht die Rechtmäßigkeit meiner Ablösung überprüfen, sondern nur die Steuerfälle. Zum anderen war fraglich, welche Unterlagen er erhalten würde und ob sie vollständig sein würden – die Wienerwald-Akten etwa waren lückenhaft, wie ich selbst festgestellt hatte. Aus den Akten allein ergab sich überdies nicht alles, Zeugen aber konnte der Rechnungshof nach der Gesetzeslage nicht vernehmen.

Und dann hatte mich ja schon mein erster Chef Heinrich Kaizik darüber aufgeklärt, dass der Posten des Rechnungshofspräsidenten nur noch »handverlesen« besetzt werde, seitdem der Rechnungshof die sogenannte Steigenberger-Affäre aufgedeckt hatte. Ein Rechnungshofspräsident, der ein Schreiben an einen Minister mit den Worten: »Ihr sehr ergebener« unterzeichnete, mochte zwar dessen Vertrauen genießen, nicht aber unbedingt das meine. Auch hatte ich Jahre zuvor eine taktische Absprache eines früheren Rechnungshofspräsidenten mit dem damaligen Finanzminister zur Behandlung einer Grundstücksaffäre im Landtag mitbekommen, darauf gerichtet, die Opposition in Schach zu halten. Das hatte mich damals erschüttert, war doch der Rechnungshof zu Neutralität verpflichtet.

Aber eigentlich konnte ich es mir gar nicht anders vorstellen, als dass der Minister nach Recht und Gesetz verfahren würde, sodass sich alles innerhalb der Verwaltung regeln ließe. Mein einziges Ziel war, dass wieder geordnete Verhältnisse einkehrten. Eine Entfernung oder gar Bestrafung Müllers zu erreichen wäre angesichts seiner Verbindung zu Strauß Utopie gewesen.

Nach etwa zwei Wochen übergab ich meinen 40-seitigen Bericht. Doch am nächsten Vormittag ließ mir der Minister mitteilen, mit sofortiger Wirkung hätte ich das Referat Verteidigungslasten zu übernehmen. Mein bisheriges Referat würde künftig Kurt Miehler leiten. Ich war maßlos enttäuscht. Ungerührt von dem, was ich geschrieben hatte, stand der Minister zu Müller. Seine abrupte Reaktion ohne jede Rückfrage zeigte mir, dass es jetzt für mich brandgefährlich wurde. Es ging nicht mehr um meine Vorwürfe, es ging um meinen Kopf. Ich eilte zu meiner Frau, die ihre Steuerberatungskanzlei in der Neuhauser Straße hatte, und diktierte ihr eine Petition an den Landtag, gerichtet an alle Fraktionsvorsitzenden. Dann fuhr ich hinauf zum Maximilianeum und gab die Petition dort persönlich um die Mittagszeit ab. Mit Herzklopfen, denn ich wusste, was jetzt auf mich zukam. Aber ich hatte keine andere Wahl mehr.

Ich war Regierungsdirektor, 37 Jahre alt. Es war klar, meine Karriere war hiermit zu Ende. Wenn ich scheiterte, sowieso. Wenn ich

Erfolg haben würde, würde ich dennoch nie eine Spitzenposition erhalten, mangels »Zuverlässigkeit«. Sieben Wochen später wäre ich regulär zum Ministerialrat ernannt worden. Dann wäre ich auf der sicheren Seite gewesen. Aber ich wollte nicht warten. Hätte ich dies getan, meine Beförderungsurkunde entgegengenommen und dann erst »losgeschlagen«, hätte man mich als heimtückisch gebrandmarkt. Das hätte meiner Glaubwürdigkeit und damit der Sache sehr geschadet.

Was vor mir lag, war ein Schachspiel, in dem ich keinen strategischen Fehler machen durfte. Aber beim Schachspielen war ich gar nicht so schlecht. Das war meine Chance.

Treffer

»Krach im Finanzministerium« lautete die Schlagzeile in der *Süddeutschen Zeitung*. Dass ein Ministerialbeamter schwere Missstände in der Regierung rügte und sich deswegen an den Landtag wandte, das hatte es noch nicht gegeben. Presse, Rundfunk und Fernsehen berichteten in großer Aufmachung.

Finanzminister Max Streibl fiel aus allen Wolken. Dass ich so etwas wagen würde, damit hatte er nicht gerechnet. Das war umso erstaunlicher, als er mir doch selbst gesagt hatte, dass ich an den Landtag gehen könnte, das sei mein gutes Recht. Er geriet sofort in Bedrängnis. Dass er meine Vernehmung durch Müller als den von mir Beschuldigten angeordnet hatte, darüber schüttelten alle den Kopf, auch in der CSU. Dass er mich aus der Steuerabteilung versetzte, Müller hingegen in seiner Position beließ, ja ihn sogar noch beförderte, indem er ihm den Entscheidungsvorrang vor dem zweiten Ministerialdirektor Konrad Mayer verlieh, brachte ihn zusätzlich in Erklärungsnot. Zudem waren die Vorwürfe, die der Finanzamtsvorsteher Ettmayr in der Wienerwald-Affäre gegen Müller erhoben hatte, der Öffentlichkeit noch in frischer Erinnerung.

Ein strategischer Volltreffer war mein Hinweis darauf, dass auch der Bundesrechnungshof eine Reihe einschlägiger Steuerfälle beanstandet hatte und dass Müller ihm daraufhin – »nach Absprache mit F. J. Strauß« – untersagt hatte, weiterhin in bayerischen Finanzämtern zu prüfen. Diese Geschichte ließ sich fatalerweise nicht leugnen, dazu gab es Schriftverkehr. So konnte mich Finanzminister Streibl nicht mehr, was ich hatte befürchten müssen, als verbohrten Querkopf oder als jugendlichen Draufgänger hinstellen. Damit hatte ich bewusst eine zweite Front aufgemacht, mit der man, wie mir der Personalabteilungsleiter später sagte, überhaupt nicht gerechnet hatte.

Gewaltiges Aufsehen erregte natürlich, dass ich angab, F. J. Strauß stecke hinter dem Rauswurf des Bundesrechnungshofs. Das war zugleich eine Bärenfalle. So wie ich Müller kannte, war ich mir sicher, dass er das sofort abstreiten würde, um seinen Hintermann zu decken. Prompt tappte er hinein. In einer von Finanzminister Streibl angeforderten dienstlichen Erklärung versicherte er, dass Strauß mit der Sache nichts zu tun habe. Der Minister gab dies öffentlich bekannt. Daraufhin konterte ich in einer weiteren Landtagseingabe mit einer detaillierten Darstellung des Vorgangs: Dass Miehler und ich Müller aufgesucht hätten, um ihn vom Rauswurf des Bundesrechnungshofs abzubringen, dass er dann mit Strauß telefonierte, während wir im Vorzimmer auf das Ergebnis warten mussten, und dass er uns anschließend mitgeteilt habe, Strauß sei für den Rauswurf.

Dazu befragt, sah sich Miehler gezwungen, das Gespräch Müllers mit Strauß zu bestätigen. Wie ich hatte auch er es weitererzählt, sodass zu viele davon wussten. Müller war damit überführt, er hatte den Minister angelogen. Die Presse berichtete ausführlich darüber. Umgekehrt war meine Glaubwürdigkeit bestätigt.

Mit dem Hinweis, dass Strauß hinter dem Rauswurf des Bundesrechnungshofs stehe, verfolgte ich aber noch ein zweites Ziel. Ich wollte erreichen, dass Strauß sich von Müller absetzte, ihn fallen ließ. Dass der schwer belastete Müller in den Medien stets als Strauß-Intimus zitiert wurde, musste ihn gewaltig stören. Schließlich fragte sich jedermann, welchen Nutzen für ihn Müller als Steuerabteilungsleiter im Finanzministerium abwerfe. Und ebenso fragte sich jedermann, warum der affärenbeladene Strauß den Bundesrechnungshof nicht mehr in bayerischen Finanzämtern prüfen lassen wollte. Der Bundesrechnungshof war außerdem ein Verfassungsorgan. Die Missachtung eines anderen Verfassungsorgans, nämlich des Bundestags, war Strauß in der *Spiegel*-Affäre nicht gut bekommen, als sich herausstellte, dass er den Bundestag angelogen hatte.

Mein Ziel, Strauß von Müller abzukoppeln, erreichte ich indessen nicht. Die Verbindung war zu eng – enger, als ich gedacht hatte und auch alle anderen vermutet hatten. Sie war sogar erheblich stärker als die Beziehungen von Streibl zu Strauß. Strauß vermied es jedoch konsequent, öffentlich in der Affäre in Erscheinung zu treten. Anders als in Bonn hatte er in München seine Mannen, die ihn davor schützten, sich erklären zu müssen. Stattdessen wirkte er hinter den Kulissen, und dies sehr tatkräftig.

Es gab schrille Begleitmusik. Der wegen Steuerhinterziehung vorbestrafte Strauß-Spezi Friedrich Jahn berief eine Pressekonferenz ein. Er erklärte, ich wollte nur zulasten seines Wienerwald-Konzerns Reklame für die Steuerkanzlei meiner Frau machen. Als die Journalisten ihn als lächerlich hinstellten, war er ganz geknickt. In einem dubiosen Pamphlet, das sich *Rundblick* nannte, wurden verzerrt meine schlimmen Methoden bei Steuerfahndung und Strafverfahren angeprangert, Namen und Details anführend, die nur aus dem Finanzministerium stammen konnten.

Finanzminister Streibl wagte es nicht, etwas gegen den Strauß-Freund Müller zu unternehmen, nachdem sich dessen dienstliche Erklärung als Lüge herausgestellt hatte. Dadurch verlor er in der

Öffentlichkeit weiter an Glaubwürdigkeit. In seiner immer größer werdenden Not behauptete er wahrheitswidrig alles Mögliche. Er habe mich versetzen müssen, weil ich ihm gedroht hätte, an den Landtag zu gehen und auszupacken. In einer dritten Eingabe stellte ich die Dinge richtig. Dadurch geriet er noch weiter in Bedrängnis. Nachdem er nochmals Unwahres behauptet hatte, widerlegte ich dies mit einer vierten Eingabe an den Landtag.

Es war zu einer Eskalation gekommen. Streibl stand mit dem Rücken zur Wand. In der CSU redeten viele davon, er sei unfähig, die Sache in den Griff zu kriegen, ja überhaupt unfähig, ein klassisches Ministerium zu leiten. Ministerpräsident Goppel und F. J. Strauß machten ihm Vorhaltungen, die Opposition redete von einem Untersuchungsausschuss.

Da holte Streibl zu einem Befreiungsschlag aus. Er ordnete an, dass ich ab sofort an die Bezirksfinanzdirektion München versetzt würde und dass gegen mich disziplinarische Vorermittlungen eingeleitet würden. Es war ein Freitag, als mir das eröffnet wurde. Fernsehen und Rundfunk berichteten darüber in den Abendnachrichten, mein Untergang schien besiegelt. Ich war niedergeschlagen, dennoch blieb ich ruhig. Ich wusste, dass ich mir nichts hatte zuschulden kommen lassen, und ich hatte genug Beweise für all das, was ich behauptete. Jetzt würde ich schwer zu kämpfen haben, aber verloren war ich nicht.

Mitten in diese trübe Stimmung hinein klingelte überraschend das Telefon. Am Apparat war der Notar Kreitner*. Wir kannten uns, er hatte den Kauf meines Grundstücks verbrieft, auf dem wir gerade ein Einfamilienhaus bauten. Er sagte, er habe eben mit dem Ministerbüro telefoniert – ob er bei mir vorbeikommen könne? Ich bejahte. Kurz nach meiner ersten Landtagseingabe hatte er mich bereits ein-

* Name geändert.

mal kontaktiert. Bei einem gemeinsamen Spaziergang in dem gegenüber dem Finanzministerium liegenden Hofgarten hatte er mir eröffnet, er habe mit dem CSU-Schatzmeister von Oberbayern, Karl-Heinz Aigner, ein Gespräch geführt. Man frage mich, ob ich bereit sei, meine Aktion einzustellen, wenn ich dafür Sicherheiten erhalte, dass mir persönlich nichts passiere. Ich lehnte das Angebot ab.

Kreitner traf ein. Er wusste über alles, was geschehen war, Bescheid. Zu meiner Verblüffung wusste er aber noch etwas anderes, und zwar aus dem Ministerbüro. Finanzminister Streibl sei stocksauer auf mich, weil ich Strafanzeige gegen den Strauß-Freund Hinz erstattet hätte. Drei Tage zuvor war ich nämlich zusammen mit dem für Steuerfahndung zuständigen Referatsleiter der Oberfinanzdirektion München und einem Steuerfahndungsbeamten bei der Staatsanwaltschaft gewesen. Wir hatten dort zur Anzeige gebracht, dass der Strauß-Freund Hinz, gegen den ich Ermittlungen wegen eines zweiten Wohnsitzes im Inland veranlasst hatte, tatsächlich eine Wohnung in München hatte. Das hatte ich inzwischen privat erfahren.

In Gegenwart meiner Frau eröffnete mir Kreitner nun: »Man will Sie beruflich vernichten, man will Sie aus dem Beamtenverhältnis hinausbeißen.« Bis dahin hatte ich mich trotz aller Angriffe gegen mich sicher gefühlt, jetzt aber war ich besorgt. Man hatte nicht davor zurückgeschreckt, eine Strafversetzung und ein Disziplinarverfahren anzuordnen. Wenn man jetzt auch noch erfinderisch war und mir etwas anhängte, so konnte es gefährlich werden, wenn etwa zwei, drei Ministerialbeamte das als Zeugen bestätigten. Wenn man das rechtliche Gehör nicht gewährte, falsche Beweise vorlegte und Gegenbeweise verwarf, dann, ja dann war in der Tat nichts mehr auszuschließen. Offenkundig war jedenfalls, dass es kein Bluff war, was mir Kreitner ankündigte, er schien selbst sehr beunruhigt.

Dann unterbreitete er mir folgendes Angebot: Finanzminister Streibl sei bereit, meine Strafversetzung und das Disziplinarverfahren zurückzunehmen, wenn ich im Gegenzug meine Landtagseingaben zurückziehen würde. Ich war konsterniert: Sollte ich wirklich auf einen so schnöden Handel eingehen? Sollte ich wirklich unter rechtswidrigem Druck auf das verfassungsmäßig garantierte Petitionsrecht verzichten? Wofür gab es das Bundesverfassungsgericht? Und ich als Jurist lasse mir so etwas abzwingen? Andererseits musste ich nunmehr damit rechnen, dass man mich zu Fall bringen würde, mit welchen Mitteln auch immer. Ich dachte daran, dass der Personalabteilungsleiter Hübner während meines Gesprächs mit Finanzminister Streibl laufend mitgeschrieben hatte. Aber als ich ihn später um Einsichtnahme bat, verweigerte er mir dies, obwohl das Schriftstück eindeutig zu meiner Personalakte gehört hätte. Wenn man so verfuhr, konnte man freilich behaupten, ich hätte damals dem Minister mit diesem und jenem gedroht!

Ich hatte keine Alternative. Insbesondere war mir klar: Wenn die Beamten, mit denen ich zusammengearbeitet hatte, mich stürzen sehen würden, würde höchstwahrscheinlich keiner mehr bei den zu erwartenden Untersuchungen meine Angaben bestätigen. Fast betäubt von dem Druck, dem ich ausgesetzt war, sagte ich Ja.

Kreitner teilte mir daraufhin mit, der Deal solle arrangiert werden bei einem geheimen Treffen zwischen mir und Finanzminister Streibl am Montag der kommenden Woche, und zwar in seiner Notariatskanzlei. Er nahm mir das Versprechen ab, niemandem davon etwas zu erzählen, er habe sich für mich verbürgt. Dann wählte er die Telefonnummer eines Mannes, von dem er sagte, ohne seinen Namen zu nennen, dass dieser als Einziger wisse, wo sich Streibl gerade aufhalte. Es war Freitagabend gegen 22 Uhr. Er sagte dem Mann am anderen Ende der Leitung, dass ich zu dem Handel bereit sei. Dann verabschiedete er sich.

Am Montagnachmittag war ich pünktlich in der Kanzlei von Notar Kreitner. Er sagte mir, der Minister werde über die Hintertreppe kommen, und zeigte mir die Tür, die vom Innenhof heraufführte. Doch dann kam überraschend ein Anruf aus dem Ministerbüro, das Treffen solle dort stattfinden.

Im Finanzministerium angekommen, wurden wir gleich zum Ministerzimmer geleitet. Finanzminister Streibl empfing uns allein. Als ich ihn sah, musste ich mir schier das Lachen verbeißen. Grimmig schaute er mich an, so grimmig, als ob ich das allerschlimmste Ungeheuer wäre. Man sah ihm an, dass er mich am liebsten durch den Fleischwolf gedreht hätte. Und dennoch brauchte er mich dringend, um wieder aus dem Schlamassel herauszukommen, in das er sich durch eigene Schuld hineinmanövriert hatte.

Wie er so geduckt an seinem Besprechungstisch hockte, wirkte er wie ein geprügelter Hund. Er hatte Angst, Angst um seine politische Existenz. Wegen meiner Landtagseingaben jaulte er geradezu auf: »Und so profimäßig haben Sie das gemacht! Ausgerechnet immer auf den Samstag, wenn die *Süddeutsche* eine viel höhere Auflage hat!« Ich versicherte ihm, dass ich das Ganze überhaupt nicht gewollt hätte. Nicht gegen ihn, sondern allein gegen Müller sei ich angetreten. Und dann schilderte ich ihm Müller und dessen Methoden ausführlich. Er wurde zusehends freundlicher, stimmte mir da und dort zu. Unversehens schimpfte er über Müller: »Und wenn er bei mir nicht durchkommt, dann macht er es hintenherum, Sie wissen, was ich meine!« Mit Hintenherum meinte er Strauß.

Mir war klar, Streibl war Müller gegenüber ohnmächtig, weil Strauß hinter diesem stand. War schon Finanzminister Ludwig Huber gegen Ende seiner Amtszeit deswegen nicht mehr Herr im eigenen Hause gewesen, so setzte sich das nunmehr fort. Darum wagte Streibl es jetzt auch nicht, gegen Müller ein Disziplinarverfahren wegen der falschen dienstlichen Erklärung einzuleiten.

Gegen Ende des Gesprächs zog Streibl noch den Staatssekretär hinzu. Schließlich erklärte er, wie es vorher heimlich abgesprochen war, er nehme die Versetzung aus dem Ministerium und das Disziplinarverfahren zurück, die Dinge hätten sich durch unser Gespräch geklärt. Ich meinerseits erklärte mich abredegemäß bereit, meine Landtagseingaben zurückzunehmen. Streibl wirkte sichtlich erleichtert, er verabschiedete mich geradezu freundlich. »Sie werden ja nicht alles erfunden haben«, sagte er. »Und selbst wenn Sie nicht jedes Ding beweisen können, wird's den Kopf nicht kosten.«

Auch ich war erleichtert. Zwar musste ich meine Landtagseingaben zurücknehmen, andererseits wusste ich nun, dass der Minister nicht mehr Müllers Freund war und deshalb dem Bayerischen Obersten Rechnungshof wohl keine Unterlagen vorenthalten würde. Und tatsächlich vertraute mir später Ministerialdirektor Konrad Mayer an, dass Strauß und Müller »einen ganz anderen Ablauf« der Prüfung durch den Rechnungshof beabsichtigt hatten. Allerdings: Die Stellungnahme, die Müller zu meinen Vorwürfen gegenüber dem Rechnungshof abgab, sollte ich trotz meiner Bitte von Streibl nicht erhalten, wahrscheinlich hatte er Angst vor Strauß. So konnte Müller hinter meinem Rücken alle möglichen Rechtfertigungen erfinden.

Anschließend gab Streibl eine Presseerklärung heraus, wonach ein gemeinsames Gespräch stattgefunden habe. Dabei habe sich gezeigt, dass die bisherige Auseinandersetzung auf Missverständnisse und Irrtümer zurückzuführen sei. Diese seien jetzt ausgeräumt. Deshalb würde er die Strafversetzung und das Disziplinarverfahren zurücknehmen, umgekehrt ich meine Landtagseingaben zurückziehen. Jetzt aber gingen die Wogen in der Öffentlichkeit erst recht hoch. Die Journalisten und die Oppositionspolitiker waren sich sicher, dass ich entweder massiv unter Druck gesetzt oder aber geschmiert worden war.

In einer Sitzung des Haushaltsausschusses des Landtags, die wenige Tage später stattfand, schilderte der Minister das bis dahin Geschehene, teils positiv für mich, mehr noch zu seinen Gunsten. Zugleich hob er hervor, dass für die Versetzung aus dem Ministerium und für das Disziplinarverfahren jetzt kein Raum mehr sei, weil sich in der Aussprache mit mir herausgestellt habe, »dass die Dinge nicht so sind«, wie das Protokoll festhielt. Anschließend fuhr er dienstlich nach Triest wegen des Ausbaus des dortigen Hafens, in seiner Begleitung der Notar Kreitner. Diesen ließ er noch spätabends besorgt bei mir anrufen: Wenn mir etwas an seiner Darstellung im Haushaltsausschuss nicht gefallen habe, möge ich doch bitte um Gottes willen nicht gleich wieder an den Landtag gehen! Streibl hatte immer noch eine Heidenangst. Doch zu Unrecht, denn ich sah, wie schwer er es Strauß gegenüber hatte.

Das Hauptziel des Gesprächs mit mir, einen drohenden Untersuchungsausschuss zu vermeiden, hatte Max Streibl jedoch nicht erreicht. Die Opposition beantragte einen Untersuchungsausschuss »Steuerfälle«. Rückblickend lässt sich sagen, dass sich damals bereits bei Streibl viele der Defizite zeigten, die dem späteren Ministerpräsidenten in der Amigo-Affäre zum Verhängnis wurden.

Notar Kreitner bekniete mich, ich solle Streibl, um ihm meine berufliche Situation verständlich zu machen, den Roman *Der Spion, der aus der Kälte kam* von John le Carré schenken. In diesem Roman hat ebenfalls ein Beamter gegen einen rechtswidrig handelnden Vorgesetzten zu kämpfen. Widerstrebend kaufte ich schließlich das Buch, ich wollte es aber Streibl nicht selbst übergeben. Das übernahm dann Kreitner.

Die Wut des F. J. Strauß

Strauß tobte. Wie ich vom zweiten Amtschef Konrad Mayer erfuhr, war er außer sich über das, was sich da ein Beamter, noch dazu ein

Ministerialbeamter, herausnahm – und das ausgerechnet in Bayern, in seinem ureigensten Revier. Er hatte mich schon seit einem halben Jahr im Visier gehabt, seit meinem Aufstand gegen seinen Steuergehilfen Lothar Müller und dem Bußgeldverfahren gegen Friedrich Jahn. Und jetzt das!

Ich hatte enthüllt, dass er hinter dem Rauswurf des Bundesrechnungshofs stand. Am schlimmsten aber war: In meinem Finanzminister Streibl übergebenen Bericht hatte ich ihn persönlich schwer belastet!

Und er kannte den Bericht. Da dieser dem Steuergeheimnis unterlag, hatte ich nicht damit gerechnet, dass Streibl ihn Strauß, der damals noch gar nicht Ministerpräsident war, aushändigen würde.

Jetzt aber war die Hölle los. Wie Strauß reagieren konnte, schilderte später der frühere Kultusminister Hans Maier, der in der Strauß-Biografie von Stefan Finger mit folgenden Worten zitiert wird: »Ich habe erlebt, wie ... seine Intelligenz plötzlich wie in einem Sturm der Emotionen untergehen konnte. ... Der Zorn, der Hass, auch gegen andere, brach dann so durch, dass ich entsetzt war.«

Strauß begnügte sich nicht damit, Müller zu schützen. Vielmehr setzte er Finanzminister Streibl massiv unter Druck, gegen mich vorzugehen. Streibl gab den Druck weiter an seine Personalabteilung. Deren Leiter Gustav Hübner beklagte sich bei mir, er sei bei Streibl in Ungnade gefallen, weil er gegen mich keine rechtliche Handhabe herbringe. Nach seiner Aussprache mit mir aber habe der Minister, so Hübner, mich gegenüber Strauß in Schutz genommen.

Dass Strauß mir am liebsten den Hals umgedreht hätte, erfuhr ich bald darauf auch von einem Juristen, der bei einer Veranstaltung mit Strauß zusammengetroffen war und für mich um Verständnis geworben hatte. Er berichtete mir, er sei bei Strauß auf vieles gefasst gewesen. Aber was er da erlebt habe, habe all seine

Vorstellungen gesprengt. Strauß sei keinem einzigen rationalen Argument zugänglich gewesen. Er habe nur gewütet und gefordert, man solle mich aus dem Finanzministerium entfernen, mich für geisteskrank erklären und das in der Presse groß herausstellen. In Bonn habe er schon einmal einen solchen Fall erlebt, da sei das alles glattgegangen.

Ein Abteilungsleiter erzählte mir, Lothar Müller habe im Finanzministerium gehöhnt, Strauß habe Streibl vor versammelter Mannschaft bloßgestellt: Wenn er es jetzt nicht bald fertigbringe, den Schlötterer aus dem Finanzministerium rauszuwerfen, dann werde er ein altes Weib holen, das es dann schon schaffen werde! Streibl habe daraufhin »die Lätschen hängen lassen«.

Angesichts dieser Ausbrüche fragte ich mich: Trat Strauß nicht mit Donnerstimme landauf, landab für Gesetz und Ordnung ein? Predigte er nicht unentwegt die Werte einer freiheitlich-christlichen Grundordnung, wenn auch mit der Einschränkung »in weitestem Sinne«? Präsentierte er sich nicht immer wieder lauthals als Vertreter der *Liberalitas Bavariae*? Er meinte das alles ernst. Aber wenn es um seine persönlichen Interessen ging, galt, wie ich nun erleben musste, etwas anderes. Da galt das Recht des Stärksten – und das war in Bayern er selbst.

Seine politischen Weggefährten wussten ihn einzustufen. Bundesminister a.D. Hermann Höcherl, mein früherer Arbeitskreisvorsitzender, den ich bei einer Buchvorstellung in der Stuckvilla traf, machte mir Mut. Er räumte aber auch ein, dass ich es schwer hätte: »Bei der Verfilzung Müller, Strauß, Jahn, da können Sie ja nicht durchkommen!« Er brachte es auf den Punkt: »Hier geht es um den Rechtsstaat!« Auch der frühere Bundesminister Alois Niederalt, mit dem ich des Öfteren sprach, urteilte scharf über Strauß. Wenn man diesem mit rechtsstaatlichen Einwendungen gekommen sei, habe der gesagt: »Was willst du mit deiner Rechtsklauberei? Du wirst schon schaun, wie weit du damit kommst, wenn die Russen kommen!« Das Credo von Strauß habe gelautet: »Ich bin die CSU, die CSU ist der Staat, also bin ich der Staat.« Strauß habe sich »an keine Gesetze, an nichts gehalten«.

Bisweilen fragte ich mich jetzt selbst, welchen Sinn es überhaupt noch hatte, auf Rechtsstaatlichkeit zu pochen, wenn einer, der so viel Macht ausübte wie Strauß, den Rechtsstaat missachten durfte – ungestraft, weil er sich dem Volk gegenüber verstellte.

Natürlich wussten auch alle Spitzenbeamten des Finanzministeriums, was gespielt wurde. Jeder wusste, dass Strauß das Sagen hatte. Ein Kollege erklärte mir rundweg: »Sie sind verloren. Müller wird von Strauß gehalten und den bringen Sie nicht weg.« Der Personalabteilungsleiter wies mich auf den Druck hin, dem der Minister seitens Strauß ausgesetzt sei. Zwar sei Streibl Bezirksvorsitzender der CSU Oberbayern, aber auch eine solche Position könne man auf Dauer erschüttern. Er beschwor mich, die Situation ja nicht zu verschärfen, indem ich mich nochmals an den Landtag wenden würde. Das hatte ich ohnehin nicht vor, ich sah ja, wie die Lage war.

Umfeld

Überraschend für mich war, wie sich meine Kollegen verhielten, nachdem die Affäre ausgebrochen war.

Die leitenden Beamten hatten in der Kantine einen gemeinsamen Tisch. Als ich an dem Tag, an dem die *Süddeutsche Zeitung* groß über meine Landtagseingabe vom 6. September 1977 berichtete, zum Mittagessen kam, empfing mich heller Jubel. Lothar Müller war alles andere als beliebt, man erzählte sich immer wieder neue Geschichten über ihn. Auf Finanzminister Streibl waren viele sehr wütend, weil er ausgerechnet in der Ferienzeit zahlreiche Positionen umbesetzt hatte. Etliche Abteilungsleiter und Referenten fanden nach der Rückkehr aus dem Urlaub ihren Schreibtisch schon besetzt vor, der Minister hatte ihnen ein anderes Aufgabengebiet übertragen, ohne zuvor mit ihnen darüber zu sprechen. Deshalb herrschte nunmehr allgemein eitel Freude, weil einer den Aufstand gewagt hatte, noch dazu so spektakulär.

Der Jubel ebbte jedoch bald ab. Jeder sah, dass Müller weiterhin als Amtschef fungieren durfte, jeder wusste, dass Strauß hinter ihm stand. Die meisten zeigten sich sehr skeptisch, ob ich das Ganze überstehen würde. Dieser Stimmungsumschwung stimmte mich nicht gerade fröhlich. Ich hatte ohnehin schwer zu kämpfen mit der ungeheuren Enttäuschung, dass ich mich voller Vertrauen, ohne jeden Eigennutz an den Minister gewandt hatte, von ihm aber so übel behandelt worden war. Dass ich nie mehr in die Steuerabteilung zurückkehren würde, war mir von vornherein klar; das würden Strauß und sein Dannecker in jedem Fall verhindern.

Außerdem hatte ich ein Kommunikationsproblem, das mir schwer zu schaffen machte. Fast jeder Kollege, der mit mir sprach, meinte, an meiner Stelle hätte er sich in ein anderes Referat umsetzen lassen. Dieses Angebot hatte ich ja gehabt, aber zweimal entschieden ausgeschlagen – gegenüber Müller und gegenüber der Personalabteilung. Die Annahme hätte bedeutet, der Verantwortung auszuweichen und der Gegenseite zu ermöglichen, ihre massiven Rechtswidrigkeiten fortzusetzen. Dass es nicht um Petitessen ging, dass hier sogar Finanzminister Ludwig Huber und F. J. Strauß mit von der Partie waren, das aber konnte ich keinem Kollegen erzählen. Zum einen stand das Steuergeheimnis dagegen, zum anderen hätte man mir sicher Störung des Betriebsfriedens durch Verleumdungen vorgeworfen und gegen mich vorgehen können. So musste ich alles in mich hineinfressen.

Von meinem neuen Tätigkeitsfeld Verteidigungslasten hatte ich bis dahin nicht die geringste Ahnung gehabt, ich wusste nicht einmal, dass es Ämter für Verteidigungslasten gab. Es kam mir wie eine Halluzination vor, als ich mich von einem Tag auf den anderen statt mit Steuerfragen plötzlich mit dem NATO-Truppenstatut, Manöverschäden und Unfallschäden der alliierten Streitkräfte, Straßenausbau und der Bezahlung der Arbeitnehmer bei den NATO-Streitkräften zu befassen hatte. Wenn ich mit dem Hubschrauber nach Großmanövern die Gegend überflog oder im Turm eines Panzers durchs Gelände ratterte, wusste ich nicht, wie mir geschah. Zwar war vieles interessant und eindrucksvoll, so etwa, als ich an einem kalten, grauen Herbsttag auf dem Truppenübungsplatz Hohenfels das Manöver einer Panzerschlacht oder – in Gegenwart des Bundespräsidenten, hoher Bundeswehrgeneräle und ausländischer Militärattachés – die Vorführung von Milan-Raketen oder Panzern des Typs Leopard beobachten konnte. Die plötzliche mentale Umstellung aber war wahnsinnig schwer. Besonders jedoch bedrückte mich der Umstand, dass man mich damit ins Abseits stellte.

Andererseits erhielt ich viel aufmunternden Zuspruch. Nach den ersten Presseberichten suchte mich der pensionierte stellvertretende Steuerabteilungsleiter Albert Weber auf und sprach mir voller Freude seine Anerkennung dafür aus, dass ich es gewagt hätte, »in diese Eiterblase zu stechen«. Er beklagte, dass Müller als Kollege, obwohl unzuständig, sogar Fälle seines Referats entschieden habe. Wenn Dannecker bei ihm mit einer Sache nicht durchgekommen sei, sei er zu Müller gegangen. Es sei sogar zu »Brüllszenen« der beiden vor seiner Zimmertür gekommen. Der frühere Regierungspräsident von Oberbayern Adam Deinlein wünschte mir die Kraft, weiterhin dem ausgeübten Druck standzuhalten. Der Präsident der Staatsschuldenverwaltung sprach mir seine Anerkennung aus, ebenso der Präsident der Lotterieverwaltung, der Müller bestens kannte. Als ich zu ihm offen sagte: »Dieser Mann gehört nicht in den Staatsdienst!«, zeigte er sich beeindruckt. Sympathiebekundungen kamen zu meiner Überraschung auch von Spitzenbeamten aus den anderen Ministerien. Die Journalisten drückten mir sowieso die Daumen. Mein neuer Abteilungsleiter Hubert Kranz stand mir mit hilfreichen Ratschlägen zur Seite. Außerdem erhielt ich anerkennende Zuschriften von Rechtsanwälten, Wirtschaftsprüfern, Steuerberatern, Universitätsprofessoren und anderen.

Kämpfen musste ich freilich allein. Bei allen beamteten Chargen war die Angst vor Strauß und Müller riesengroß. Ein Beispiel: Eines Tages erhielt ich einen anonymen Brief, der auf weitere Steuerfälle, die Müller anzulasten seien, hinwies. Jahre später gestand mir der Absender seine Identität, es war der Finanzpräsident einer Oberfinanzdirektion. Er hatte den ohnehin anonymen Brief auf der Schreibmaschine eines Hotels geschrieben, vorsichtshalber. Es war eben nicht jedermanns Sache, sich mit Strauß anzulegen. Ein Abteilungsleiter eines anderen Ministeriums sagte mir später, es sei bedrückend gewesen, dass jemand so mutterseelenallein auf weiter Flur kämpfen musste, so wie in dem Filmklassiker *Zwölf Uhr mittags*.

Zwischendurch ließ mir Finanzminister Streibl durch Notar Kreitner ab und zu ausrichten, ich möchte doch endlich aufhören, »den Sheriff zu spielen«. Was er damit meinte, war mir unklar. Vermutlich hatte ihn Strauß wegen irgendetwas wieder in die Mangel genommen.

Das Komische durfte nicht fehlen. Immer wenn ich durch die Theatinerstraße ging und mir zwei oder drei unbekannte Männer entgegenkamen, die ihre Augen gleichzeitig auf mich richteten, wusste ich, das sind Beamte aus einem anderen Ministerium, die über mich redeten. Herzlich lachen musste ich einmal über Lothar Müller. Mein Dienstzimmer war nur einige Türen von seinem entfernt. Als ich eines Tages auf den Gang hinaustrat, sah ich den Herrn Ministerialdirektor der Toilette zustreben. Als er mich sah, drehte er sich, bereits in der Toilettentür stehend, entsetzt wieder um und stürzte zurück in sein Dienstzimmer. Wahrscheinlich mutmaßte er, dass ich auch auf die Toilette wollte.

Obwohl ich allen Grund dazu gehabt hätte, hasste ich Müller überhaupt nicht. Darüber wunderte ich mich selbst. Ich betrachtete ihn nicht als Feind, ja nicht einmal als Gegner, weil ich ihn als solchen nicht wirklich ernst nahm.

So verblüffend es auch sein mag: Das ganze Geschehen, das um mich herum ablief, bereitete mir trotz aller Bedrängnis auch irgendwie ein intellektuelles Vergnügen. Es war interessant, zu beobachten, wie die verschiedenen Akteure agierten, wie sich die einen auf die Seite der Macht schlugen, andere abwarteten, wieder andere mir unverhohlen Sympathie entgegenbrachten, und wie die ganz Schlauen meinten, die Wahrheit liege wohl wie immer in der Mitte. Ich hatte bisweilen das Gefühl, der Aufführung eines staatlichen Puppentheaters beizuwohnen. Diese innere Gelassenheit hatte zwei Gründe: Ich wusste, dass meine Vorwürfe nicht erfunden waren. Und zweitens sah ich, dass meine Frau zu mir stand. Wie ich war sie der Meinung, dass man die Pflicht hatte, üblen Machenschaften entgegenzutreten, auch dann, wenn das Risiko hoch war.

Etwas anders sah das der zweite Amtschef Konrad Mayer. Er meinte: »Sie haben mehr Idealismus, als gesund ist.« Hilfreich war dies nicht.

Der Bericht des Rechnungshofs

Endlich, es war im November 1977, lag der Prüfungsbericht des Bayerischen Obersten Rechnungshofs vor. Der Rechnungshof rügte Müllers Entscheidungen in fünf Fällen, später noch in zwei weiteren. Diese Fälle kamen zu den bereits vom Bundesrechnungshof gerügten Steuerfällen hinzu. Müller stand jetzt mit dem Rücken zur Wand.

In fünf anderen Steuerfällen, die ich vorgelegt hatte, hatte der Bayerische Oberste Rechnungshof keine Beanstandungen erhoben. Das besagte aber keineswegs, dass sie in Ordnung waren. Nach der Gesetzeslage durfte der Rechnungshof, wie erwähnt, keine Zeugen vernehmen – und vor allem: Man hatte mir die Einsicht in Müllers Stellungnahme zu meinen Vorwürfen verwehrt.

Da geschah eine Unglaublichkeit. Finanzminister Streibl verwehrte mir sogar die Einsicht in den Bericht des Rechnungshofs! Seine Begründung war, das Steuergeheimnis stehe dagegen. Das war völlig unhaltbar, das war ein Witz. Schließlich hatte ich die Fälle selbst bearbeitet. Offenkundig sollte ich nicht sehen, aus welchen Gründen bestimmte Fälle nicht gerügt worden waren.

Die Hauptsache war für mich indes, dass ich nicht wirklich gescheitert war. Mir fiel ein Stein vom Herzen. Hätte der Rechnungshof meine Vorwürfe als haltlos verworfen, egal ob er getäuscht wurde oder nicht, hätte das für mich eine Katastrophe bedeutet. Erfreulich war außerdem, dass der Rechnungshof mein eigenes Verhalten in keiner Weise beanstandet hatte. Ein Mitglied des Rechnungshofs redete mir bei einem gemeinsamen Mittagessen zu, weiter durchzuhalten – mit dem Hinweis: »Ab jetzt stehen Sie unter dem Schutz der Öffentlichkeit!«

Lothar Müller geriet nun in arge Bedrängnis. Bald hieß es, er sei intern bereits als Amtschef abgesetzt. Der Ministerbüroleiter sagte zu mir: »Er ist erledigt. Wer will denn noch etwas von ihm!« Finanzminister Streibl entzog ihm offiziell die unmittelbare Leitung der Steuerabteilung, er setzte einen neuen Abteilungsleiter ein. Außerdem wanderten die Steuerakten hinüber zur Staatsanwaltschaft, weil der SPD-Fraktionsvorsitzende Helmut Rothemund gegen Müller Strafanzeige erstattet hatte.

Lothar Müller war in Panik. Über das Ministerbüro ließ er mir ausrichten, er sehe ein, dass er viele Fehler gemacht habe, er bitte mich um ein Versöhnungsgespräch. Offensichtlich fürchtete er meine Aussagen bei der Staatsanwaltschaft. Trotz größter Skepsis erklärte ich mich dazu bereit. Plötzlich aber machte er einen Rückzieher. Bald wurde klar, warum.

Die Weihnachtsfeier des Finanzministeriums fand dieses Mal nicht im Hause am Odeonsplatz statt, sondern im Antiquarium der Residenz. Der Minister wollte die ihm sehr kritisch gegenüberstehenden Beamten durch diese Geste für sich gewinnen. An der lang gestreckten Tafel saß ich in seiner Nähe. Als er mich bemerkte, nickte er mir demonstrativ sehr freundlich zu, das Gleiche tat der Staatssekretär. Für die Umsitzenden war sichtbar, dass ich das Wohlwollen der Spitze des Hauses hatte. Dann begann ein Schauspieler mit bayerisch anheimelnder Stimme Ludwig Thomas »Heilige Nacht« vorzulesen. Plötzlich aber, schon nach einer halben Stunde, erhoben sich der Minister, der Staatssekretär und Lothar Müller, sie verließen die Weihnachtsfeier. Allgemeines Erstaunen und Raunen.

Nach Weihnachten sprach sich rasch herum, wohin die Herren gegangen waren. Strauß hatte sie zu sich zitiert. Wütend ging er auf Streibl los. Er brüllte ihn an, was er für ein Idiot gewesen sei, die Steuerfälle dem Rechnungshof zur Prüfung zuzuleiten. Die gerügten Fälle würden jetzt ständig der CSU vorgehalten. Er verbot Streibl, gegen Müller so vorzugehen, wie er es liebend gern gemacht hätte, um wieder Herr im eigenen Hause zu werden. Wieder zurück im Finanzministerium beklagte sich Streibl bitter über diese Demütigung durch Strauß. Dieser habe ihn heruntergeputzt wie einen Schuljungen. Streibl machte aus seiner Frustration und seinem Schmerz keinen Hehl und so erfuhren es rasch alle.

Lothar Müller blieb jetzt doch Amtschef. Für mich aber veränderte der Gewaltakt von Strauß plötzlich alles. Die Situation drehte sich völlig. Müller hatte wieder Oberwasser, ich aber sollte nach dem Willen von Strauß unter Wasser gedrückt werden. Es sollte noch schlimm für mich werden.

Ich hatte erwartet, dass, nachdem mich der Rechnungshof bestätigt hatte, nunmehr meine Beförderung zum Ministerialrat nachgeholt würde. Nach den geltenden Grundsätzen hätte sie schon zwei Monate vorher erfolgen müssen. Sie war aber wegen der anhängigen Überprüfung meiner Vorwürfe gegen Müller aufgeschoben worden. Diese Beförderung war keine Gnade, nach dem Gleichheitsgrundsatz bestand darauf (unter Beachtung bestimmter Wartezeiten) ein Rechtsanspruch. Eine Nichtbeförderung aus missbräuchlichen Erwägungen heraus war rechtswidrig.

Doch ich sollte eine unliebsame Überraschung erleben. Im Januar 1978, kurz nachdem Streibl von Strauß so brutal gedemütigt worden war, suchte mich der CSU-Landtagsabgeordnete Paul Wilhelm auf, der Vater von Ulrich Wilhelm, dem heutigen Sprecher der Bundesregierung. Mein CSU-Ortsverband gehörte zu seinem Stimmkreis, deswegen kannte er mich persönlich. Er eröffnete mir, dass er im Auftrag von Streibl komme, und zwar wegen meiner Beförderung. Der Minister wisse, dass er diese jetzt eigentlich vornehmen müsste, er würde dies auch sehr gern tun. Das Problem sei jedoch Strauß. Der Minister sehe keine Chance, die Beförderung im Kabinett durchzubringen. Strauß werde mit Sicherheit jeden einzelnen Minister vor der Kabinettssitzung anrufen und, wenn dieser der Beförderung zustimmen wolle, ihn fragen, ob er wohl verrückt geworden sei. Der Minister habe dann keine Mehrheit im Kabinett. Wohlgemerkt: Ministerpräsident war damals noch Alfons Goppel.

Als ich ihm sagte, der jüngste Krach zwischen Strauß und Streibl sei mir bekannt, redete Wilhelm ganz offen. Er sprach Einzelheiten aus dem Rechnungshofsbericht an, nannte mehrere Namen daraus. Dann unterbreitete er mir ein Angebot des Finanzministers: Er werde die Beförderung kurz vor oder nach der Landtagswahl im

Herbst 1978 durchziehen. Wilhelm fügte hinzu, dafür müsse es natürlich eine schriftliche Zusage geben. Mit diesem Aufschub sei ich nicht einverstanden, erwiderte ich, denn gegen mich liege nichts vor. Wilhelm beruhigte mich: »Ihnen kann doch nichts mehr passieren, nachdem Sie der Rechnungshof bestätigt hat.«

Außerdem sagte er mir, wenn ich gegen meine Ablösung vor Gericht klagen würde, hätte ich gute Karten, er habe meinen Fall mit seiner Frau besprochen (sie war Vorsitzende Richterin am Landgericht). In Hessen habe eine Oberstaatsanwältin, die gegen den Ministerpräsidenten Albert Osswald ermittelte und deswegen abgelöst wurde, mit ihrer Klage obsiegt. Ich sah jedoch den Unterschied: Ich hatte es letztlich mit Strauß zu tun und der war in Bayern nahezu allmächtig. Konnte ich bei Gericht vor ihm sicher sein?

Bald danach bestellte mich Finanzminister Streibl zu sich. Als ich eintrat, war ich erstaunt über den großen Bahnhof. Auch der Staatssekretär Albert Meyer war anwesend, der Ministerialdirektor Mayer, der Personalabteilungsleiter Hübner und der Ministerbüroleiter. Der Minister, sehr freundlich, eröffnete mir, jetzt, wo der von der Opposition beantragte Untersuchungsausschuss bevorstehe, sei eine Beförderung leider nicht möglich, diese könne erst nach der Landtagswahl erfolgen. Ich widersprach und wies ihn auf die Rechtslage hin. Schließlich sagte ich ihm ins Gesicht: »Mir ist schon klar, dass mich nach der Landtagswahl nichts Gutes erwartet, wenn Strauß erst einmal Ministerpräsident ist.« Ein entsetzter Aufschrei der ganzen Runde! Wie aus einem Munde scholl es mir entgegen: »Mit Strauß hat das überhaupt nichts zu tun!« – »Wirklich überhaupt nichts, rein gar nichts!« Ich musste schier laut lachen, wie fünf ausgewachsene Männer, die Spitzenämter innehatten, im Chor leugneten, was mir der Landtagsabgeordnete Wilhelm kurz vorher erzählt hatte. Sie schämten sich nicht, vermutlich nicht einmal voreinander.

Zum Schluss sagte Streibl nachdenklich über mich in die Runde: »Wenn er einen mit seinen blauen Augen so anschaut, möchte man nicht glauben, dass er der derzeit größte innenpolitische Faktor ist.« Daraufhin wurde mir klar, das Recht zählte hier nichts, das Kalkül alles. Wie die Entsendung des Landtagsabgeordneten Wilhelm so hatte auch dieses Gespräch nur den Zweck gehabt, mich davon abzuhalten, mich wieder an den Landtag zu wenden.

Nunmehr hatte man eindeutig den Weg des Rechts verlassen. Die rechtswidrige Nichtbeförderung war faktisch eine Gehaltskürzung, eine Sanktion gegen einen Beamten, der sich der Gesetzwidrigkeit in den Weg gestellt hatte.

Ein Innenminister Bruno Merk oder ein Kultusminister Hans Maier hätten sich anders verhalten. Aber ich hatte es mit einem Max Streibl zu tun. Dieser musste zudem fürchten, nicht mehr Finanzminister zu werden, wenn Strauß im Herbst nach der Landtagswahl Ministerpräsident würde. Streibl habe vorgehabt, »das Gerechte zu tun«, sagte Wilhelm später als Zeuge aus. »Aber er habe nach eigenem Bekunden unter Druck von Strauß gestanden, gegen Schlötterer scharf vorzugehen.« Für mich begann nun ein langer, dornenreicher Weg.

Das Steuergeheimnis

Das Steuergeheimnis sollte alles zudecken. Finanzminister Streibl verwehrte, wie vorher schon mir, der Opposition im Landtag die Einsichtnahme in den Bericht des Rechnungshofs, und zwar mit der Begründung, das Steuergeheimnis stehe dagegen. Er behauptete dies, obwohl der Rechnungshof die Namen der Steuerpflichtigen in seinem Bericht gar nicht nannte. Die Abgeordneten der Opposition erhielten nur einen Auszug, der sich auf die gerügten Fälle beschränkte und in dem außerdem eine Reihe von Passagen »geschwärzt« war. Diese geschwärzten Stellen wurden geradezu berühmt.

Die Opposition stand Kopf, aber es half nichts. Ich meinerseits konnte mich gegen falsche Behauptungen nicht wehren. Sogar das Bundesfinanzministerium durfte von den einzelnen Fällen nichts wissen. Bundesfinanzminister Hans Matthöfer forderte die Steuerakten an, vergeblich. Streibl verweigerte die Vorlage.

Plötzlich erfuhr ich, und das aus verschiedenen Quellen, dass Streibl meinen Bericht und den Bericht des Rechnungshofs Strauß gegeben hatte, obwohl dieser damals nur Parteivorsitzender war. Strauß, wurde mir gesagt, kenne »jedes kleinste Detail«. Da war mir klar, warum er mir an den Kragen wollte. Der CSU-Fraktionsvorsitzende hatte ebenfalls den Rechnungshofsbericht erhalten, also nicht lediglich den anonymisierten Auszug. Auf Vorhalt bestätigten mir Amtschef Mayer und der Rechtsreferatsleiter, dass es so war. Bald standen sogar einige Namen, unter Bezugnahme auf die CSU-Fraktionsspitze, in der Presse.

Gleichzeitig gab es einen Rieseneklat: Die Prüfungsbeanstandungen des Bundesrechnungshofs, die zu dessen Rauswurf geführt hatten, tauchten in den Händen der Opposition auf. Vermutlich hatte sie jemand aus Bonn lanciert. Die Opposition kannte nun namentlich die einzelnen Fälle.

Jetzt begann ein Possenspiel. Finanzminister Streibl stellte Strafantrag gegen unbekannt wegen Verletzung des Steuergeheimnisses durch Weitergabe der Rügen des Bundesrechnungshofs. Im eingesetzten Untersuchungsausschuss des Landtags wurden sodann der SPD-Fraktionsvorsitzende Helmut Rothemund sowie andere Oppositionsabgeordnete gezwungen, dazu auszusagen, von wem sie die Beanstandungen erhalten hatten. Wer der Absender gewesen war, kam dabei nicht zutage. Hervorzuheben ist, dass Streibl andererseits nicht einmal wegen der Namen, die unter Bezugnahme auf die CSU-Fraktionsspitze in der Presse standen, Strafantrag gegen unbekannt stellte. Verständlicherweise.

Streibl schien Glück zu haben, die ganze Geschichte kam nicht auf. Später aber holte sie ihn ein – in der Amigo-Affäre. Und daran war er selbst schuld.

Der Untersuchungsausschuss »Steuerfälle« und seine Fallstricke

Im Frühjahr 1977 nahm der von der Opposition durchgesetzte Untersuchungsausschuss »Steuerfälle« seine Arbeit auf.

Als ich mich an den Landtag gewandt hatte, hatte ich keineswegs nur auf die Opposition gezählt, sondern auch mit Unterstützung aus der CSU-Fraktion gerechnet. Häufig hatte ich im Landtag zu Petitionen in Steuersachen Stellung genommen. Meist handelte es sich dabei um geringe Steuerbeträge. So musste ich beispielsweise zur Eingabe eines kleinen Baggerführers aus dem Allgäu, der 2000 Mark Zinsen aus seinem Bausparvertrag nicht angegeben hatte und deswegen strafrechtlich belangt worden war, bedauernd darlegen, dass dies eben die Rechtslage war. Die CSU-Abgeordneten, so dachte ich, müssten daher doch verstehen, dass Steuerpflichtige, die Hunderttausende oder Millionen Mark hinterzogen hatten, nicht besser gestellt werden durften. Und sie mussten doch auch verstehen, dass sie nicht besser gestellt werden durften als die Unternehmer, die unter Schmerzen korrekt ihre Steuern bezahlten. So etwas konnte doch niemand mit seinem Gewissen vereinbaren.

Auf meine Landtagseingaben bekam ich von August Lang, dem Vorsitzenden der CSU-Fraktion, keine Antwort. Der SPD-Fraktionsvorsitzende Helmut Rothemund hingegen lud mich zu einem Gespräch ein, ich erläuterte ihm mein Anliegen. Ansonsten vermied ich den Kontakt zur Opposition. Die Gefahr, auf CSU-Seite sofort als »rotes U-Boot« verschrien zu werden, war zu groß.

In dem nun beginnenden Untersuchungsausschuss erlebte ich, was die CSU-Abgeordneten anging, zu denen auch Günther Beckstein gehörte, eine herbe Enttäuschung. Obwohl ihnen die Rügen des Bayerischen Obersten Rechnungshofs und des Bundesrechnungshofs bekannt waren, behandelten sie mich wie einen Missetäter, Müller hingegen äußerst freundlich und verständnisvoll. Sie wussten, dass er der Vertraute des großen Vorsitzenden in Steuersachen war und, wie es in der Fraktion hieß, für diesen die Kohlen aus dem Feuer zu holen hatte. Obwohl ich nur ein Zeuge war, gegen den überhaupt nichts vorlag, wurde ich rüde angegriffen, grob unterbrochen, meine Aussagen wurden infrage gestellt oder als widerlegt erklärt. Ein prominenter CSU-Abgeordneter hielt der Personalabteilung des Ministeriums vor: »Warum habt ihr den überhaupt so weit kommen lassen?!«

Gleich meine erste Vernehmung drohte für mich zum Fiasko zu werden. Es ging um eine von Strauß-Spezi Friedrich Jahn gegründete Steuerberatungsgesellschaft, die schon tätig wurde, bevor sie die Zulassung hatte. Gegen sie musste deswegen ein Bußgeldverfahren eingeleitet werden, dem entsprechenden Verlangen der Steuerberaterkammer München hatte ich gemäß der Rechtslage zugestimmt. Müller, dem ich den Vorgang zuleitete, zeichnete ebenfalls zustimmend ab. Angeschlagen von der Wienerwald-Affäre, traute er sich nicht, die Sache zu stoppen. Strauß aber machte ihm deswegen, wie Müller mir später vorhielt, heftige Vorwürfe: »Wie konntest du so etwas zulassen!« Obwohl Müller selbst zugestimmt hatte, prangerte er daraufhin in einem Aktenvermerk für den Staatssekretär mein Verhalten als »Schweinerei und miserablen Verwaltungsstil« an.

Am Tag nach meiner Aussage suchte mich mein Abteilungsleiter Hubert Kranz auf. Er war sehr aufgeregt: »Ich muss Sie warnen. Man beabsichtigt, Sie des Amtes zu entheben und gegen Sie ein Strafverfahren einzuleiten. Man wirft Ihnen vor, Sie hätten gestern falsch ausgesagt. Wenn Sie das nicht wegbringen, dann sind Sie dran!« Müller, Dannecker und der Steuerberater Jahns hatten, so Kranz, nach mir ausgesagt, ich hätte bereits vor der Anerkennung mündlich die Genehmigung erteilt, dass die Steuerberatungsgesellschaft ihre Tätigkeit sofort aufnehmen könne.

Diese falschen Aussagen waren für mich völlig unvorhersehbar gewesen, denn bis dahin hatte niemand derlei behauptet. Nunmehr musste ich erkennen, dass man mich zur Strecke bringen wollte. Es gelang mir indessen, in einem Schreiben an den Untersuchungsausschuss nachzuweisen, dass die drei Aussagen überhaupt nicht übereinstimmten. Dank der Warnung hatte ich meinen Kopf gerade noch rechtzeitig aus der Schlinge ziehen können.

Dannecker berichtete Strauß. Der forderte ihn auf: »Zeig ihn an! Zeig ihn an!« Doch sein Einflüsterer traute sich nicht. Im Untersuchungsausschuss aber durfte Dannecker mich unbeanstandet als »klinischen Fall« bezeichnen und auftrumpfen: »Wenn der Irrsinn auch schon in einem Ministerialbeamtenhirn Platz greifen darf, dann sind wir weit weg von einer geordneten Verwaltung.«

Die nächste Schlinge war indessen schon ausgelegt, aber die konnte ich wenigstens schon von Weitem sehen. Es war die Absprache von Müller und Strauß, dem Bundesrechnungshof das Prüfen in bayerischen Finanzämtern zu verbieten. In meiner zweiten Landtagseingabe hatte ich geschildert, dass Müller, nachdem er meine und Miehlers Einwände gegen den Rauswurf angehört hatte, geäußert hatte, er werde darüber mit Strauß sprechen. Und dass er dann, während wir im Vorzimmer warteten, mit diesem ein entsprechendes Telefongespräch führte.

Im Verein mit Miehler stellte Müller es gegenüber der Presse so dar, dass nicht er Strauß angerufen habe, sondern dieser ihn, und zwar wegen eines anderen Themas. Dabei habe man »beiläufig« auch die Sache mit dem Bundesrechnungshof beredet. Zu diesem Zeitpunkt sei aber sein Gespräch mit mir und Miehler schon beendet gewesen.

Vor meiner Zeugenaussage wusste ich daher schon, was auf mich zukommen würde. Blieb ich bei meiner Darstellung, standen ihr die gegenteiligen Aussagen Müllers und Miehlers gegenüber. Dann würde man mich wegen Falschaussage packen, wie man es schon vorher bei der Jahn-Steuerberatungsgesellschaft versucht hatte. Um dem zu entrinnen, hielt ich bei der Vernehmung meine Darstellung aufrecht, betonte, das sei »mein festes Erinnerungsbild«, ich schränkte aber ein, dass ich mit letzter Sicherheit einen Irrtum nicht ausschließen könne – nur dadurch konnte ich mich retten.

Daraufhin begannen zwei bissige CSU-Abgeordnete, mich in die Zange zu nehmen. Sie waren als stellvertretende Ausschussmitglieder in den Untersuchungsausschuss eingewechselt worden, offensichtlich, weil es jetzt um Strauß ging. Der eine hörte auf den Namen Faltlhauser, der andere auf den Namen Stoiber.

Beide stellten mir nun immer wieder die Frage, ob Müller Strauß angerufen habe oder umgekehrt. Wie das mit dem Wählvorgang gewesen sei, ob Müller selbst gewählt oder die Sekretärin das Gespräch vermittelt habe usw., wollten sie wissen. Darauf aber kam es überhaupt nicht an, es änderte ja nichts an der Absprache. Das Ziel konnte daher nur sein, mir in irgendeinem Punkt einen Widerspruch zu den Aussagen von Müller und Miehler nachzuweisen. Dann hätte man mich wegen falscher Aussage am Wickel gehabt. Ich sagte daher, so genau könnte ich mich nicht mehr erinnern. Das wiederholte ich einmal, zweimal, dreimal. Als die Fragerei in dieser Richtung aber weiterging, platzte es aus mir heraus: »Sie wollen mich ja bloß ins Gefängnis bringen!« Kurt Faltlhauser bestritt dies: »Niemand will Sie ins Gefängnis bringen.«

Stoiber stellte mir eine andere Frage. Meine Antwort, rügte er, sei eine Wertung. Mit der nächsten Frage hielt er mir vor, ob ich der Meinung sei, dass es einem Beamten anstehe, ein politisches Argument vorzubringen. Ich hatte Müller, weil rechtliche Argumente sinnlos waren, vor dem Rauswurf des Bundesrechnungshofs wegen des politischen Skandals gewarnt, den die in Bonn regierende SPD/FDP-Koalition daraus machen könnte. Ich gab zurück: »Jetzt verlangen Sie selbst eine Wertung von mir!«

Stoibers Vorhaltung war unter der Gürtellinie. Im Umweltministerium war er Oberregierungsrat in Streibls Ministerbüro gewesen, damit war er selbst in jedem Fall politisch tätig. Er wusste, dass alle Spitzenbeamte, Ministerbüroleiter, die Beamten der Staatskanzlei und der Landesvertretung in Bonn zu einem erheblichen Teil politisch eingesetzt waren. Und sogar die Sitzungen des Untersuchungsausschusses und gerade auch die Sitzung, in der es jetzt um den Bundesrechnungshof ging, waren von den CSU-Abgeordneten zusammen mit Spitzenbeamten des Finanzministeriums in einem eigenen Arbeitskreis vorbereitet worden. Er warf mir wider besseres Wissen ein politisches Argument vor, mit dem ich nur Schaden vermeiden wollte!

Sogar der Ausschussvorsitzende von der CSU fand diese Art des Verhörs anstößig. Er forderte, »künftig mit Zeugen nicht mehr so umzuspringen«.

Zuvor aber hatte ich noch einen Volltreffer gelandet. Ich stellte die rhetorische Frage, warum Miehler und ich eigentlich im Vorzimmer Müllers noch hätten warten sollen, wenn angeblich unser Gespräch mit ihm schon zu Ende gewesen war. Stoiber und Konsorten schauten verdutzt drein, die SPD-Abgeordneten lachten. Die Aussage von Müller und Miehler konnte demnach nicht stimmen, sie war in sich unlogisch. Natürlich wurden beide nicht wegen Falschaussage belangt. Und der SPD-Antrag, F. J. Strauß selbst zum Rauswurf des Bundesrechnungshofs zu vernehmen, wurde von der CSU abgelehnt. Jedenfalls aber war auch der zweite Anschlag auf mich gescheitert.

Anzumerken bleibt, dass es Jahre später, Stoiber war inzwischen Innenminister, einen Skandal gab, weil sein Mitarbeiter Michael

Höhenberger eine parteipolitische Ausarbeitung zur Ausbreitung der CSU im Bundesgebiet bzw. der CDU in Bayern verfasst hatte. Sie war im Ministerium von einer Sekretärin geschrieben worden. Stoiber aber behauptete, er habe davon nichts gewusst, Höhenberger behauptete gar, er habe die Ausarbeitung in seiner Freizeit gefertigt. Niemand glaubte ihnen, die Beamten aller Ministerien lachten darüber, so liefen die Dinge nicht ab. In dem hierzu eingesetzten Filz-Untersuchungsausschuss des Landtags wurden die beiden Mohren von der CSU natürlich weißgewaschen. (Hinweis: Wie die *Süddeutsche Zeitung* berichtete, setzte später Monika Hohlmeier im Kultusministerium gleich 15 Beamte für Parteiarbeit ein!)

Der dritte Versuch, mich zu Fall zu bringen, sollte nicht auf sich warten lassen. Der Untersuchungsausschuss vernahm Müller zu dem Grund für meine erste Ablösung, die der Staatssekretär gestoppt hatte. Müller holte nun zu einem gewaltigen Keulenschlag aus. Er gab an, er habe zuvor mit Finanzminister Ludwig Huber meine Ablösung vereinbart, nachdem man in den Akten ein von mir verfasstes geheimes Dossier von 40 bis 50 Seiten mit »völlig unbegründeten Verdächtigungen« entdeckt habe. Dieses Dossier hätte den Minister in »unangenehme Vorhaltungen« verwickeln können. Ungehindert durfte er höhnen: »Schlötterer betrachtet sich als rechtswahrendes Element. ... Er hat ja gesagt, er verzichtet auf Beförderung.«

Die CSU-Abgeordneten äußerten sich indigniert über mein hinterhältiges Verhalten. Schlauerweise lehnten sie aber meine von der SPD beantragte Vernehmung hierzu ab. Müller hatte ihnen unverblümt zu verstehen gegeben, dass es dunkle Dinge gab, die den früheren Finanzminister schwer belasteten. Dazu sollte ich natürlich nicht aussagen. Müller aber hatte es auf diese Weise geschafft, zwei Feinde gleichzeitig in die Pfanne zu hauen: Ludwig Huber und mich.

Die Presse berichtete groß über das geheime Dossier. Zunächst glaubte ich an eine Falschmeldung, denn bei allem Fleiß, solch ein gewaltiges Konvolut hatte ich nicht gefertigt. Müller konnte so etwas nicht gesagt haben. Und doch, er hatte es gesagt. Der Vorwurf der feigen Heimtücke war ein Tiefschlag, der mich moralisch ins Aus befördern sollte. Sofort bat ich Finanzminister Streibl um ein Gespräch. Das sagte er zu, verschob es aber immer wieder, so lange, bis der Untersuchungsausschuss vorbei war. Solchermaßen ausgetrickst, wies ich die Staatsanwaltschaft auf die unwahre Aussage hin. Müller sollte dieses Dossier einmal herzeigen!

Dennoch sollte Müller im Untersuchungsausschuss noch sein Waterloo erleben. Professor Ludwig Schmidt, Richter am Bundesfinanzhof, belastete ihn in der Wienerwald-Sache schwer. Er sagte aus, »aufgrund des Persönlichkeitsbilds«, das er von Müller gewonnen habe, habe er damit gerechnet, dass es früher oder später zu Schwierigkeiten komme. Deshalb habe er sich seine Unterlagen aufgehoben. Jeder in der Finanzverwaltung wisse, wie er Müller beurteile. Es hätten zweifelsfrei Begünstigungshandlungen Müllers vorgelegen, man habe ihm seinerzeit kein Redlichkeitsattest ausgestellt. Von dem früheren Steuerabteilungsleiter Merkel wurde Müller ebenfalls belastet. Merkel sagte aus, objektiv hätte eine Begünstigung im Amt vorgelegen.

Zuvor aber hatte es einen Riesenkrach zwischen Strauß und Streibl gegeben. Ich hatte nämlich inzwischen ein Gutachten von 70 Seiten zur Wienerwald-Affäre verfasst und dem Untersuchungsausschuss angeboten. Darin wies ich detailliert anhand der Akten das Fehlverhalten Müllers nach. (Das Steuergeheimnis im Fall Wienerwald war inzwischen aufgehoben worden.) Das Gutachten machte gewaltig Furore. Strauß tobte. Er war außer sich darüber, dass es mir selbst nach meiner Entfernung aus der Steuerabteilung noch gelungen war, eine solche Ausarbeitung zu erstellen. Als ihm

Finanzminister Streibl entgegenhielt, dass hierin rechtswidrige Begünstigungshandlungen Müllers zweifelsfrei nachgewiesen seien, brachte ihn dies nur noch mehr in Rage, wie man mir sagte. Er schrie Streibl an, dass er schuld sei, dass ich immer noch im Finanzministerium sei. Daraufhin sah sich Streibl gezwungen, mich zu entwaffnen. Unter Hinweis auf den Wutausbruch von Strauß wurde ich gezwungen, sämtliche Kopien, die ich noch im Besitz hatte, herauszugeben. Dem Ministerbüroleiter war dies recht peinlich, er bat mich um Verständnis.

Was juckte Strauß das Recht, wenn Jahn ihm alles zahlte? Jahn stellte ihm sein Flugzeug zur Verfügung, er zahlte die Flugreisen von Strauß und seinen Spezis nach Venedig, an die Côte d'Azur, an die Loire, nach Paris und Griechenland, zum Wiener Opernball. Und dann gab es noch die wirtschaftliche Verflechtung zwischen ihm und Jahn.

Der Untersuchungsausschuss legte seinen Bericht vor. Wie nicht anders zu erwarten war, entlastete die CSU-Mehrheit Müller. Umgekehrt aber vermied sie, wie mir der Ministerbüroleiter sagte, auf Wunsch von Finanzminister Streibl, mich auch nur mit einem einzigen Wort zu kritisieren. Dieser Trost war ein geringer. Die Beamten des Finanzministeriums, die auf sein Geheiß zusammen mit den CSU-Abgeordneten die Vernehmungen des Untersuchungsausschusses taktisch vorbereitet hatten, hatten mir das Leben schwer genug gemacht.

Während Finanzminister Streibl nach außen erklärte, dass die ganze Untersuchung nichts Belastendes ergeben habe, sah er dies in Wirklichkeit ganz anders. Er hielt eine Krisensitzung mit den Spitzenbeamten ab. Der zweite Amtschef Konrad Mayer sagte anschließend zu mir, man sei zu dem Schluss gekommen, die Opposition könne allein mit dem, was herausgekommen sei, den gesamten bevorstehenden Landtagswahlkampf bestreiten.

Ein unerwarteter Verbündeter: Professor Klein

Hoffnung machte mir, dass ich überraschend einen wichtigen Verbündeten bekommen hatte. Es war Professor Franz Klein, der große Steuerfachmann der CDU, den Müller, wie erwähnt, schwer verleumdet hatte. Er suchte mich eines Tages in meiner Wohnung auf. Aus familiären Gründen wollte er von Bonn, wo er als Ministerialdirektor in der Landesvertretung von Rheinland-Pfalz residierte, nach München wechseln. Da er davon ausging, dass Müller nicht mehr zu halten war, wollte er dessen Position übernehmen. Ich schilderte ihm die gesamte Situation und sagte ihm, dass ich mich auf eine Zusammenarbeit mit ihm im Finanzministerium freuen würde. In der Folge führte er mehrfach Gespräche mit F. J. Strauß, er brauchte dessen Zustimmung. Was Strauß freilich nicht ahnte: Klein informierte mich anschließend jeweils über das Gespräch.

Klein warb bei Strauß um Verständnis für mich. Er versuchte, Strauß davon zu überzeugen, dass ich gar nicht hätte anders handeln können, er scheiterte jedoch. »Sie sind für Strauß ein rotes Tuch«, teilte er mir mit. »Ihnen geht es um Rechtsstaatlichkeit. Damit können Sie Strauß im Fall Jahn bei seinen wirtschaftlichen Verflechtungen mit diesem natürlich nicht kommen.«

Dennoch legte sich Klein weiterhin bei Strauß für mich ins Zeug. Er sagte zu ihm, ich hätte nichts gegen ihn (was allerdings keineswegs meiner Stimmungslage entsprach). Strauß, so Klein, sei darüber sehr erstaunt gewesen. Er werde wohl mit einem Gesprächsangebot auf mich zukommen. Dergleichen geschah jedoch nicht.

Eines Abends lud Klein mich in das Haus seines Schwiegervaters, des früheren Kultusministers Theodor Maunz, in Dießen am Ammersee ein. Bei Bier, Hartwurst und Bauernbrot beratschlagten wir über die Lage. Er erzählte, dass er erfahren habe, dass es noch viel »dickere Hunde« gäbe als die von mir genannten Steuerfälle. Er nannte mir vier Fälle, u.a. einen superreichen Strauß-Freund, dem man gegen die Hingabe einer Parteispende einen Teil der Vermögensteuer nachgelassen habe. Um diesen Strauß-Freund rankten sich auch ganz andere »rätselhafte« Zahlungsvorgänge – zulasten des Steuerzahlers natürlich.

Dreh- und Angelpunkt des Gesprächs war Strauß. Klein erzählte mir, dass Strauß ihm sehr verbunden sei, und zwar wegen der Lockheed-Affäre, in der er Bestechungsvorwürfen ausgesetzt war. Alle, gegen die damals der Vorwurf erhoben wurde, sie hätte sich von der Firma Lockheed bei der Beschaffung des Starfighters bestechen lassen, hatten tatsächlich Geld genommen, sogar Prinz Bernhard der Niederlande. Nur Strauß konnte man nichts nachweisen, obwohl ihn sein früherer Vertrauter Ernest Hauser, der für Lockheed tätig war, beschuldigte, dass er Schmiergeld erhalten habe. Strauß, so Klein, habe heimlich Einblick in die Ermittlungsakten des Bundesfinanzministeriums nehmen können. Er sagte mir auch, wer Strauß die Akten verschafft hatte.

Und er kannte überdies den wahren Grund für das schlechte Verhältnis zwischen Strauß und Heubl. Heubl habe seinerzeit die Affäre von Strauß mit einer 17-jährigen Gymnasiastin an Marianne Strauß verraten. Das erklärte natürlich viel.

Bald darauf rief mich Klein aufgeregt an. »Ich bin mir sicher, Sie werden abgehört. Dannecker hat mich angesprochen, und zwar genau auf die Dinge, die ich mit Ihnen drei Tage vorher am Telefon besprochen habe.« Klein war kein Mann, der am helllichten Tag Gespenster sah. Natürlich wusste ich, dass Strauß über beste Verbindungen zum Bundesnachrichtendienst verfügte. Es mochte daher sein, dass ich abgehört wurde. Dies hatte ich schon von Anfang an zwar nicht für wahrscheinlich gehalten, aber als möglich einkalkuliert. Es war mir aber gleichgültig. Was konnte Strauß damit gegebenenfalls anfangen? Herzlich wenig. Mochte er ruhig alles wissen! Alles, was ich sagte, entsprach schließlich der Wahrheit. Das Steuergeheimnis zu verletzen hütete ich mich sowieso.

Als Jahre später Landesbankpräsident Ludwig Huber infolge der Thyssen/Wienerwald-Affäre in große Bedrängnis geriet wegen des Vorwurfs, er habe seine Geliebte Renate Thyssen rechtswidrig begünstigen wollen, äußerte er verstört gegenüber einem Journalisten, er werde abgehört. Ludwig Huber war stellvertretender Ministerpräsident gewesen, er hatte enge Beziehungen zu dem Ministerialdirigenten Hans Georg Langemann im Innenministerium, der dort die Staatsschutzabteilung leitete, früher beim BND tätig war und enge Verbindung zu Strauß hielt. Wenn er so etwas für möglich hielt, dann war das ernst zu nehmen. Derjenige, vor dem er sich fürchtete, konnte nur Strauß sein, denn wer sonst verfügte über solche Möglichkeiten. Hubers Verhältnis zu Strauß war damals aufs Äußerste gespannt. Strauß wollte dessen Vertrag als Landesbankpräsident nicht verlängern.

Im Übrigen bot mir Hans Langemann, den ich einmal in einer geheimdienstlichen Angelegenheit mit steuerlichen Fragen beraten hatte, wiederholt seine Hilfe an. Ludwig Huber, der mit seiner Tochter befreundet war, hatte ihm zu seiner Position im Innenministerium verholfen, wozu der damalige Innenminister Merk später laut *Spiegel* erklärte: »Ich hatte keinen Bedarf und wollte ihn auch nicht.« Aber mir konnte auch kein Langemann helfen. Als er 1982 seine Erlebnisse veröffentlichen wollte, gab es eine Riesenaufregung, Strauß und Innenminister Tandler erklärten ihn für verrückt. Er bekam ein Strafverfahren an den Hals, man ließ ihn jedoch davonkommen.

Staatsanwaltschaftliche Ermittlungen

Parallel zum Untersuchungsausschuss liefen die Ermittlungen der Staatsanwaltschaft gegen Müller. Ich sagte mehrmals als Zeuge aus, sprudelte heraus, was ich erlebt hatte. Da ich gleichzeitig als Zeuge vor dem Untersuchungsausschuss auszusagen hatte, alle Aussagen sorgfältig vorbereiten musste, und das immer unter höchster Anspannung stehend, war ich der Erschöpfung nahe. Müller weigerte sich zunächst, sich von den Staatsanwälten vernehmen zu lassen, musste aber schließlich klein beigeben.

Es gab einen, der weit mehr als ich Müllers Bestrafung ersehnte: Finanzminister Max Streibl. Dies hatte sich im Hause herumgesprochen. Mein Abteilungsleiter versicherte mir immer wieder: »Der Minister brennt darauf, dass die Staatsanwaltschaft den Müller packt.« Das war nachvollziehbar. Müller hing Streibl wie ein Mühlstein um den Hals, aus eigener Kraft aber vermochte Streibl diese Strauß'sche Installation nicht abzustreifen.

Im Juli 1978 erfuhr ich plötzlich aus dem Justizministerium, dass das Strafverfahren gegen Müller eingestellt werde. Natürlich erst nach der anstehenden Landtagswahl! Darüber war ich konsterniert, denn die Vernehmung von Zeugen dauerte zu diesem Zeitpunkt noch an. Aber prompt wurde das Strafverfahren nach der Landtagswahl eingestellt.

Die Verfahrenseinstellung wurde am 19. Dezember 1978 von der Justizpressestelle öffentlich bekannt gegeben. Ich erfuhr davon auf der Weihnachtsfeier des Finanzministeriums, die, wie im Vorjahr, wiederum im Antiquarium der Residenz stattfand. Zunächst bemerkte ich, wie die Beamten die Köpfe zusammensteckten und tuschelten. Ich spürte, wie sich immer mehr Blicke auf mich richteten. Es lief mir eiskalt den Rücken hinunter. Ich fühlte, dass jetzt etwas auf mich zukam.

Müller ließ im Finanzministerium Sekt auffahren. Wie ich später aus dem Buch von Franz Schönhuber *Freunde in der Not* ersehen konnte, hatte Strauß während des laufenden Ermittlungsverfahrens mit Müller, Jahn, Streibl, Hurler und anderen eine Vergnügungsreise im Flugzeug von Jahn an die Côte d'Azur unternommen. Wie die anderen war Müller Gast im Haus von Strauß in Les Issambres und wurde von Marianne Strauß persönlich bewirtet. Unter solchen Umständen war von vornherein klar, dass Müller nichts passieren konnte. Ich stand mit meinen Zeugenaussagen auf verlorenem Posten. Als ich das erkannte, stieß es mir bitter auf, dass man mich als Zeugen lediglich missbraucht hatte.

Die staatsanwaltschaftliche Einstellungsverfügung war unsäglich. Im Fall Beckenbauer etwa wurde die Aussage des Ministerialrats Strassl unterschlagen, dass Müller auch ihm gegenüber Finanzminister Ludwig Huber der Vorwarnung verdächtigt hatte. Dies war zugleich ein Beweis für meine Darstellung, dass der Minister in diese Steuerhinterziehung verstrickt war und daher seine Zustimmung zu Fahndungsmaßnahmen versagt hatte. Die Staatsanwaltschaft hatte den früheren Finanzminister pflichtwidrig auch gar nicht vernommen, obwohl ein Staatsanwalt, wie ein Aktenvermerk zeigte, dies für notwendig erklärt und davor gewarnt hatte, dass ich dies rügen würde. Stattdessen wurde der Minister in der Einstellungsverfügung sogar lobend erwähnt: Er habe entschieden, dass wegen der Vorwarnung Strafanzeige gestellt würde.

Schlechter als Ludwig Huber erging es 2006 zwei Münchner Polizisten, die Beckenbauer begünstigen wollten, indem sie einen Strafzettel wegen zu schnellen Fahrens verschwinden lassen wollten und hierfür Urkunden fälschten. Sie wurden zu acht Monaten Gefängnis auf Bewährung verurteilt und aus dem Dienst entlassen.

Das geheime Dossier über Finanzminister Ludwig Huber »mit unbegründeten Verdächtigungen« in einem angeblichen Umfang von 40 bis 50 Seiten konnte Müller bei der Staatsanwaltschaft natürlich nicht vorzeigen. Stattdessen legte er einen von mir erstellten Aktenvermerk vor, der aber nur drei Seiten umfasste und weder geheim war noch Verdächtigungen enthielt. Das Schönste daran:

Müller hatte diesen Aktenvermerk sogar selbst abgezeichnet! Aufgrund der Aussage des früheren Ministerbüroleiters kam die Staatsanwaltschaft aber zu dem Schluss, dass der Grund für meine damals versuchte Ablösung ein ganz anderes Schriftstück war. Es war mein zweiseitiger Aktenvermerk mit den Äußerungen Schwans über die erfolgte Vorwarnung und die Verstrickung maßgeblicher Politiker, den ich dem Minister zugeleitet hatte. Und vor allem: Müller hatte ihn zuvor selbst abgezeichnet, ohne etwas zu beanstanden. Seine Aussage von einem von mir angelegten heimlichen Riesendossier war also falsch gewesen. Dennoch wurde das Strafverfahren auch insoweit eingestellt.

Mehr noch: Mein gesamtes Vorbringen zur Verstrickung des Ministers in die Steuerhinterziehung und in die Strafvereitelung im Fall Beckenbauer wurde in der Einstellungsverfügung ausgeblendet. Der SPD-Fraktionsführer Rothemund, dem sie als Anzeigeerstatter zugestellt wurde, wurde auf diese Weise gröblich getäuscht.

Die Täuschung reichte jedoch noch weiter. Zu der 105-seitigen Einstellungsverfügung gab es noch einen Anhang mit weiteren Ausführungen der Staatsanwaltschaft. Dieser wurde der Opposition vorenthalten. Auch vor mir versuchte man diesen Anhang zu verheimlichen. Als ich von ihm erfuhr und den Leiter des Ministerbüros darauf ansprach, leugnete dieser: »Was soll es außer den 105 Seiten noch geben?!«

Der Ministerialdirektor Konrad Mayer kommentierte das Ganze mir gegenüber so: »Einen Vorteil hat diese Einstellungsverfügung wenigstens, nämlich dass Sie den Respekt vor der Institution Staatsanwaltschaft verloren haben!« Bundesminister a. D. Niederalt sagte zu mir: »Dass Sie zur Staatsanwaltschaft kein Vertrauen mehr haben, verstehe ich. Auch in der Sache Friedrich Zimmermann sind die Telefonate zwischen CSU-Landesleitung und Staatsanwaltschaft hin- und hergegangen. Die Leitungen haben damals geglüht!« Der im Justizministerium mit dem Fall Lothar Müller befasste Referent sollte später wiederholt in anderen Skandalen öffentlich in Erscheinung treten. Sein Name: Hermann Froschauer.

Als mir schließlich ein Abteilungsleiter unter dem Siegel der Verschwiegenheit mitteilte, seines Wissens habe die Staatsanwaltschaft ursprünglich Anklage gegen Müller erheben wollen und eine entsprechende Vorlage an den Generalstaatsanwalt verfasst, war mein Glaube an eine rechtsstaatliche Justiz vollends dahin.

Der CSU-Parteivorsitzende Strauß und sein Assistent Wilhelm Knittel hatten sich selbstverständlich in das Ermittlungsverfahren eingeschaltet. Justizminister Karl Hillermeier absolvierte eine Besprechung, zu der auch Lothar Müller stieß, und zwar in der CSU-Landesleitung. Anscheinend fand die Besprechung unter dem Vorsitz von F. J. Strauß statt. Das konnte ich später aus den Akten des Justizministeriums ersehen. Aus den eigenen Aussagen Müllers und den staatsanwaltschaftlichen Feststellungen ergab sich aber für mich eine frappierende Erkenntnis: Müller hatte mir gegenüber Finanzminister Ludwig Huber als Straftäter in der Sache Beckenbauer dargestellt, umgekehrt mich aber gegenüber dem Finanzminister als seinen Verfolger. So hatte er von zwei verhassten Gegnern den einen gegen den anderen eingesetzt. Er hatte ein Doppelspiel betrieben.

Eine kleine Genugtuung verblieb mir dennoch. Die Staatsanwaltschaft hatte gegen mich kein Verfahren wegen falscher Anschuldigung eingeleitet. Ein Staatsanwalt wies mich ausdrücklich darauf hin, dass dies für sich spreche. Niemand erhob den Vorwurf, dass ich in irgendeinem Punkt die Unwahrheit gesagt hätte, sei es bei der Staatsanwaltschaft, sei es vor dem Untersuchungsausschuss. Demnach konnte man mir rechtlich nichts anhaben. Müller selbst wollte zwar gegen mich eine Widerrufs- und Unterlassungsklage erheben, ließ aber davon ab, nachdem man ihm im Ministerium händeringend davon abgeraten hatte, wie mir mein Chef Hubert Kranz berichtete.

Von Professor Klein erfuhr ich, Finanzminister Streibl habe erklärt, er könne jetzt nicht mehr anders, als meine zurückgestellte Beförderung vorzunehmen. Dannecker habe ihm, Klein, das erzählt und sich darüber furchtbar aufgeregt.

Ja, man hatte ein Riesenproblem: Man hatte nichts, was man mir vorwerfen konnte.

Die Rache des F. J. Strauß

Dennoch: Die Rache des Herrn sollte über mich kommen. Strauß war inzwischen Ministerpräsident und damit im Vollbesitz der Macht. Nun brachen die Schutzdämme. Auf die öffentliche Meinung musste er keine Rücksicht mehr nehmen, die Landtagswahl war vorbei. Die CSU verfügte wieder über die absolute Mehrheit. Auch sein Amtseid, den er vor dem Landtag geleistet hatte, lag schon mehrere Wochen zurück.

So erging sein Wort an Max Streibl, den Aufrührer endlich zur Schlachtbank zu führen. Der Personalabteilungsleiter Gustav Hübner eröffnete mir im Auftrag des Ministers die erneute Einleitung eines Disziplinarverfahrens und die (strafweise) Versetzung an die Bezirksfinanzdirektion München. Es waren die gleichen Maßnahmen, die der Minister Ende September 1977 angeordnet, aber dann wieder zurückgenommen hatte, weil, wie er im Landtag erklärt hatte, dazu kein Anlass mehr bestehe, es habe sich alles geklärt.

Welches Vergehen ich aber in der Zwischenzeit begangen haben sollte, teilte mir Hübner nicht mit. Er berief sich lediglich auf die Weisung des Ministers. Später, vor dem Amigo-Untersuchungsausschuss im Jahr 1994 dazu befragt, erklärte er, er könne nicht sagen, welche Vorgänge den Minister seinerzeit zu seinem Vorgehen veranlasst hätten. Man muss sich vor Augen halten: Er wusste selbst nicht, was mir vorzuwerfen war, obwohl er doch das Disziplinarverfahren durchführen musste! Tatsächlich wurde mir niemals mitgeteilt, was ich verbrochen haben sollte. Auf die Frage, ob Strauß hinter Strafversetzung, Disziplinarverfahren und Nichtbeförderung gestanden habe, antwortete Hübner vor dem Amigo-Untersuchungsausschuss nicht mit einem Nein. Vielmehr behauptete er, er könne sich »nicht daran erinnern«, auch nicht daran, dass ihm Strauß »so etwas auferlegt« habe.

Als mir damals, im Januar 1979, die Strafversetzung und die Einleitung eines Disziplinarverfahrens eröffnet wurden, war ich verzweifelt. Ich hatte das Gefühl, der Boden unter mir gibt nach. Was da ablief, wirkte gespenstisch, unwirklich. Ich war in irgendeinem fernen Land, nicht mehr in der Bundesrepublik Deutschland. Recht und Gesetz galten nichts mehr. Es herrschte nur noch der brutale Wille des F. J. Strauß. Und alle gehorchten. Egal ob Minister, Ministerialdirektor oder Abteilungsleiter – keiner stellte sich hin und sagte, ich mache da nicht mit. So war ich dem Gewaltmenschen ausgeliefert, der mannigfach in üble Affären verstrickt war, als Verteidigungsminister zurücktreten musste, weil er den Bundestag und die Öffentlichkeit belogen hatte, und dem das Landgericht München bescheinigt hatte, dass ihm »der Ruch der Korruption anhafte«.

Was hatte ich nicht alles auf mich genommen, was hatte ich nicht alles nachweisen können! Bis zur Erschöpfung hatte ich ausgesagt, mir die Finger wund geschrieben. Es gab die Rügen des Bundesrechnungshofs, des Bayerischen Obersten Rechnungshofs, die Aussagen von Professor Schmidt und des früheren Steuerabteilungsleiters Merkel. Und hatte ich nicht den Schutz des Petitionsrechts? Doch all das zählte nichts. Wieder verkündete man über Fernsehen, Rundfunk und Presse die gegen mich verhängten Sanktionen.

Eine Versetzung als Strafe war unzulässig, darauf hatte die Personalabteilung Streibl vergeblich hingewiesen, und die Verfolgung

Unschuldiger war strafbar. Aber was half mir das? Zwei Jahre lang hatte ich jetzt schon gegen eine Übermacht kämpfen müssen, nun würde ich weiter jahrelang vor Gericht zu kämpfen haben. Was würde man nicht alles gegen mich konstruieren? An die ausstehende Beförderung war gar nicht mehr zu denken. Das Geld hätte ich dringend für den Bau unseres Einfamilienhauses gebraucht.

In meiner Verzweiflung ging ich zu Konrad Mayer, dem zweiten Amtschef. Er hatte bis dahin zu mir gehalten, hatte zu mir gesagt, er wisse, was dem Finanzministerium blühe, wenn Müller und Strauß obsiegten. Ich machte ein »Friedensangebot«: Meiner Pflicht hätte ich genügt, die Missstände aufgezeigt, ich sei daher bereit, die Dinge auf sich beruhen zu lassen, wenn man nicht gegen mich vorgehe. Eisig erwiderte Mayer: »Ich werde das weitergeben, aber nicht unterstützen. Denn ich muss mit Müller auskommen.« Jetzt, wo Strauß allmächtig war, ging er auf weiten Abstand zu mir. Als sich die Tür hinter mir schloss, wusste ich, es gab kein Halten mehr.

Der Apparat des Hauses arbeitete jetzt gegen mich, wie ein Roboter kam er auf mich zu, unaufhaltsam. Der Name meines Nachfolgers wurde überall bereits genannt. Meine Mitarbeiter schauten mich prüfend an. Mit durchgedrücktem Kreuz erledigte ich weiter meine Arbeit. Meine Sekretärin sagte später, man habe mir nichts angemerkt, »nur ganz zum Schluss ein bisschen«.

Mein Abteilungsleiter Hubert Kranz zeigte sich erschüttert. Er war ein rechtlich denkender Mann. Was da vor sich ging, konnte er nicht fassen. Er hatte die Nazizeit erlebt und im Krieg ein Bein verloren. Einmal brach es aus ihm heraus: »Und trotz allem sind wir ein Rechtsstaat! Im Dritten Reich wären Sie ins KZ nach Dachau gekommen!«

Ich zuckte zusammen. O ja, dachte ich mir, deswegen also ist Bayern noch ein Rechtsstaat!

Schließlich wandte ich mich hilfesuchend an den Landtagsabgeordneten Paul Wilhelm, der mich seinerzeit im Auftrag von Streibl aufgesucht hatte. Er wusste bestens Bescheid und versuchte, sofort zu helfen, redete mit Streibl. Der sagte, an ihm liege es nicht, Strauß fordere, gegen mich scharf vorzugehen.

Strauß, so Wilhelm, habe erklärt: Wenn man in diesem Fall nichts unternehme, dann sei das geradezu eine Ermunterung für andere Ministerialbeamte, sich ebenfalls an den Landtag zu wenden. Gab es denn noch mehr aufzudecken im Freistaat? Oder fürchtete er um seinen Handlungsspielraum? Man denke nur an den später bekannt gewordenen Fall des Strauß-Freundes Eduard Zwick. Dass nach der Verfassung auch den Beamten das Petitionsrecht zum Landtag zustand, erschien Strauß unbeachtlich.

Da kam Hilfe aus einer Ecke, aus der ich sie nicht erwartet hätte. Im Auftrag des CSU-Fraktionsvorsitzenden Gustl Lang rief mich der Geschäftsführer der CSU-Landtagsfraktion an. Er teilte mir mit, die Fraktion sei ungehalten über die Strafmaßnahmen gegen mich. Sie habe Müller gedeckt, weil er der Intimus von F. J. Strauß sei, sei aber unwillig darüber, dass dies nunmehr dazu benutzt werde, gegen mich vorzugehen. Der Fraktionsvorsitzende habe sich in einem nachdrücklichen Brief an Finanzminister Streibl gegen die Strafmaßnahmen ausgesprochen. Inzwischen hatte mich die Grippe ereilt, ich war zu Hause. »Können Sie nicht noch länger zu Hause bleiben?«, riet mir der Geschäftsführer der CSU-Landtagsfraktion. »Es gilt Zeit zu gewinnen, Zeit!« Aber ich wollte nicht, ging ins Büro. Ich war bereit zu kämpfen.

Gustl Lang war von Beruf Rechtsanwalt, deshalb war er sich bewusst, dass die Verfolgung eines Unschuldigen durch ein Disziplinarverfahren eine kriminelle Handlung war, auf die bis zu fünf Jahre Gefängnis stand (Paragraf 344, Absatz 2 des Strafgesetzbuches), schon der Versuch war strafbar. Und die CSU-Fraktion, so hieß es, wollte um Gottes willen nicht noch mit einem Untersuchungsausschuss zu einem »Personalfall Schlötterer« konfrontiert werden. Ich erfuhr auch, dass die Fraktionsspitze früher sogar überlegt hatte, mir Gelegenheit zu geben, meine Position vor der Fraktion darzulegen.

So lud mich Gustl Lang zu einem Gespräch in sein Landtagsbüro ein, an dem auch der Fraktionsgeschäftsführer und Wilhelm teilnahmen. Lang erklärt zunächst: »Sie haben mit Ihren Vorwürfen, ich drücke mich vorsichtig aus, mindestens zum Teil recht. Ich bin deshalb gegen diese Racheaktionen.« Müller habe brutale Methoden, er werde versetzt auf eine Position, wo er nicht mehr so viele Machtbefugnisse habe. Lang äußerte, er hätte an meiner Stelle nicht anders gehandelt. Dann fragte er mich, ob ich nicht bereit sei, in ein anderes Ministerium zu wechseln, in das Arbeits- oder Umweltministerium. Wenn Müller gehe, könnte ich »aus Gründen der Staatsräson« nicht bleiben. Ich erklärte mich einverstanden, allerdings nur unter der Voraussetzung, dass damit zugleich meine Beförderung zum Ministerialrat verbunden sein müsse.

Der Fraktionsvorsitzende wurde deshalb bei Finanzminister Streibl vorstellig. Dieser verwies darauf, dass er selbst die Strafmaßnahmen nicht wolle, dass aber F. J. Strauß ihn dazu zwinge. Er, Lang, möge doch selbst mit Strauß reden.

In einer Plenarsitzung des Landtags sprach der CSU-Fraktionsvorsitzende Gustl Lang den Ministerpräsidenten auf die causa Schlötterer an. Doch Strauß leugnete feige alles weg: Er habe mit den Strafmaßnahmen gegen mich überhaupt nichts zu tun, das sei allein Sache des Finanzministers. Lang musste unverrichteter Dinge wieder von dannen ziehen.

Man erinnert sich: In der *Spiegel*-Affäre hatte Strauß gegenüber dem Bundestag und der Öffentlichkeit ebenfalls geleugnet, bei den Strafverfolgungsmaßnahmen gegen Rudolf Augstein und Conrad

Ahlers mitgewirkt zu haben. »Nein. Es ist kein Racheakt meinerseits. Ich habe mit der Sache nichts zu tun. Im wahrsten Sinne des Wortes nichts zu tun.«

Strauß hatte sich gegenüber damals also nicht geändert, er war der Lüge treu geblieben. Friedrich Zimmermann hatte seinerzeit Parteifreunde damit beschwichtigt, Strauß habe »zum Wohl des deutschen Volkes gelogen«. In meinem Falle konnte dies nicht sein Beweggrund gewesen sein, dazu war ich zu unbedeutend. Bonner Staatsanwälte, die in der *Spiegel*-Affäre gegen ihn wegen Amtsanmaßung ermittelten, beschuldigte er: »Ein Amtsverbrechen der Verfolgung Unschuldiger.« Strauß wusste sehr wohl, dass so etwas einer schweren Strafe unterlag.

Obwohl Finanzminister Streibl ihm gut zuredete, blieb Strauß unerbittlich. Ich überlegte, mit Strauß ein Gespräch zu suchen. Wilhelm riet dringend davon ab: »Strauß kann sehr zornig werden. Ihn kann schon ein einzelnes Wort reizen!« Nichts schien mehr meinen Absturz aufhalten zu können. Ich war im freien Fall. Plötzlich aber kam doch Sand ins Getriebe. Eine Versetzung an die Bezirksfinanzdirektion München bedurfte der Zustimmung des Hauptpersonalrats, die dieser aber verweigerte. Das Ministerium hätte jetzt eine Einigungsstelle anrufen müssen, den Vorsitz hätte eine unabhängige Persönlichkeit geführt, man saß also in der Tinte.

Streibl versuchte es nun mit der Ersatzlösung, die Gustl Lang und auch Wilhelm mir vorgeschlagen hatten, nämlich mit einer Versetzung in das Arbeits- oder Umweltministerium. Das scheiterte aber daran, dass der Arbeitsminister und der Umweltminister sich außerstande erklärten, bei Strauß meine Beförderung durchzusetzen, was meine Bedingung gewesen war.

Vor allem aber war Strauß, wie mir Professor Klein berichtete, ganz entschieden auch gegen diese Lösung. Er wollte mich in keinem Ministerium mehr dulden, ich sollte nach unten. Er wollte jetzt das vollziehen, was mir ein Jahr zuvor der Notar Kreitner bei seinem überraschenden Besuch in meiner Wohnung angekündigt hatte: »Man will Sie beruflich vernichten!« In der Tat, Strauß wollte mich nicht nur wegräumen, wo ich gefährlich erschien. Er wollte Rache nehmen, mir den Garaus machen.

Mittlerweile hatte sich mein atmosphärisches Umfeld erheblich verändert. Wie ein Lauffeuer hatte sich unter den Spitzenbeamten der Ministerien herumgesprochen, dass Strauß mir das Fell abziehen wollte. Viele bekundeten mir ihre Sympathie. Ganz anders sah dies im Finanzministerium aus. Ich galt als rettungslos verloren. Wenn ich mich jetzt mittags in der Kantine an den gemeinsamen Mittagstisch der leitenden Beamten setzte, so besetzten die nachfolgenden Kollegen zunächst immer die entfernteren Stühle. Die Plätze neben mir und mir gegenüber wurden erst dann eingenommen, wenn sonst keiner mehr frei war. Nicht alle Kollegen verhielten sich so, aber doch die Mehrzahl. Auch richtete man kaum noch das Wort an mich. Das tat etwas weh, aber ich ertrug es. Den jungen Oberregierungsräten und Regierungsräten, deren Tisch in der Nähe stand, entging der szenische Ablauf nicht, sie machten sich darüber lustig, wie mir mein Chef Hubert Kranz erzählte.

Es gab auch überraschende Einzelaktionen. Ein Kollege, mit dem ich befreundet war, suchte mich in meinem Dienstzimmer auf. Nachdem ich mich an den Landtag gewandt hatte, hatte er gejubelt: »Sie sind ein Held!« Jetzt sah er die Sache anders: »Wir haben hier Sklaven zu sein und sonst nichts!« Als mir ein Ministergehilfe eines Tages allein auf dem Gang begegnete, stoppte er mich. Er schleuderte mir entgegen: »Sie sind für mich ein Nullum, ein Nichts!« Nun ja. Ohne ein Wort zu sagen, ging ich weiter.

Einem Kollegen, mit dem ich befreundet war, man hatte sich gegenseitig eingeladen, begegnete ich auf der Straße, wir plauderten.

Als ich kurz meine »Affäre« antippte, wechselte er vor Schreck die Farbe: Wir verabschiedeten uns rasch. Im Intercity nach Nürnberg traf ich Erwin Huber, früher Oberinspektor im Pressereferat des Finanzministeriums, seit Kurzem war er Landtagsabgeordneter. Im dunkelblauen Nadelstreifenanzug fuhr er zu irgendeiner wichtigen Polizeibeamten-Veranstaltung, wie er mir begeistert erzählte. Als das Gespräch auf meine Affäre zu kommen drohte, zuckte er nervös zusammen, lenkte zu einem anderen Thema. Klar, wenn er aufsteigen wollte, empfahl es sich, so eine unheimliche Geschichte, in die der allmächtige Strauß verwickelt war, nicht zu kommentieren. Ich amüsierte mich.

Doch dann schlug eine Nachricht ein wie der Blitz. Die SPD-Landtagsfraktion beantragte einen zweiten Untersuchungsausschuss zum gesamten Komplex Steuerfälle. Jetzt bekam man es mit der Angst zu tun. Im ersten Untersuchungsausschuss hatte ich mich zurückgehalten, ich hatte keinen der in die Affären verwickelten Politiker genannt, die wirklich brisanten Fakten nicht nach außen gekehrt. Ich wollte ja nicht Politik machen, sondern lediglich wieder geordnete Verhältnisse erreichen. Man sah: Wenn man mich weiter verfolgte, würde ich in dem neuen Untersuchungsausschuss geradezu gezwungen sein, voll und ganz auszupacken. Finanzminister Streibl würde damit bloßgestellt, F. J. Strauß als der heimliche unerbittliche Verfolger aufgedeckt. Man fürchtete eine Katastrophe. Und so machte man kehrt. Der Personalabteilungsleiter Gustav Hübner teilte mir mit, es sei in einem längeren Gespräch gelungen, Strauß von der Strafversetzung abzubringen.

Bald darauf bat mich Ministerialdirektor Konrad Mayer zu sich. Er hatte mich eiskalt abblitzen lassen, als ich ihn um seine Hilfe gebeten hatte, nachdem mir die Strafsanktionen eröffnet worden waren. In Erinnerung daran etwas verlegen lächelnd, empfing er mich auf das Freundlichste. Er fragte mich rundheraus: »Wie gedenken

Sie in dem kommenden Untersuchungsausschuss auszusagen?« Über so viel Ungeniertheit war ich perplex. Ich sagte: »Wahrheitsgemäß. Ich werde nichts dazuerfinden, aber auch nichts weglassen.«

Der neue Untersuchungsausschuss kam jedoch nicht zustande, weil ihn die CSU im Landtag ablehnte. Die SPD-Fraktion zog vor den Bayerischen Verfassungshof, verlor aber wegen eines Geschäftsordnungsfehlers.

Mein Abteilungsleiter Hubert Kranz setzte all das, was ich bis dahin durchgemacht hatte, in Gegensatz zum Verhalten derer, die unbedingt die Karriereleiter hinaufklettern wollten. Er philosophierte feinsinnig über die Macht und ihre magnetische Wirkung auf diejenigen, die sich Vorteile erhofften. Wer es schaffe, sich in der Nähe der Mächtigen aufhalten zu dürfen, fühle sich in wohliger Wärme geborgen. *Ambitus*, das lateinische Wort für Amtserschleichung, sagte er, leite sich ja von *ambire* ab, um etwas herumgehen, herumschleichen. Im Hinblick auf die bayerischen Verhältnisse und auf meinen Fall aber empfahl er mir immer wieder, Lion Feuchtwangers Schlüsselroman *Erfolg. Drei Jahre Geschichte einer Provinz* aus den 20er-Jahren zu lesen. Ich kaufte das Buch, las und verstand. Feuchtwanger beschrieb darin die schräge Mentalität bayerischer Amtsträger in Regierung und Justiz, dank welcher ein Galeriedirektor letztlich unschuldig ins Gefängnis geworfen wurde.

Qualifikation und Disqualifikation

Nachdem Strauß Ministerpräsident geworden war, beschloss er, seinen schwer angeschlagenen Helfer in Steuersachen abzuschieben. Dass die Presse ständig über das Fehlverhalten des »Strauß-Freundes« Müller berichtete, ging ihm gewaltig auf die Nerven. Er wollte jetzt als untadeliger Protagonist von Recht und Gesetz dastehen. Zudem war ein Amtschef, der nach den aufgedeckten Steueraffären nicht mehr nach Belieben entscheiden konnte, für ihn wertlos. Auch führende CSU-Politiker wie Minister Hillermeier erklärten, Müller sei im Finanzministerium nicht mehr tragbar, wie mir Professor Klein mitteilte. Ein brennendes Verlangen, Müller loszuwerden, verspürte Finanzminister Max Streibl: Müller war für ihn zum Alb geworden.

Strauß aber stand vor der schwierigen Frage: Wohin mit dem Mann? Klein berichtete, Strauß habe ihm selbst gesagt, dass dies sein Problem sei, und geäußert, er wolle mit Müller keinen Streit. Strauß traue sich gegen Müller nichts zu unternehmen, dieser wisse zu viel.

Doch plötzlich fand sich eine Lösung: Müller konnte nach oben wegbefördert werden!

Als mir der CSU-Fraktionsvorsitzende Gustl Lang die Ablösung Müllers ankündigte und der CSU-Fraktionsgeschäftsführer seufzte: »Er wird noch mehr!«, war mir schleierhaft, wohin die Reise Müllers gehen sollte. Wenige Tage später hatte ich klare Sicht. Der Präsident der Landeszentralbank hatte Lungenkrebs, er lag im Sterben. Müller sollte nach seinem Tod auf seinen Sessel gehievt werden.

Als bekannt wurde, dass Müller Präsident der Landeszentralbank werden sollte, entrüstete sich die Öffentlichkeit. Der Chefredakteur der *Süddeutschen Zeitung* bezeichnete Müller als »Nichtkandidaten«. Finanzminister Streibl behauptete, dass kein Banker an der Position Interesse gezeigt habe. In Wahrheit aber hatte Strauß schon vor dem Tod des Präsidenten der Landeszentralbank beschlossen, dass Müller diesem nachfolgen sollte. So stieg Müller zum Hüter der deutschen Währung auf, obwohl er mit Währungsfragen vorher nie befasst war. Er bezog nunmehr das doppelte Gehalt.

Dem Zentralbankrat als oberstem Währungsorgan der Bundesrepublik hatte Strauß damit ein besonders edles Reis aufgepfropft.

Müllers vergoldeter Aufstieg war eine Herausforderung für alle Beamten, die korrekt nach Recht und Gesetz arbeiteten. Erst recht war es ein Hohn für mich, zumal ich zur selben Zeit weiter von Strauß verfolgt und bestraft wurde. Finanzminister Streibl befürchtete einen Aufstand meinerseits. Er beauftragte den nunmehrigen alleinigen Amtschef Konrad Mayer, mir gut zuzureden.

Das Gespräch war überraschend offen. Der Amtschef sagte, es sei für mich natürlich eine Provokation, dass als Ergebnis meiner ganzen Aktion Müller sogar noch befördert worden sei. Andererseits hätte ich doch sehr viel erreicht: Gegen Müller sei »sehr viel Belastendes zusammengetragen worden«, er habe die Steuerabteilung abgeben müssen, jetzt sei er auch noch abgeschoben worden. Künftig sei er »nur noch einer unter mehreren Mitgliedern des Zentralbankrats« und könne daher »nicht mehr so viel Schaden anrichten«. Ich selbst hätte mir in verhältnismäßig jungen Jahren in der Öffentlichkeit großes Ansehen erworben. Deshalb möge ich mich doch mit dem Erreichten zufriedengeben.

Ich war verblüfft. Was der Amtschef mir da sagte, war ein Riesenlob. Man sah die Dinge also intern genau so, wie sie wirklich waren, und nicht so, wie man sie nach außen hin darstellte. Zuvor schon hatte mir der Personalabteilungsleiter Hübner bescheinigt, ich hätte mich »sehr verantwortungsbewusst verhalten«, als ich gegen Müller vorging. Wenn ich nichts getan hätte, hätte ich mich pflichtwidrig verhalten. »Strafverschärfend wäre Ihre Stellung als Strafsachen- und Steuerfahndungsreferent hinzugekommen«, sagte er. Kurz darauf aber hatte er mir im Auftrag von Streibl die Einleitung eines Disziplinarverfahrens und die Strafversetzung mitgeteilt, gerade weil ich tätig geworden war. Unter dem Druck von Strauß verlief alles schizophren. Der Rechtsstaat war teilweise abgeschafft.

Dass ich die Bastion von Strauß im Finanzministerium in die Luft gesprengt hatte, war ein Riesenerfolg. Wenn ich mir Ansehen erworben hatte, war das nicht mein Ziel gewesen, aber es war eine schöne Begleiterscheinung. Damit konnte ich mich jedoch nicht zufriedengeben. Das Disziplinarverfahren war weiter anhängig und aufgrund der versagten Beförderung erlitt ich Monat für Monat eine erhebliche Gehaltseinbuße.

Die Opposition aber lief Sturm. Sie rügte in Presseerklärungen und im Landtag die gegen mich verhängten Strafmaßnahmen und beschwerte sich über die Belohnungsbeförderung für den schwer belasteten Strauß-Protegé Müller. Ministerpräsident Strauß sah sich gezwungen, in der Landtagssitzung vom 22. März 1979 Stellung zu beziehen. Dabei manifestierte sich seine Verschlagenheit. Während er im Geheimen seine Racheaktion gegen mich weiter betrieb, warf er dem SPD-Fraktionsvorsitzenden Helmut Rothemund vor, Lothar Müller, den er für voll rehabilitiert erklärte, in systematischen Hetzjagden »mit beinah alttestamentarischem Hass« zu verfolgen. Ausgerechnet er forderte den Oppositionsführer dazu auf, »etwas menschlicher und etwas rechtsstaatlicher zu denken«.

Strauß vermied es in seiner Rede, mich namentlich oder auch nur indirekt zu erwähnen. Finanzminister Streibl, dem die Opposition wegen der Strafmaßnahmen gegen mich Vorhaltungen machte, schwieg sich über die Gründe aus, sagte dazu kein einziges Wort. Er hätte ja mit dem Finger auf Strauß zeigen müssen, der neben ihm auf der Regierungsbank saß. Auch als die Opposition nach meinem angeblichen 40- bis 50-seitigen Dossier über den Finanzminister Ludwig Huber fragte, blieb er stumm. Die Opposition rügte in der Debatte dieses Schweigen sofort. Doch der Finanzminister schwieg sich weiterhin hartnäckig aus.

Entgegen seiner Erwartung wurde Professor Klein nicht Müllers Nachfolger im Finanzministerium, obwohl er schon die Zusage von Strauß in der Tasche gehabt hatte. Wie er mir mitteilte, hatte er Strauß gesagt, was beim Untersuchungsausschuss und bei der Staatsanwaltschaft herausgekommen sei, sei bloß die »Spitze des Eisberges« gewesen. Hätte er, Klein, auf der anderen Seite gesessen, wäre Müller »eingekastelt worden«. Damit– ich war mir sogleich sicher – hatte er sich bei Strauß disqualifiziert. Und so war es auch. Strauß zog seine Zusage wieder zurück. Gerade noch rechtzeitig hatte er erkannt, dass Klein mit dieser rechtlichen Haltung nicht der richtige Mann für ihn war. Einige Jahre später wurde Klein Präsident des Bundesfinanzhofs.

Aber auch der von Finanzminister Streibl als Steuerabteilungsleiter eingesetzte Klaus Geiger wurde von Strauß nicht akzeptiert. Geiger war aktives CSU-Mitglied, sogar Parteitagsdelegierter, willfährig aber war er nicht. Als seine Ernennung zum Ministerialdirigenten im Kabinett behandelt wurde, habe Strauß, wie mir ein Sitzungsteilnehmer erzählte, geäußert, den Steuerabteilungsleiter wolle er sich doch »zuerst einmal näher anschauen«. Die Ernennung sei daraufhin vertagt worden. Tatsächlich wurde Geiger erst befördert, nachdem er eine andere Abteilung erhalten hatte.

Dass Strauß, dessen Lieblingsmetier eigentlich die große Weltpolitik war, worüber er vor der CSU-Landtagsfraktion stundenlang referieren konnte, sich andererseits so intensiv um die personelle Besetzung der Steuerabteilung kümmerte, muss nicht überraschen – es beweist nur, dass er insoweit ganz auf Nummer sicher gehen wollte. Aber warum? Die Antwort: Es ging um vitale Interessen. Die skandalösen Vorgänge, die später ans Licht kamen, lassen sich erst so richtig begreifen. Dies reicht von Steuerfällen wie Ferenczy, Jahn/Thyssen, Hurler und Zwick bis hin zu der Provisionszahlung, die der Waffenhändler Schreiber auf einem Konto verwahrte, das unter einem Decknamen für F. J. Strauß geführt wurde, worauf die Bezeichnung »Master« hindeutet. Und es reicht noch viel, viel weiter. Davon wird noch die Rede sein.

Nur wer sich diese Zusammenhänge vor Augen führt, kann auch die Tragweite ermessen, dass hier der Ministerpräsident auf Recht und Gesetz herumtrampelte, obwohl doch gerade er zuallererst verpflichtet war, die Rechtsstaatlichkeit zu wahren und zu schützen. Wiederholt schon hatten verschiedene Persönlichkeiten erklärt, Strauß habe »kein Verhältnis zum Recht«. Tatsächlich aber war er noch viel skrupelloser – erst recht in Bayern, wo er überhaupt nichts mehr zu fürchten hatte.

Die Kanzlerkandidatur des F. J. Strauß

Die Situation begann sich zunehmend zu beruhigen. Das Disziplinarverfahren schwebte zwar wie ein Damoklesschwert über mir, aber ich hörte nichts davon. Nachdem Lothar Müller zur Landeszentralbank gewechselt war, schien zusehends auch im Kollegenkreis wieder die Sonne über mir. Das hätten sie wirklich nicht gedacht, dass der Müller gehen müsse und ich bliebe, sagten viele, die sich jetzt wieder bereitwillig neben mich an den Mittagstisch setzten, nachdem sie kurz zuvor noch vorsichtig Abstand zu mir gehalten hatten.

Allerdings: Ich wurde auf kaltem Wege abgestraft, indem ich weiterhin nicht befördert wurde. Mein Abteilungsleiter Kranz prophezeite mir: »Sie werden noch viele Jahre das Referat Verteidigungslasten machen müssen!«

Meine Taktik war, abzuwarten. Ich wartete ein ganzes Jahr, bis zum Frühjahr 1980, die Bundestagswahl stand bevor. F. J. Strauß gab bekannt, dass er als Bundeskanzler kandidiere. Tatsächlich gelang es ihm, seine Kandidatur bei der Union durchzusetzen. Nun handelte ich. Am 2. April 1980 schrieb ich Finanzminister Streibl einen Brief. Darin mahnte ich meine rechtswidrigerweise ausstehende Beförderung an, erinnerte ihn an seine frühere Zusage, dass ich kurz vor oder nach der Landtagswahl 1978 befördert würde, und wies darauf hin, dass mir nie irgendeine Verfehlung mitgeteilt worden sei.

So knapp der Text meines Schreibens war, die Wirkung war beachtlich. Finanzminister Streibl war aufs Höchste bestürzt. Er wurde sofort bei Strauß wegen der rechtswidrigen Nichtbeförderung vorstellig, er schickte ihm, wie mir der Landtagsabgeordnete Wilhelm mitteilte, ein Papier zu, in dem er »Rechtslage und Zweckmäßigkeit« darstellte. Strauß aber blieb hart. Auch weitere Gespräche Streibls mit ihm waren vergeblich. Da begann Streibl hektisch nach Auswegen zu suchen. Er bot mir – jeweils mit anschließender Rückversetzung in das Finanzministerium – die Geschäftsführung von Erdgas Südbayern, einen Abteilungsleiterposten bei den Bayernwerken, die Stelle des Vizepräsidenten bei der Bezirksfinanzdirektion München an – und noch anderes. Amtschef Konrad Mayer sagte zu mir: »Je weiter entfernt der Einfluss von Strauß ist, weil die Sache nicht ins Kabinett kommt, desto eher ist sie zu realisieren.« Ich erwiderte: »Ich werde Strauß auf die Hörner nehmen, wenn er sich querlegt.« Teils lehnte ich die Angebote ab, teils zerschlugen sich die Dinge.

Paul Wilhelm erzählte mir, Streibl habe sich auch an CSU-Generalsekretär Stoiber gewandt. Der aber habe gesagt, hier könne auch er nichts machen. Wilhelm äußerte sich wenig schmeichelhaft über Stoiber, es sei »völlig sinnlos«, ihn anzugehen. Strauß sei einfach nicht herumzukriegen gewesen, er sei allen rationalen Argumenten unzugänglich gewesen – das sei das Schlimme. Außerdem sagte er: »Ich muss sogar befürworten, dass Sie die Sache an die Öffentlichkeit bringen.«

In seiner Not versuchte Finanzminister Streibl schließlich, den stellvertretenden Ministerpräsidenten Hillermeier zu überreden, die Beförderung während einer Ägyptenreise von Strauß im Kabinett durchzuziehen. Wie es hieß, lehnte Hillermeier, ein netter Mann, der mich aus meiner Bonner Zeit gut kannte, aber kein Mutjohann war, jedoch ab: Er wolle hinterher nicht die Vorwürfe von Strauß haben.

Es war beschämend, was da ablief, es war rechtlicher Surrealismus. Aber es war eben der Staat, in dem ein F. J. Strauß faktisch als Alleinherrscher regierte. Was war das für ein Ministerpräsident? Wie konnte er mit aufgeblähten Backen unentwegt den Ruf nach Recht und Ordnung hinausposaunen und doch selbst insgeheim das Gegenteil tun?

Natürlich fürchtete Streibl, dass es einen gewaltigen Wirbel auslösen würde, wenn ich kurz vor der Bundestagswahl die Verfolgung durch Strauß publik machen würde, ganz abgesehen von den brisanten steuerlichen Sachverhalten, die dahinterstanden. Er konnte sich ausrechnen, dass, wenn ich jetzt wieder »losschlug«, Strauß ihn dafür persönlich haftbar machen und höchst unschöne Dinge mit ihm anstellen würde.

Und so kam es zu einem seiner Art nach in der Bundesrepublik wohl eher seltenen Angebot. Mitte September 1980 unterbreitete mir Finanzminister Streibl durch den Amtschef Konrad Mayer folgende Zusage:

Wenn ich vor der Bundestagswahl keine Klage auf Beförderung vor dem Verwaltungsgericht erhebe und auch sonst den Wahlkampf von Strauß nicht störe, sichere er mir verbindlich zu, dass er binnen drei Wochen nach der Wahl bei Strauß nochmals einen ernsthaften Versuch unternehmen würde, um meine Beförderung durchzusetzen.

Falls Strauß die Wahl gewinne, sei er ohnehin weg, die Beförderung sei dann kein Problem mehr. Falls er verliere, sei er politisch so geschwächt, dass die Beförderung eher durchzusetzen sei. Sollte dies dennoch fehlschlagen, habe er, Streibl, nichts dagegen, wenn ich Klage vor dem Verwaltungsgericht erhebe. Für diesen Fall sichere er mir zu, dass das Ministerium so wenig auf meine Klage erwidern werde, dass das Gericht gar nicht anders könne, als die Staatsregierung zu einer Beförderung zu verurteilen.

Falls ich andererseits vor der Bundestagswahl Klage erhebe, bedeute das absoluten Konfrontationskurs. Die CSU-Größen würden das als Angriff auf die CSU sehen, alle Brücken würden damit abgebrochen.

Das Angebot war irr, ich wusste nicht, ob ich wache oder träume – sollte ich mich darauf einlassen? Wenige Wochen vorher hatte mir Wilhelm mitgeteilt, Streibl habe sich bei ihm beschwert, dass ich ihm in meinem Schreiben vom 2. April 1980 seine frühere Zusage, ich würde kurz vor oder nach der Landtagswahl befördert, wieder vorgehalten hätte, das sei doch vertraulich gewesen. Kurz, er gab eine Zusage, aber man durfte ihn nicht daran erinnern – was war das für ein Minister!

Auf meine Frage nach dem Wert der jetzigen Zusage versicherte mir der Amtschef, sie sei sehr ernst gemeint, er stehe auch persönlich dafür ein. Schriftlich bekäme ich die Zusage natürlich nicht. Zugleich versicherte er mir: »Ich habe an Ihrer Redlichkeit nie gezweifelt, sondern nur daran, ob nicht durch mehr Geschicklichkeit mehr zu erreichen gewesen wäre.« Er fügte aber hinzu, dass er nicht sagen möchte, dass er es besser gemacht hätte. Und er vergatterte mich noch einmal: »Strauß ist wegen seiner Kanzlerkandidatur nur noch am Rotieren. Wenn von Ihrer Seite jetzt noch etwas hinzukommt, dreht er völlig durch!«

Ich nahm das Angebot des Ministers an, so fragwürdig es auch war. Tatsächlich hatte die Personalabteilung dem Minister schon eine Ausarbeitung darüber vorgelegt, wie man mit mir bei einer Beförderungsklage einen eventuellen Prozess führen könnte mit dem Ziel, mich diesen gewinnen zu lassen, möglicherweise unter jahrelangem Hinauszögern des Prozesses, die Steuerfälle ausklammernd.

Finanzminister von Waldenfels sollte später dazu im Landtag auf die Frage eines Abgeordneten erklären: »Mir sind solche Beförderungsverfahren genauso wenig wie wahrscheinlich Ihnen bekannt.«

Obwohl es mein Interesse hätte sein müssen, dass Strauß aus Bayern verschwand, vermochte ich mich nicht zu überwinden, ihm bei der Bundestagswahl meine Stimme zu geben. Das konnte ich wirklich nicht verantworten. Dieser Mann durfte nie und nimmer Bundeskanzler werden!

Die vereinbarte Drei-Wochen-Frist nach der Bundestagswahl war schnell um. Der Ministerbüroleiter Klaus Rauscher, der sich durch seine Ehrlichkeit und Offenheit sehr angenehm von anderen Kollegen abhob, versicherte mir aber, der Minister habe bereits einige Anläufe unternommen. Er habe versucht, Strauß bei einer Dankveranstaltung für Wahlhelferinnen anzugehen, Strauß sei aber schon bald mit Alkohol abgefüllt und daher nicht mehr ansprechbar gewesen. Auch ein weiterer Versuch des Ministers sei fehlgeschlagen. Dann hieß es wiederholt, der Minister habe keine Zeit, offenbar versuchte er, die Angelegenheit auf die lange Bank zu schieben.

Da las ich in der Münchner *Abendzeitung*, dass Streibl an einem Jubiläumsgeburtstag des Chefs der Spatenbrauerei teilgenommen hatte. Jetzt war meine Geduld zu Ende. Ich eilte ins Ministerbüro und sagte zu Rauscher: »Wenn der Herr Minister Zeit hat, auf Brauereifeste zu gehen, dann hat er auch Zeit, diese Sache in Ordnung zu bringen. Ich setze ihm hierfür eine Frist von einer Woche.« Etwa drei Tage später fuhr Streibl in die Staatskanzlei. Tatsächlich gelang es ihm, Strauß die Zustimmung zu meiner Beförderung abzuringen. Strauß ging dies aber so nahe, dass er zu Streibl sagte, er wolle bei der Beschlussfassung im Kabinett nicht dabei sein.

Bereits am Tag danach wurde die Kabinettsvorlage gefertigt und, nachdem der Minister unterschrieben hatte, per Sonderboten in die Staatskanzlei befördert, bevor, wie der Ministerbüroleiter sagte,

Strauß es sich wieder anders überlegen würde. Allerdings wagten die Beamten der Staatskanzlei zunächst nicht, ihm den Beförderungsvorschlag vorzulegen. Dieser kam erst in der übernächsten Kabinettssitzung auf die Tagesordnung. Strauß nahm dann doch an der Beschlussfassung teil. Er stimmte, wenngleich unter großem Getöse, schließlich zu. Zuvor hatte ihm Finanzminister Streibl nochmals in einem von Rauscher verfassten Schreiben massiv »die Gründe« auseinandergesetzt.

Als mir bald darauf der Minister die Beförderungsurkunde überreichte, wurde sie mir von den umstehenden Kollegen förmlich aus der Hand gerissen. Sie konnten kaum glauben, dass Strauß wirklich persönlich unterschrieben hatte.

Üblicherweise erhielt jeder, der zum Ministerialrat befördert wurde, von Strauß einen Brief, in dem er ihn ermahnte, in Zukunft einen noch größeren Arbeitseinsatz zu zeigen. Ich jedoch erhielt dieses Schreiben nicht. Auf einen erhöhten Arbeitseinsatz meinerseits legte Strauß offenbar keinen Wert.

Wes Geistes Kind man ist, zeigt sich meist mehr am konkreten Detail als an den großen Grundsätzen. Es war skurril, als Amtschef Mayer mir vor der Beförderung noch eröffnet hatte, es gebe noch ein erhebliches Problem: Für die Beförderung sei personalrechtlich eine Beurteilung erforderlich! Das war in der Tat eine Riesenkröte, die man da schlucken sollte. Nachdem man mich in der Öffentlichkeit niedergemacht hatte, sollte man mir jetzt bescheinigen, was für ein famoser Kerl ich in Wirklichkeit war. Doch es fand sich eine Lösung. Die Beurteilung erstellte nicht das Finanzministerium, sondern der Staatsminister für Bundesangelegenheiten, bei dem ich von 1973 bis 1975 tätig gewesen war. Dass das schon über fünf Jahre zurück lag und dass die Beurteilung natürlich nichts über meine Tätigkeit im Finanzministerium aussagen konnte, stand auf einem anderen Blatt. Ich erhielt die bestmögliche Beurteilung: hervorragend. Die gleiche Beurteilung hatte ich früher schon im Finanzministerium erhalten.

Personalakten müssen vollständig und wahr sein, so ist es gesetzlich vorgeschrieben. In meiner Personalakte fand sich jedoch kein Sterbenswörtchen über die Rolle von Strauß. Die mich betreffenden Briefe von Streibl an Strauß und Gustl Lang an Streibl fehlten, ebenso ausführliche Aktenvermerke über meine berufliche Diskriminierung, deren Existenz der später als Zeuge vernommene Ministerialdirektor Dietrich Wolf bekundete. Selbst auf ausdrückliche Anforderung hin wurden sie nicht beigebracht. Die für die Personalakten verantwortlichen Personalabteilungsleiter waren Gustav Hübner und sein Nachfolger Metz.

Einige Zeit später wurde auch das Disziplinarverfahren gegen mich eingestellt. Amtschef Mayer sagte zu mir: »Da liegt doch noch dieses Disziplinarverfahren herum. Das muss endlich einmal abgeschlossen werden. Haben Sie dagegen was zu sagen?« Natürlich hatte ich nichts dagegen zu sagen, man hatte mir ja nie irgendeinen Vorwurf mitgeteilt.

Auf die nächste Beförderung, bei der Strauß wieder erhebliche Schwierigkeiten machte – die Vorlage war zunächst von der Tagesordnung des Kabinetts wieder abgesetzt worden –, musste ich rechtswidrigerweise vier Jahre länger warten als die Kollegen. Ich schrieb deshalb Finanzminister Streibl: Die Volksweisheit »Ehrlich währt am längsten« sollte nicht in diesem Sinne wahr werden! Dies machte als Bonmot im Haus die Runde.

Im Nachhinein bin ich froh, dass ich seinerzeit den Kanzler-Wahlkampf von Strauß nicht gestört habe. Wie seine Tochter Monika Hohlmeier neuerdings in der *Süddeutschen* offenbarte, sei er einmal zu Hause, nachts in einem Sessel sitzend, völlig fertig gewesen: »Meine Mutter erklärte mir, dass er die öffentlichen Verleumdungen nicht mehr ertrage. Da ist er richtig zusammengebrochen, hat auch geweint.« Dass er so empfindsam war, hätte ich nicht gedacht. Gut, dass nicht auch noch meine »Verleumdungen« hinzukamen.

Die Leiden des Finanzministers Max Streibl

Finanzminister Max Streibl hatte unter F. J. Strauß unsäglich viel zu leiden. Es gab meinetwegen immer wieder heftige Auseinandersetzungen, die naturgemäß einseitig verliefen. Strauß putzte Streibl herunter, brüllte ihn an. Er verlangte von Streibl schärfste Sanktionen gegen mich. Wenn Streibl sich darauf berief, er habe dafür keine rechtliche Handhabe, so war dies Strauß egal.

Streibl sah sich indessen Strauß ausgeliefert. Tatsächlich wäre er um ein Haar nach der Landtagswahl 1978, als Strauß Ministerpräsident geworden war, nicht mehr Finanzminister geworden. Es hieß, er habe bis zuletzt darum bangen müssen. Die Geschichte des Freistaats Bayern wäre dann wohl etwas anders verlaufen, weil Streibl kaum später Ministerpräsident geworden wäre.

Hinzu kam, dass Lothar Müller, den großen Vorsitzenden hinter sich wissend, immer selbstbewusster gegenüber dem Minister auftrat und dass Dannecker, Strauß' Konfident in Vermögenssachen, immer fordernder gegenüber der Steuerabteilung wurde.

Der CSU-Landtagsabgeordnete Paul Wilhelm erzählte mir, was Streibl von Strauß habe einstecken müssen, sei einfach unglaublich. Strauß habe ihn meinetwegen »ständig abgewatscht«, aber auch noch wegen anderer Sachen. Wenn er Streibl im Kabinett nach einer Zahl gefragt habe und Streibl passen musste, habe er gesagt: »Was, du als Finanzminister weißt das nicht!« Der Staatssekretär Heinz Rosenbauer sagte zu mir: »Sie sind in der Geschichte fünf Jahre älter geworden, Streibl aber zehn.«

Vor dem Amigo-Untersuchungsausschuss im Jahr 1994 bestätigte Staatssekretär a.D. Wilhelm die damaligen Vorgänge. Auf die Frage, ob Strauß von Streibl Disziplinarverfahren gegen mich oder meine

Versetzung verlangt habe, erklärte er: »Ja, der hat scharfes Vorgehen verlangt.« Und bei einer späteren Zeugenaussage bekundete er: Streibl habe sich ihm gegenüber dahingehend geäußert, er habe »unter Druck von Strauß gestanden, gegen Schlötterer scharf vorzugehen«. Das heißt, Strauß zwang Streibl zum Rechtsbruch.

Für all das aber, was Streibl seitens Strauß meinetwegen an Bedrängnis und Demütigungen widerfuhr, schrieb er zunehmend mir eine wesentliche Schuld zu. Ich bemerkte das erstmals, als wir vor der Tür des Untersuchungsausschusses als geladene Zeugen aufeinandertrafen. Grußlos drehte er mir abrupt den Rücken zu, obwohl die vorangegangenen Gespräche mit ihm durchaus freundlich verlaufen waren. Als er Ministerpräsident geworden war, war sein Groll mir gegenüber immer noch nicht erloschen.

Schalten und Walten des F. J. Strauß

Nach seiner Wahlniederlage als Kanzlerkandidat regierte Strauß in Bayern weiter, ohne dass er glaubte, große Rücksichten auf Hindernisse rechtlicher oder sonstiger Art nehmen zu müssen. Die Minister kuschten alle, ausgenommen der souveräne Kultusminister Hans Maier. Die Spitzenbeamten verhielten sich, von hehren Ausnahmen abgesehen, nicht anders. Wenn es um Strauß ging, duckten sie sich. Sichtbar waren nur die langen Ohren, denn jeder wollte Bescheid wissen und jeder wusste Bescheid.

Dennoch konnte es sein, dass per Zufall nicht immer alles im Sinn des Allmächtigen lief. Eines Tages fand bei dem mit Strauß befreundeten Verleger Ferenczy eine Steuerfahndung statt. Als die Finanzbeamten dort aufkreuzten, saß unglücklicherweise gerade der Leiter des Ministerpräsidentenbüros bei Ferenczy. Strauß erregte sich gewaltig über die Steuerfahndung. Dem nunmehrigen Steuerabteilungsleiter des Finanzministeriums, Gustav Hübner, sollte dies gar nicht gut bekommen. Er war soeben im Ministerrat zum Ministerialdirektor befördert worden. Strauß weigerte sich aber nun, ihm die Ernennungsurkunde auszuhändigen, er wollte die Ernennung rückgängig machen.

Während eines Maibockanstichs im Hofbräuhaus beklagte sich Gustav Hübner bei mir über die ihm widerfahrene Ungerechtigkeit – ausgerechnet er, der unter Druck von Strauß und auf Geheiß des Ministers gegen mich ein Disziplinarverfahren eingeleitet hatte, ohne hierfür den Grund zu kennen, wie er später aussagte. Selbst auf den Hinweis, dass die Ernennung bereits im *Staatsanzeiger* bzw. in der *Staatszeitung* publiziert worden sei, habe sich Strauß geweigert mit der Begründung, die Bekanntmachung habe »keine konstitutive Wirkung«. Streibl unternahm vergeblich mehrere Anläufe bei Strauß zugunsten Hübners. Als nach einigen Monaten aber ein Artikel in der *Süddeutschen Zeitung* erschien, der den Fall schilderte, und sich die FDP der Sache annahm, händigte Strauß Hübner rasch doch noch seine Urkunde aus. Allerdings erst, wie es hieß, nachdem dieser sich in einem Gespräch ihm gegenüber gerechtfertigt hatte.

So wie es zu der Zeit, als ganz Gallien von den Römern besetzt war, in einem kleinen Dorf immer noch Widerstand leistende Helden wie Asterix und Obelix gab, gab es auch in der Steuerfahndung noch einen mutigen Steueramtmann. Er erregte Missfallen an allerhöchster Stelle. Es war derselbe, der, wie erwähnt, bei einer von mir geleiteten Sitzung im Finanzministerium in die Runde gerufen hatte: »Wir wissen schon, dass der Beckenbauer und die Hornstein unter der Protektion des Ministers Huber stehen!« Der Steueramtmann ließ sich nicht einschüchtern, wenn es um prominente Persönlichkeiten ging. Ein Ministerialrat der Staatskanzlei, der für Strauß den Fall Ferenczy und wohl auch andere Steuerfälle bearbeitete, äußerte sich mir gegenüber äußerst ungehalten über ihn.

Einige Zeit danach suchte mich ein Beamter der Oberfinanzdirektion München auf, der in den Ruhestand ging. Er wollte sich bei mir für die frühere Unterstützung bedanken. Als ich mich nach dem besagten Steueramtmann erkundigte, berichtete er mir, diesem habe man eine Sachgebietsleiterstelle im Finanzamt Mühldorf angeboten. Er habe ihm dringend empfohlen, sie anzunehmen, weil er anderenfalls auf Druck der Staatskanzlei gegen seinen Willen irgendwohin versetzt werde. Auch der Leiter der Münchner Steuerfahndung sei der Staatskanzlei ein Dorn im Auge. Der Steueramtmann fügte sich. Ein weiterer steuerlicher Störenfried war damit aus dem Weg geräumt.

Es war nicht der einzige Fall, in dem sogar ein Beamter auf Finanzamtsebene von Strauß und seiner Staatskanzlei aufs Korn genommen wurde. So rügte Wilhelm Knittel, der Büroleiter von Strauß, in einem Brief vom 6. Mai 1980 an Finanzminister Streibl und Justizminister Hillermeier scharf die Einleitung eines Strafverfahrens gegen den Strauß-Wohltäter Eduard Zwick durch das Finanzamt Passau. Er stellte die Frage: »Handelt es sich beim Leiter der Strafsachenstelle um einen Herrn Meister, der hier auf eigene Faust tätig geworden ist? Obwohl bei einer Besprechung im Finanzministerium unter Vorsitz von Ministerialdirektor Lothar Müller nicht die geringste Andeutung dieser Art fiel?«

Ein früherer Mitarbeiter von mir, der Leiter der Betriebsprüfung in Coburg geworden war, berichtete mir, an einem Nürnberger Finanzamt habe ein Sachgebietsleiter bei einem »großen Steuerpflichtigen« anders gehandelt, als es »von oben« vorgesehen gewesen sei. Daraufhin habe man ihn irgendwohin abzuschieben versucht. Der Personalrat habe sich aber einstimmig hinter den Mann gestellt und die Abschiebung verhindert.

Beamte der beiden Oberfinanzdirektionen in München und Nürnberg hielten mich auf dem Laufenden, wie sich die Dinge nach meinem Weggang aus der Steuerabteilung entwickelten. Was ich hörte, war höchst unerfreulich. Dies betraf etwa neue Fälle des

Strauß-Anwalts Dannecker, der sich mit Vehemenz durchzusetzen versuchte. Dem neuen Steuerabteilungsleiter Geiger kreidete er wütend an, dass er ihm eine Verlustabschreibungsgesellschaft nicht anerkannt habe. Wegen einer anderen Sache brüllte er einen Referatsleiter an, der wiederum brüllte zurück. Einer anderen Information zufolge beabsichtigte Strauß, die Betriebsprüfer zu reduzieren, um »wirtschaftsfreundlicher« zu sein, ebenso wollte er die Zahl der Steuerfahnder verringern. »In der Steuerfahndung geht wegen Strauß gar nichts mehr«, verriet mir der zuständige Referatsleiter der Oberfinanzdirektion München.

Ein Abteilungsdirektor der Oberfinanzdirektion Nürnberg beklagte sich, Strauß habe sich in den Fall G. eingemischt, ebenso in den Fall M. Das, was ich aufgedeckt hätte, sei einer der größten Skandale der Nachkriegszeit. Dennoch habe der Hauptpersonalrat nur deshalb seine Zustimmung zu meiner Strafversetzung versagen können, weil man mir nichts habe vorwerfen können.

Wie massiv Beamte der Staatskanzlei auf Geheiß von Strauß in steuerliche Verfahren eingriffen, ohne dafür die geringste Zuständigkeit zu haben, zeigt auch ein anderer Vorgang. Als in der Villa von Holger Pfahls, dem früheren Büroleiter von Strauß, eine Durchsuchung stattfand, stieß die Staatsanwaltschaft auf zwei Aktenordner mit Originaldokumenten zu einem Steuerermittlungsverfahren. Die seien ihm, so Pfahls, von Strauß mit der Anweisung übergeben worden, sich um die Angelegenheit zu kümmern. Der zuständige Augsburger Oberstaatsanwalt bekundete später als Zeuge, Strauß habe dem Steuerpflichtigen helfen wollen. Ob es sich wohl um einen kleinen Lohnsteuerzahler handelte? Vermutlich nicht.

Es war offenkundig: Strauß hielt die Steuerverwaltung weiterhin eisern im Griff, von ganz oben bis ganz unten. Warum nur, fragt man sich. Warum hatte er daran ein so unnatürliches Interesse? Bloß wegen seiner Amigos?

Ein Missgeschick konnte auch einmal außerhalb der Steuerverwaltung passieren. So, als Strauß-Sohn Max verbotswidrig einen Auerhahn abschoss und deswegen ein Strafverfahren an den Hals bekam. Wie aus dem Landwirtschaftsministerium verlautet, ließ Strauß daraufhin den zuständigen Spitzenbeamten kommen und stauchte ihn zusammen. Den völlig entgeisterten Ministerialdirektor fauchte er an: »Ich lasse mir doch von Ihnen nicht meine Karriere verderben!« Seine Karriere? Hatte er nicht schon Karriere gemacht? Das Strafverfahren gegen Max Strauß wurde eingestellt, der Förster, der ihn begleitet hatte, aber wegen schwerer Wilderei verurteilt.

Der frühere Kultusminister Hans Maier gab in einem *SZ*-Interview als Grund seiner Auseinandersetzungen mit Strauß an: »Ich habe nur darauf bestanden, dass alles seinen ordentlichen Weg geht. Rechtsstaatliche Verfahren sind ganz wichtig ... Doch bei Strauß lief alles über das Personelle.« Man sieht auch hier: Das Recht war Strauß gleichgültig. Es war immer dasselbe. Und auch hier eliminierte er den Widerständler, er zwang ihn zum Rücktritt.

Die Angst vor Strauß war allenthalben gewaltig. 1987 gab Lothar Müller, inzwischen wohlbestallter Präsident der Landeszentralbank, der *Süddeutschen Zeitung* ein auf Tonband gesprochenes Interview zur Megapetrol-Affäre. Er nutzte die Gelegenheit, um über mich herzuziehen. Er bescheinigte mir laut Tonband Verfolgungswahn, Unstimmigkeit der Persönlichkeit, Krummheit und andere negative Qualitäten. Für Finanzminister Ludwig Huber sei ich »wahnsinnig gefährlich« gewesen. Nachdem das Interview in der *Süddeutschen* erschien, stellte ich gegen Müller Strafantrag wegen Beleidigung und Verleumdung.

Da ich aufgrund meiner schlechten Erfahrungen davon ausging, dass Strauß bei der Justiz intervenieren würde, schrieb ich ihn dieses Mal persönlich an – auf dem Dienstweg. Finanzminister Streibl aber wagte nicht, meinen Brief an Strauß weiterzuleiten. Als ich das anmahnte, bekniete mich Amtschef Mayer: »Ich warne Sie, Sie kennen Strauß nicht! Strauß geht an die Decke! Dem ist alles wurscht!« Dennoch bestand ich auf der Weiterleitung des Briefs. Eine Antwort erhielt ich nie. Später kam heraus, dass der Amtschef der Staatskanzleichef den Brief wieder an das Finanzministerium zurückgeschickt hatte, weil er sich nicht traute, ihn Strauß vorzulegen.

Die Behandlung meines Strafantrags durch die Staatsanwaltschaft war frappierend. Müller musste 5000 Mark zahlen, und zwar ausgerechnet an die Marianne-Strauß-Stiftung! Und das, obwohl mein Anwalt die Staatsanwaltschaft schriftlich darauf hingewiesen hatte, dass Strauß mir übel zugesetzt hatte. Gegen die Bezahlung der 5000 Mark wurde das Verfahren »wegen geringer Schuld« eingestellt, weil Müller nicht mit einer Veröffentlichung habe rechnen müssen. Genau das Gegenteil traf zu. Auf dem mitlaufenden Tonband, dessen Interviewtext der Staatsanwalt niederschreiben ließ, war nämlich zu hören, dass Müller einmal darum bat, das Tonband abzuschalten, er wolle jetzt etwas »off the records« sagen. Umgekehrt heißt das: Was er auf Band gesprochen hatte, war zur Veröffentlichung bestimmt. Aber so lief es bei der Justiz im Freistaat des F. J. Strauß.

Ein Jahr nach dem Tod seiner Frau feierte F. J. Strauß seinen 70. Geburtstag. Als der in der Schar der Gratulanten anstehende Präsident des Bayerischen Obersten Rechnungshofs an die Reihe kam, entschuldigte er sich, dass er kein Geburtstagsgeschenk überbringe. Daraufhin erwiderte der Jubilar, das schönste Geschenk für ihn sei doch, dass der Rechnungshof sich allzeit loyal verhalten habe. Das zeigte, was Strauß erwartete, und er nach seiner Meinung auch erhalten hatte. Allerdings stand dies im Gegensatz dazu, dass der Rechnungshof nach der Verfassung ein Kontrollorgan und kein Loyalitätsorgan zu sein hat.

Als das Leben des F. J. Strauß 1988 ein abruptes Ende fand, war einer trotz tiefer Trauermiene anscheinend nicht wirklich betrübt: Max Streibl. Im Finanzministerium machte die Runde, dass er sich die Kosten für den Trauerblumenstrauß seiner Frau in Höhe von 20 Mark von der Staatskasse wieder ersetzen ließ. Rein rechtlich mochte diese Spesenerstattung zulässig sein. Ein Zeichen für große Zuneigung zu dem Verblichenen war es sicher nicht.

Strauß-Sohn Franz Georg beklagte sich später in einem Interview mit der *Süddeutschen Zeitung* über Max Streibl: »Der hat bei der Beerdigung gesagt, die Familie Strauß wird immer auf uns zählen können. Von da an hat er genau das Gegenteil gemacht.« Das hatte schon seine Ursache.

Aber was war eigentlich der Grund gewesen, warum Strauß mich so unerbittlich verfolgte? Die Antwort gab mir Amtschef Konrad Mayer: Strauß betrachtete mich als Gefahr für seine finanziellen Angelegenheiten.

Das Geld war die stockdunkle Seite von Strauß. Immer wieder kamen einzelne Affären hoch, insbesondere durch den *Spiegel*, die Dinge verliefen jedoch immer wieder im Sande. Der nachfolgende Abschnitt bündelt das Bekannte und verbindet es mit bisher Unbekanntem. Das daraus entstehende Mosaik zeigt markante Konturen.

Der Glorienschein des F. J. Strauß

Schein

Alsbald nach seinem jähen Tode begann die Verklärung des Dahingegangenen. In der Trauerzeit galt ohnehin das Pietätsgebot: *De mortuis nil nisi bene* – Über Tote redet man nur Gutes! Dann begannen bestimmte Spitzenfunktionäre der CSU ihn als den Übervater der Partei darzustellen, als den Felsen, auf dem sie gebaut war, als den

Titanen, der sich im Kampf für das deutsche Vaterland, für Einigkeit und Recht und Freiheit schier aufgeopfert hatte. An Parteitagen wurde überlebensgroß sein Bild eingeblendet – geschniegelt, gebügelt und gebürstet, sittsam und besonnen dreinschauend saß er an seinem Schreibtisch, rundum ein seriöser Staatsmann. Genau das aber ist er nicht gewesen.

Freilich, es gab den einen oder anderen CSU-Politiker, der öffentlich in der Art einer salvatorischen Klausel einräumte, dass Strauß kein Heiliger gewesen sei. Nun ja, so etwas sei nicht weiter tragisch, dachte sich das Volk, Heiligkeit könne man schließlich von niemandem verlangen, vom Papst einmal abgesehen. Die Gründe, warum F. J. Strauß kein Heiliger war, behielten die wissenden CSU-Politiker jedoch gern für sich, das Volk erfuhr davon nichts.

Der neue Ministerpräsident Max Streibl erging sich nicht in Lobpreisungen seines Vorgängers. Er hatte mit ihm manches prägende Erlebnis gehabt. Ein solches gipfelte gar in der bekannt gewordenen Schmähung: »Du bist doch das größte Arschloch, das ich kenne!« Wenn Streibl sich zu so etwas gegenüber dem Allmächtigen hinreißen ließ, dann musste schon Extremes passiert sein: Es ging um die Entlassung von Ludwig Huber als Landesbankpräsident. Selbst wegen lächerlichster Anlässe hatte Strauß Streibl eine Abreibung verpasst. So etwa, als Strauß am Hofbräuhaus vorbeiging und bemerkte, dass ein Kellerfenster zerbrochen war. Das Hofbräuhaus unterstand dem Finanzminister, aber dafür war er nun wirklich nicht verantwortlich. Erst recht war der Teufel los, als das Kellerfenster nach vier Wochen immer noch nicht repariert war. Und wenn es um etwas Wichtigeres ging, hatte Streibl zu zittern. Nach Strauß' Tod machte der so oft geprügelte Max Streibl keinen Hehl daraus, dass er von seinem früheren Herrn eine äußerst schlechte Meinung hatte. Die Strauß-Kinder beklagten sich lautstark, dass sie bei Hofe nicht mehr willkommen waren.

Kennzeichnend ist eine Episode, die mir ein Kollege erzählte. Er habe an einem Festessen in der Nymphenburger Klause teilgenommen, wohin Ministerpräsident Streibl wegen der Einweihung des Schiffes *Seeshaupt* der Bayerischen Seenschifffahrt eingeladen hatte. Anschließend habe er auf dem Parkplatz vor dem Schloss einen Bekannten, den Professor Z., getroffen, der völlig verstört gewesen sei. Als er ihn darauf angesprochen habe, habe ihm der Professor erzählt, er habe einen literarischen Beitrag für den Marianne-Strauß-Kalender verfasst. Bei dem Festessen habe ihn deswegen plötzlich Ministerpräsident Streibl, sein Duzfreund, zornig angefahren: »Bist du jetzt auch ein Strauß-Freund? Du wirst schon sehen, was bei dem Schalck-Golodkowski noch alles herauskommt!«

Rachsucht und Brutalität

Franz Heubl, Staatsminister und stellvertretender CSU-Vorsitzender, hat bekanntlich Strauß als brutal, vital und sentimental bezeichnet. In seiner Rachsucht war Strauß in der Tat brutal, das hatte ich selbst erfahren. Aber ich war nicht der erste und einzige Fall. Es gibt vielmehr eine durchgehende Linie, die zeigt: Sobald Strauß Macht in die Finger bekam, missbrauchte er sie.

1958 verfolgte Strauß den Bonner Verkehrspolizisten Hahlbohm, der seinen Fahrer ordnungsgemäß wegen einer Verkehrswidrigkeit aufgeschrieben hatte. Strauß verlangte schriftlich vom Bonner Polizeipräsidenten, dann sogar vom nordrhein-westfälischen CDU-Innenminister, dass der Beamte gemaßregelt und aus Bonn entfernt werde. »Ich bitte um eine scharfe Untersuchung und um ein strenges Eingreifen.« Der Innenminister wies dies zurück. Strauß stellte sogar Strafantrag gegen den Polizisten, der Strafantrag wurde vom Gericht abgewiesen.

Schon damals stellte er sich über das Gesetz: »Ich verlange, dass ich als Bundesminister anders behandelt werde als ein Marktweib.«

Kein anderer Bundesminister hat je Derartiges erklärt. Und tatsächlich ging es so weiter: Er hielt sich an keine Gesetze, an nichts – genau das, was Bundesminister a.D. Niederalt mir gesagt hatte.

Als Strauß' Luftwaffenflugzeug einmal nach der Rückkehr aus Paris auf dem Flughafen Köln-Bonn auf eine etwas abseits gelegene Haltestelle eingewiesen wurde, beschwerte Strauß sich beim Bundesverkehrsministerium über den Leiter der Flugsicherung. Dieser musste sich bei ihm gleich zweimal schriftlich entschuldigen, die erste Entschuldigung genügt ihm nicht.

1961 verflogen sich zwei Jagdbomber der Bundeswehr über das Gebiet der DDR. Der Flugkommodore Barth wurde von Strauß sofort seines Amtes enthoben und versetzt, gesetzwidrig, weil ohne vorherige Untersuchung. Seine anstehende Beförderung zum Oberst verweigerte ihm Strauß, obwohl sich herausstellte, dass die Fluginstrumente versagt hatten. Als Strauß vom Bundesverwaltungsgericht zur Beförderung verurteilt wurde, unterließ er sie trotzdem. Erst nach drei Monaten und nachdrücklicher Aufforderung durch den Wehrbeauftragten vollzog er das Urteil.

1961 betrieb Strauß die Verhaftung des ihm verhassten *Spiegel*-Verlegers Rudolf Augstein und von dessen Chefredakteur Conrad Ahlers wegen angeblichen Landesverrats. Der *Spiegel* hatte ständig neue Affären von Strauß aufgedeckt, Strauß lag mit Augstein und dessen Redakteuren in einem erbitterten Clinch. Nach der Verhaftung von Ahlers ließ sich Strauß zu seinem Haus auf dem Venusberg fahren. Sein Fahrer berichtete, wie es in der Strauß-Biografie von Stefan Finger heißt: »Kaum hatte er den grauen Dienstwagen bestiegen, da schlug er sich mit unbändiger Freude auf die Schenkel und rief: Die Schweine – jetzt haben wir sie endlich!« Aber feige log Strauß öffentlich und vor dem Bundestag, er habe damit nicht das Geringste zu tun. Als die Sache herauskam, musste er zurücktreten.

Zuvor schon war er in Verdacht geraten, er habe hinter der Verhaftung des Fibag-Finanzberaters Hans Herstatt gestanden, der ihn als Zeuge vor dem Fibag-Untersuchungsausschuss des Bundestags belastet hatte. Am Tag nach seiner Aussage war Herstatt in München verhaftet worden, Strauß hatte ihn wahrheitswidrig landesverräterischer Beziehungen bezichtigt. Ebenso wahrheitswidrig verbreitete die Justizpressestelle München, der verhaftete Herstatt habe inzwischen eine Ehrenerklärung für Strauß angeboten. Die Wahrheit war, dass die Staatsanwaltschaft Herstatt in 26 Tagen Haft vergeblich dazu gedrängt hatte. Das Verfahren gegen Herstatt wurde nach fünf Jahren ohne Verhandlung eingestellt.

Unverkennbar ist, wie sich der Fall Herstatt und der Fall Augstein/Ahlers ähneln.

Ein weiterer Fall: Der hoch angesehene Münchner Rechtsanwalt Otto Gritschneder, dem die Nazis Berufsverbot erteilt hatten, vertrat 1965/1966 den *Spiegel* gegen eine Klage von Strauß auf Widerruf und Schmerzensgeld. Der *Spiegel* hatte geschrieben, Strauß sei ein »der Korruption schuldiger Minister«. Strauß fauchte Gritschneder nach der Verhandlung an: »Das wirst du mir büßen!« Der Anwalt, der bis dahin laufend die katholische Kirche in Streitsachen vor Gericht vertreten hatte, bekam von da an erstaunlicherweise von dieser kein einziges Mandat mehr.

1976 warf Strauß zusammen mit Lothar Müller den Bundesrechnungshof, der die Behandlung bestimmter Steuerfälle gerügt hatte, aus den bayerischen Finanzämtern. Der Bundesrechnungshof hatte ihn als Bundesverteidigungsminister wegen der Beschaffung des HS-30-Panzers und des Starfighters scharf gerügt. Er hatte ihn auch scharf gerügt, als er in seinem Wahlkreis Schongau/Weilheim für die Bundeswehr Grundstücke zu einem weit über dem Verkehrswert liegenden Preis angekauft und damit deren Eigentümer massiv begünstigt hatte.

1977 fordert Strauß meinen Rauswurf aus dem Finanzministerium. Er erklärte, man solle mich für geisteskrank erklären und das in der Presse groß herausstellen. 1979 zwang er Finanzminister Streibl, mich aus dem Finanzministerium zu werfen und gegen mich ein Disziplinarverfahren einzuleiten. Er blockierte jahrelang rechtswidrig meine Beförderung.

1980, als Strauß als Kanzler kandidierte, setzte er, obwohl dazu nicht befugt, den Münchner Polizeivizepräsidenten Wolf als Einsatzleiter bei einer Wahlveranstaltung auf dem Marienplatz ab, beschimpfte ihn als den »Versager von Fürstenfeldbruck«. Als die Sache groß in der Presse herauskam, eilte er zu dem Beleidigten, um sich zu entschuldigen. Als die Bundestagswahl vorbei war, höhnte er: »Hätte ich ihm vielleicht einen Orden verleihen sollen?«

Strauß schreckte selbst vor der Justiz nicht zurück. In einem Fall hatten Nürnberger Staatsanwälte 1960 eine Durchsuchung der Nürnberger CSU-Geschäftsstelle erwirkt. Der Staat hatte ein Grundstück im Verkehrswert von 15 Millionen Mark zum Vorzugspreis von nur 900 000 Mark verkauft, worauf der dankbare Erwerber der CSU einen fünfstelligen DM-Betrag spendete. Nach der Durchsuchung rief Strauß den Oberstaatsanwalt an und verlangte darüber Auskunft, welcher Partei er und die eingesetzten Staatsanwälte angehörten! Das war eine unverhüllte Drohung mit üblen Folgen.

Bundesminister a.D. Niederalt zu mir: »Er verfolgte die Leute oft in kleinlichster Rachsucht.« Allein schon wenn man ihm nur widersprochen habe, habe er einen als Feind betrachtet.

Als ich einmal mit Niederalt in der Münchner Theatinerstraße im Gespräch stand, kam plötzlich ein früherer CSU-Bundestagsabgeordneter auf uns zu. Er und Niederalt fielen sich um den Hals. Schon nach zwei Minuten erinnerten sie sich lachend an Strauß: »Du hast dich auch nicht getraut, ihm zu widersprechen!« – »Stimmt, ich habe mich auch nicht getraut.« Niederalt sagte: »In den ersten

Jahren flogen ihm die Formulierungen ja nur so zu.« Da war mir klar: Mit seiner niederwalzenden Rhetorik und mit seiner Rachsucht hatte Strauß alle in Schach gehalten. Wer ein Mandat oder ein Ministeramt innehatte, war wirtschaftlich von ihm abhängig, musste daher Gefolgschaft leisten.

Andererseits war zu erfahren, dass Strauß den Mut zum Widerstand durchaus als positive Charaktereigenschaft zu schätzen wusste, allerdings nur, soweit es ihm ins Konzept passte. So wurde kurz vor der Bundestagswahl 1980 versucht, als er als Bundeskanzler kandidierte, über die Presse zu lancieren, Strauß habe im Dritten Reich Kontakt zu Widerstandskreisen gehabt. Allgemeines Erstaunen – davon hatte man nie etwas gehört. Auf Nachfrage der Journalisten allerdings druckste man herum: »Ja, nicht so direkt, aber doch irgendwie schon.« Die Historie des 20. Juli 1944 musste dann doch nicht um einen Widerstandskämpfer namens Strauß angereichert werden. Im Übrigen hatte er schon nach dem Einmarsch der Amerikaner 1945 in Schongau behauptet, er sei seit zwei Jahren Widerstandskämpfer gewesen, ohne dass er hierfür einen Beleg anführen konnte. Willy Brandt, der als 17-Jähriger vor der Verhaftung durch die Nazis ins Exil geflohen war, schleuderte er vielmehr entgegen: »Was haben Sie zwölf Jahre lang draußen gemacht? Wir wissen, was wir drinnen gemacht haben.«

Wenn Widerstand nicht im Freistaat Bayern, sondern in der DDR geleistet wurde, dann zollte er dem gern hohen Respekt. Als ein junger Mann in der DDR standhaft den Wehrdienst verweigerte und schließlich ausreisen durfte, empfing ihn Strauß in der Staatskanzlei mit allen Ehrenbezeigungen – während er mich zur selben Zeit drangsalierte: Mein Widerstand behagte ihm überhaupt nicht.

Als besonders honorig betrachtete Strauß den Widerstand gegen den jeweiligen Bundeskanzler, was er deshalb gleich selbst besorgte.

Bundesminister a.D. Niederalt erinnerte sich: »Er machte jedem Bundeskanzler ungeheure Schwierigkeiten!« Gerade er, der vorgeblich immer nur das Wohl des deutschen Volkes im Auge hatte. Er scheute sich nicht einmal, in Ostberlin despektierlich über Bundeskanzler Helmut Kohl zu reden, wie dieser später aus DDR-Akten ersehen musste. Kohl sagte später zu Vertrauten im Kanzleramt, es sei für Strauß gut, dass er ihm »diese Sauereien« nicht mehr vorhalten könne.

Es war immer das Gleiche, und zwar von Anfang an: Wenn Strauß eine Machtposition hatte, zeigte er ein hässliches Gesicht. Schon zu Zeiten, als er Verteidigungsminister war, war es schlimm. Bundeskanzler Adenauer und Bundespräsident Heuss führten über Strauß ein besorgtes Gespräch. Dies geht aus den 1997 veröffentlichten Protokollen hervor. Adenauer hielt u.a. »dessen groben Umgang mit Spitzenbeamten und Generälen für skandalös (Rust, Hopf, Heusinger, Gumbel ...). Es sei nicht auszudenken, was aus dem Verteidigungsministerium werden solle, wenn diese Herren sich einmal wegen der Behandlung aus dem Amt zurückzögen«, wurde notiert.

Adenauer hatte Strauß früher einmal ins Gesicht gesagt: »Solange ich Kanzler bin, werden Sie nie Verteidigungsminister!«, wobei er ihm intrigante Verfolgung des damaligen Verteidigungsministers Theodor Blank vorwarf, um dessen Posten zu erlangen – so Strauß selbst in seinen Erinnerungen. Adenauer hatte sich in Strauß nicht getäuscht: Als er diesen schließlich doch zum Verteidigungsminister machte, ging es prompt los mit den Affären. Und nachdem Strauß zurückgetreten war, war wieder Schluss damit.

Auch der frühere Bundeskanzler Helmut Kohl erinnerte sich in seiner Rede, als ihm (ausgerechnet ihm!) 2005 von der CSU der Franz-Josef-Strauß-Preis verliehen wurde: »So rücksichtslos wie er gegen andere war, so rücksichtslos war er auch gegen sich!« Der erste Halbsatz ist zu unterstreichen.

Es gab einen Aufschrei in der deutschen Öffentlichkeit, als Strauß in Chile den Diktator Pinochet besuchte und dessen verbrecherische Herrschaft rechtfertigte: »Ich habe keinen Zweifel, dass Chile ein demokratisches und freies Land ist.« Und: »Man muss sich darüber im Klaren sein, dass es bei einem Putsch nicht zugeht, wie wenn Franziskaner Suppe verteilen.« Strauß fand es anscheinend in Ordnung, wenn Machtausübung brutal war – es war sein eigener Stil! Franz Heubl hat ihn richtig beschrieben.

Geschäfte

Die inzwischen über F. J. Strauß erschienenen Biografien berichten über zahlreiche Weibergeschichten. Die bekannte Affäre mit der 17-jährigen Gymnasiastin, als er Bundesfinanzminister war – zum Dank schenkte er der jugendlichen Geliebten einen gebrauchten VW –, war nicht die einzige. 1961 berichtete der *Spiegel* etwa über eine farbige Prostituierte, die Strauß auf einer Dienstreise als Bundesverteidigungsminister nach San Francisco nächtens eine Stunde lang auf sein Hotelzimmer mitgenommen hatte. Strauß klagte zunächst gegen diese Behauptung, nahm die Klage aber wieder zurück, als der *Spiegel* den Wahrheitsbeweis anbot. Erst vier Jahre zuvor, gleich nach seiner Hochzeit im Jahr 1957, war er mit seiner angetrauten Marianne zum Papst nach Rom gereist. Eduard Zwick erzählte nach dem Tod von Strauß dem *Spiegel* von einem gemeinsamen Bordellbesuch in Wien zusammen mit Strauß, Schöll und Dannecker. In der Öffentlichkeit aber spielte Strauß den treu sorgenden Familienvater, ganz im Sinne der von ihm propagierten christlichen Werteordnung. Später stellte sich heraus, dass dem nicht so war. »Die vielen Frauen daneben und dazwischen dienten nur der Kurzweil«, berichtete unwidersprochen Wolfram Bickerich in seiner Strauß-Biografie. Doch es gibt offenbar noch Bedenklicheres, nämlich seine Geschäfte und das Geld.

Ungewöhnliche Geschäfte müssen es in jedem Fall gewesen sein. Wenn sogar ein in Geldangelegenheiten bestens bewanderter Mann wie der CDU-Schatzmeister Walter Leisler Kiep darüber ins Staunen geriet, wollte das etwas heißen, noch dazu, wenn er das eigens in seinem Tagebuch festhielt. In diesem später von der Staatsanwaltschaft beschlagnahmten Tagebuch notierte Kiep 1992 nach einem Gespräch mit Otto Wiesheu: »Erstaunliche Dinge über das Entstehen des FJS-Vermögens.« Offenbar handelte es sich um ein besonders großes Vermögen. Und offensichtlich war es weit mehr, als Strauß als Bundestagsabgeordneter, Minister und Ministerpräsident verdient haben konnte, denn das wäre ja nicht »erstaunlich« gewesen.

Vor der Bundestagswahl 1980 legte Kanzler Helmut Schmidt sein Vermögen offen. Dadurch geriet der Kandidat Strauß unter Zugzwang, dies ebenfalls zu tun. Obwohl er sich damit von dem ihm anhaftenden »Ruch der Korruption« hätte befreien können, was bei dieser Wahl für ihn besonders wichtig gewesen wäre, zog er es vor, seine Vermögensverhältnisse vor den Wählern verborgen zu halten.

Nach dem Tod von Strauß kursierte das abenteuerliche Gerücht, dass er ein Vermögen von 300 Millionen Mark hinterlassen habe. Der Strauß-Biograf Wolfram Bickerich berichtet, einer der Vertrauten von Strauß habe das Vermögen auf 300 bis 400 Millionen Mark geschätzt. Eduard Zwick, der nach eigenem Bekunden einigen Einblick hatte, sprach von 250 Millionen Mark. In einer Fernsehsendung von einem Journalisten mit diesem Gerücht konfrontiert, bestritt Monika Hohlmeier, dass der Nachlass so hoch sei, vielmehr sei es ein niedriger zweistelliger Millionenbetrag. Der frühere Bundesminister Alois Niederalt, der die Zahl von 300 Millionen in meinem Beisein aufgriff, regte sich auf: »Mit seinem Ministergehalt allein kann er das nicht verdient haben!« Es wurde jedoch zum Beispiel bekannt, dass Strauß als Ministerpräsident vom Baur-Versand eine Testamentsvollstreckervergütung von bis zu 300 000 Mark jährlich bezog. Niederalt klärte mich auf: »Über solche Töpfe hat Strauß zuhauf verfügt!« Auch ein anderer CSU-Spitzenpolitiker, der Strauß bestens kannte, bestätigte mir: »Strauß hat in der Wirtschaft unendlich viele Möglichkeiten zu privaten Einnahmen gehabt.« Wie vereinbarte Strauß das mit seinen gesetzlichen Amtspflichten? Und hatte er diese Zuflüsse auch gegenüber dem Finanzamt erklärt?

Bald darauf traf ich den Präsidenten des Rechnungshofs. Er fragte mich, ob nach meiner Einschätzung »mit einer öffentlichen Untersuchung über die Herkunft des 150-Millionen-Mark-Vermögens der Frau Hohlmeier« zu rechnen sei. Dass er dieses Vermögen als feststehende und bekannte Tatsache betrachtete, überraschte mich. Aber ich ging davon aus, dass er in seiner Position Einblick hatte und nicht auf Gerüchte angewiesen war. Dass er, ein treuer CSU-Mann, Strauß und seine Tochter unbegründet in Verruf gebracht hätte, war auszuschließen. Geht man davon aus, dass jeder der drei Strauß-Kinder gleich viel geerbt hat, hätte Strauß ein Vermögen von 450 Millionen Mark hinterlassen.

Im Juni 1999 hat die Staatsanwaltschaft Augsburg eine Überprüfung durch das Finanzamt erbeten, ob ein »bei Max Strauß festgestelltes Wertpapiervermögen« in Höhe von 108 Millionen Mark ordnungsgemäß versteuert worden sei. Die Presse spekulierte, dies sei ein Teil der von F. J. Strauß hinterlassenen Erbschaft. Die Auskunft des Finanzamts ist unbekannt.

Einer der Töpfe, aus dem sich Strauß in rechtswidriger Weise bereicherte, war die Werbeagentur Contas, an der er beteiligt war. Nach Artikel 57 der Bayerischen Verfassung war es ihm als Ministerpräsident verboten, neben seinem Amt ein Gewerbe auszuüben oder als Mitglied des Aufsichtsrats oder Vorstands einer privaten Erwerbsgesellschaft tätig zu sein. Obwohl er seinen Eid auf die Verfassung geschworen hatte, setzte er sich darüber hinweg. Erschwerend kam hinzu, dass das Unternehmen in wesentlichem Umfang für staatliche und halbstaatliche Kunden arbeitete, wie zum Beispiel die Staatliche Lotterieverwaltung, das Bayerische Wirtschaftsministerium, die Bayerische Landesbank, den Bayerischen Rundfunk – also Institutionen, auf die er kraft seines Amtes massiv einwirken konnte. Dass seine Beteiligung über einen zwischengeschalteten Treuhänder verwaltet wurde, war nichts als eine Verschleierung, es war eine unzulässige Umgehung des verfassungsrechtlichen Verbots.

Genauso unzulässig wegen Verstoßes gegen Artikel 57 der Verfassung war der erwähnte Bezug der Testamentsvollstreckervergütung in Höhe von 300 000 Mark jährlich aus dem Baur-Versand. Diese Vergütung hatte ihre Grundlage in einem gemeinsamen Testament der Eheleute Baur. Nach dem Tod ihres Mannes begrenzte die Witwe Kathi Baur in einem weiteren Testament rechtswirksam die Vergütung auf 60 000 Mark. Strauß aber setzte sich auch darüber hinweg, er kassierte unbekümmert weiter ab. Und soweit Arbeit anfiel, ließ er das durch einen Beamten der Staatskanzlei erledigen, dem er dafür 10 000 Mark bezahlte. Wie der Regierungspräsident Winkler später vor dem Amigo-Untersuchungsausschuss aussagte, wurde der Regierung von Oberfranken, der die Stiftungsaufsicht oblag, ein Eingreifen verwehrt, indem ihr notwendige Informationen vorenthalten wurden, insbesondere die Vergütungsbeschränkung auf 60 000 Mark.

Der Bäderkönig Eduard Zwick deutete 1994 gegenüber dem *Spiegel* an, dass Strauß Millionensummen an der Steuer vorbei auf einer Schweizer Bank untergebracht habe. Seiner Kenntnis nach handle es sich um einen »dreistelligen Millionenbetrag«. Er selbst habe Strauß, der bereits bei der Schweizer Vontobel-Bank Kunde gewesen sei, bei der Genfer Privatbank Pictet eingeführt, bekannte Eduard Zwick. Als deren Kunde müsse man »schon ein paar kräftige Millionen dabeihaben«. Woher stammte dieses Geld?

Die Strauß-Kinder dementierten Eduard Zwick, jedoch zweideutig: »Es existierten keine Konten mit dreistelligen Millionensummen.« Erstens aber hatte Zwick nicht behauptet, dass auf einem Konto »dreistellige« Millionen lagen, und zweitens konnten die Millionen auf verschiedenen Konten verteilt sein (wie ohnehin bei Provisionszahlungen aus verschiedenen Geschäften üblich). So hat Strauß-Freund Walter Schöll angegeben, dass Strauß auch Kunde des Züricher Bankhauses Bär war. Max Strauß gab gegenüber dem *Spiegel* zu, dass es Strauß-Konten bei Pictet, Vontobel sowie bei der Filiale der Deutschen Bank in der Schweiz gegeben habe. Davon, dass sein Vater laut Schöll auch Kunde beim Bankhaus Bär in Zürich gewesen sei, habe er nichts gewusst. Das bedeutete dann aber auch, dass er dieses Konto bei der Erbschaftsteuererklärung nicht angegeben hatte und dass es auch nicht aus den Steuererklärungen von F. J. Strauß ersichtlich war.

Demnach hatte Strauß unbestritten immerhin laut *Spiegel* Konten bei vier verschiedenen Schweizer Banken. Für sein Ministerpräsidentengehalt benötigte er gewiss kein Konto in der Schweiz, aber auch für das, was aus dem Erbe Zwicknagel, den Eltern seiner Frau, vorhanden sein mochte, musste er nicht Kunde bei vier verschiedenen Banken sein. Die Staatsanwaltschaft Augsburg hatte, als sie am 10. Januar 1996 bei Max Strauß eine Durchsuchung vornahm, als »gesuchte Unterlagen« Bankpost der vorgenannten Banken Pictet, Bär und Vontobel angegeben – außerdem Post des Schweizer Bankvereins. Darüber hinaus gab es noch ein Konto bei einer fünften Schweizer Bank, bei Ernst & Cie, das nach Angaben der Strauß-Kinder Anfang 1988 eingerichtet worden sei, um den Nachlass der Großmutter abzuwickeln – eine etwas merkwürdige Erklärung.

Außerdem gab es noch das vom Waffenhändler Karlheinz Schreiber beim Schweizer Bankverein mutmaßlich für Strauß geführte Konto mit dem Decknamen »Master«. Insgesamt gab es somit Strauß-Konten bei sechs Schweizer Banken. Offen bleibt, ob es noch weitere gab.

In einem *Spiegel*-Interview erklärte Eduard Zwick 1994, nach seiner Flucht in die Schweiz habe er Strauß und der CSU finanziell massiv unter die Arme gegriffen. Eine Zeit lang habe er monatlich Beträge zwischen »20 000 und 25 000 Mark auf unverfängliche Konten« überwiesen. Strauß seinerseits habe ihn in seinem Schweizer Exil besucht und ihm bezüglich seiner Steueraffäre versichert: »Eduard, das bringen wir in Ordnung.«

Einige Zeit nach Strauß segnete auch sein Intimus in Geldsachen, der mächtige Anwalt Franz Dannecker, das Zeitliche. Ein prominenter CSU-Politiker berichtet von der Beerdigung. Als der Sarg an den Seilen ins Grab hinabgelassen wurde, habe ihm ein früherer CSU-Minister zugeraunt: »Hier wird viel Geld versenkt. Der kannte als Einziger die Konten von Strauß in der Schweiz.«

Anscheinend waren aber auch die Zwicks eingeweiht. Nach dem Tod von Strauß, so die Familie Zwick, habe sie Monika Hohlmeier auf die Schweizer Strauß-Konten hingewiesen, die »unter Tarnnamen« liefen. Auf Widerruf verklagt wurden die Zwicks von den Strauß-Kindern nicht.

Der *Spiegel* schrieb dazu, wie bereits im anderen Zusammenhang erwähnt, Strauß sei »ein der Korruption schuldiger Minister« und »ein der Korruption schuldiger Ministerpräsident« gewesen. Und: »Franz Josef Strauß war groß im Nehmen, sein Vermögen bunkerte er auf Schweizer Konten.« Herauszustellen ist: Auch der *Spiegel* wurde von den Strauß-Erben nicht auf Widerruf verklagt.

Unstreitig ist zudem, dass Strauß privat tatsächlich Geld von Zwick erhielt, nachdem dieser bereits in die Schweiz geflohen war.

Er ließ sich nämlich von Zwick 1983 seine Geburtstagsparty in Südfrankreich finanzieren, samt den Flug- und Hotelkosten der Gäste, darunter Minister Tandler und Staatssekretär Stoiber mit Ehefrau. Insgesamt ein erklecklicher Betrag, laut Eduard Zwick zwischen 150 000 und 200 000 Mark. Strauß dankte in seiner Ansprache während des Festmahls ausdrücklich dem abwesenden Eduard Zwick und seiner Frau Angelika hierfür. Wenn das die ahnungslosen CSU-Wähler gewusst hätten: Dass er als Ministerpräsident, zur Wahrung von Recht und Gesetz berufen, sich von einem mit Haftbefehl Gesuchten aushalten ließ! Vom größten Steuerschuldner des Landes! Undenkbar, dass ein Alfons Goppel so etwas gemacht hätte. Hätten die CSU-Wähler das gewusst, hätten sie den »Landesvater« Strauß anders beurteilt. Wenn er sich schon Gäste zum Geburtstag einlud, warum zahlte er nicht selbst? Und Zwick brachte, wie er angab, nicht nur dieses eine Mal, sondern Jahr für Jahr für die Geburtstagspartys von Strauß an der Côte d'Azur 150 000 bis 200 000 Mark auf!

Weiter äußerte Zwick, Strauß sei in Insidergeschäfte mit Aktien einer amerikanischen Fast-Food-Kette verwickelt gewesen, bei der sich der Hendlbrater und Strauß-Freund Friedrich Jahn engagieren wollte. Auch insoweit wurde Zwick nicht auf Widerruf verklagt. Was hat Strauß aus diesen Geschäften kassiert?

Zwick war ein sehr schlechter Steuerzahler. Daraus folgte aber nicht, dass er etwas erfand, um seinen langjährigen Spezi Strauß posthum zu verleumden. In jedem vergleichbaren Fall hätte man längst die Steuerfahndung in Marsch gesetzt, hier indessen geschah nichts. Die von Zwick angegebenen monatlichen Zahlungen an Strauß in Höhe von 20 000 bis 25 000 Mark waren auch deshalb glaubhaft, weil sie zu seiner Interessenlage passten: Dadurch konnte er Strauß verpflichten, etwas für ihn zu tun. Und Strauß tat ja auch was für ihn – der Haftbefehl wurde letztlich aufgehoben, Zwick konnte zurückkehren.

Dringend in Betracht zu ziehen ist jedoch auch, dass Strauß Einnahmen aus Provisionsgeschäften bezog.

Ein Spitzenpolitiker der CSU wusste: »Die Waffenhändler gingen bei Strauß ein und aus!« Das wird schon belegt durch die eigenartigen langjährigen Strauß-Freunde Dieter Holzer und Karlheinz Schreiber, beide sind Waffenhändler, beide werden von der Justiz verfolgt. Da Strauß zu dieser Zeit längst nicht mehr Verteidigungsminister war und auch nicht für Ausfuhrgenehmigungen zuständig, ist seine Einschaltung bei solchen Geschäften nur dann erklärbar, wenn er dabei als dienstbarer Geist mitwirkte. Dass er dies alles für Gottes Lohn tat, entspricht nicht der Lebenserfahrung und noch weniger dem ansonsten von Strauß gezeigten Hang und Drang zum Geld. Deshalb die Frage: Was erhielt Strauß dafür? Und auf welche Konten wurde das gezahlt?

Im Augsburger Max-Strauß-Prozess sagte 2001 der Schweizer Wirtschaftsprüfer und Schreibers langjähriger Vertrauter Giorgio Pelossi aus, die Freundschaft mit F. J. Strauß habe Schreiber »die Türen in der ganzen Welt aufgemacht«. Dabei seien stets Schmiergelder geflossen. Und das soll alles ohne Nutzen für Strauß gewesen sein? Nur weil er den kleinen Herrn Schreiber so gut leiden konnte, machte er für ihn überall den Türöffner?

Am 2. November 1989 trat in der Fernsehsendung *Live aus der Alten Oper* ein Manfred Morstein auf, präsentiert als ehemaliger Kriminalbeamter und Undercoveragent des Bundeskriminalamts. Er beklagte, immer wenn es im Nahen Osten um Waffen und Geld gegangen sei, sei man auf die Familie Strauß gestoßen, immer wieder auf Strauß. Auf den Vorhalt der erschrockenen Moderatorin Amelie Fried, Tote könnten sich nicht wehren, entgegnete Morstein, dass Max Strauß allerdings lebe.

In dem 1989 veröffentlichten Buch *Der Pate des Terrors* prangerte Morstein, der Name ist ein Pseudonym, das hoch kriminelle Treiben des von Interpol gesuchten Syrers Monzer al-Kassar an, den er als größten und gefährlichsten Waffen- und Drogenhändler der Welt bezeichnete. Auf Betreiben des Bundeskriminalamts wurde dieser am 21. Mai 1988, es war Pfingsten, bei einem Grenzübertritt nahe Bad Reichenhall verhaftet. Als ihn im dortigen Gefängnis sein österreichischer Fahrer Georg Postl besuchte, wurde das Gespräch zwischen beiden auf richterliche Anweisung belauscht. Laut Protokoll fragte al-Kassar: »Warum hast du nicht mit Strauß gesprochen?« Antwort: »Ich konnte über die Feiertage niemand erreichen. Der Sohn von Strauß ist für dich nach Paris geflogen.« Postl versprach, mit Strauß zu reden.

Das Bundeskriminalamt wollte al-Kassar nach Frankreich ausliefern, das Schwurgericht in Paris hatte ihn zu einer Freiheitsstrafe von acht Jahren verurteilt. Morstein berichtete in seinem Buch: »Eine namhafte deutsche Persönlichkeit« flog am Pfingstmontag von Bayern nach Paris, um bei staatlichen Repräsentanten einen Verzicht auf die Auslieferung zu erwirken. In der erwähnten Fernsehsendung präzisierte er, es habe sich um einen bayerischen Politiker gehandelt. Dieser Politiker soll der Innenstaatssekretär gewesen sein. Al-Kassar kam einige Tage später frei, er flog nach Wien. Und trotz eines entgegenstehenden Einreisevotums des Bundeskriminalamts durfte er dann laut Morstein im Herbst »mit Freunden zünftig bayerisch auf dem Oktoberfest feiern«, im idyllischen Ländchen des F. J. Strauß.

Al-Kassars Anwalt Udo Krause aus Laufen räumte ein: »Offenbar kannte al-Kassar F. J. Strauß sehr gut.« Darauf wies auch ein Vermerk im persönlichen Notizbuch von al-Kassar hin: »Strauß, was ist mit MWI? Telex.« MWI war eine von MBB entwickelte Streubombe, es ging wohl um ein angestrebtes Waffengeschäft.

Max Strauß bestritt zwar, dass er oder sein Vater al-Kassar geholfen hätten. Doch eine andere Erklärung gibt es nicht. Fest steht zudem, dass Max Strauß, wie er selbst zugab, tatsächlich eingeschaltet war. Er unterbrach seinen Urlaub in der Ägäis, wo er mit seinem Vater auf einer Yacht schipperte, um nach München zu fliegen und das Mandat für al-Kassar zu übernehmen, was sich dann aber als unnötig erwies. Das heißt zugleich, dass auch der Strauß-Vater informiert war. Und welcher bayerische Politiker flog schon am Pfingstmontag nach Paris, um sich für al-Kassar einzusetzen – wenn nicht auf Veranlassung von F. J. Strauß?

Wie intensiv die Aktivitäten des Strauß-Clans waren, wurde durch eine Erklärung von F. J. Strauß selbst deutlich. Als publik wurde, dass Strauß-Sohn Max in Gegenwart des Deutschen Botschafters in Saudi-Arabien an einem Verhandlungsgespräch mit den Saudis über den Verkauf von Leopard-Panzern teilgenommen hatte (und sich dabei skandalös verhalten hatte), begründete der Strauß-Vater dies damit, dass sein Sohn Max aufgrund seiner guten Geschäftsbeziehungen tätig geworden sei. Er sei schon circa zwanzig Mal in Saudi-Arabien gewesen, in der Tat eine erstaunliche Häufigkeit für einen jungen Mann, der gerade erst Rechtsreferendar war. Deshalb nochmals die Frage: Wie viel erhielt Strauß dafür? Wie viel sein Sohn Max? Und auf welche Konten wurde überwiesen?

Und eine weitere Frage stellt sich: Was meldeten sie dem deutschen Finanzamt?

Es gab einen, der Strauß gedroht hat: Landesbankpräsident Ludwig Huber. Als 1987 herauskam, dass Huber unzulässigerweise ein Aufsichtsratsmandat in der österreichischen Wienerwald-Firma seiner Geliebten Renate Thyssen übernommen hatte und er deswegen im Auftrag von Strauß von Finanzminister Streibl zur Rede gestellt wurde, schrieb er in einem Brief an die *Süddeutsche Zeitung*:

»Man wirft mir vor, ich hätte praktisch unerlaubt eine Beteiligung an einer Gesellschaft in Österreich. Da muss ich fragen: Warum soll ich unter Ausnahmerecht stehen? Andere waren beteiligt oder sind noch beteiligt an Gesellschaften z.B. in Luxemburg, in der Schweiz, in Liechtenstein. Ich habe auch keine Provisionen genommen.«

Das waren recht konkrete Hinweise, sogar differenziert nach »waren beteiligt« und »sind noch beteiligt«.

Wie der *Spiegel* unter Bezugnahme auf eingeweihte CSU-Mitglieder damals berichtete, kam hierfür z.B. in Liechtenstein u.a. die Firma Transcommerce mit Sitz Vaduz des Strauß-Freundes Friedrich Jahn in Betracht. Auf eine Landtagsanfrage zu dieser Firma und »stillen Beteiligungen« daran berief sich Finanzminister Streibl auf das Steuergeheimnis. Ludwig Huber soll geäußert haben, Strauß habe von Jahn, als dieser pleiteging, 2 Millionen Mark aus der Firma Transcommerce herausverlangt und deswegen einen Steuernachlass zugunsten der Firma Wienerwald herbeigeführt. Vor dem Untersuchungsausschuss Wienerwald II bestätigte Huber 1990, dass er vom Hörensagen wisse, dass sich Jahn damit gebrüstet habe, es sei ihm dank Beziehungen gelungen, einen Steuernachlass auszuhandeln. Dieser Steuernachlass belief sich auf wenigstens 10 Millionen Mark. Er wurde vom Rechnungshof heftig als rechtswidrig gerügt.

Zu dem Steuernachlass sagte auch Renate Thyssen, seinerzeit Geschäftspartnerin von Jahn, vor dem Untersuchungsausschuss aus. Sie bekundete, Jahn habe ihr gesagt, er habe seit 1982 eine »Steuergarantie« von Strauß. Die Dame hatte keinen Anlass zu lügen. Strauß war nachweislich in den Steuerfall eingeschaltet, der Finanzstaatssekretär Albert Meyer erstattete ihm mit Schreiben vom 16. Juni 1982 Bericht. Der rechtswidrige Steuernachlass fand damit seine Erklärung. Aber was war mit den 2 Millionen? Woher hatte Strauß das Geld? Auf welches Konto floss es, als er es von Jahn wieder herausverlangte?

Als 1987 in der CSU umlief, Strauß habe für die Vermittlung eines Leasinggeschäfts zugunsten seines Spezis Wienerwald-Jahn eine

Provision kassiert, wurde eine Anfrage des FDP-Vorsitzenden, ob Mitglieder der Staatsregierung Provisionen kassierten (unter Hinweis auf die zitierte Äußerung von Ludwig Huber), von Strauß nicht beantwortet. Vielmehr ließ er sie durch Staatsminister Stoiber als »beleidigend« zurückweisen: wegen des damit angesprochenen Verstoßes gegen Artikel 57 der Verfassung.

Es hieß auch, Jahn habe Geld benötigt zur Bezahlung einer Steuerschuld von 15 Millionen Mark. Strauß habe ihm den entsprechenden Kredit bei der Landesbank verschafft. Sollte Strauß dafür etwa eine Provision erhalten haben, dürfte Ludwig Huber als Präsident der Landesbank davon gewusst haben.

Wären die angesprochenen Beteiligungen und Provisionen legal gewesen, hätte Ludwig Huber daraus für sich nichts ableiten können. Es war daher eine offene Drohung, Illegales aufzudecken. Dies ergab nur einen Sinn, wenn es dem, der hier letztlich zu entscheiden hatte, schaden konnte, und das war Strauß. Ludwig Huber machte intern auch keinen Hehl daraus, dass er über belastendes Material verfügte: »Ich habe sechzehn Kisten mit Material bei Freunden in der Toskana deponiert!« Als ehemaliger Finanzminister, Fraktionsvorsitzender und Bankpräsident wusste Ludwig Huber unendlich viel.

Strauß bezog tatsächlich, wie verschiedene Journalisten berichteten, die Drohung auf sich. Von da ab war Feuer am Dach. Zwischen Strauß und Huber stand der blanke Hass. Strauß sagte, mit dem rede er überhaupt nicht mehr, seine Frau Marianne äußerte, so etwas könne sich ihr Mann nicht bieten lassen.

Der Vorwurf Ludwig Hubers war zum einen: Ein Ministerpräsident durfte nach Artikel 57 der Verfassung neben seinem Amt kein Gewerbe ausüben. Der unausgesprochene Hauptvorwurf aber war der der Steuerhinterziehung bezüglich der Provisionen und der Erträge aus den Beteiligungen.

Ludwig Huber musste als Landesbankpräsident 1988 zurücktreten – mit einer Abfindung von 3,5 Millionen Mark. Wider Erwarten schwieg er, er machte von seinem Material keinen Gebrauch. Aus Liebe zu seinen Parteifreunden? Oder gar zu Strauß?

Eine Ludwig Huber nahestehende Person meinte nach seinem Sturz, er sei selbst schuld an seiner tristen Situation. Er sitze auf seinen Akten, ohne etwas zu unternehmen. Warum unternahm er nichts? An Mut oder Intelligenz, mit Strauß zu kämpfen, fehlte es ihm jedenfalls nicht. Am Bedürfnis nach Revanche noch weniger. Sein eisernes Schweigen muss schon einen anderen Grund gehabt haben.

1996 ließ sich Ludwig Huber in einer Festschrift zu seinem 65. Geburtstag feiern. Buchtitel: *Was nicht in den Akten steht …* Aber auch in diesem Buch, in dem er selbst mit einem farblosen Aufsatz vertreten ist, plauderte er nichts aus, was andere belastet hätte. Allerdings machte er bei der Buchvorstellung deutlich: »Ich habe viele Unterlagen, die mich in die Lage versetzen würden, darüber zu schreiben.« Er verneinte, dass er an Memoiren mit brisanten Details arbeite, fügte indes hinzu: »Aber ausschließen will ich es nicht.«

Warum schwieg er weiterhin? Ludwig Huber war ein hochfahrender, jähzorniger Mann, er war eine Diva. Sein Sturz hatte ihn zutiefst verletzt. Er hegte zweifellos einen gewaltigen Groll gegen Strauß.

Nur mit größter Mühe war er zu bewegen gewesen, als Landesbankpräsident zurückzutreten. Der Ministerialdirigent Joachim Schweinoch, der für das Innenministerium im zuständigen Gremium der Landesbank saß, vertraute mir damals an, Huber werde zusätzlich zu seiner Abfindung noch weitere Millionen erhalten – von anderer Seite. Tatsächlich erfuhr ich später, man habe Ludwig Huber noch mehrere Millionen Mark gezahlt, verteilt auf mehrere

Jahre. Dieses Geld habe der Industrielle Krug* in der Wirtschaft sammeln müssen, was auch dem *SZ*-Journalisten Michael Stiller bekannt wurde – aus anderer Quelle.

Krug war ein enger Strauß-Freund. Sie hatten sich beide gegenseitig viel zu verdanken.

Warum erhielt Ludwig Huber heimlich zusätzlich mehrere Millionen Mark? Warum hatte das Geld nicht ein Huber-Freund, sondern ein Strauß-Freund zu sammeln? Hatte jemand Angst, Huber würde aus Rache Dinge offenlegen, die das Licht der Öffentlichkeit scheuten?

Eduard Zwick zufolge war Strauß die Zahlung von Schweigegeld, das andere aufbringen mussten, nicht wesensfremd. Als die Freundin eines Strauß-Amigos auspacken wollte, was sie im Dunstkreis von Strauß alles erlebt hatte, veranlasste dieser Eduard Zwick, 60 000 Mark an die Dame zu zahlen – gegen die schriftliche Verpflichtung zu schweigen, wie Zwick in einem Interview mit dem *Spiegel* bekannte.

Dass Strauß in extremer Weise hinter dem Geld her war, hat bereits Marcel Hepp, sein ehemaliger persönlicher Referent und stellvertretender Chefredakteur des *Bayernkuriers*, in seinem Tagebuch bezeugt: »Seine Geldgier steigt mit seinem Einkommen.«

Und der prominente Großunternehmer Erich Lejeune, absolut unverdächtiges CSU-Mitglied, schrieb am 1. April 1994 in einer Zeitungskolumne, dass Strauß von persönlicher finanzieller Großzügigkeit gewesen sei, sei eine Mär. Er habe vielmehr einen »überaus ausgeprägten Erwerbssinn« an den Tag gelegt. Das alles sei in den inneren Zirkeln der CSU sehr wohl bekannt gewesen. Mehr Zivilcourage damals hätte der CSU viel erspart, schrieb er.

* Name geändert.

Erich Lejeune gab keine konkreten Einzelheiten über Geschäfte von Strauß preis. Aber: Der »überaus ausgeprägte Erwerbssinn«, hier ein Sammelbegriff, kann sich nicht auf die Einkünfte von Strauß aus den Firmen Contas und Baur-Versand bezogen haben. Von diesem stattlichen Zubrot war damals noch nichts bekannt. Es musste sich demnach um andere Geschäfte handeln. Ein Leser schrieb damals an eine Münchner Zeitung: »Verglichen mit Strauß war der Räuber Kneißl ein Sozialarbeiter!« Über die Formulierung mochte man lachen, über die Sache, die dahinterstand, nicht.

Es gab auch noch anderes Gerede über das von Strauß hinterlassene Vermögen. Ein Journalist verfügte über eine Information, dass Strauß an der Argirov-Klinik wirtschaftlich beteiligt gewesen sei. Ein Oberstaatsanwalt glaubte zu wissen, dass der Familie Strauß ein Haus auf dem Gelände der Argirov-Klinik am Starnberger See gehört habe. Argirov war der Leibarzt von Strauß. Wenn ja, dann hätte das seinen Niederschlag in der Erbschaftsteuererklärung finden müssen. Dann gab es noch das Gerede über die wirtschaftliche Verflechtung von Strauß bzw. der CSU mit der Fleischfirma März, worüber Schalck-Golodkowski als »verdeckte Finanzierungsquelle« der CSU nach Hause berichtete. Des Weiteren war nachhaltig zu hören von einer irgendwie gearteten Beteiligung von Strauß an dem Unternehmen Jost Hurler. Alles nur Gerüchte?

Die Geldangelegenheiten von Strauß unterlagen im »Freundeskreis« offenbar absoluter Geheimhaltung. Als Stoiber später die Bezüge von Strauß an den Baur-Versand aufdeckte, sah er sich dem wütenden Vorwurf des Strauß-Spezis Walter Schöll ausgesetzt, er habe gegen die »Omerta« verstoßen – das Schweigegebot der Mafia. Noch schlimmer war, dass sich die Augsburger Staatsanwaltschaft nicht an die Omerta gebunden sah. Wegen angeblicher Indiskretionen ihrerseits klagte Max Strauß im Februar 2009 auf »Wiedergutmachung in Höhe von 300 000 Euro.

Als Schlussfolgerung ergibt sich: Aufgrund der vorstehenden Umstände besteht der dringende Verdacht, dass F. J. Strauß sich ein gewaltiges Vermögen geschaffen hat, das er nicht aus seinen Amts- und Abgeordnetenbezügen und im Rahmen der Gesetze erwirtschaftet haben kann.

Wenn sich ein parlamentarischer Untersuchungsausschuss der Frage annähme, auf welche Weise der frühere Bundesfinanzminister und Ministerpräsident Strauß sein Vermögen erwarb, wäre das rechtlich möglich. Auch wäre die Einhaltung des Gewerbeverbots des Artikel 57 der Verfassung zu untersuchen. Nach einer Entscheidung des Bayerischen Verfassungsgerichtshofs steht bei einem starken öffentlichen Interesse nicht entgegen, dass dabei die Privatsphäre (Steuererklärungen) berührt wird, wenn es um die Inhaber hoher Ämter geht. Hinzu kommt, dass die Miterbin Monika Hohlmeier Ministerin und Landtagsabgeordnete war. Einen Untersuchungsausschuss zum Strauß-Erbe hat bereits der frühere Oberbürgermeister und Landtagsabgeordnete Georg Kronawitter öffentlich angeregt.

Zu prüfen wären auch die rechtlichen Möglichkeiten, von Strauß illegal erworbenes Vermögen heute noch einzuziehen. Diese Auffassung äußerte mir gegenüber nach dem Tod von Strauß ein früherer leitender Münchner Banker.

Steuerflucht

Mein Mitarbeiter Helmut Glogger erzählte mir einmal, er habe am Finanzamt einen Kollegen gehabt, der für die Veranlagung des legendären Bundesfinanzministers Fritz Schaeffer zuständig gewesen sei. Der Inspektor habe munter in dessen Steuererklärung herumgefuhrwerkt, Schaeffer aber habe alles geduldig hingenommen, ohne je zu widersprechen. Das Vorbild eines souveränen Ministers.

Strauß hingegen wollte anscheinend nichts hinnehmen. Dass er sich als der große Politiker, der für sich Weltgeltung beanspruchte, für die personelle Besetzung der Steuerabteilung überhaupt interessierte, lag außerhalb jeder Normalität. Von Ministerpräsident Alfons Goppel hörte man nie dergleichen. Goppel machte aber nebenher auch keine Geschäfte – anders als Strauß.

Warum ängstigte sich Strauß derart vor Steuerbeamten, die nicht Lothar Müller hießen?

Der *Spiegel* stellte aufgrund der von den Strauß-Kindern bestätigten Angaben der Strauß-Freunde Schöll und Zwick, dass Strauß Konten in der Schweiz gehabt habe, ganz offen die Frage: »War Strauß, der Freund des Steuerflüchtlings Zwick, selber ein Steuerflüchtling? Entzog der einstige Bundesfinanzminister Teile seines Vermögens dem Zugriff des deutschen Fiskus?« Und: »Woher kam das Geld?«

Die Strauß-Kinder behaupteten, auf den Konten in der Schweiz hätten ihre Eltern Geld »vor den Sozis« in Sicherheit gebracht. Dies konnte jedoch schwerlich das Motiv gewesen sein. Über die bayerischen Finanzämter herrschten keine »Sozis« und andere Zugriffsmöglichkeiten hätten auch die Sozis nicht gehabt.

Dem *Spiegel* gegenüber weigerten sich die Strauß-Kinder, »über Einzelheiten der Vermögensanlage« ihrer Eltern Zeugnis abzulegen. Alle Schweizer Konten wie auch deren Erträge und Zuflüsse seien »ordnungsgemäß versteuert« worden. Das widerspricht jedoch dem, was etwa anderthalb Jahre später geschah: Max Strauß erschien nächtens in der Wohnung des CSU-Staatssekretärs Erich Riedl und warnte dessen anwesende Ehefrau vor einer am nächsten Morgen stattfindenden Hausdurchsuchung. Er habe aufgeregt gefordert, »sämtliche Schweizer Konten zu beseitigen«, sagte Frau Riedl später als Zeugin aus. Als sie erwidert habe, sie hätten keine Schweizer Konten, habe Max Strauß gesagt: »Das ist doch mir wurscht.« Wenn alle in die Schweiz führenden Spuren getilgt werden sollten, war es unglaubwürdig, dass das Geld auf den Schweizer Konten angeblich »ordnungsgemäß versteuert« worden war.

Und aus welchem Grund hatte Max Strauß, wie bekannt, überhaupt kurz vorher seine Festplatte gelöscht?

Außerdem hatte Max Strauß, wie erwähnt, gegenüber dem *Spiegel* selbst angegeben, von dem Strauß-Konto beim Bankhaus Bär nichts gewusst zu haben, also konnte insoweit auch nichts versteuert worden sein. Und schließlich ist der Anschein finanzieller Korrektheit dadurch erschüttert worden, dass Max Strauß – dem aufsichtsführenden CSU-Kreisvorsitzenden Erich Riedl zufolge – als Schatzmeister seines kleinen Ortsverbandes keinen Nachweis liefern konnte, wofür eine Viertelmillion Mark ausgegeben worden waren. War Max Strauß dann ausgerechnet gegenüber dem Finanzamt korrekt, wenn er schon gegenüber der CSU so handelte?

Der *Spiegel* wartete mit sehr konkreten, umfangreichen Angaben auf, die F. J. Strauß belasteten. Edmund Stoiber empfand ihn deshalb als Bedrohung seiner persönlichen Karriere. Er fürchtete erklärtermaßen – und das zu Recht –, dass er von dem »Schmutz, mit dem man Strauß bewerfe, als sein langjähriger Mitarbeiter etwas abbekomme«. In der Landtagssitzung vom 15. April 1994 schmähte er die *Spiegel*-Story als »Gebräu aus Halbwahrheiten, Unwahrheiten, Aussagen eines rachsüchtigen Steuerflüchtlings« usw. Was daran halb wahr oder unwahr war, sagte er jedoch nicht. Auch hütete er sich bemerkenswerterweise, die Aussagen des »rachsüchtigen Steuerflüchtlings« Zwick als unwahr zu bezeichnen – er stellte sie vielmehr neben die Halbwahrheiten und Unwahrheiten. Und er artikulierte:

»Der Hauptvorwurf, Strauß könnte selbst ein Steuerflüchtling sein, wird selbstverständlich vom *Spiegel* hinterlistig, weil juristisch unangreifbar, in Frageform gegossen und mit der allgemeinen Bemerkung untermalt – ich zitiere: Schweizer Bankkonten – da decken sich Volksmund und Wirklichkeit – dienen Bundesbürgern schon mal zum Hinterziehen von Steuern.«

Die Fragestellung des *Spiegels* war damit nicht ausgeräumt. Sie war auch nicht hinterlistig. Natürlich begründen Konten in der Schweiz einen Verdacht, zumal wenn Konten gleich bei mindestens sechs Banken bestehen und es sich daher um beträchtliche Summen handeln muss. Das konnte außer Edmund Stoiber niemand bestreiten.

Vor allem stellte sich nicht nur die Frage: »Warum diese Konten in der Schweiz?« Es gab nicht allein dieses Verdachtsmoment. Vielmehr drängte und drängt sich im Hinblick auf diese Konten eine ganze Reihe weiterer Fragen auf, die aus vielen anderen artverwandten Umständen resultierten:

- Wie erklärt sich die unglaubliche Blitzkarriere des Oberregierungsrats Lothar Müller, des Strauß-Intimus in Steuersachen, bis zum Chef der bayerischen Steuerverwaltung, obwohl er von der Wienerwald-Affäre belastet war?
- Wie erklärt sich der von F. J. Strauß verordnete Rauswurf des Bundesrechnungshofs aus bayerischen Finanzämtern, nachdem dieser steuerliche Unregelmäßigkeiten gerügt hatte?
- Wie erklärt sich, dass Strauß mich so wütend verfolgte, also den Referatsleiter, der für Steuerfahndung, Steuerstrafrecht, Abgabenordnung und Außensteuerrecht zuständig war, noch dazu gegen den Willen und Widerstand des Finanzministers Streibl? Gegen den Willen der CSU-Fraktion?
- Wie erklärt sich, dass Strauß Lothar Müller sogar noch auf den Sessel des Landeszentralbankpräsidenten hievte, obwohl dieser vom Bundesrechnungshof und Bayerischen Obersten Rechnungshof massiv gerügt und durch den Bundesfinanzhof-Richter Ludwig Schmidt schwer belastet worden war?

- Wie erklärt sich, nachdem Lothar Müller versetzt worden war, Strauß' penible Besorgnis, wer Leiter der Steuerabteilung des Finanzministeriums würde? Warum wollte er den neuen Steuerabteilungsleiter Klaus Geiger »sich erst anschauen«, als dessen Beförderung im Kabinett anstand? Warum musste Geiger die Steuerabteilung nach einem Jahr wieder abgeben?
- Warum wollte Strauß dem Steuerabteilungsleiter Gustav Hübner nach der Steuerfahndung bei Ferenczy nicht mehr die Ernennungsurkunde zum Ministerialdirektor aushändigen?
- Wie erklärt sich die enge Freundschaft des früheren Bundesfinanzministers mit Steuerhinterziehern und Steuerverweigerern (z.B. Zwick, Jahn)?
- Wie erklären sich die rechtswidrigen Steuernachlässe, die Strauß-Freunde in vielfacher Millionenhöhe erhielten (z.B. Jahn, Zwick, Hurler)?
- Wie erklären sich die drohenden Hinweise von Ludwig Huber auf »Provisionen« und auf »Beteiligungen« in der Schweiz, Liechtenstein und Luxemburg?
- Wie erklärt sich die heimliche zusätzliche Zahlung von mehreren Millionen Mark an Ludwig Huber? Wie erklärt sich, dass ausgerechnet der enge Strauß-Freund Krug diesen Betrag »aufbringen« musste? Warum erhielt Ludwig Huber die Summe auf mehrere Jahre verteilt, also nur sukzessiv?
- Wie erklären sich die Angaben von Eduard Zwick gegenüber dem *Spiegel*, er habe nach seiner Flucht in die Schweiz Strauß noch längere Zeit monatlich 20 000 bis 25 000 Mark »auf unverfängliche Konten« überwiesen? Wurde Zwick je nach den Überweisungsbelegen gefragt? Wurden diese Beträge von Strauß versteuert?
- Hat F. J. Strauß die jährlichen Testamentsvollstreckervergütungen in Höhe von 200 000 bis 300 000 Mark aus dem Baur-Versand versteuert?

- Wie erklärt sich das nachhaltige Eintreten von F. J. Strauß für die Geschäftsinteressen der Fleischfirma der Gebrüder März/Rosenheim?
- Wie erklärt sich die Führung eines Schweizer Kontos unter dem Decknamen »Master« (später »Maxwell«) in Höhe von 5,2 Millionen Mark durch den Waffenhändler Schreiber für eine Airbus-Provision?
- Wie erklären sich überhaupt die jahrelang gepflegten Beziehungen von Strauß zu Waffenhändlern und Provisionären wie Holzer und Schreiber? Mit uneigennützigem Einsatz von Strauß? Trotz des Schreiber-Kontos?
- Wie erklären sich die Vorgänge um die Freilassung des hochkriminellen syrischen Waffenhändlers al-Kassar? Wie erklären sich die Hinweise auf die Verbindung zu F. J. Strauß und die Absicht von Max Strauß, für al-Kassar ein Mandat zu übernehmen?

Derjenige, der auf all diese Fragen eine Antwort geben kann, die Strauß entlastet, sollte für den Franz-Josef-Strauß-Preis der Hanns-Seidel-Stiftung vorgeschlagen werden.

Der Bundesgerichtshof hat bezüglich des Schweizer Kontos, das Schreiber unter dem Decknamen »Maxwell« für eine Person führte, die eine Airbus-Provision erhalten sollte, eine höchst bemerkenswerte Feststellung getroffen. In dem Urteil vom 16. Oktober 2005, das die gegen Max Strauß ergangene Verurteilung wegen Steuerhinterziehung aufhob, führte der Bundesgerichtshof aus:

»Angesichts der festgestellten maßgeblichen Beteiligung des Vaters des Angeklagten an dem Airbusgeschäft mit Kanada und der insoweit völlig untergeordneten Mitwirkung des Angeklagten erscheint es nicht ausgeschlossen, dass die für das Kanada-Geschäft von Schreiber verteilten Provisionen vom Vater des Angeklagten ›verdient‹ waren und daher – nach dem Tod von Franz Josef Strauß – gleichsam im Wege ›Erbfolge‹ an den Angeklagten weitergereicht wurden. Hierfür mag darüber hinaus auch sprechen, dass das dem Angeklagten zugerechnete Rubrikkonto zunächst unter der Bezeichnung ›Master‹ geführt wurde.«

Der Bundesgerichtshof hat damit massive Verdachtsmomente, die F. J. Strauß belasten, herausgestellt. Das Urteil war insofern für Max Strauß ein Pyrrhussieg – was aber von der Öffentlichkeit nicht wahrgenommen wurde. Anzumerken ist: Der Bundesgerichtshof setzt das Wort »verdient« süffisanterweise in Anführungszeichen! Hinzu kommt, dass auch der Schweizer Wirtschaftsprüfer Giorgio Pelossi, langjähriger Vertrauter von Schreiber, als Zeuge bei der Staatsanwaltschaft ausgesagt hat, Schreiber habe ihm mitgeteilt, dass das Geld für F. J. Strauß bestimmt sei.

Die wiederholte öffentliche Versicherung von F. J. Strauß, er erhalte für Airbus-Verkäufe keine Provisionen, ist damit schwer erschüttert. Darüber hinaus ist zu bedenken: Es kann nicht allen Ernstes angenommen werden, dass Strauß erstmals kurz vor seinem Tod eine Provision erhalten sollte. Dass man auf das Schreiber-Konto stieß, war schließlich nur einem Zufallsfund zu verdanken gewesen. Überdies ist es bei größeren Provisionszahlungen dieser Art üblich, jeweils ein gesondertes Konto aufzumachen, sodass das gefundene Konto keineswegs abschließend den Erhalt von Provisionen wiedergibt.

Und Strauß legte sich ins Zeug: Nur von wenigen Auslandsreisen kehrte er heim, ohne mindestens zwei Maschinen verkauft zu haben, so Stefan Finger in seiner Strauß-Biografie.

Nachdem Strauß immer öffentlich erklärt hatte, er erhalte für Airbus-Geschäfte keine Provisionen, ist dann anzunehmen, dass er solche dem Finanzamt gemeldet hat? Mit höchster Wahrscheinlichkeit nicht!

Die Bresche, welche die laut BGH-Urteil in Betracht zu ziehende Zurechnung des Schweizer Schreiber-Kontos an F. J. Strauß in die Abwehrmauer des Bestreitens geheimer Einkünfte schlug, ist jedoch weit größer: Die auf Strauß gemünzten Hinweise von Ludwig Huber auf Einkünfte in der Schweiz, Liechtenstein und Luxemburg haben sich durch dieses Konto konkretisiert. Die Angaben Eduard Zwicks über seine Zahlungen auf »unverfängliche Konten« erhielten zusätzliche Glaubwürdigkeit. Und die Strauß-Kinder können die verschiedenen Schweizer Konten von F. J. Strauß, deren Existenz sie eingeräumt haben, nicht mehr als harmlos hinstellen.

Hierher gehört auch die viel diskutierte nachhaltige Förderung der Geschäftsinteressen der Fleischfirma der Brüder März durch F. J. Strauß und seine angebliche Beteiligung an der Tochtergesellschaft in Togo, wohin er auffällig oft reiste. Der Strauß-Biograf Wolfram Bickerich stellte die Frage: »Und dafür gab's dann Lohn aufs Schweizer Konto?« Der DDR-Unterhändler Schalck-Golodkowski schrieb nach einem Gespräch mit Theo Waigel und Max Streibl in einem Bericht vom 14. Februar 1989 für den DDR-Wirtschaftslenker Günter Mittag: »Die Interessen von Josef März u.a. in Togo, Spanien und Argentinien wurden von Strauß abgedeckt und dienten nicht nur staatlichen Interessen.« Beide hätten erklärt, die Verbindung Strauß/März habe die CSU »aufgrund auch finanzieller Verknüpfungen« oft in eine »schwierige Situation« gebracht.

In diesem Zusammenhang ist nochmals auf die Testamentsvollstreckervergütung aus dem Baur-Versand in Höhe von zuletzt 300 000 Mark zurückzukommen. Ihr Bezug durch Strauß und Streibl war Gegenstand des Amigo-Untersuchungsausschusses des Landtags. Dabei wurde indessen nicht geprüft, ob Strauß diese Einnahme überhaupt versteuerte. Streibl selbst betonte in seiner Aussage vom 10. Juni 1994, dass er »alles versteuert« habe. Warum drängte es ihn, das zu sagen? Wollte er, wenngleich verdeckt, einen Gegensatz zu Strauß herstellen?

Diese Frage stellt sich umso mehr, als die Testamentsvollstreckervergütungen unter höchster Geheimhaltungsstufe liefen. Es wurde eigens eine zwischengeschaltete Firma KBV gegründet, die jährlich rund 1,5 Millionen Mark zusätzlich kostete. Und sogar der nachforschenden Regierung von Oberfranken als Stiftungsaufsicht wurden Informationen vorenthalten.

Wenn Strauß die Testamentsvollstreckervergütung vor der Öffentlichkeit verbarg, stellt sich wiederum die Frage, ob er dies nicht auch gegenüber dem Finanzamt tat.

Wo waren denn die einschlägigen Steuerakten bzw. Steuerunterlagen? Hielt sie Finanzminister Streibl in einem Schrank unter Verschluss? Wenn ja, wäre das Besteuerungsverfahren blockiert gewesen.

Im Jahr 1992 war Ministerpräsident Streibl von einem anonymen Briefschreiber beschuldigt worden, er habe als Finanzminister die Steuerakten eines von ihm rechtswidrig begünstigten Unternehmers verschwinden lassen. Als Finanzminister von Waldenfels nachforschen ließ, waren sie tatsächlich verschwunden. Auch im Fall des »Amigo-Reisebüros« verschwanden die Steuerakten, behauptete ein Journalist unter Berufung auf Kollegen der *Augsburger Allgemeinen.*

Hierher gehört auch die vertrauliche Mitteilung Lothar Müllers mir gegenüber, dass Strauß schon oft unzulässige steuerliche Dinge gemacht habe, sodass er, Müller, habe rettend eingreifen müssen. Das hatte ich in meinem Bericht für Finanzminister Streibl geschrieben – und Strauß kannte, wie erwähnt, diesen Bericht. Auch vor dem Amigo-Untersuchungsausschuss sagte ich so aus. Dabei gab ich auch die Äußerung des zweiten Amtschefs Konrad Mayer wieder, Müller werde von Strauß nur »als Werkzeug« benutzt. Der Steuerabteilungsleiter als Werkzeug wozu?

Normalerweise hätten in einem solchen Fall Steuerfahndung und Staatsanwaltschaft sofort intensiv nachgeforscht. Derlei ist jedoch nie geschehen.

Strauß selbst hatte 1984 zur Steuerehrlichkeit eine völlig gesetzwidrige Auffassung bekundet. Zum Thema Betriebsprüfung erklärte er: »Da hilft nur eines: die Planstellen vermindern. Wie viele mittelständische Existenzen können sich nur über Wasser halten, weil nicht alle Einkünfte dem Finanzamt bekannt sind.«

Auf einem Delegiertentag der Finanzgewerkschaft stellten die Finanzbeamten empört die Frage, ob er damit meine, »dass Steuerhinterziehung der richtige Weg ist, sich Wettbewerbsvorteile zu verschaffen«. Antwort Strauß: Die Steuerbelastung müsse dem »freiheitlichen Selbstverständnis gerecht werden«, war in der *Süddeutschen* zu lesen.

Eine unglaubliche Aussage eines ehemaligen Bundesfinanzministers und amtierenden Ministerpräsidenten. Sie legitimiert die Frage, wie zum Beispiel »mittelständische Existenzen« wie Zwick, Flick, Diehl, Grundig, Jahn, Hurler oder Strauß selbst sich über Wasser zu halten vermochten. Gestaltete Strauß seine eigene Steuerbelastung gar nach seinem »freiheitlichen Selbstverständnis?« Was rechtfertigt die Annahme, dass er selbst – entgegen dieser Erklärung – sich an die geltenden Steuergesetze hielt? Dies gilt erst recht wegen der aufgezeigten massiven Verdachtsgründe.

Zu berücksichtigen sind außerdem die zahlreichen früheren Affären von Strauß, die seinen ihm vom Landgericht München I bescheinigten »Ruch der Korruption« begründeten.

Es gehören hierher die Affäre um den Schützenpanzer HS-30, die Fibag-Affäre, die »Onkel Aloys«-Affäre, die Deeg-Affäre, die BMW-Affäre, die Lockheed-Affäre u.a. Zur Lockheed-Affäre ist anzumerken, dass der Lockheed-Repräsentant Ernest Hauser, langjähriger enger Vertrauter von Strauß, diesen beschuldigte, Bestechungsgeld genommen zu haben. Dies ließ sich jedoch nicht beweisen. Der Verdacht blieb trotzdem bestehen, weil alle anderen Beschuldigten, wie z.B. Prinz Bernhard der Niederlande und der japanische Ministerpräsident, überführt werden konnten. Dies waren die Affären, die Strauß in den Verdacht der Korruption brachten, weil typischerweise bei den Beschaffungsaufträgen mit Haushaltsmitteln in Milliardenhöhe Schindluder getrieben wurde, zwischengeschaltete Strauß-Spezis reichlich kassierten und die den Kontrollorganen gegebenen Informationen irreführend waren. Wie oft rügte ihn der Bundesrechnungshof aufs Schärfste!

Was publik wurde, ist keineswegs alles. Ministerialdirektor Wilhelm Rentrop, Leiter des Bundeswehrbeschaffungsamts in Koblenz, äußerte später laut *Spiegel*: »Strauß ist gut beraten, wenn er verhindert, dass ich je unter Eid über meine Koblenzer Erfahrungen aussagen muss.«

In den späteren Affären in Bayern ging es wieder um öffentliche Mittel, um die der Staat gebracht wurde, diesmal nicht um Haushaltsgelder, sondern um Steuern. Und wiederum ging es um Spezis von Strauß, die rechtswidrig begünstigt wurden, z.B. Friedrich Jahn in der Wienerwald-Affäre I und II, Zwick, Hurler u.a. Der Weg über die Steuern war vorteilhafter, weil das Steuergeheimnis alles zudeckte.

Kurzum: Es gibt eine durchgehende Linie, ein einheitliches Strickmuster. Die Summe dieser gleichartigen Affären lässt keinen Zweifel daran, was es mit Strauß auf sich hatte. Wer das leugnet, spekuliert auf den fehlenden Einblick und das Vergessen der Leute.

Festzustellen ist: Die Frage des *Spiegels*, ob der frühere Bundesfinanzminister ein Steuerflüchtling war, weil er diverse Konten in der Schweiz unterhielt, war vollauf berechtigt. Sie war erst recht legitim, ja sogar geboten aufgrund der weiteren Fragen, die auf den aufgezeigten Umständen basieren. Die Frage nach der Steuerehrlichkeit von Strauß verschärft sich überdies durch die im nachfolgenden Abschnitt »CSU-Geld« dargestellten Beschuldigungen und Vorgänge.

Darüber hinwegzugehen, so zu tun, als ob nichts gewesen wäre, und Strauß weiterhin dem gutgläubigen Volk als überragenden Staatsmann zu verkaufen, der nur das Wohl des Landes im Auge hatte, ist ein Ausnutzen des Vertrauens der Bürger.

Als Schlussfolgerung ergibt sich: Aufgrund der dargelegten Umstände besteht der dringende Verdacht, dass F. J. Strauß in großem Umfang Steuern hinterzogen hat, insbesondere durch Steuerflucht ins Ausland.

CSU-Geld

Es stellt sich eine zweite, noch heiklere Frage: Betrog der Parteivorsitzende sogar seine eigene Partei? Insoweit gab es massive Beschuldigungen:

- Der frühere CSU-Generalsekretär Friedrich Zimmermann erinnerte sich, dass Strauß die ihm zugesteckten Summen auf Sonderkonten hortete. Diese waren, so Zimmermann, »tabu für die Steuer, sie waren aber auch tabu für die Partei«. Und: »Das hätte jemand mal wagen sollen, dort mitreden zu wollen.«
- Der CSU-Schatzmeister Wolfgang Pohle beklagte 1970 in einem Brief: »Die Beträge, die an den Landesvorsitzenden gehen, sind im Allgemeinen nur mit Schwierigkeiten herauszubekommen, wenn überhaupt.« Man beachte: wenn überhaupt!
- Der frühere Ministerpräsident Max Streibl erzählte dem *Spiegel*, als CSU-Generalsekretär habe er »schon gemerkt, dass Geld fließt, das nicht in der Partei landet. Ich wusste nur, was über die offiziellen Konten der Partei lief.«
- Der frühere CSU-Schatzmeister Karl-Heinz Spilker hob ebenfalls hervor, er habe »keinerlei Einblick in die Sonderkonten gehabt«. Nach dem Tod von Strauß seien noch zwei weitere, nicht bekannte Sonderkonten entdeckt worden. Man beachte: Nicht einmal der Schatzmeister wusste davon!

- Der Schatzmeister Kurt Faltlhauser erklärte zu den Angaben von Eduard Zwick über erhebliche Zahlungen an Strauß und die CSU, bis 1985 sei nur einmal eine Spende Zwicks von 1000 Mark bei der CSU eingegangen. CSU-Generalsekretär Huber erklärte ebenfalls, dass nichts bei der CSU eingegangen sei. Schlussfolgerung: dann wohl bei Strauß!

Der *Spiegel* berichtete 1996 unwidersprochen, aus zufällig gefundenen Akten des ehemaligen CSU-Schatzmeisters Pohle und anderen Unterlagen erschließe sich,

- dass der Bundesverteidigungsminister Strauß seit 1962 über einen Treuhandvertrag mit seinem Strohmann Friedrich Zimmermann an einer Baugesellschaft namens Bau-Union beteiligt war – »und zwar mit Spendengeldern, die der Partei zugedacht waren und eigentlich in die Parteikasse gehört hätten«. (Die Bau-Union errichtete auch Wohnungen für Bundeswehrangehörige.)
- dass die CSU, und das heißt hier F. J. Strauß, unter vorsätzlichem Verstoß gegen das Parteiengesetz »Millionensummen über die Schweiz wusch«.

Strauß hat sich überdies ungewollt einmal sogar selbst belastet, und zwar in schwerster Weise. Im Zuge der Flick-Affäre von 1981 wurden beim Flick-Konzern Unterlagen beschlagnahmt, darunter ein Heft, in dem vier Zahlungen »wg. FJS« von insgesamt 950 000 Mark vermerkt waren. Als Strauß von der Staatsanwaltschaft dazu vernommen wurde, ob er die Beträge persönlich, gegebenenfalls in bar erhalten habe, eventuell auch zur Weiterleitung an die Partei, antwortete er laut Protokoll:

»Dazu vermag ich keine Auskunft zu geben, weil ich keine konkrete Erinnerung habe.«

Strauß schloss offenkundig nicht aus, dass er das Geld erhalten hatte. Er erklärte aber auch nicht, dass er es gegebenenfalls an die CSU weitergeleitet habe! Und außerdem: Wenn er sich nicht daran

»erinnerte«, ob er das Geld erhalten hatte, folgt daraus, dass er das Geld auch nicht in seiner Steuererklärung angegeben hatte.

Dass er »keine konkrete Erinnerung« gehabt habe, war schon wegen der Höhe der Beträge eine offenkundige Schutzbehauptung. Er verplapperte sich insoweit außerdem. Zu einem für den 24. Oktober 1979 vermerkten Zahlungszeitpunkt erinnerte er sich sogar datumsmäßig: »Nach meiner Erinnerung habe ich im Oktober 1979 Herrn Flick überhaupt nicht getroffen ...« So schlecht war Strauß' Gedächtnis also nicht! Dabei ist zu berücksichtigen, dass er vor seiner Vernehmung wusste, wozu er aussagen sollte, und sich seine Aussage sicher sorgfältig zurechtgelegt hatte.

Insgesamt sind zwischen 1974 und 1980 »wg. FJS« aus dem Hause Flick 2,23 Millionen Mark geflossen. Wie der Spiegel berichtete, gab Friedrich Karl Flick 1984 vor der Staatsanwaltschaft Bonn zu, er habe Strauß zwei- oder dreimal ein Kuvert mit Bargeld übergeben.

Warum war Flick eigentlich so großzügig? Franz Klein hat sich mir gegenüber dazu recht konkret geäußert.

Den dringenden Verdacht, dass die CSU bzw. Strauß verdeckt eine Flick-Spende kassiert haben könnte, hatte 1993 der Untersuchungsausschuss Kunstkauf des Landtags zu prüfen. Strauß-Freund Friedrich Karl Flick hatte 1986 für den Ankauf eines Gemäldes des drittklassigen Barockmalers Giuseppe Ghislandi durch die Staatsregierung rund 1 Million Mark gegeben, konnte dies aber als gemeinnützige Spende von der Steuer absetzen und sich somit 560 000 Mark wieder zurückholen.

Die Verdachtsmomente: Es war ein Wahlkampfjahr. Das Bild war nur ein Zehntel des gezahlten Preises wert. Erich Steingräber, Chef der Alten Pinakothek, der den Kauf durchführte, war das Bild außerdem zuvor von anderer Seite für nur 250 000 US-Dollar angeboten worden. Der Kaufpreis wurde nicht, wie sonst üblich, per Überweisung bezahlt, sondern mit zwei Schecks an einen Züricher Kunsthändler. Dieser gab das Geld sofort weiter – Empfänger unbekannt. Allgemeines Erstaunen erregte, dass Friedrich Karl Flick bei seiner Vernehmung vor dem Untersuchungsausschuss ganz gelassen hinnahm, dass seine Spende für ein nahezu wertloses Bild ausgegeben wurde. War es Strauß oder die CSU, die sich von Flick und der Staatskasse finanzieren ließen? Das war die Frage.

Die FDP-Abgeordnete Karin Hiersemenzel forderte die Einschaltung der Staatsanwaltschaft, als drei Briefe bekannt wurden, in denen Steingräber das Bild ursprünglich zu 250 000 US-Dollar angeboten worden war.

Schon der Nachfolger Steingräbers, Hubertus von Sonnenburg, hatte nach seinem Amtsantritt 1987 skandalöse Unregelmäßigkeiten seines Vorgängers gerügt: unübliche Rechnungen, ihre Absender häufig obskure Personen ohne eigene Geschäftsadresse, Zahlungen auf Konten in der Schweiz, Endempfänger unbekannt. Wenigstens fünf Bilder seien in den Jahren 1984 bis 1987 zu maßlos überhöhten Preisen gekauft worden, Schaden: 7,75 Millionen Mark, recherchierte der ehemalige Staatsanwalt und SPD-Abgeordnete Heiko Schultz. Er stellte Strafanzeige gegen unbekannt.

Auffällig war: Der Preis wurde jeweils mit Spenden von Strauß-Freund Friedrich Karl Flick und der Firma Siemens bzw. der Siemens-Kunststiftung bezahlt. Von Sonnenburg wandte sich auch an Ministerpräsident Strauß mit der Bitte, eine Überprüfung zu veranlassen. Daraufhin habe, so Sonnenburg, das Kultusministerium interveniert und versucht, »mir die Aufsichtspflicht abzunehmen«.

Und besonders auffällig war: Steingräber ist nichts passiert! Warum griff Strauß hier nicht mit der ihm eigenen Urgewalt ein, wenn Millionenspenden seines Freundes Friedrich Karl Flick und der Firma Siemens verbraten wurden? Warum wollte man Sonnenburg sogar die Aufsicht abnehmen? Offenbar waren seine Nachforschungen unerwünscht.

Weder der Untersuchungsausschuss noch die Staatsanwaltschaft haben die Dinge damals aufgeklärt. Es wäre zu kühn, zu behaupten, Strauß habe damals in der Schweiz heimlich abkassiert. Fest steht, dass abkassiert wurde. Nach alledem, was man inzwischen über Strauß weiß, stellen sich die Fragen von damals erneut.

Apropos Siemens: Der Mitarbeiter Lüthje der CDU-Schatzmeisterei erklärte, er habe von Siemens in der Schweiz 1 Million Mark für die CDU entgegengenommen, Schatzmeister Kiep habe von Siemens dort circa 8 bis 9 Millionen Mark erhalten. Dass Siemens, mit Hauptverwaltungssitz in München, Strauß benachteiligte, ist wohl auszuschließen. Schwarze Kassen hatte Siemens, wie man heute weiß, jedenfalls genug. Aber führte Strauß die Gelder der CSU zu oder behielt er sie für sich? Das ist die Frage.

Aus den geschilderten Umständen ergibt sich als Schlussfolgerung: Es bestehen höchste Zweifel daran, dass Strauß sich der Partei gegenüber ehrlich verhalten hat.

Zugleich stellt sich die Frage nach der Hinterziehung von Steuern, wenn etwa Friedrich Zimmermann berichtet, erhaltene Gelder waren »tabu für die Steuer«, Streibl von Geld spricht, das nicht in der Partei gelandet sei, oder wenn Strauß zu den Zahlungen von Flick in Höhe von 950 000 Mark nicht erklärt hat, er habe das Geld an die CSU weitergeleitet. Als sicher gilt, dass die bayerische Steuerfahndung insoweit nicht tätig wurde (nach dem Tod von Strauß gegebenenfalls bezüglich des Erbes).

Zimmermann äußerte, wie erwähnt, weiter, die Sonderkonten seien ihm stets verschlossen geblieben: »Das hätte jemand mal wagen sollen, dort mitreden zu wollen. Das hat sich keiner getraut.« Strauß verhielt sich demnach bei den Parteifinanzen genauso wie bei der Steuer: Er wehrte jeden möglichen Störer ab. Unkontrollierbare Steuerbeamte galt es sowieso auszuschalten. Aber sogar vor dem Schatzmeister der CSU, der für die Finanzen der Partei in vollem Umfang verantwortlich war, verbarg er Einnahmen! Was war das für ein Parteivorsitzender?!

Unglaublich, dass Strauß trotz dieser unkontrollierten, ins Dunkel mündenden Vereinnahmung und Verwendung von der CSU zugedachten Geldern die Chuzpe aufbrachte, vor Wahlen in Bettelbriefen die Parteimitglieder um Spenden anzugehen. Das zeigt, welche Missachtung er und seine Helfer gegenüber den einfachen Parteimitgliedern hegten, die sich idealistisch für die Partei und ihre Ziele einsetzten.

Unglaublich, dass die CSU-Führung diesen Mann so unkontrolliert mit Geld umgehen ließ! Man wusste, dass er im »Ruch der Korruption« stand, man kannte seine diesbezüglichen Affären. Man wusste, in welch haarsträubender Weise er mit öffentlichen Geldern bei Beschaffungen für die Bundeswehr vorgegangen war. Warum schaute man dem Mann CSU-intern nicht auf die Finger? Warum vergewisserte man sich nicht, ob er nicht in die eigene Tasche wirtschaftete? Offenbar aus lauter Angst vor ihm! Nicht anders ist die zitierte Aussage von Friedrich Zimmermann zu verstehen: »Das hätte jemand mal wagen sollen ...«

Dafür, dass die Parteien bei der Beschaffung von Spenden oft gröblichst gesetzwidrig handelten, brachte die Öffentlichkeit noch ein gewisses Verständnis auf, obwohl es dabei nicht nur um das politische Ziel ging, sondern zugleich um einträgliche Positionen, insbesondere Ministerposten. Sie brächte aber kein Verständnis für einen Politiker auf, der Spenden direkt in die eigene Tasche stecken würde.

Den skandalösen Umgang von Strauß mit Geld, Steuer und Parteifinanzen bekräftigte die Klage von Ministerpräsident a.D. Max Streibl gegenüber dem *Spiegel*: »Mein Gott, das ist ja unglaublich, wenn ich bedenke, wie die es getrieben haben und weswegen ich zurückgetreten bin. Das waren, daran gemessen, wirklich nur Lappalien.«

Streibl war ein Kronzeuge. Wenn er sagte, dass es wesentlich gravierendere Dinge gab, dann konnte man dies nicht als Geschwätz abtun.

Ganz anders hingegen Ministerpräsident Edmund Stoiber. Er, der unter Strauß Leiter der Staatskanzlei war und sich selbst als dessen *alter ego* bezeichnete – Max Strauß zufolge war er zehn Jahre lang »engster Mitarbeiter« seines Vaters –, habe nichts gesehen, nichts gehört, nichts gewusst. So äußerte sich Stoiber vor dem Zwick-Untersuchungsausschuss. Nach Ankündigung seines Rücktritts als Ministerpräsident rief er pathetisch am politischen Aschermittwoch am 21. Februar 2007 in Passau vor dem gutgläubigen Parteivolk aus: »Ich habe mich gefragt, ob ich das Erbe des größten Sohnes der CSU, F. J. Strauß, gut verwaltet oder gar gemehrt habe!?«

In der Landtagsdebatte vom 15. April 1994 warf die Grünen-Abgeordnete Ruth Paulig Stoiber vor, dass er nicht Ministerpräsident geworden wäre, wenn er, statt auf seine Karriere zu schauen, den Mut gehabt hätte, in der Staatskanzlei den Rechtsbrüchen um Strauß entgegenzutreten. Sie hielt ihm vor, wie umgekehrt es der Ministerialrat Schlötterer habe büßen müssen, dass er sich für die Einhaltung der Steuergesetze einsetzte.

Daraufhin rief ihr der CSU-Abgeordnete Manfred Weiß zu: »Schlötterer wäre sowieso nie Ministerpräsident geworden!« Damit hatte der spätere Justizminister recht. Stoibers Format hatte ich nicht.

Zugegebenermaßen hatte ich nicht einmal das Format, das Strauß von einem Steuerabteilungsleiter erwartete. Die Skandalfälle Jahn, Zwick, Hurler, Moksel und ähnliche Fälle, bei denen es um riesige Summen ging, hätte es mit mir nicht gegeben, höchstwahrscheinlich aber einen Skandalfall Strauß. Strauß hatte insoweit schon den richtigen Instinkt.

Strafverfahren

Mit Brief vom 29. April 1986 erteilte der Bayerische Ministerpräsident höchstpersönlich dem mit Haftbefehl gesuchten, in die Schweiz geflohenen Bäderkönig Eduard Zwick Ratschläge, wie er sich der Strafverfolgung entziehen könne. Er solle sich auf seine Verhandlungsfähigkeit hin untersuchen lassen: »Wenn Deine Verhandlungsunfähigkeit festgestellt ist, wird die Strafjustiz, wie mir mitgeteilt wird, das Verfahren entweder vorläufig oder endgültig einstellen und damit zugleich den Haftbefehl aufheben müssen.« Man beachte: »aufheben müssen«.

Ein bayerischer Landgerichtsarzt bescheinigte Zwick prompt Verhandlungsunfähigkeit. Gleichwohl saß er, als es im verwaltungsgerichtlichen Verfahren um seine Wasserrechte in Bad Füssing ging, zum Erstaunen des Vorsitzenden Richters im Gerichtssaal. Der Richter staunte umso mehr über die angebliche Verhandlungsunfähigkeit, als er ein Pressefoto sah, das Eduard Zwick zeigte, wie er bei der Eröffnung einer Anlage in Bad Füssing kopfüber vom Dreimeterbrett ins Becken sprang. Die deshalb gebotene Nachuntersuchung unterblieb jedoch – warum? Der Richter wusste, es sei überhaupt schwierig gewesen, einen Amtsarzt zu finden, der bereit war, die Verhandlungsunfähigkeit zu bescheinigen.

Zu diesem Bild fügte sich ein Bericht der *Süddeutschen Zeitung*, der sich auf mehrere Hinweise aus der Finanzverwaltung stützte. Danach hatten Steuerfahndungsbeamte im Zuge einer Durchsuchungsaktion bei Zwick eine schriftliche Nachricht des Justizministeriums gefunden, in der Zwick vor dem Anrücken der Steuerfahnder in den nächsten Tagen gewarnt worden war. Im Übrigen wurden außerdem zwei Kopien finanzamtsinterner Schriftstücke gefunden, die nicht im Besitz des Steuerpflichtigen hätten sein dürfen.

Dazu passte, dass sich Strauß in das Strafverfahren einschaltete, das 1979 gegen Lothar Müller wegen der von ihm entschiedenen

Steuerfälle lief. Aus den Akten des Bayerischen Justizministeriums konnte ich später, wie bereits erwähnt, ersehen, dass Strauß, obwohl er damals nur CSU-Vorsitzender war, vom Amtschef des Justizministeriums über Einzelheiten schriftlich informiert wurde und dass darüber sogar eine Besprechung in der CSU-Parteizentrale mit Justizminister Karl Hillermeier und dem Angeklagten Lothar Müller stattfand, und zwar anscheinend unter dem Vorsitz von F. J. Strauß.

Wie sich die Situation für den ausnahm, der sich der Einwirkung von oben ausgesetzt sah, hat 1994 der frühere Staatsanwalt Josef Weindl vor dem Zwick-Untersuchungsausschuss geschildert. Er hatte 1981 ein Strafverfahren gegen Mitarbeiter des *Bayernkuriers* im Zusammenhang mit der Zwick-Affäre eingestellt, weil er eine entsprechende Weisung von oben erhalten habe. Auch hinsichtlich dieses Verfahrens wurde Strauß nachweislich auf dem Laufenden gehalten.

Ein Kollege aus dem Justizministerium bekannte mir gegenüber, zu Zeiten von Strauß sei es in Strafsachen im Justizministerium schwierig gewesen. Strauß habe oft angerufen, er habe sich sogar an Justizminister Hillermeier vorbei direkt an die zuständigen Ministerialbeamten gewandt, wenn er auf ein Strafverfahren Einfluss nehmen wollte, seiner Erinnerung nach in einem Fall sogar an einen Staatsanwalt.

Rechtfertigungsversuche

In Vilshofen hatte Strauß einst verkündet: »Das christliche Sittengesetz ist als Überschrift über die Staatsarbeit zu stellen.« Die Spitze der CSU unternahm es, den Hochmeister des »christlichen Sittengesetzes« zu rechtfertigen, als nach seinem Tode Dinge hochkamen, welche die Erinnerung an ihn schwer verdüsterten. Der Fall Eduard Zwick war der große Paukenschlag, der das Volk aufweckte und den

Parteioberen in die Glieder fuhr. Die Schlüsselfunktion des F. J. Strauß bei der Begünstigung von Eduard Zwick war urkundlich nachweisbar, daran gab es nichts zu rütteln, und es ging eben um Riesensummen.

Die CSU-Spitzenpolitiker erkannten, dass es für sie gefährlich wurde, wenn sie Strauß weiterhin im Glorienschein erstrahlen ließen. Der erste Versuch, sich abzusetzen, bestand darin, das bis dahin übliche Prädikat »Natürlich war er kein Heiliger« aufzustocken zum angeblichen Allgemeinwissen. Es hieß plötzlich: »Jeder wusste, dass Strauß kein Heiliger war.«

Natürlich wusste es jeder, freilich mit Ausnahme des Volkes.

Als immer mehr im Fall Zwick herauskam, versuchte die CSU-Spitze erstmals, sich von Strauß abzusetzen. Dies geschah bauernschlau in der Form, dass man nicht Strauß selbst, sondern sein schlechtes Umfeld verantwortlich machte. Alois Glück als Vorsitzender der CSU-Landtagsfraktion deklarierte plötzlich, das persönliche Umfeld von Strauß sei »nie die CSU, sondern ein Bereich außerhalb der CSU-Gremien gewesen«. Und was war das für eine anheimelnde Entourage:

Friedrich Jahn wegen Steuerhinterziehung vorbestraft, Hanns Maier und Eduard Zwick mit Haftbefehl gesucht, die Waffenhändler Holzer und Schreiber sowie der frühere Strauß-Mitarbeiter Holger Pfahls später mit Haftbefehl gesucht (Holzer in Frankreich verurteilt wegen Bestechung und vom Landgericht Augsburg wegen Strafvereitlung zugunsten von Pfahls, Pfahls vom Landgericht Augsburg wegen Schmiergeldannahme zu mehr als zwei Jahren Gefängnis verurteilt), Tandler später wegen Falschaussage und Steuerhinterziehung bestraft, Schöll wegen Falschaussage, Lothar Müller wegen Beleidigung strafrechtlich belangt. Von dem Strafverfahren gegen Lothar Müller wegen Untreue ganz abgesehen. Kein einziger deutscher Politiker scharte einen solchen Freundeskreis um sich.

Strauß' früherer persönlicher Referent Marcel Hepp notierte in seinem Tagebuch: »Er tendierte zu Halbseidenen.« Selbst Friedrich Zimmermann rügte: »Unter seinen engsten Freunden waren Leute, die ich niemals – oder nur in Anwesenheit eines Anwalts – in meine Wohnung gelassen hätte.« Und dann gab es Edmund Stoiber, sein zweites Ich.

Aber warum hatte Strauß all diese »Freunde«? Die Antwort, lächerlicher konnte sie nicht ausfallen, kam von Fritz Zimmermann, Strauß-Tochter Monika und anderen: Seine schlechte Menschenkenntnis sei schuld! Das war es: seine schlechte Menschenkenntnis! Strauß selbst hatte seine zahlreichen Affären damit erklärt, dass er »es schwer habe, ein ausreichender Beurteiler und Kenner von Menschen zu sein«. Strauß sollte wirklich außerstande gewesen sein, zu erkennen, dass seine lieben Freunde von ihm irgendwelche Vorteile erwarteten? Der Gedanke, dass er umgekehrt auch welche von ihnen erwartete und in reichlichem Maße auch bekam, wie z.B. von Jahn, Diehl, Zwick, Hurler, konnte gar nicht erst aufkommen. In Wahrheit war es eine Symbiose – laut Duden »ein Zusammenleben ungleicher Lebewesen zu gegenseitigem Nutzen«.

Alois Glück, der Vorsitzende der CSU-Landtagsfraktion, warnte, als die Zwick-Affäre losbrach, plötzlich vor einer »falschen Heiligenverehrung«; schon zu Lebzeiten von Strauß habe es immer wieder »Meinungsverschiedenheiten« in der CSU über Strauß gegeben. Ja, welche denn? Mit anderen Worten: Man wusste Bescheid über ihn. Aber warum Strauß kein Heiliger war, warum es Meinungsverschiedenheiten in der CSU über ihn gab, diese Fakten wurden weiterhin geheim gehalten. Das Volk durfte davon nichts erfahren, denn es hätte vom Glauben abfallen können.

Doch nicht nur das. Diejenigen, die Strauß zu seinen Lebzeiten in den Himmel gehoben haben, haben heute ein Riesenproblem: Wenn sie Tatsachen herauslassen, die Strauß belasten, beflecken sie sich zugleich selbst. Die Menschen würden dann fragen: Warum habt ihr dem Mann Gefolgschaft geleistet, warum habt ihr ihn immer wieder auf den Schild gehoben? Und so dient es dem Selbstschutz bestimmter Parteiobristen, weiterhin Strauß zu bejubeln.

Wird ein solcher Parteiobrist im Fernsehen retrospektiv zu Strauß interviewt, dann preist er immer den heroischen Staatsmann. Wird eine kritischere Frage gestellt, kommt mit einem leicht verständnisvollen Schmunzeln die Antwort: Natürlich hatte er auch seine kleinen Schwächen – wie halt jeder. So wird den Menschen weiterhin die Wahrheit vorenthalten.

Denjenigen, die sich weiterhin mit Zweifeln an der Integrität des verstorbenen Ministerpräsidenten herumplagen, es handelt sich meist um »pedantische« Juristen oder »bösartige« Journalisten, werden Strauß' übermenschliche Leistungen für das Vaterland entgegengehalten, insbesondere für Bayern. Was aber hat er wirklich für Bayern und nicht in erster Linie oder gar nur für sich getan? Von Juristen hatte Strauß im Übrigen, wie er immer wieder bekundete, sowieso nichts gehalten, von Journalisten weniger als nichts.

Über einen solchen Journalisten erfuhr ich nach der Aufdeckung der Zwick-Affäre von einem bemerkenswerten Gespräch zweier Spitzenpolitiker der CSU. Der eine meinte, man müsse wohl jetzt die Geschichte des FJS umschreiben. Darauf der andere: »Und das sagst ausgerechnet du!« Nichts wurde umgeschrieben.

Den langjährigen Ministerpräsidenten Alfons Goppel, der in Bayern ohne jeden persönlichen Skandal und zur allgemeinen Zufriedenheit regiert hatte, verband, wie sein Sohn Thomas bestätigte, mit Strauß keine Freundschaft. Das hatte wohl seine Gründe. Als Strauß sich anschickte, in Bayern Ministerpräsident zu werden, setzte eine Fluchtbewegung ein: Innenminister Bruno Merk ging zum Sparkassen- und Giroverband, Finanzminister Ludwig Huber ging zur Landesbank, Minister Franz Heubl wurde Landtagspräsident, Kultusminister Hans Maier trat nach einiger Zeit zurück – unter dem Druck von Strauß. Und von Ministerpräsident Max Streibl hieß es, dass er entschieden gegen die Benennung des Münchner Flughafens nach Franz Josef Strauß war. Auch das erscheint recht verständlich.

Gläubigkeit

Warum konnte F. J. Strauß seine Machenschaften so lange treiben, bis er in die Ewigkeit abberufen wurde? Die Antwort ist einfach. Die Menschen vertrauten der CSU, die über viele Jahre, mit dem Ministerpräsidenten Alfons Goppel an der Spitze, solide in Bayern regiert hatte. Der Vertrauensbonus, den sich Goppel und seine Minister erworben hatten, ging auf ihn über, zumal Strauß in dieser Zeit CSU-Vorsitzender war. Vor allem aber konnten die Menschen im Land sich nicht vorstellen, dass ein Ministerpräsident sich solche Dinge zuschulden kommen ließ, wie es bei Strauß der Fall war. Das hohe Amt schien über allen Niederungen erhaben zu sein; niemand hätte glauben wollen, dass sein Inhaber sich z.B. in einzelne Steuerfälle und Strafverfahren einmischt, korrekt handelnde Finanzbeamte verfolgt oder sich illegale Einkünfte verschafft, wie z.B. die Einkünfte aus der Werbefirma Contas oder dem Baur-Versand.

Natürlich erinnerten sich einige noch an die Affären von Strauß als Bundesverteidigungsminister, insbesondere an die *Spiegel*-Affäre, und an Bestechlichkeitsvorwürfe bei Beschaffungen für die Bundeswehr. Aber Genaues wusste man nicht, die Erinnerung verblasste zusehends. Zudem schien es sich um lässliche Sünden gehandelt zu haben, sonst wäre er nicht Jahre später Bundesfinanzminister in einer großen Koalition mit der SPD geworden. In jedem Fall schien er geläutert, denn neue Affären waren nicht mehr hinzugekommen. Dass dies daran lag, dass er seit 1968 über zehn Jahre hinweg mangels Amt kaum Gelegenheit hatte, auf diese Idee kam man nicht.

Weit verbreitet ist der Aberglaube, Strauß sei so intelligent gewesen, dass er nie erwischt wurde. Er sei eben, wie man in Bayern sagt, »ein Hund« gewesen. Intelligent war er, aber bei seinen Affären ging er meist so plump vor, dass man es dümmer hätte gar nicht anstellen können. Das zeigt schon die *Spiegel*-Affäre, bei der jeder erkennen konnte, dass er dahinterstand. Oder man nehme die Fälle Zwick, Jahn, Hurler. Wie viele Mitwisser gab es da in den Behörden und in der CSU-Parteispitze! Strauß schrieb sogar selbst Briefe, die ihn belasteten. Oder er ließ solche beispielsweise durch seine Büroleiter Knittel oder Held schreiben. Das Risiko, dass etwas aufflog, etwa durch anonyme Briefe an die Presse, war enorm. Gerade weil er so plump vorging, dachte man andererseits, wenn er in Verdacht geriet: So dumm kann er nicht gewesen sein, er, bei seiner Intelligenz! Der Vorwurf kann einfach nicht stimmen! Auch ich dachte früher so. Aber wenn Strauß seine persönlichen Interessen verfolgte, wurde seine Intelligenz durch seinen Charakter blockiert. Das zeigt sich daran, dass er, nachdem ihn etliche Affären gebeutelt hatten, keineswegs geheilt war. Vielmehr ging es anschließend weiter wie zuvor.

Nicht seine Intelligenz schützte ihn, sondern die Schar seiner Paladine, deren Karriere und Wohlergehen von ihm abhing oder die ihm hierfür zu ewigem Dank verpflichtet waren. Der frühere Kultusminister Hans Maier berichtete in einem *SZ*-Interview, dass Strauß sich »seinen Kreis bedingungslos ergebener Leute aufgebaut« habe. Und: »Dann ging es mir an den Kragen.« Weiß man eigentlich, was das heißt: »bedingungslos ergeben«, wenn es doch auf Recht und Gesetz ankommen sollte?

Diese Paladine saßen in der Spitze der Partei, der Staatskanzlei und der Ministerien. Wenn irgendetwas hochkam, schworen sie – wie ich es selbst erlebte – heilige Eide, dass Strauß mit der Sache nicht das Mindeste zu tun hätte. Als zum Beispiel Strauß-Freund Walter Schöll 1995 in einem Untersuchungsausschuss gefragt wurde, ob er bei der Firma Contas einen Mitgesellschafter gehabt habe, gab er sich als Alleinbesitzer aus, obwohl Strauß beteiligt gewesen war. Selbst nach dem Tod von Strauß sagte er zu dessen Gunsten die Unwahrheit. Dafür wurde er in einem Strafverfahren wegen Falschaussage mit einer Geldstrafe von 12 000 Mark belegt. Oder notfalls wurde einfach abgeblockt, etwa als Strauß im Untersuchungsausschuss »Steuerfälle« 1978 auf Antrag der SPD wegen des von ihm veranlassten Rauswurfs des Bundesrechnungshofs vorgeladen werden sollte. Die CSU-Mehrheit lehnte den Antrag ab, Schluss, aus! Oder als 1994 CSU-Politiker und Beamte zu der von mir geschilderten Verfolgung durch Strauß befragt wurden, konnte sich keiner daran erinnern, ausgenommen Staatssekretär a. D. Paul Wilhelm. Im Zwick-Untersuchungsausschuss lief es nicht anders. Streibl, Tandler, Held oder Miehler, keiner von ihnen zeigte mit dem Finger auf Strauß. Wenn nicht so dumme Briefe da gewesen wären, die Strauß und seine Staatskanzleibeamten geschrieben hätten, wäre nichts an ihm hängen geblieben.

Wie Kinder, die noch an den Klapperstorch glauben, glauben auch heute noch viele Erwachsene das ihnen von bestimmten Spitzenpolitikern der CSU aufgetischte Märchen, Strauß sei ein rechtschaffener Staatsmann gewesen, der nur das Wohl des Volkes im Auge hatte. Der Bundesminister a. D. Niederalt wusste es anders: »Das öffentliche Interesse, das war sein eigenes!«

Gedenken

Im Oktober 2008 war es zwanzig Jahre her, dass Strauß starb. Im Rahmen des öffentlichen Gedenkens an ihn rühmten Zeitgenossen seine enorme Intelligenz und seine durchschlagende Rhetorik. Man hob hervor, dass er volkstümlich war, sich oft privater Anliegen annahm und über Witz und Charme verfügte. Und es hieß: Er habe viel für Bayern getan – was allerdings, sagte keiner so genau.

Allerdings verhält es sich so, dass alle politischen Führer sehr intelligent sind, ausgezeichnet reden können und sich volkstümlich geben – sonst schaffen sie sich keine Gefolgschaft. Und irgendetwas Positives bewirkt jeder in seinem Bereich, wenn er an der Spitze bleiben will. Das besagt demnach nichts darüber, ob eine Herrschaft gut oder böse ist. Was im Geheimen getrieben wird, ist entscheidend. Und da sieht es bei Strauß erschreckend aus. Das Prädikat, er sei ein Vollblutpolitiker gewesen, er habe regiert wie ein barocker Fürst, verharmlost den Mann. Es gibt keinen Zweifel: Er war durch und durch skrupellos.

Die *Süddeutsche Zeitung* sprach es offen aus: Er sei einer gewesen »mit vielen Affären, um Frauen wie Geld, der sich recht ungeniert bereicherte« und »im Amt zum Millionär wurde«, einer, der »hinabstieg in die Dunkelkanäle der Politik und der Halbwelt, wo er sich in dubiose Affären und Geschäften verstrickte«. Doch die CSU-Spitze forderte für Strauß einen Ehrenplatz in der Walhalla bei Regensburg. Ende Juli 2008 kündigte Peter Ramsauer, Chef der CSU-Landesgruppe im Bundestag, einen entsprechenden Antrag an. Nach dem für die CSU desaströsen Ausgang der Landtagswahl vom 28. September 2008 hörte man davon nichts mehr.

Ministerpräsident Max Streibl und die Amigo-Affäre

Eine abgeschlagene Bitte

Elf Jahre lang war Max Streibl Finanzminister in Bayern gewesen, als er Ende 1988 das Erbe von F. J. Strauß antrat. Zu diesem Aufstieg hatte maßgeblich sein Pressereferent beigetragen, der sich unermüdlich bemüht hatte, den Finanzminister so oft wie möglich mit Foto in die Presse zu bringen. Einmal wurde Streibl abgebildet, wie er einen restaurierten Rokokosessel in der Residenz herzeigte, ein anderes Mal im Hauptmünzamt mit Kindern, welche die Prägung von Geldstücken bestaunten. Es waren reine Schautermine. Tandler und Stoiber, hieß es, amüsierten sich darüber, aber der Erfolg gab Streibl recht. Im Rahmen einer Personalversammlung in der Beletage des Finanzministeriums, dem früheren Palais Leuchtenberg, verabschiedete sich Streibl mit gewinnenden Worten. Er bedankte sich bei allen Mitarbeitern und betonte, wie in jeder seiner Reden, das Wichtigste sei »der menschliche Umgang miteinander«.

Umgekehrt lobte der Amtschef Konrad Mayer Streibls Wirken über alle Maßen. Er schilderte dessen Verdienste um die Finanzen und hob hervor, dass dieser sich sogar literarisch-wissenschaftlich durch ein Buch über die Finanzen hervorgetan habe. Wollte er den scheidenden Streibl etwa auf den Arm nehmen? Das Buch hatte nicht Streibl selbst geschrieben, es setzte sich vielmehr aus Beiträgen der Fachreferate zusammen! Doch der Lobpreis war ernst gemeint, Konrad Mayer war nicht der Mann, der es gewagt hätte, den frisch gebackenen Ministerpräsidenten lächerlich zu machen.

Auch andere Federn, die Max Streibl als Kopfschmuck trug, leuchteten nicht mit voller Farbkraft. Er war zwar der erste Umweltminister Deutschlands, aber das Ministerium aufgebaut hatte sein sehr tüchtiger Ministerialdirektor. Dass eine Universität ihm den Dr. h.c. der Theologie verliehen hatte, hatte schon für große Verblüffung gesorgt, aber immerhin hatte er, wie es hieß, als vierter Engel von rechts bei den Oberammergauer Passionsspielen *bella figura* gemacht. Aber dass ihm eine dienstbare Universität auch noch den Dr. h.c. der Veterinärmedizin verlieh, war absolut rätselhaft. Wenn überhaupt, war dies allenfalls damit zu erklären, dass er sich Spezialkenntnisse über die Funktionsweise von Kühen, die zahlreich auf den heimatlichen Wiesen um Oberammergau und Wildsteig grasten, erworben hatte.

Bei der Verabschiedung von Max Streibl aus dem Finanzministerium stand ich ihm während seiner Abschiedsrede direkt gegenüber. Wiedersehen sollten wir uns erst unter sehr veränderten Umständen.

Neuer Finanzminister wurde Gerold Tandler. Von Paul Wilhelm hatte ich früher einmal erfahren, dass mich Tandler als CSU-Generalsekretär aus der Partei »rausschmeißen« wollte. Daher erwartete ich von ihm kein besonderes Wohlwollen. Aber ich war heilfroh darüber, dass mir wenigstens F. J. Strauß nichts mehr anhaben konnte.

Hoffnungsvoll richtete ich deshalb mit Schreiben vom 19. Juni 1989 an den neuen Ministerpräsidenten die Bitte, »nach den Veränderungen des letzten Jahres«, womit ich taktvoll den Tod von Strauß umschrieb, darauf hinzuwirken, dass ich »künftig in angemessener Funktion« verwendet würde. Das von mir geleitete Referat Verteidigungslasten habe überdies einen Verlust an Aufgaben zu verzeichnen. Doch ich erlebte eine herbe Enttäuschung, Max Streibl ließ mich böse abfahren. Durch seinen Büroleiter ließ Streibl mir schreiben, des Ressortprinzips halber sollte ich mich an Finanzminister Tandler wenden.

An Tandler hatte ich ohnehin geschrieben. Von ihm aber erhielt ich überhaupt keine Antwort. Das war zweifach rechtswidrig, denn er war sowohl verfassungsrechtlich wie beamtenrechtlich verpflichtet, eine Dienstpetition zu beantworten. Aber eigentlich durfte mich das nicht wundern, schließlich war er ein Meisterschüler seines dahingegangenen Herrn.

Dass Ministerpräsident Streibl mich so schnöde zurückwies, fand ich nach allem, was man mir unter seiner Verantwortung zugefügt hatte, menschlich unanständig. Sein Ministerbüroleiter Rauscher hatte mir, nachdem die Steueraffäre sich beruhigt hatte, außerdem erzählt, Streibl sehe ein, dass er mich falsch behandelt habe, man habe ihn unzutreffend informiert. Auch sei er beeindruckt, dass es mir in kurzer Zeit gelungen sei, die rasche Abgeltung von Manöverschäden so zu regeln, dass die ewigen Beschwerden der Geschädigten an den Landtag und die Staatsregierung aufhörten. Als eine Landtagswahl bevorstand, hatte er mich sogar gebeten, auf die US-Streitkräfte einzuwirken, bei Graswang, einem winzigen Ort nahe Oberammergau, vor der Wahl keine Übungen mehr abzuhalten – er bangte um jede Stimme in seinem Stimmkreis. Dass ich nun dennoch weiterhin im Abseits stehen sollte, zeigte mir, dass er mir immer noch die Demütigungen anlastete, die er von Strauß meinetwegen einstecken musste.

Dass ich bei Finanzminister Tandler schon deshalb keine Chance haben konnte, weil er in höchst gefährliche Finanzgeschäfte verwickelt war, konnte ich erst später erkennen. Tandler hatte 17 Millionen Mark Schulden am Hals, die er voraussichtlich in seinem Leben nicht mehr zurückzahlen konnte. Es war auch die Rede, dass er sogar fast 21 Millionen Mark Schulden hatte und dass er schon Millionen Mark an Zinsen gezahlt haben musste, bei denen man nicht wusste, woher das Geld kam. Der *Spiegel* hatte gehört, Zwick-Sohn Johannes habe die Zinsen bezahlt – und zwar auch zu der Zeit, als Tandler Finanzminister war.

Aber schon bald trat eine Affäre nach der anderen zutage. Zunächst geriet Tandler wegen zweifelhafter Geschäfte mit seinem Geschäftspartner Zembsch in Verruf, dann wegen versuchten Subventionsbetrugs seines Geschäftspartners Ries. Sodann sah er sich öffentlich dem Vorwurf einer Hinterziehung von Grunderwerbsteuer mithilfe des Vorstandsvorsitzenden der Bayern-Versicherung ausgesetzt, und zwar zu der Zeit, als er Finanzminister war. Als das Gerücht umging, Ministerpräsident Streibl habe ihn ultimativ aufgefordert, dies in Ordnung zu bringen, anderenfalls müsse er zurücktreten, gab es einen großen Wirbel in der Öffentlichkeit. Streibl gab daraufhin eine eidesstattliche Versicherung ab, dass er Tandler nicht vor diese Wahl gestellt habe.

Darüber hinaus schwelte im Verborgenen bereits die Zwick-Affäre. Finanzminister Tandler hatte beim berüchtigten Steuerschuldner Zwick hohe Darlehensschulden. Dieser wiederum hatte hohe Steuerschulden, über die man im Finanzministerium entschied. Eine ideale wechselseitige Abhängigkeit zwischen Tandler und Zwick! Zu einem Mann wie mir konnte Tandler natürlich kein Vertrauen aufbauen. In der Steuerabteilung wäre ich völlig fehl am Platz gewesen.

Sicher in Abstimmung mit Ministerpräsident Streibl erzählte inzwischen dessen Pressesprecher in der CSU-Landtagsfraktion eifrig herum, wie viel Millionen Mark Schulden der Finanzminister habe. Für Gerold Tandler wurde der Boden im Palais Leuchtenberg jetzt heiß, zu heiß. Mithilfe der Allianz wechselte er auf einen lukrativen Posten im Linde-Konzern.

Skandale

Es war kurz vor der Landtagswahl 1990, als ich zwei Dozentinnen der Universität Minsk/Weißrussland durch München kutschierte. Als sie ein Wahlplakat von Max Streibl sahen, sagte ich zu ihnen: »Das ist der Bayerische Ministerpräsident.« Sie fragten mich: »Ist er gutt?« Die Frage brachte mich in arge Verlegenheit. Sicher war er besser als viele russische Regenten, aber war er deswegen gut? Schließlich rang ich mich zu der Antwort durch: »Mein Freund ist er nicht, ich seiner aber auch nicht!«

Max Streibl hatte am Gymnasium im Kloster Ettal eine religiöse Erziehung genossen und er war, wie erwähnt, sogar Ehrendoktor der Theologie, ein Idealist reinster Prägung war er jedoch nicht. Das Streben nach materiellen Vorteilen lag ihm alles andere als fern.

Am grellsten war die Sache mit dem Caritas-Grundstück. Für den beabsichtigten Bau eines Hauses in München erwarb Streibl 1988 ein von einer alten Dame der Caritas vermachtes Grundstück mit

1130 Quadratmetern. Die Erblasserin hatte verfügt, dass ihr Vermögen Bedürftigen, sozial Schwachen und pflegebedürftigen Menschen zugute kommen solle. Der Preis, zu dem Streibl das Grundstück von der Caritas erhielt, lag eine halbe Million Mark unter dem Verkehrswert. Daneben waren aber noch andere bizarre Geschichten im Umlauf, etwa die mit dem Bundeskartellamt und seiner Beteiligung an einem Großhandelsunternehmen oder die mit dem Schuhfabrikanten aus Bamberg, mit dem er befreundet war und der ihm das Caritas-Grundstück wieder abkaufte.

Oder die Geschichte von dem Freibier und von den Gartenmöbeln, die der Ministerpräsident für die Feier eines Jubiläumsgeburtstags von Fürst Johannes von Thurn und Taxis erbat. Der Fürst sagte zum Freibier freundlichst Ja. Auch Gartenmöbel seien möglich, er dachte dabei an Leihe, Streibl jedoch an Kauf. Er schickte dem Fürsten die Rechnung für eine gekaufte Garnitur in Höhe von angeblich 20 000 Mark zur Bezahlung. Der Fürst war darüber sehr verärgert, zahlte aber schließlich, wenngleich mit der Ankündigung, das werde er sich merken.

Erfreut war Streibl immer über die vielen Weihnachtsgeschenke, die er von verschiedenen Seiten erhielt. Bestechung war das nicht, befremdlich war es trotzdem. Für den Abtransport aus dem Finanzministerium war, wie verlautet, einmal sogar ein Klein-Lkw erforderlich. Immerhin war denkbar, dass Streibl alles für wohltätige Zwecke spendete.

Ein Geschäft, das sehr viel Wirbel machte, war der Erwerb zweier Gemälde von der mit seiner Frau befreundeten Luxemburg-Konsulin Linnebach für den bayerischen Staat. Der Preis betrug 500 000 Mark – ein Preis, der, wie es hieß, weit überhöht war. Dem Kaufpreis lag nicht etwa, wie üblich, das Guthaben des behördlichen Sachverständigen zugrunde (es hieß, der zuständige Abteilungsleiter habe aus Protest eine Schätzung abgelehnt), sondern ein von der Verkäuferin vorgelegtes Privatgutachten eines Gutachters aus Innsbruck. Der wirkliche Wert hat Fachleuten aus der Finanzverwaltung zufolge nur 100 000 Mark betragen. Vor allem aber bestand für die beiden Bilder staatlicherseits gar kein Bedarf, sie wanderten ins Archiv. Ein mit der Sache befasster Beamter war darüber so aufgebracht, dass er sich an die *Süddeutsche Zeitung* wandte und sich als Belastungszeuge anbot. Der Amigo-Untersuchungsausschuss sollte die gegen Streibl erhobenen Vorwürfe untersuchen, kam aber aus Zeitgründen nicht mehr dazu. Man bedenke: Während hier der Finanzminister bzw. Ministerpräsident Streibl Geld großzügig verschenkte, knöpften zur selben Zeit seine Finanzämter den Steuerpflichtigen, darunter vielen Geringverdienern, Geld ab für angeblich notwendige Ausgaben des Staates.

Max Streibl war kein reiner Menschenfreund. Obwohl er wie kein anderer unentwegt den »menschlichen Umgang miteinander« predigte, wich er selbst gelegentlich von diesem Prinzip ab. Wie Strauß hatte er keine Skrupel, die Existenz ihm missliebiger Menschen zu schädigen: So wie er mir zugesetzt hatte, wenn auch weitgehend unter dem Druck von Strauß, hatte er nicht unbedingt ein überzeugendes Beispiel christlicher Nächstenliebe gegeben. Aber es sollte auch andere treffen.

Der Landtagskorrespondent Wolfgang Krach hatte wiederholt im *Donaukurier* wenig schmeichelhaft über Streibl geschrieben. Bei einem Auftritt im Verein Landtagspresse warf Streibl ihm eines Tages vor, dass seine Berichterstattung falsch sei. Unter Bezugnahme auf diesen Vorwurf des Ministerpräsidenten kündigte der Verleger des *Donaukuriers* Krach fristlos. Trotz Kritik nahm Streibl die von ihm nicht bewiesene Aussage nicht zurück. Auch dem Chefredakteur Heinzmann des *Donaukuriers* erging es nicht anders, Streibl führte mit dem Verleger ein Gespräch, Heinzmann wurde anschließend gekündigt.

Angela Böhm, Journalistin der *Abendzeitung*, die über das Caritas-Grundstück publikumswirksam berichtet hatte, schloss Streibl von Presseeinladungen der Staatskanzlei aus. Er verklagte sie sogar auf Zahlung von Schmerzensgeld, verlor diesen Prozess aber, weil das Landgericht feststellte, dass die Berichterstattung zutreffend gewesen sei. Ein von ihm gestellter Strafantrag wurde zurückgewiesen.

Der CSU-Landtagsabgeordnete Johann Neumeier, früher enger Mitarbeiter Streibls, beklagte sich mir gegenüber bitter: Zwanzig Jahre lang habe er unter ihm gelitten. Er erzählte, dass ihn Streibl nach einer Wahlveranstaltung nachts um zwei Uhr in Murnau, als kein Bus und kein Taxi mehr fuhren, aus dem Dienstwagen aussteigen ließ und ihm sagte, er solle schauen, dass er irgendwie nach Hause komme, nach Unterammergau. Neumeier bekannte außerdem, dass man in der CSU schon vor der Amigo-Affäre daran gedacht habe, Streibl als Ministerpräsident abzulösen, nachdem er ein Jahr zuvor bei der Klausurtagung in Wildbad-Kreuth eine miserable Vorstellung abgeliefert hatte.

Aber auch eine andere Sache hatte in der CSU schon 1992 zu Überlegungen geführt, Streibl abzulösen. Es gab anonyme Briefe, auch an den Chefredakteur der *Abendzeitung*, in denen u.a. auf einen Steuernachlass in Millionenhöhe zugunsten des Unternehmers aus Bamberg hingewiesen wurde, der Ministerpräsident Streibl das Caritas-Grundstück abgekauft sowie diesem eine Beteiligung am C&C-Großmarkt vermittelt habe. Die Steuerakten des Unternehmers, so der anonyme Briefschreiber, habe Streibl, als er noch Finanzminister war, an sich gezogen, sie seien nicht mehr auffindbar.

Und tatsächlich: Als aufgrund einer Journalistenrecherche bei Finanzminister von Waldenfels nachgefragt wurde und man sich bei der Oberfinanzdirektion Nürnberg erkundigte, waren, wie mir ein Abteilungsleiter erzählte, die Akten verschwunden. Kurz darauf habe die Staatskanzlei im Finanzministerium angerufen und gefragt, warum das Finanzministerium die Akten haben wolle.

Im Übrigen brachte das anonyme Schreiben noch weitere Beschuldigungen gegen Streibl vor.

Skurril war folgende Episode: Ministerpräsident Streibl verbrachte das Wochenende oft in seinem Haus in Wildsteig. Dort hatte zufällig seit vielen Jahren auch der *SZ*-Journalist Michael Stiller bei einem Bauern sein Feriendomizil. Stiller war einer von denen, die das Loblied Streibls nicht am allerlautesten sangen. Eines Tages begegneten sich das Ehepaar Streibl und das Ehepaar Stiller bei einer Wanderung in der Umgebung von Wildsteig. Man begrüßte sich auf das Freundlichste. Kurz darauf aber teilte der Bauer, bei dem das Ehepaar Stiller wohnte, dem Journalisten mit, der Bürgermeister habe ihn angerufen und aufgefordert, ihm die Wohnung zu kündigen. Der Herr Ministerpräsident habe darum gebeten, er fühle sich durch Stiller gestört. Der Bauer aber zeigte Haltung, er kündigte Stiller nicht. Dieser stellte Streibl jedoch zur Rede. Streibl gab sein Verhalten zwar zu, zu einer Entschuldigung aber vermochte er sich nicht durchzuringen. Frau Streibl, so Stiller, habe zu ihm gesagt, das sei die Revanche gewesen für seine Berichterstattung über das sogenannte Caritas-Grundstück.

Innenminister Edmund Stoiber bekam von der Geschichte Wind. Er ließ sie sich begierig von Stiller persönlich erzählen und meinte: »Unmöglich! Einfach unmöglich!«

Wer diese größeren und kleineren Geschichten kannte, und es gab noch etliche davon, konnte über das schmähliche Ende, dem dieser Ministerpräsident entgegenging, nicht verwundert sein.

Vorspiel

Ende 1992 wurden im Finanzministerium zwei Abteilungsleiterstellen frei. Man hatte bis dahin weit jüngere Kollegen an mir vorbeibefördert, offensichtlich sollte ich bis zum Ende meiner Tage dort verbleiben, wo man mich abgestellt hatte (was der Personalabteilungsleiter Metz als Zeuge später tatsächlich bestätigte!). Nicht weil man mich für unfähig hielt, sondern weil ich mich korrekt verhalten hatte, als ich mich 15 Jahre zuvor wegen der skandalösen Rechtsverstöße des Steuerabteilungsleiters und Strauß-Intimus Lothar Müller an den Landtag gewandt hatte. Dafür wurde ich immer noch abgestraft. Ich war tief frustriert.

In einem Brief wandte ich mich deswegen an den inzwischen auf Gerold Tandler nachgefolgten Finanzminister von Waldenfels. Ich legte ihm meine Vorgeschichte mit Ludwig Huber, Max Streibl und F. J. Strauß dar und bat ihn um ein Gespräch. Das Gespräch bekam ich nicht, die Stellen wurden anderweitig besetzt. Dafür erhielt ich anschließend einen Brief von ihm, dass ich nicht in Betracht gekommen sei, weil für eine solche Position ein »besonderes Vertrauen« erforderlich sei.

Für mich war das ein Fußtritt ins Gesicht. Ich besprach mich mit meiner Frau. Als Wirtschaftsprüferin und Steuerberaterin war sie mit ihrer Kanzlei mehr als ausgelastet, über meine Sache sprachen wir eigentlich kaum. Diesmal aber empörten wir uns gemeinsam: Was waren das eigentlich für Menschen – Streibl, Tandler, Waldenfels –, dass man sich von ihnen eine solche Behandlung gefallen lassen musste? Hatten sie bessere Rechte im Staat? Davon stand nichts geschrieben. Verfügten sie über exzellente Geistesgaben? Davon war nichts zu bemerken. Warum also gerierten sie sich so?

Ich entschloss mich, nicht länger brav zu sein. Und meine Frau bestärkte mich darin.

Just zu dieser Zeit gab der Edelfußballer Franz Beckenbauer sein Buch heraus mit dem Titel *Ich. Wie es wirklich war*. Darin stellte er seinen einstigen Gönner Ludwig Huber bloß. Er gab preis, dass ihm der frühere Finanzminister bei der Steuerhinterziehung über die

Schweiz behilflich gewesen sei. Die Münchner *Abendzeitung* berichtete darüber als Aufmacher, die *Süddeutsche Zeitung*, der *Stern* und die übrige Presse berichteten ebenfalls in großen Schlagzeilen. Ein Finanzminister, der Steuerhinterziehung betrieb, und das im Verbund mit dem »Kaiser«, das war eine Sensation!

Eine schönere Steilvorlage hätte mir der frühere Weltmeisterschaftslibero nicht liefern können, ich nahm sie gern auf, um sie ins Tor zu befördern.

Beckenbauer hatte damit bestätigt, was ich Finanzminister Streibl seinerzeit schriftlich dargelegt hatte, dieser aber dem Landtag und der Öffentlichkeit verheimlicht hatte. So ganz unverhofft stand nunmehr das Steuergeheimnis nicht mehr dagegen, dass ich wenigstens diesen Fall offenlegen konnte.

Mein Ziel war es indessen nicht, politischen Krawall zu verursachen. Daher suchte ich zunächst nochmals das Gespräch. Ich wandte mich an Staatssekretär Paul Wilhelm, beschrieb ihm meine jahrelange Diskriminierung und kündigte ihm an, dass ich notfalls den Landtag anrufen würde. Ich betonte, dass ich nicht bluffen würde. »Um Gottes willen, nein, das glaubt niemand«, versicherte er und versprach, tätig zu werden.

Dann wandte ich mich an Ministerpräsident Streibl selbst, nicht direkt, sondern über seinen Staatssekretär Johann Böhm, den Chef der Staatskanzlei und späteren Landtagspräsidenten. Wir kannten uns flüchtig vom Studium her.

Böhm bat mich zu sich in die Staatskanzlei. Als ich dort eintraf, erzählte er mir, dass es meinetwegen schon große Aufregung gegeben habe. Das Büro des Ministerpräsidenten habe aus seinem Terminplan meinen bevorstehenden Besuch ersehen können und entsetzt sofort den Ministerpräsidenten alarmiert, der in Bad Wörishofen zur Kur weilte. Böhm sagte dazu, er lasse sich nicht vorschreiben, mit wem er Gespräche führe.

Ich schilderte ihm meine Geschichte, er kannte sie schon großteils aus dem Landtag. Dann stellte ich klar, dass ich nicht ewig dafür büßen wolle, dass ich mich pflichtgemäß Gesetzwidrigkeiten entgegengestellt hätte. Ich bat ihn, mit Streibl zu reden. Um keine Zweifel aufkommen zu lassen, erklärte ich schließlich ganz offen: »Andernfalls bleibt mir nur noch der Gang zum Landtag. Dann aber wird Streibl in große Bedrängnis geraten, ich werde versuchen, ihn zu stürzen.« Dass ich dies ankündigte, mag erstaunen, aber es war so.

Staatssekretär Böhm nahm die Sache sehr ernst, er versprach, mit dem Ministerpräsidenten zu sprechen. Natürlich werde er ihm nicht sagen, dass ich vorhätte, ihn gegebenenfalls zu stürzen, er werde das moderater formulieren. Er zollte mir Anerkennung für meine Haltung in den Steuerfällen. Er erzählte, wie es ihn immer wieder irritiere, wenn Beamte der Staatskanzlei dem Ministerpräsidenten ihre Meinung vortrügen, aber sofort feige einknickten, wenn dieser nicht gleich zustimme. Über Streibl selbst äußerte er sich sehr negativ. Er sei sehr unsicher, und um diese Unsicherheit zu verdecken, stauche er seine Beamten oft zusammen. Der personelle und finanzielle Aufwand, den er treibe, sei unvertretbar. Wenn es im Kabinett um irgendwelche Bezüge und Zulagen für ihn und die Kabinettsmitglieder gehe, rechne Streibl kleinlichst hin und her, auch in Gegenwart von Beamten, es sei peinlich.

Nach einigen Wochen verständigte mich der Staatssekretär von dem Ergebnis seiner Bemühungen. Es war ein Misserfolg, er zeigte sich sehr verärgert. Er habe über das Gespräch mit mir einen Aktenvermerk angefertigt und Ministerpräsident Streibl zugeleitet, und zwar bewusst über die Registratur, damit er dort erfasst würde. Das sei dem Ministerialdirigenten Hartmann sehr unangenehm gewesen. Ministerpräsident Streibl habe den Aktenvermerk gelesen, dazu aber lediglich gesagt, er habe früher viel versucht, »für den Mann etwas zu tun, aber der Widerstand von Strauß war einfach zu groß«. Er, Böhm, habe auch mit Finanzminister von Waldenfels gesprochen. Der aber habe »bloß seine Nase in die Luft gereckt«.

In dem Aktenvermerk hatte Staatssekretär Böhm dem Ministerpräsidenten mein Anliegen vorgetragen, aber ihn auch darauf hingewiesen, ich hätte angedeutet, anderenfalls meinen Fall »spektakulär zur Sprache zu bringen«. Er selbst könne nicht abschätzen, »ob es insoweit noch etwas aus der Vergangenheit aufzurollen gäbe«.

Ministerpräsident Streibl war folglich hinreichend gewarnt, ihm war aber einfach nicht zu helfen.

Auftakt des Dramas

Den Weihnachtsfrieden wollte ich nicht stören, ich machte mit meiner Familie Urlaub auf Mauritius. Doch danach war es so weit. Mit Schreiben vom 11. Januar 1993 wandte ich mich an den Landtag. Ich schilderte erstens die mehrfache Verstrickung von Finanzminister a.D. Ludwig Huber in den Fall Beckenbauer, allerdings ohne dessen Namen zu nennen. Zweitens wies ich darauf hin, dass Finanzminister Streibl das seinerzeit gegenüber dem Landtag verheimlicht und mich sogar noch an den Pranger gestellt hatte. Drittens schilderte ich ausführlich die Verfolgung durch F. J. Strauß. Ich verlangte eine Ehrenerklärung des Ministerpräsidenten vor dem Landtag sowie das Unterlassen weiterer beruflicher Diskriminierung.

Das schärfste Geschoss in meiner Eingabe war allerdings der Vorwurf, Streibl habe als Finanzminister in der Steueraffäre 1977 den vollständigen Prüfungsbericht des Bayerischen Obersten Rechnungshofs der SPD-Fraktion und der FDP-Fraktion im Landtag mit der Begründung vorenthalten, das Steuergeheimnis stehe dagegen, während er ihn sehr wohl CSU-Abgeordneten zugänglich gemacht habe. Dies wusste ich absolut sicher aus mehreren Quellen. Wenn er diesen Vorwurf nicht ausräumen konnte, musste er als Ministerpräsident zurücktreten: weil er damals im Landtag gelogen und weil er sich strafbar gemacht hatte (gemäß seiner Begründung).

Eben diesen ungeheuer schweren Vorwurf (sowie den Vorwurf, dass er Unterlagen an F. J. Strauß weitergegeben habe) hatte ich bereits 1982 in einem Schreiben an ihn persönlich erhoben. Das war kühn gewesen, sehr kühn. Weil es ein absoluter Rücktrittsgrund war, was ich ihm an den Kopf warf, hätte er reagieren, hätte er gegen mich vorgehen müssen. Aber ich war mir sicher, dass er das nicht wagen würde. Er musste davon ausgehen, dass ich ohne Beweis nicht ein solches Risiko eingegangen wäre. Vor allem aber gab es, wie er wusste, zu viele Mitwisser in der CSU-Fraktion und unter den Ministerialbeamten. Und er wagte es tatsächlich nicht, er traute sich nicht einmal zu widersprechen. »Das war ein sehr hartes Schreiben«, sagte mir damals der Amtschef Konrad Mayer, nachdem man ein Vierteljahr lang zu dem Brief geschwiegen hatte.

Weil Streibl es seinerzeit nicht gewagt hatte, dem Vorwurf entgegenzutreten, war ich überzeugt, dass er es jetzt ebenso wenig wagen würde. Und so kam es auch. Der Ministerpräsident Max Streibl saß eingeklemmt in der Falle, er konnte sich nicht rühren. Über die Jahre hatte er wohl vergessen, dass das Geschütz immer noch auf ihn gerichtet war.

Meine Landtagseingabe erregte sofort beträchtliches Aufsehen. Von Journalisten bei der Klausurtagung in Wildbad-Kreuth bedrängt, lehnte Ministerpräsident Streibl, apathisch wirkend, wie mir gesagt wurde, es ab, sich irgendwie zu den Vorwürfen zu äußern.

Normalerweise bestätigte oder dementierte die Staatskanzlei innerhalb von Stunden. Hier kam jedoch nichts, rein gar nichts, nicht einmal ein indirektes Dementi. Die Opposition und die Journalisten bemerkten das sofort. Allerdings betrachtete es der Ministerpräsident nicht etwa unter seiner Würde, sich anderweitig über mich zu äußern. Der Münchner *Abendzeitung* gelang es, ihn aufs Glatteis zu locken. Sie stellte ihm drei Fragen, die er wie folgt beantwortete:

»Was verbinden Sie mit dem Namen Schlötterer?

Mit Herrn Schlötterer verbinde ich die Erinnerung an einen Beamten, der unmittelbar nach meinem Amtsantritt als Finanzminister eine Riesenuntersuchung über Steuerfälle, die unter meinem Vorgänger bereits abgeschlossen waren, bei Landtag, Staatsanwaltschaft und Rechnungshof ausgelöst hat. Sie blieb bekanntlich ergebnislos, hat den Steuerzahler aber viel Geld gekostet ...

Wann haben Sie sich zuletzt über Herrn Schlötterer geärgert?

Heute bei Durchsicht Ihrer Fragen.

Müssten Sie nicht eigentlich Herrn Schlötterer den Bayerischen Verdienstorden (vielleicht wegen Zivilcourage) verleihen? Sind nicht gerade Beamte wie er, engagiert und mit Rückgrat, beste Aushängeschilder für den Staat?

Nach dem oben Ausgeführten erübrigt sich diese Frage.«

Natürlich log Streibl, wenn er behauptete, dass die Untersuchung der Steuerfälle ergebnislos gewesen wäre. Die Rügen des Bayerischen Obersten Rechnungshofs und des Bundesrechnungshofs waren sogar im Landtag behandelt worden. Und wenn er zum Beweis seiner Milde anführte, ich sei trotzdem in seiner Amtszeit zweimal befördert worden, so verschwieg er erstens, dass ich darauf einen Rechtsanspruch hatte, und zweitens täuschte er darüber hinweg, dass ich wegen Strauß rechtswidrig jeweils um Jahre später befördert worden war und damit einen Geldschaden von über 70 000 Mark hatte.

Wie schon 1977, als ich mich wegen der Steuerfälle an den Landtag wandte, geriet Streibl auch jetzt wieder von Anfang an hoffnungslos in die Defensive, wiederum durch eigene Schuld.

Bevor meine beim Landtag eingereichte Eingabe publik wurde, hatte mich Staatssekretär Wilhelm angerufen und mich über seine vergeblichen Bemühungen informiert. Ich teilte ihm mit, dass es jetzt zu spät sei, ich hätte mich bereits an den Landtag gewandt, Streibl werde nun schwer zu kämpfen haben. Erstaunlicherweise war Wilhelm geradezu erfreut. Er sagte rundheraus, er hätte es an meiner Stelle genauso gemacht.

Schwere Geschütze

Den Entlastungsangriff organisierte Finanzminister von Waldenfels. Er zog alle, aber auch wirklich alle Register.

Mit einer ganzen Serie von Presseerklärungen tauchte er mich tief ins schwarze Tintenfass: »Unverfrorenheit, Ungeheuerlichkeit, böswillig, reine Luftnummern, längst widerlegt« usw. Das waren die Vokabeln, die er für mich fand. Er entwarf das Bild eines notorischen Querulanten. Zu meiner nicht geringen Überraschung legte er dabei offen, dass es sich bei dem von mir vorsichtshalber nur anonym zitierten Steuerfall um einen gewissen Franz Beckenbauer handle.

Im Landtag sprach von Waldenfels gar von einem Erpressungsversuch. Zur Sache befragt, machte er sich freilich zum Gespött der Opposition. So bestritt er die Weitergabe des vollständigen Rechnungshofberichts durch Streibl an CSU-Abgeordnete, musste aber auf Nachfrage zugeben, dass er Streibl gar nicht gefragt hatte, anstandshalber, wie er sagte. Er bestritt die von mir behauptete Zusage Streibls einer Beförderung nach der Bundestagswahl 1980, als Strauß als Bundeskanzler kandidierte, vermochte aber nicht zu erklären, warum die Beförderung tatsächlich unmittelbar danach erfolgt war.

Auf diese Weise gelang es von Waldenfels sehr rasch, jeden Journalisten davon zu überzeugen, dass die Wahrheit auf meiner Seite war. Der *Abendzeitungs*-Redakteur Claus Strunz führte mit mir ein Interview und breitete die Story über die ganze Seite drei der Ausgabe vom 27. Januar 1993 aus – mit Fotos von Max Streibl, Ludwig Huber, Lothar Müller sowie mir und meiner Frau.

Daraufhin kamen mehrere Fernsehsender auf mich zu. Es war ein Freitagabend, als ich Gast bei Thomas Gottschalk in seiner RTL-Late-Night-Show war. Den ursprünglich als Gast vorgesehenen Schriftsteller Rolf Hochhuth hatte man wieder ausgeladen. Der Angriff auf einen Ministerpräsidenten durch einen seiner Ministerialbeamten war natürlich eine Sensation.

In dem Gespräch mit Gottschalk verteidigte ich mich gegen die Angriffe des Finanzministers von Waldenfels, meine Vorwürfe gegen Ministerpräsident Streibl erhielt ich aufrecht. Vor allem bekräftigte ich, dass er heimlich den gesamten Rechnungshofbericht CSU-Abgeordneten übergeben hatte, obwohl er öffentlich erklärt hatte, dieser unterliege dem Steuergeheimnis. Hatte Finanzminister von Waldenfels meine Behauptung als »Ungeheuerlichkeit« bezeichnet, hielt ich dagegen, so ungeheuerlich könne sie nicht sein. Streibl habe mir seinerzeit als Finanzminister nicht widersprochen, als ich ihm dies sogar schriftlich vorgehalten hätte. Zum Beweis zog ich mein Schreiben von 1982 aus der Tasche. Und ich stellte heraus, dass Streibl selbst jetzt nicht dementiere, sondern sich ausschweige.

Auf Nachfrage von Gottschalk bestätigte ich, dass ich aus dem Beamteneid heraus, aber auch aus Selbstachtung den Rechtswidrigkeiten eines Lothar Müller und eines Franz Josef Strauß nicht nachgegeben hätte. Trotzig sagte ich: »Ich habe mich Strauß nicht gebeugt, ich habe mich Ludwig Huber nicht gebeugt, ich beuge mich auch einem Max Streibl nicht.« Natürlich war ich bei allem, was ich sagte, auf der Hut. Schon vor der Gottschalk-Sendung hatte man einen Oberregierungsrat in der Personalabteilung des Ministeriums von allen Aufgaben freigestellt, nur um zu beobachten, was ich künftig alles erklären würde.

Als ich am nächsten Arbeitstag morgens ins Ministerium ging, war Stille auf allen Gängen. Offensichtlich wurde jetzt in allen Zimmern über meinen Auftritt getratscht. So etwas war noch nie da gewesen. Aber nach den üblen Angriffen des Finanzministers von Waldenfels auf mich war ich nach der Rechtslage legitimiert gewesen, mich auf diese Weise zu verteidigen.

Aus der Sicht Streibls war mein Fernsehauftritt eine unerhörte Herausforderung. Obwohl die Oppositionsparteien schon längst von der Einsetzung eines Untersuchungsausschusses redeten, traute er sich auch jetzt nicht aus seiner Höhle in der Prinzregentenstraße heraus, er schwieg weiterhin. Damit wuchs natürlich auch die Unruhe unter den CSU-Landtagsabgeordneten.

Gleichwohl war Ministerpräsident Streibl nicht untätig. Er versuchte, meiner mit anderen Mitteln Herr zu werden. Auf seine Veranlassung leitete der Finanzminister gegen mich disziplinarische Vorermittlungen ein und stellte, ohne dass ich davon eine Ahnung hatte, gegen mich Strafantrag wegen Verletzung des Steuergeheimnisses.

Der damalige Amtschef des Finanzministeriums eröffnete mir später, dass Ministerpräsident Streibl persönlich hinter dem Strafantrag gestanden hätte. Er fügte hinzu: »Tausend Leute haben von Waldenfels abgeraten, den Strafantrag zu stellen, aber er hat es halt getan.«

Der Ministerpräsident beauftragte außerdem heimlich seine Anwälte, gegen mich Strafantrag wegen Verleumdung und falscher Anschuldigung zu stellen, wie ich später aus meiner Personalakte ersehen konnte.

Anscheinend hatte ich eine Lawine losgetreten. Nun wurden neue Vorwürfe gegen Streibl laut. Er hatte sich von dem Flugzeugunternehmer Grob mehrmals zu kostenlosen Urlaubsreisen nach Brasilien einladen lassen. Am politischen Aschermittwoch in Passau verteidigte er sich mit dem an sich nicht abwegigen, hier aber wenig behilflichen Einwand, man dürfe wohl noch Freunde haben. Er schloss seine Rede, indem er die angetretene Parteischar mit den Worten »*Saludos Amigos*« grüßte. Ohne dass er es gewahr wurde, sollte dies sein politischer Abschiedsgruß werden. Noch aber war es nicht so weit.

Ein verfassungsrechtliches Lehrstück

Ich saß an meinem Schreibtisch, als mich einige Wochen später ein Journalist anrief. Er fragte mich: »Wissen Sie, dass heute Ihre Petition im Landtag behandelt wird?« Ich wusste es nicht. Meine Petition hatte dienstlichen Charakter, also beschloss ich, in den Landtag zu gehen, wo im Haushaltsausschuss die Eingabe um die Mittagszeit behandelt werden sollte.

Als ich dort aufkreuzte, schienen die anwesenden Vertreter des Finanzministeriums unangenehm überrascht zu sein. Der Personalreferent stürzte hinaus, offensichtlich, um im Finanzministerium anzurufen. Wie ich später erfuhr, hatte man meinen Abteilungsleiter beauftragen wollen, eine fachliche Besprechung anzuberaumen, um mich im Finanzministerium festzuhalten. Ich sollte nicht erfahren, was man dem Landtag erzählen würde. Die Rechnung ging aber nicht auf, weil der Abteilungsleiter erkrankte. Außerdem hatte man die Behandlung der Petition im Landtag auf den letzten Tag vor der Osterpause angesetzt, nämlich auf den 1. April, mit dem offensichtlichen Kalkül, dass der zu erwartende politische Wirbel anschließend rasch abflauen würde.

Aprilscherze geraten nicht immer gut. So auch hier. Der Beratung der Petition lag eine Stellungnahme des Finanzministers von Waldenfels zugrunde. Sie hätte es verdient, in das Staatliche Museum für angewandte Kunst, München, Prinzregentenstraße 3, in eine neu zu schaffende Abteilung »Staatskunst« aufgenommen zu werden. Von Waldenfels erwähnte nämlich die von mir breit geschilderten Verfolgungsmaßnahmen von Strauß und Streibl mit keinem Sterbenswörtchen, er blendete sie einfach aus. Die Weitergabe des Rechnungshofberichts von Streibl an die CSU-Abgeordnete bestritt er, jedoch ohne dass er ein Dementi von Streibl zitiert hätte.

Besondere Raffinesse verwandte von Waldenfels auf die Verstrickung des Finanzministers Ludwig Huber in den Steuerfall Beckenbauer. Er behauptete, das könne nicht stimmen. Zum Zeitpunkt des Vertragsschlusses zwischen Beckenbauer und der Schweizer Gesellschaft sei nicht Ludwig Huber, sondern Konrad Pöhner Finanzminister gewesen. Und mein Vorbringen, Finanzminister Ludwig Huber habe rechtswidrigerweise einer Fahndungsvorlage nicht zugestimmt, räumte er dadurch aus, dass er nur die zweite Fahndungsvorlage erwähnte, der Huber schließlich (gezwungenermaßen) doch zugestimmt hätte. Meine erste, abgelehnte Vorlage taufte er um in »ein Schreiben an Herrn Müller«.

Ja, aber Beckenbauer hatte doch selbst geschrieben, dass es Finanzminister Ludwig Huber war! Dieses kleine Problem löste von Waldenfels auf seine Weise: Herr Beckenbauer, so schrieb er, müsse sich einfach geirrt haben! Nachgefragt hatte er bei Beckenbauer freilich nicht. Damit fiel mein Vorbringen in sich zusammen, der Landtagseingabe war die wesentliche Grundlage entzogen.

Allerdings hatte von Waldenfels den Landtag mit der Unwahrheit bedient. In meinem Bericht an Finanzminister Streibl vom 5. September 1977 hatte ich ausdrücklich darauf hingewiesen, dass Ludwig Huber diese Beihilfe in seiner Zeit als Fraktionsvorsitzender – und nicht in seiner Zeit als Finanzminister – geleistet habe. Wörtlich hatte ich ausgeführt: Ministerialdirektor Lothar Müller habe mir vertraulich mitgeteilt, Finanzminister Ludwig Huber habe ihm eröffnet, »dass er zu seiner Zeit als Fraktionsvorsitzender, also noch vor seinem Amtsantritt als Finanzminister, Beckenbauer zu der Sache geraten habe«.

Finanzminister von Waldenfels hatte den Landtag in übler Weise getäuscht. Beckenbauer schrieb in seinem Buch, dass die Aktion in der Schweiz seiner Alterssicherung dienen sollte. Das war auch meine Information gewesen und selbst das hatte ich wörtlich in meinem Bericht niedergelegt.

Aber nicht genug damit. In der Sitzung des Haushaltsausschusses trat mein Nachfolger Kurt Miehler auf, er war inzwischen zum Steuerabteilungsleiter avanciert. Er zog über mich persönlich her. Während er Beckenbauer lobte, dass der seine Steuerschulden »bis auf die letzte Mark« bezahlt habe, prangerte er an, ich hätte Beckenbauer »ins Ausland getrieben«. Jetzt zahle dieser hier »keine Mark mehr« an Steuern.

Die überraschende Aussage, dass Beckenbauer keinerlei Steuern mehr in der Bundesrepublik zahle, fand ich beachtlich. Der Gentleman blieb offenbar seiner früheren Meinung treu, dass an seiner Stelle besser die Fußballfans zahlen sollten, zusammengenommen würden sie über mehr Geld verfügen als er. Die Aussage Miehlers, ich hätte Beckenbauer vertrieben, war bösartig. Er verschwieg, dass der Fall schon vor mir im Finanzministerium anhängig war und dass Ludwig Huber und Lothar Müller gezwungen gewesen waren, den Maßnahmen zuzustimmen.

Ich saß Miehler im Ausschuss gegenüber, wir schauten uns in die Augen. Ich aber konnte mich nicht wehren, ich hatte kein Rederecht. Das nützte er weidlich aus.

Die CSU-Abgeordneten beantragten, die Eingabe aufgrund der Darstellung des Finanzministers und Miehlers für erledigt zu erklären. Dagegen protestierten die Abgeordneten der SPD, FDP und der Grünen heftig, sie wollten Fragen stellen. Das aber lehnte die CSU ab. Daraufhin kam es zu einem Eklat. Die Abgeordneten der Opposition zogen geschlossen und unter wütendem Protest aus dem Haushaltsausschuss aus.

Ein halbes Jahr später, im Herbst 1993, flog die Steueraffäre um den Bäderkönig Eduard Zwick auf. Es wurde ruchbar, welche Dienste Miehler zum Wohlgefallen von F. J. Strauß und Finanzminister Gerold Tandler geleistet hatte. Es kam auf, dass er am Ende dem steinreichen Bäderkönig eine aufgelaufene Steuerschuld in Höhe von 63 Millionen Mark erlassen hatte. Dies war grob rechtswidrig. Als sich die Öffentlichkeit darüber gewaltig empörte, widerrief Finanzminister von Waldenfels, der behauptete, er habe von dem in seiner Amtszeit erfolgten Steuererlass und damit von dieser unglaublichen Begünstigung nichts gewusst. Ein früherer Mitarbeiter aus meinem Steuerreferat sprach mich an: »Sie sind jetzt fein heraußen. Man hätte es so machen sollen wie Sie!«

Wie ahndete der Minister die Pflichtwidrigkeit des Kurt Miehler? Leitete er ein Disziplinarverfahren gegen ihn ein oder erstattete er Strafanzeige? Mitnichten. Vielmehr wiederholte sich der gleiche Ablauf wie bei Lothar Müller. Der bisher wohlgelittene Mohr, der seine Schuldigkeit getan hatte, war jetzt als solcher sichtbar und daher nicht mehr zu halten. Da die Öffentlichkeit Sturm lief, wurde Miehler die Steuerabteilung entzogen, so wie es auch bei Lothar Müller geschehen war. Dann aber wurde er zum obersten Geschäftsführer der Landeswohnungs- und Städtebaugesellschaft befördert. Dort bezog er ein erheblich höheres Gehalt – genauso hatte man Lothar Müller den Abgang auf den Präsidentensessel der Landeszentralbank vergoldet.

Hiermit wird jedoch den Ereignissen vorausgegriffen, denn die Zwick-Affäre brach erst nach dem Sturz Streibls aus.

Ministerpräsident Streibl geriet derweil immer weiter in Bedrängnis. Es kam auf, dass er mit seiner Familie auf Kosten des Flugunternehmers Grob Reisen nicht nur nach Brasilien, sondern auch nach Kenia unternommen hatte, während er sich andererseits für die finanzielle Förderung Grobs eingesetzt hatte. Weitere fragwürdige Vorgänge kamen hinzu, wie etwa der schon erwähnte Erwerb der Bilder von der Konsulin Linnebach zu einem weit überhöhten Preis, die Abrechnung von privaten Autofahrten und anderes mehr.

Bundesgesundheitsminister Horst Seehofer setzte in der CSU die Diskussion um Streibls politische Zukunft in Gang, er stellte infrage, ob Streibl den Wahlkampf 1994 »physisch und psychisch« durchstehen könne. Aus CSU-Kreisen war verlautet, Innenminister Stoiber sei eigens in die Staatskanzlei gefahren, um Streibl persönlich in seiner unnachgiebigen Haltung zu bestärken, heimlich habe er aber seinen Sturz betrieben, unter anderem durch seinen Mitarbeiter Höhenberger.

Die Umfragewerte für die CSU stürzten in den Keller, die Europawahl und die Landtagswahl standen vor der Tür, man rechnete damit, dass die CSU ihre absolute Mehrheit im Landtag verlieren würde. Ministerpräsident Streibl musste schließlich zurücktreten.

Alle Kollegen waren jetzt ausnehmend freundlich zu mir, ich wunderte mich. Mitarbeiter klärten mich auf: »Sie werden als der neue Amtschef nach der Landtagswahl gehandelt.«

Ministerpräsident Edmund Stoiber – das »zweite Ich« von F. J. Strauß

Ein Gesuch

Der neue Ministerpräsident Edmund Stoiber wurde am 28. Mai 1993 gewählt und auf die Staatsverfassung vereidigt.

Stoiber selbst war freilich zwischenzeitlich schwer angeschlagen gewesen. Es war aufgekommen, dass auch er stiller Genießer geldwerter Vergünstigungen gewesen war, die er aufgrund seines Amtes erhielt. Er hatte von dem Rüstungskonzern MBB, obwohl er dort keine Funktion hatte, u.a. kostenlose Hin- und Rückflüge für sich und seine Familie zu Urlauben in Frankreich und Italien in Anspruch genommen. Außerdem hatte er kostenlos Autos von BMW, Audi und Daimler-Benz für Urlaubsreisen benutzt. Er rechtfertigte sich damit, dass für Politiker »nicht die gleichen Grundsätze für Unparteilichkeit gelten wie für Beamte«. Über diese Gesinnung war die Öffentlichkeit verblüfft. Da Stoiber aber die Flucht nach vorn angetreten war, überstand er die Krise, wobei er versicherte, dass in Zukunft alles sauber laufen werde. So war er trotzdem neuer Ministerpräsident geworden. Zwar wollte die Opposition im Amigo-Untersuchungsausschuss diese Urlaubsreisen untersuchen, aber – von der CSU abgeblockt – konnte sie Stoiber dazu nicht mehr vernehmen.

Ich selbst dachte, dass nunmehr die Treibjagd gegen mich zu Ende sei. Umso überraschter war ich, als mir wenige Wochen nach dem Amtsantritt Stoibers Finanzminister von Waldenfels mitteilte, gegen mich werde jetzt ein formelles Disziplinarverfahren eingeleitet, hauptsächlich wegen meiner Vorwürfe gegen Streibl. Ich verstand die Welt nicht mehr. Warum hatte Streibl eigentlich zurücktreten müssen, wenn die gegen ihn gerichteten Vorwürfe, ob es meine waren oder die anderer, unbegründet waren? Noch mehr konsterniert war ich aufgrund des Umstands, dass angeblich Edmund Stoiber hinter dem Disziplinarverfahren stand. Gerade er, der vom Sturz Streibls profitiert hatte, er, der CSU-Politikern zufolge den Sturz Streibls betrieben hatte, er, über den Streibl klagte: »Stoiber hat mich gestürzt und verraten!« Ich entschloss mich, das nicht hinzunehmen.

Darin wurde ich bestärkt durch ein Kabinettsmitglied, das meinte, gerade Stoiber sei wegen seiner Amigo-Geschichten ungeeignet, gegen mich ein Disziplinarverfahren durchführen zu lassen, und mir wünschte, ich solle »die Ohren steifhalten«. Freilich, ich hatte das Amigo-System empfindlich gestört, dieser Schuld war ich mir voll bewusst. Wer liebte schon so einen? Stoiber anscheinend nicht.

Zunächst aber fuhr ich mit meiner Frau in Urlaub an die Südspitze Sardiniens. Dort sollte ich eine Erscheinung haben, keine Marienerscheinung, auch keine Heiligenerscheinung, eher das Gegenteil. Als ich am Tag nach unserer Ankunft am Strand unserer Hotelanlage Forte Village entlangschlenderte, stutzte ich. Da stand unter den Leuten ein Mann mit Sonnenbrille, auf dem Kopf ein weißes Käppi und mit seinem hartledernen Gesicht in die *Bild*-Zeitung blickend, daneben eine blonde Frau. Er war es, Edmund Stoiber. Mit Frau, Kindern und Bodyguards spazierte er tags darauf am Strand an mir vorbei, mal in die eine Richtung, dann in die andere. Ihn ansprechen? Nein. Nachdem er in den folgenden Tagen ausgiebig die *Bild*-Zeitung mit den Berichten über die Gauweiler-Affäre studiert hatte, verschwand er. Mein Urlaub trat in die akute Erholungsphase ein.

Zurück in München. Mit Schreiben vom 4. Oktober 1993 stellte ich den neuen Ministerpräsidenten zur Rede. Ich hielt ihm vor, dass jetzt gegen mich ein Disziplinarverfahren eingeleitet werde, das nach meiner Information auf ihn persönlich zurückgehe. Ich hielt ihm vor, dass Ludwig Huber nachweislich in die Steuerhinterziehung Beckenbauers verstrickt gewesen wäre, Finanzminister Streibl dem Landtag mehrfach die Unwahrheit gesagt hätte und F. J. Strauß mich gesetzwidrig verfolgt und geschädigt hätte. Während aber Ludwig Huber und Max Streibl nicht zur Verantwortung gezogen worden seien, würde stattdessen gegen mich vorgegangen. Dass ihm all diese Dinge ohnehin bekannt waren, wusste ich; ich hielt sie ihm aber nochmals unter die Nase, damit er nicht den Ahnungslosen spielen konnte.

Dann legte ich ihm präzise dar, dass Finanzminister von Waldenfels den Landtag mit der Stellungnahme zu meiner Landtagseingabe vom 11. Januar 1993 getäuscht hatte, indem er ausführte, Ludwig Huber könne, entgegen meiner Darstellung und der von Beckenbauer selbst, gar nicht in dessen Steuerhinterziehung verstrickt gewesen sein, weil er zum fraglichen Zeitpunkt noch gar nicht Finanzminister gewesen sei.

Zum Beweis dieser Täuschung zitierte ich »aus meinem Bericht an Finanzminister Streibl«, dass Ludwig Huber dies getan habe »zu seiner Zeit als Fraktionsvorsitzender, also noch vor seinem Amtsantritt als Finanzminister«. (Anmerkung: Er war damals Kultusminister.)

Ich wies den Ministerpräsidenten darauf hin, dass Finanzminister von Waldenfels mit dieser Täuschung meine Landtagseingabe zu Fall gebracht habe. Ich bat ihn, »dem Recht zur Geltung zu verhelfen und zugleich Sorge dafür zu tragen, dass die Stellungnahme gegenüber dem Landtag berichtigt wird«. Um ihm jeden Ausweg abzuschneiden, legte ich die einschlägige Seite meines Berichts an Finanzminister Streibl bei.

Stoiber ließ mir mit Schreiben vom 14. Oktober 1993 durch seinen Amtschef Rudolf Hanisch antworten. Es war der blanke Hohn. Der Ministerpräsident habe ihn mit der Beantwortung meines Schreibens beauftragt, schrieb Hanisch, dieser habe aber mit dem Disziplinarverfahren nichts zu tun, zuständig sei das Finanzministerium. Das war alles. Kein Wort zu der von mir gerügten Täuschung des Landtags. Stoiber tat so, als ob ich ihn gar nicht darauf hingewiesen hätte. Die Verletzung des verfassungsmäßigen Rechts des Landtags auf wahre Information durch die Staatsregierung und die Verletzung des Petitionsgrundrechts ließen Ministerpräsident Stoiber kalt. Dass er den Amtseid auf die Verfassung geschworen hatte, war immerhin einige Wochen her.

Der neue Herr zeigte sein Gesicht. Es war das Gesicht von Strauß, als dessen *alter ego* – wie er sich selbst bezeichnete – er mir nun entgegentrat. Ich erinnerte mich, wie unfair er mich im Untersuchungsausschuss »Steuerfälle« 1978 angegangen war, sodass ihn der Ausschussvorsitzende ermahnen musste, künftig mit Zeugen nicht mehr so umzuspringen. Ich dachte daran, mit welcher Bissigkeit er früher seinen Herrn und Meister Strauß gegen geringste Angriffe verteidigt hatte, sodass es sogar nicht wenigen CSU-Politikern zu viel wurde und er bei einer Vorstandswahl, obwohl er einziger Kandidat war, nur noch 70 Prozent der Delegiertenstimmen erhielt. Es wurde eine durchgängige Linie sichtbar. Edmund Stoiber hatte sich nicht geändert.

Wie die Rechtslage war, wusste Edmund Stoiber genau. In der Landtagssitzung vom 15. April 1994, es ging um die Aktionen von Strauß im Fall Zwick, erklärte er: »Der Ministerpräsident ist nach der Verfassung zuständiger Adressat für Petitionen. Er hat deshalb das Recht, sich die erforderlichen Informationen zu beschaffen. Das Ressortprinzip steht dem nicht entgegen.«

Herauszustellen ist: Im Hinblick auf die von mir geltend gemachte Täuschung des Landtags hätte er nicht nur das Recht, sondern auch die Pflicht gehabt, Informationen einzuholen! Und darüber hinaus hätte er die absolute Pflicht gehabt, einzuschreiten: Er durfte als Regierungschef nicht hinnehmen, dass ein Minister das Parlament täuschte. Dafür war er, der Ministerpräsident, selbst verantwortlich. Und soweit er mir wegen des Disziplinarverfahrens das Ressortprinzip entgegenhielt, wäre das kein Hindernis für ihn gewesen, sich die erforderlichen Informationen zu beschaffen.

Der Staatskanzleibeamte Rudolf Hanisch, den er den offenkundig rechts- und pflichtwidrigen Brief an mich schreiben ließ (»Damit hat der Herr Ministerpräsident nichts zu tun …«), hat sich offenbar auch sonst im Sinne Stoibers bewährt. Er erhielt einen Vorstandsposten bei der Landesbank (Jahresgehalt 2007: 1,04 Millionen Euro und 230 000 Euro Bonus). Anfang 2009 aber musste der Stoiber-Vertraute als stellvertretender Chef der Landesbank zurücktreten, weil er für deren Milliarden-Debakel wesentlich mitverantwortlich war.

Mit Schreiben vom 4. Oktober 1993 forderte ich auch Finanzminister von Waldenfels unmittelbar auf, seine unwahren Angaben gegenüber dem Landtag zu berichtigen. Vergeblich, ich erhielt nicht einmal eine Antwort.

Wie sagte der berühmt-berüchtigte italienische Politiker Giulio Andreotti: »Macht zermürbt nur den, der sie nicht hat.« Stoiber und von Waldenfels konnten sich offenbar sicher sein, dass ihnen selbst dann nichts passieren würde, wenn ich dem Landtag gegenüber ihr Verhalten aufdecken würde. Die Landtagsfraktion würde sie decken und wieder zur Tagesordnung übergehen. Diese Aussichtslosigkeit war für mich deprimierend. Sie enthüllte aber auch den Umgang der CSU mit der Macht bei absoluter Mehrheit.

Strafverfahren wegen Verletzung des Steuergeheimnisses

Ende 1993, einige Wochen nachdem ich Stoibers abschlägigen Bescheid erhalten hatte, wurde ich von einem Journalisten mit einer verblüffenden Nachricht überrascht. Landtagsabgeordnete der Opposition mit Beziehungen zur Staatsanwaltschaft hätten erfahren, dass dort gegen mich ein Strafverfahren laufe. Um dieses Strafverfahren gebe es viel Wirbel zwischen Finanzministerium, Justizministerium und Staatsanwaltschaft. Hinter meinem Rücken, also ohne Anhörung, und damit unter Verstoß gegen die beamtenrechtliche Fürsorgepflicht, hatte Finanzminister von Waldenfels gegen mich einen Strafantrag wegen angeblicher Verletzung des Steuergeheimnisses gestellt.

Mittlerweile hatte ich mir einen Anwalt genommen. Er nahm Akteneinsicht. Es stellte sich Folgendes heraus: Der Minister hatte am 4. Februar 1993 Strafantrag wegen Verletzung des Steuergeheimnisses gestellt. Seine wesentliche Begründung war, ich hätte gegenüber der *Abendzeitung* und in der Gottschalk-Talkshow preisgegeben, dass es sich bei dem in meiner Landtagseingabe namentlich nicht genannten Steuerpflichtigen um Franz Beckenbauer handle. Was von Waldenfels jedoch gegenüber der Staatsanwaltschaft verschwieg: Er selbst hatte zuvor in mehreren Presseerklärungen offengelegt, dass es um Beckenbauer ging. Wenn schon, dann hätte er gegen sich selbst Strafantrag stellen müssen. Nachdem er den Namen Beckenbauer bereits offiziell genannt hatte, hatte ich natürlich keinen Grund mehr gehabt, ihn zu verschweigen.

Aber auch ohne Kenntnis dieser ihr vorenthaltenen Presseerklärungen hatte die Staatsanwaltschaft bereits wenige Wochen später in einer Einstellungsverfügung vom 30. März 1993 schon aus anderen Gründen festgestellt, dass keine Verletzung des Steuergeheimnisses vorlag. Und zwar insbesondere deshalb, weil ich in der Landtagseingabe lediglich »Verwaltungsabläufe« geschildert hätte, also keine steuerlichen Verhältnisse Beckenbauers. Das Finanzministerium gab daraufhin zu, dass dies keine Verletzung des Steuergeheimnisses darstelle. Dennoch versuchte der Finanzminister – unter Einschaltung des Justizministeriums und des Generalstaatsanwalts Froschauer – mehr als ein Dreivierteljahr lang zu erreichen, dass gegen mich Anklage erhoben würde.

Nachdem nun die Opposition Wind von der Sache bekommen hatte, kam es im Landtagsplenum zu einer Debatte. In einer turbulenten Sitzung am 15. Dezember 1993 bekräftigte von Waldenfels, ich hätte erstmals gegenüber der *Abendzeitung* und nochmals in der Gottschalk-Talkshow den Namen Beckenbauer genannt. Die Grünen-Abgeordnete Emma Kellner hielt ihm daraufhin seine eigenen Presseerklärungen vor. Sie erklärte, deshalb »müssten Sie persönlich und niemand sonst der Beschuldigte in einer Strafanzeige wegen Verletzung des Steuergeheimnisses sein«. Sie fragte ihn: »Haben Sie diese Presseerklärungen auch der Staatsanwaltschaft bei Ihrer Anzeige mitgeschickt?« Finanzminister von Waldenfels schwieg dazu. Der SPD-Abgeordnete Wahnschaffe hielt ihm das Gleiche vor, wiederholt sogar. Der Minister schwieg jedoch weiter auf diese Frage. Stattdessen höhnte er: »Mir kommen die Tränen, wenn ich höre, was hier die Opposition zum Fall Schlötterer sagt. Sie ist geradezu unglaublich, Ihre Fürsorge.«

Die Grünen stellten einen Dringlichkeitsantrag, das Strafverfahren und das Disziplinarverfahren gegen mich unverzüglich zu beenden. Sie beantragten namentliche Abstimmung. Die CSU-Mehrheit stimmte mit Nein, darunter die Strauß-Tochter Monika Hohlmeier, was mich nicht wunderte, auch Eberhard Sinner, der frühere nette Kollege in Bonn, was mich enttäuschte, aber siehe da, auch er, Erwin Huber, der frühere Oberinspektor im Pressereferat! Das hatte ich nicht erwartet, denn wir kannten uns gut. Und er wusste, was im Finanzministerium los war.

Einer allerdings enthielt sich der Stimme: der Staatssekretär a. D. Paul Wilhelm. Auch das aufgeregte Zureden von CSU-Kollegen vermochte ihn davon nicht abzubringen, selbst dann nicht, als diese den auf der Regierungsbank sitzenden Finanzminister alarmierten.

Aber Finanzminister von Waldenfels gab noch nicht auf. In einem weiteren Schreiben an die Staatsanwaltschaft forderte er nochmals nachdrücklich meine Bestrafung. Das Unglaubliche: Selbst jetzt noch verschwieg er seine Presseerklärungen, in denen er den Namen Beckenbauer selbst genannt hatte. Gleichwohl stellte anschließend die Staatsanwaltschaft das Verfahren endgültig ein, weil schon, wie gesagt, aus anderen Gründen keine Verletzung des Steuergeheimnisses vorlag.

Während von Waldenfels mich um jeden Preis zur Strecke zu bringen versuchte, sah er sich andererseits öffentlich dem Vorwurf ausgesetzt, er habe als Staatssekretär im Wirtschaftsministerium eine von einem Beamten beabsichtigte Strafverfolgung wegen versuchten Subventionsbetrugs rechtswidrig blockiert. Damals ging es um einen Geschäftspartner Gerold Tandlers namens Ries, mittelbar somit um Tandler selbst.

Nun holte ich zum Gegenschlag aus. Mit einer Eingabe vom 23. März 1994 schilderte ich dem Landtag das Fehlverhalten des Finanzministers, insbesondere, dass er die mich entlastenden Presseerklärungen gegenüber der Staatsanwaltschaft konsequent verschwiegen hatte. Nach der Geschäftsordnung des Landtags sind die Minister verpflichtet, innerhalb von rund sechs Wochen zu Petitionen Stellung zu nehmen. Finanzminister von Waldenfels aber gab überhaupt keine Stellungnahme ab. Damit vereitelte er rechtswidrigerweise die Behandlung der Eingabe im Landtag, eine eklatante Verletzung des Petitionsrechts.

Erst nach einer Beschwerde meines Anwalts bei Landtagspräsident Johann Böhm ließ sich Finanzminister von Waldenfels zu einer Stellungnahme bewegen – nach einem Jahr und drei Monaten! In einer Ausschusssitzung am 20. Juni 1995 zeigten die CSU-Abgeordneten, dass ihr Gewissen sehr belastbar war, sie verwiesen die Eingabe »als Material« an die Staatsregierung. Der CSU-Abgeordnete Johann Neumeier allerdings erklärte mutig, dass eine Pflichtverletzung des Finanzministers vorliege.

In der darauf folgenden Plenarsitzung des Landtags am 4. Juli 1995 stellte die SPD-Fraktion einen Dringlichkeitsantrag, das Vorgehen gegen mich zu verurteilen, insbesondere den Strafantrag. Zugleich forderte sie den schnellen Abschluss des Disziplinarverfahrens. Sie hob den krassen Gegensatz hervor, dass gegen mich, der sich für die korrekte Entscheidung von Steuerfällen eingesetzt hatte, ein Disziplinarverfahren eingeleitet wurde, hingegen nicht gegen meinen Nachfolger Miehler, der dem Bäderkönig Eduard

Zwick rechtswidrig 63 Millionen Mark Steuerschulden erlassen hatte.

Die CSU-Mehrheit zeigte sich wiederum hartleibig und lehnte den Antrag ab.

Wusste Ministerpräsident Stoiber von all diesen Vorgängen? Selbstverständlich. Erstens berichtete laufend die Presse darüber, zweitens wusste er aus der Fraktion Bescheid über das, was im Landtag geschah, und zweifellos wurde er auch von seinen Beamten informiert, die Vorgänge waren spektakulär. Außerdem war davon auszugehen, dass von Waldenfels ohne Absprache mit ihm in diesem brisanten Fall nichts unternahm. Stoiber war damit voll verantwortlich.

Umgekehrt beklagte Stoiber es öffentlich als Sippenhaft, dass eine Boulevardzeitung unter der Überschrift »Hausdurchsuchung bei Stoibers Verwandtschaft« darüber berichtete, dass gegen den Bruder seines Schwagers wegen des Verdachts der Untreue ermittelt wurde. Was hatte er für ein ausgeprägtes Gerechtigkeitsempfinden! Und zugleich warb Alois Glück öffentlich für eine »Ethik der Macht«. Diese Grundsätze sollten auch praktische Anwendung finden, es fragte sich bloß, wo, wann und bei wem. Bei mir jedenfalls nicht.

Strafverfahren wegen übler Nachrede

Wie bereits erwähnt, hatte 1987 der Landeszentralbankpräsident Lothar Müller aufgrund einer Verfügung der Staatsanwaltschaft 5000 Mark an die Marianne-Strauß-Stiftung zahlen müssen, nachdem er mich in einem Interview mit der *Süddeutschen Zeitung* mit schweren Beleidigungen bedacht und ich deswegen Anzeige erstattet hatte. Als 1993 die Amigo-Affäre ausbrach, berichtete die Münchner *Abendzeitung* auch über diesen früheren Vorgang. Kurz danach teilte mir ein *Abendzeitungs*-Redakteur mit, bei ihm habe sich telefonisch ein Mann gemeldet, der sich als Angestellter der Landeszentralbank bezeichnet habe. Er habe berichtet, Lothar Müller habe die 5000 Mark nicht aus eigener Tasche bezahlt, sondern aus Mitteln der Landeszentralbank. Das wisse er genau, weil die Sache über seinen Schreibtisch gegangen sei.

Daraufhin erstattete ich bei der Staatsanwaltschaft Anzeige gegen Lothar Müller wegen des Verdachts der Untreue. Dabei betonte ich, dass ich mir den Verdacht nicht zu eigen mache, weil ich selbst keinerlei Kenntnis hätte. Sodann verständigte ich den *Abendzeitungs*-Redakteur, dass ich Anzeige erstattet hätte. Bald darauf berichtete die *Abendzeitung* über die ganze Geschichte, andere Zeitungen hängten sich an.

Nach einiger Zeit schrieb mir der Oberstaatsanwalt Veit Sauter (nicht identisch mit dem Justizminister Alfred Sauter), die Überprüfung habe ergeben, dass Müller die 5000 Mark selbst bezahlt habe, das Verfahren gegen ihn werde eingestellt. Bald darauf aber erlebte ich eine böse Überraschung. Der Oberstaatsanwalt Veit Sauter teilte mir mit, Lothar Müller habe seinerseits gegen mich Strafantrag wegen übler Nachrede und Verleumdung gestellt; dazu möge ich Stellung nehmen. Verblüffend war: Im Strafantrag hatte Müller behauptet, ich hätte damit seine Karriere zum Bundesbankpräsidenten verhindern wollen! Hatte er die CSU-Spitze etwa so in der Hand, dass diese ihn sogar auf diesen hohen Sessel hätte hieven müssen?

In meiner Stellungnahme schilderte ich den Sachverhalt, so wie hier dargelegt. Kurz darauf erlebte ich eine noch größere Überraschung. Der Oberstaatsanwalt eröffnete mir, ich hätte mich wegen übler Nachrede strafbar gemacht, er beabsichtige deshalb, gegen mich einen Strafbefehl zu beantragen.

Ich war fassungslos. Üble Nachrede liegt nach Paragraf 186 des Strafgesetzbuches dann vor, wenn man unwahre, ehrverletzende Tatsachen verbreitet. Das aber hatte ich nicht getan. Ich hatte die

Abendzeitung nur darüber informiert, dass ich Strafantrag gestellt hatte. Ich musste sie darauf hinweisen, dass die Staatsanwaltschaft mit einer Anfrage auf sie zukommen würde. Die ehrenrührige Tatsache aber, um die es ging, hatte nicht ich der *Abendzeitung* mitgeteilt, sondern die *Abendzeitung* mir. Auch hatte ich sie nicht aufgefordert, zu berichten. Somit lag nicht einmal Anstiftung vor, was der Oberstaatsanwalt auch gar nicht behauptete. Der Tatbestand der üblen Nachrede war daher in keiner Weise erfüllt.

Als mein Anwalt Akteneinsicht nahm, stellte sich heraus, dass die zuständige Richterin den beantragten Strafbefehl nicht unterschrieben hatte. Vielmehr legte sie dem Anwalt Müllers nahe, den Strafantrag zurückzunehmen. Sie ließ den Strafbefehl noch etwa ein Jahr liegen, ohne ihn zu unterschreiben. Daraufhin nahm Müller seinen Strafantrag schließlich zurück.

Im Übrigen ergab die Akteneinsicht, dass Müller die Buße von 5000 Mark tatsächlich von einem Konto der Landeszentralbank überwiesen hatte. Mein Anwalt konnte jedoch nicht ausschließen, dass die Landeszentralbank auch Privatkonten führte und es sich somit um ein Privatkonto Müllers handelte.

Der Oberstaatsanwalt Veit Sauter freilich konnte bei seinem Vorgehen gegen mich nicht guten Glaubens gewesen sein, dazu war die Rechts- und Sachlage zu simpel. Bei der Akteneinsicht ergab sich erstaunlicherweise aus zwei Aktenvermerken: Ein Staatsanwalt hatte zweimal versucht, Müller zur Rücknahme seines Strafantrages zu bewegen. Hatte Veit Sauter den Strafbefehl gegen mich – wider besseres Wissen – auf Weisung von oben beantragt? Anzunehmen ist, dass die spektakuläre Angelegenheit für ihn Berichtssache war und dass der Generalstaatsanwalt Froschauer sowie der Justizminister deshalb eingeschaltet waren. Dass hier der Straftatbestand der Verfolgung eines Unschuldigen erfüllt wurde, ist eindeutig (Paragraf 344 des Strafgesetzbuches). Ein Vorgesetzter, der zu einer solchen Tat verleitet oder sie durch seinen Untergebenen geschehen lässt, hat die gleiche Strafe zu erwarten (Paragraf 357).

In den Augen des Generalstaatsanwalts Froschauer war Veit Sauter ein ausgezeichneter Mann. Dieser wurde bald darauf zur Generalstaatsanwaltschaft als Vertreter Froschauers versetzt.

Disziplinarverfahren wegen Verletzung der Loyalität

Mit Schreiben vom 18. Januar 1994 eröffnete Finanzminister von Waldenfels gegen mich das lange zuvor angekündigte Disziplinarverfahren. Es wurde im Wesentlichen damit begründet, dass ich durch das Vorbringen in meiner Landtagseingabe vom 11. Januar 1993 die Pflicht zur »Loyalität« gegenüber meinen Vorgesetzten (Max Streibl, Ludwig Huber, F. J. Strauß, Lothar Müller) verletzt und das Vertrauen in ihre Integrität erschüttert hätte. Schwerster Vorwurf: Ich hätte Ministerpräsident Streibl wahrheitswidrig beschuldigt, er habe 1978 den Bericht des Rechnungshofs über die geprüften Steuerfälle wegen des Steuergeheimnisses der Landtagsopposition vorenthalten, aber ihn heimlich an CSU-Abgeordnete und Strauß weitergegeben.

Auffällig war das Timing. Warum leitete von Waldenfels das Disziplinarverfahren erst über ein Jahr nach meiner angeblich inkriminierten Landtagseingabe ein? Warum zögerte er so hartnäckig die von der Staatsanwaltschaft beschlossene Einstellung des Strafverfahrens wegen angeblicher Verletzung des Steuergeheimnisses hinaus? Warum betrieb der Oberstaatsanwalt Veit Sauter gleichzeitig so beharrlich, obwohl gesetzwidrig, meine Bestrafung wegen angeblicher übler Nachrede gegenüber Lothar Müller?

Offenkundig sollte ich von Verfahren umzingelt sein, wenn ich vor dem beantragten Untersuchungsausschuss als Hauptbelastungszeuge aussagen würde. Der Beginn der Untersuchung hatte sich stark verzögert, weil eine Entscheidung des Verfassungsgerichtshofs abgewartet wurde.

Der Amigo-Untersuchungsausschuss

Der Amigo-Untersuchungsausschuss wurde von der CSU so lange blockiert, dass nur noch eine kurze Zeit bis zum Ende der Legislaturperiode blieb. Die dem früheren Ministerpräsidenten Streibl vorgeworfenen Vorteilsannahmen wurden überhaupt nicht mehr untersucht. Der Ausschuss beschränkte sich auf die von Strauß und Streibl bezogenen Testamentvollstreckervergütungen von ca. 300 000 Mark jährlich sowie auf die von mir erhobenen Vorwürfe. Ausschussvorsitzender war der CSU-Abgeordnete Peter Welnhofer.

Als Zeuge bekräftigte ich meine Vorwürfe gegen F. J. Strauß, Ludwig Huber, Max Streibl, Edmund Stoiber und Georg von Waldenfels. Ich belastete sie schwer. Dazu wurde auch Ministerpräsident a.D. Streibl vernommen. Er bestätigte, wenn es auch nur ein Teil der Wahrheit war, dass er meinetwegen mit Strauß eine handfeste Auseinandersetzung gehabt habe, ebenso, dass Strauß gegen meine Beförderung gewesen sei.

Dann aber wurde es für Streibl brandgefährlich. Er wurde gefragt, ob er den Rechnungshofbericht, den er seinerzeit der Opposition unter Berufung auf das Steuergeheimnis vorenthalten hatte, sowie andere dem Steuergeheimnis unterliegende Schriftstücke an CSU-Abgeordnete und an Strauß weitergegeben habe. Anderthalb Jahre lang hatte er zu diesem meinem Vorwurf geschwiegen. Jetzt musste er reden, jetzt ging es nicht mehr anders. Er antwortete nicht mit einem klaren Nein, sondern: »Ich kann mich nicht erinnern« und »Ich weiß nicht« und »... meines Wissens Nein«. Diese Einlassung war jämmerlich. Ob er eine strafbare Handlung begangen hatte oder nicht, musste er schließlich genau wissen. Dass er es nicht ausschloss, kam einem Geständnis gleich. Und dies erst recht, weil er meinem Schreiben von 1982, in dem ich ihm die Weitergabe an Strauß und CSU-Abgeordnete vorgehalten hatte, nicht widersprochen hatte. Bezeichnenderweise konnte er wiederum dem Untersuchungsausschuss andere präzise Details nennen: Er wusste, dass die einzelnen Berichtsexemplare nummeriert waren, er nannte Jahreszahlen usw.

Streibl musste davon ausgehen, dass ich gegebenenfalls Beweise auf den Tisch legen würde. Er war deshalb vor seiner Aussage sehr besorgt gewesen. Als meine Frau zu diesem Thema vernommen wurde, erschien er plötzlich im Sitzungssaal des Untersuchungsausschusses. Da er anschließend selbst als Zeuge vernommen werden sollte, musste ihn der Ausschussvorsitzende hinausbitten. Streibl aber weigerte sich. Obwohl der Ausschussvorsitzende ihn mehrmals zu gehen bat, beharrte er: »Aber ich will wissen, was die Frau Schlötterer sagt!« Meine Frau konnte ihn beruhigen: »Herr Streibl, Sie kommen zu spät. Es ist sowieso schon fast alles heraußen.« Unter dem Gelächter der Journalisten räumte Streibl schließlich das Feld.

Als Streibl schließlich als Zeuge aufgerufen wurde, war er nicht mehr auffindbar. Schließlich wurde er in einem Zimmer des Landtags aufgestöbert, wo er sich von einem Ministerialrat der Stoiber-Staatskanzlei über die Aussage meiner Frau unterrichten ließ. Der Ministerialrat gab dies vor dem Ausschuss zu.

Auch Staatssekretär a.D. Paul Wilhelm wurde als Zeuge vernommen. Er bestätigte, dass Strauß gegen mich scharfes Vorgehen verlangt und es meinetwegen zwischen Strauß und Streibl Krach gegeben habe, »und das nicht nur einmal«. Und er bekräftigte, dass mir »übel mitgespielt« worden sei.

Der Ausschuss vernahm noch andere Zeugen, u.a. den Wirtschaftsminister Gustl Lang als früheren Fraktionsvorsitzenden und die Personalabteilungsleiter Hübner und Metz.

Der CSU-Mehrheitsbericht, den der Ausschussvorsitzende Peter Welnhofer dem Landtagsplenum vorlegte, stritt alles, was ich vorgebracht hatte, schlichtweg ab. Den Vogel schoss Welnhofer ab, als er mich in seiner Landtagsrede als Querulanten qualifizierte, als »psychisch auffällig im Sinne der Fachsprache«. Die Opposition war empört, die zuhörende Presse ebenfalls. Und selbst der CSU-Fraktionsvorsitzende Alois Glück forderte ihn, wie die *Süddeutsche* berichtete, auf, solche Äußerungen in der Öffentlichkeit zu unterlassen. Was sich Welnhofer hier unter dem Schutze der Immunität herausnahm, war offenkundig strafbar.

Ich selbst registrierte das alles ungerührt. Mittlerweile war ich es gewohnt, mir die Spucke solcher Leute aus dem Gesicht zu wischen. Zudem sahen die Journalisten, wes Geistes Kinder hier am Werk waren. Entsprechend fiel das Presseecho auf diese Entgleisung auch aus. Die Abteilungsleiter eines Ministeriums erwogen ernsthaft, einen Protestbrief dagegen zu veröffentlichen, wie man mit mir umsprang.

Am folgenden Tag klingelte bei mir zu Hause das Telefon. Staatssekretär a.D. Wilhelm war am Apparat. Er sagte, er rufe mich in Absprache mit Alois Glück an. Glück habe ihm mitgeteilt, er wolle etwas für die Wiedergutmachung an mir tun und sich bei Stoiber dafür verwenden. Ich könne absolut sicher sein, dass Glück sein Wort halte, Glück sei seriös. Von einem Journalisten wusste ich bereits, dass Glück in einem Kreis von zehn Journalisten über mich geäußert hatte, er verstehe den Finanzminister nicht: »Dem Mann ist doch überhaupt nichts vorzuwerfen.« Darum glaubte ich, was Wilhelm mir sagte.

Vier Wochen später rief mich Wilhelm nochmals an. Er versicherte mir wieder, Glück würde ganz bestimmt halten, was er versprochen habe, Glück sei ein Ehrenmann. Dabei sagte er ganz offen, man habe gefürchtet, ich könnte vor der anstehenden Landtagswahl nochmals losschlagen.

Die Landtagswahl 1994 war vorbei. Wilhelm rief mich wieder an. Er sagte, er habe mit Glück gesprochen, der wolle jetzt doch nichts für eine Wiedergutmachung tun. Er sei von Glück schwer enttäuscht, ganz schwer.

Bald darauf ließ sich Wilhelm einen Termin bei Ministerpräsident Stoiber geben, um sich für mich einzusetzen. Er berichtete, Stoiber habe zu ihm spontan gesagt: »Ausgerechnet dieses CSU-Mitglied, das der CSU solche Schwierigkeiten macht!« Dass ich von Strauß verfolgt wurde, habe Stoiber »sowieso gewusst«. Er, Wilhelm, habe ihm noch Zusätzliches erzählt. Man habe überlegt, mich zum Richter am Bundesfinanzhof zu machen. Es änderte sich jedoch nichts, die Verfolgung gegen mich ging weiter.

Der Tiefpunkt

Die disziplinarischen Ermittlungen gegen mich wurden von einem sogenannten Untersuchungsführer der Landesanwaltschaft durchgeführt, und zwar in nicht öffentlicher Sitzung. Nun wurde es gespenstisch. Ich musste mich als Beschuldigter auf die Arme-Sünder-Bank setzen. Dies war eine solche Demütigung, dass ich anfangs Mühe hatte, die Fassung zu bewahren. Da gab Beckenbauer in einem Buch preis, dass Finanzminister Ludwig Huber in seine Steuerhinterziehung verstrickt gewesen sei, ich berief mich darauf zum Beweis der Richtigkeit meiner früheren Vorhaltungen – und dann hatte man die Stirn, statt sich zu entschuldigen, deswegen sogar noch Strafsanktionen zu verhängen! Und das in einer Demokratie, unter den Augen des Parlaments, der Journalisten, der Öffentlichkeit, die sahen, was vorging. Aber all das scherte die CSU-Obristen nicht, ihre Macht ruhte auf dem Felsen der absoluten Mehrheit.

Dann marschierten plötzlich meine Widersacher auf, die ich beschuldigt hatte, aber als Zeugen gegen mich! Die Szenerie war kafkaesk. Wie aus dem Nichts tauchte der frühere Finanzminister und gestürzte Landesbankpräsident Ludwig Huber auf. Im ersten Untersuchungsausschuss hatte die CSU-Mehrheit seine Vernehmung abgelehnt, im Amigo-Untersuchungsausschuss hatte er behauptet, er könne sich an den Steuerfall Beckenbauer nicht mehr erinnern. Von der Staatsanwaltschaft war er nicht vernommen worden, obwohl dies ein Staatsanwalt schriftlich gefordert hatte. Jetzt aber war er zur Stelle.

Vor Beginn seiner Aussage unterhielt er sich krampfhaft mit meinem Anwalt, immer wieder unruhig zu mir herüberblickend. Plötzlich fauchte er mich an: »Warum verfolgen Sie mich?!«

Ich war perplex. Ich ihn verfolgen? Was hatte ich nicht alles seinetwegen einstecken müssen! Er konnte das in der Presse lesen, aber nichts von dem, was ihn betraf, stellte er je richtig, er verschanzte sich in seinem Palazzo Landesbank. Als ich ihn einmal durch einen Anwalt um ein Gespräch gebeten hatte, hatte er Zeitnot vorgeschützt, aber mitteilen lassen, er habe sich keinem Verdacht meinerseits ausgesetzt gesehen.

Bei seiner Aussage offenbarte er ein außerordentlich schlechtes Gedächtnis. Beckenbauer? »Nein, ein Vorgang Beckenbauer ist mir nicht erinnerlich.« Dass Beckenbauer ihn in seinem Buch als Urheber seiner Steuerhinterziehung und als seinen Beschützer identifiziert hatte (»Franz, wenn was ist, nur kommen!«), ließ er geflissentlich unerwähnt. Zu der ihm vorgehaltenen früheren Aussage Lothar Müllers, er, Huber, habe meine Ablösung betrieben: »Mir ist das unverständlich.«

Dann erschien Max Streibl. Er war schon vor mir da. Wir gaben uns freundlich die Hand, ich sagte: »Grüß Gott, Herr Ministerpräsident.« Er erwiderte: »Grüß Gott, aber Ministerpräsident, das war ich einmal.« In diesem Augenblick war ich gerührt, trotz allem, was er mir zugefügt hatte, tat er mir leid. Er war tief gestürzt.

Nachdem er sich gesetzt hatte, blickte er mich unentwegt an. Mit seinen wässerig glänzenden Augen fixierte er mich so lange, bis es mir peinlich wurde und ich wegschaute. Er hatte offenbar Mühe, zu verstehen, dass er jetzt den vor sich hatte, der ihm so zugesetzt hatte. Irgendwie hatte ich das Gefühl, dass er alles bedauerte.

Bei der Vernehmung aber war er schnell wieder der Alte. Er erinnerte sich nicht, verwies auf andere, sagte die Unwahrheit. Als ich ihm die entgegenstehenden Aussagen des Staatssekretärs a. D. Wilhelm vorhielt, wich er aus: »Dann weiß Herr Wilhelm mehr wie ich.« Inwieweit meine Beförderung vom Ausgang der Bundestagswahl 1980 und der Kanzleikandidatur von Strauß zusammenhing? Er antwortete: »Die Bundestagswahl 1980 spielte keine Rolle. Nicht, dass ich wüsste.« Als ich ihm darauf die entgegenstehende schriftliche Erklärung des früheren Amtschefs Konrad Mayer vorhielt, erwiderte er: »Da müssten Sie den fragen.«

Das Verhältnis von Max Streibl zur Wahrheit war auch nach seinem Rücktritt ein brüchiges geblieben.

Er beklagte sich schließlich sogar: »Ich habe den Schaden gehabt, nicht der Herr Schlötterer.« Mein Anwalt raunte mir zu: »Er macht Sie mitverantwortlich für seinen Sturz!« Es war wohl so.

Dann kam es zum Knackpunkt. Als es um meinen Vorwurf ging, Streibl habe den Rechnungshofbericht an die CSU weitergegeben, obwohl dieser, wie er seinerzeit erklärt hatte, dem Steuergeheimnis unterlag, wich er aus. Zu meiner Überraschung bestritt er nicht ausdrücklich, dass die CSU den Bericht gehabt habe. Er meinte vielmehr: »Vielleicht hat ein Beamter den Bericht weitergegeben.« Diese Ausrede ließ ich ihm nicht durchgehen, ich widersprach ihm entschieden. Erstens wusste ich, dass es nicht so war, zweitens wäre ein Beamter lebensmüde gewesen, so etwas eigenmächtig zu tun, er hätte damit rechnen müssen, dass die CSU-Empfänger dem Minister vom Erhalt des Rechnungshofsberichts erzählten.

Als ich Streibl vorhielt, dass seine Staatskanzlei dem Finanzministerium Entwürfe für die Presseerklärungen gegen mich geliefert hätte, die erst noch hätten entschärft werden müssen, behauptete er: »Das weiß ich nicht. Das war eine so turbulente Zeit damals!« Mit dem allerletzten Satz, dass die Zeit turbulent gewesen sei, hatte er endlich doch noch etwas Wahres gesagt.

Mein früherer Abteilungsleiter Hubert Kranz, der ebenfalls als Zeuge vernommen wurde, bekundete, nach der Ursache meiner Verfolgung durch Strauß befragt, dass diesem »die Behandlung der Steuerfälle« durch mich nicht gefallen habe.

Der frühere stellvertretende Steuerabteilungsleiter des Finanzministeriums, Albert Weber, sagte aus, man habe in der Steuerabteilung einst ungestört von politischen Einflüssen arbeiten können. Dies habe sich aber mit dem Amtsantritt von Finanzminister Ludwig Huber geändert. Er, Weber, habe es für notwendig gehalten, »dass all die Dinge, die hier geschehen, ans Licht der Öffentlichkeit kommen«.

Genau das aber war seitens Streibl und Stoiber ganz und gar nicht gewollt. Dass ich die Dinge ans Licht der Öffentlichkeit gebracht hatte, das eben war der Hauptvorwurf, den man gegen mich erhob. Weil ich das Vertrauen der Öffentlichkeit in die Entscheidungsträger beeinträchtigt und das Ansehen des Finanzministeriums geschädigt hätte, noch dazu als Insider, dessen Aussagen besonderes Gewicht hätten, hätte ich die Loyalitätspflicht gegenüber Vorgesetzten verletzt.

In meiner schriftlichen Rechtfertigung erlaubte ich mir den Hinweis, dass die Loyalität gegenüber Recht und Gesetz den Vorrang habe gegenüber der Loyalität zu Vorgesetzten. Was das Vertrauen in das Finanzministerium betreffe, so hätte ich allenfalls einen falschen Anschein zerstört. Allein bis zur Amigo-Affäre habe die Presse außerdem über rund 20 Affären des Finanzministeriums berichtet, darunter Megapetrol, Ferenczy, Zwick, Wienerwald/Thyssen, Zembsch, Hurler, Moksel, Tandler/Ries. Über zahlreiche solcher Fälle habe auch das *Handelsblatt* im Dezember 1993 unter der Überschrift »Die politische Protektion bei einzelnen Steuerfällen« aufgrund eines entsprechenden Briefs des Vorsitzenden der Bayerischen Finanzgewerkschaft, Josef Bugiel, an Finanzminister von Waldenfels berichtet.

Was aber ließ mir Finanzminister von Waldenfels zurückschreiben? Ja, das sei schon richtig, aber ich hätte das Ansehen des Finanzministeriums eben noch mehr geschädigt.

Eine sensationelle Nachricht ging Mitte 1995 durch die Presse: Max Streibl habe 22 Millionen Mark nicht versteuert. Es stellte sich heraus, dass diese Summe nicht stimmte, es lag ein Zahlendreher zugrunde. Die Münchner *Abendzeitung* konnte jedoch unwidersprochen unter Bezugnahme auf die Staatsanwaltschaft berichten, dass weiterhin der Verdacht der Steuerhinterziehung gegen Max Streibl bestehe. Nach sorgfältigen Ermittlungen hätten Landshuter Steuerfahnder festgestellt, dass Streibl »u.a. von einer Großhandelsfirma hochwertige Sachleistungen« bezogen habe. Es wäre von öffentlichem Interesse gewesen, zu erfahren, ob und in welcher Weise der frühere Finanzminister und Ministerpräsident Steuern hinterzogen hatte und wie das Verfahren endete. Aus der Staatsanwaltschaft war später jedenfalls verlautet, dass sich keineswegs alles »aufgeklärt« habe. Es gab auch keine entsprechende Presseerklärung der Staatsanwaltschaft.

Trotz Streibl-Affäre und Tandler/Zwick-Affäre wurde das Disziplinarverfahren munter gegen mich weiterbetrieben. Obwohl alles unabänderlich abzulaufen schien, konnte ich andererseits meinem Anwalt versichern, dass das ganze Disziplinarverfahren eingestellt würde, bevor es zu Gericht ginge. Ich kannte ja die Denke meiner Pappenheimer. Nie würden sie riskieren, dass das Gericht die Richtigkeit meiner Vorwürfe bestätigte. Das Gericht fürchteten sie wie der Teufel das Weihwasser.

Ein Untersuchungsbericht

Der Bericht des Untersuchungsführers, eines Herrn Lanzinger, war für mich vernichtend: schuldig in allen Punkten! Es war ein wahres Meisterwerk, was der ausgebildete Jurist da ablieferte, abgesehen freilich von einigen höchst erstaunlichen Merkwürdigkeiten. Er zitierte wiederholt den »Zeugen« Lothar Müller. Diesen hatte er aber gar nicht vernommen. Noch erstaunlicher war, dass er sich sogar auf den »Zeugen« Strauß berief: »… soweit sich der Beamte auf eine Schädigung durch die Zeugen Strauß, Streibl, Ludwig Huber und Lothar Müller bezieht, gar eines realen Bezuges entbehrt.« War Strauß nicht schon geraume Zeit tot?

Lanzinger wagte sich sogar mutig an die Rechtsfortbildung, obgleich diese nur den obersten Bundesgerichten vorbehalten ist. So verneinte er, dass die von Finanzminister Streibl verfügte strafweise Versetzung an die Bezirksfinanzdirektion München eine Verletzung des Petitionsrechts war, sage und schreibe mit folgender Begründung: Diese Versetzung sei »a priori hierzu ungeeignet« gewesen, »lag doch ein entsprechendes Petitum des Landtags (etwa des Inhalts, dass eine solche Maßnahme unterbleiben solle) nicht vor«.

Für den juristischen Laien sei klargestellt: Das Petitionsrecht soll den Bürger davor schützen, dass sich hinterher an ihm gerächt wird, wenn er sich an den Landtag wendet; ein eigener Beschluss des Landtags, eine bestimmte Sanktion zu unterlassen, ist dafür laut Verfassung nicht notwendig. Es handelte sich somit um eine recht originelle Erfindung Lanzingers.

Er verneinte überhaupt meine Denkfähigkeit: »Er bedient sich einer Pseudologik.« Außerdem gehe es mir nicht um die Sache. Er beklagte, dies werde oft »von Politikern wie z.B. Wilhelm oder von Journalisten oder von weiten Teilen der Öffentlichkeit nicht so gesehen«.

Die Kostproben mögen genügen, entsprechend war der vollständige Bericht. Aber es gab darin noch eine Steigerung: Lanzinger versagte in vollem Umfang das rechtliche Gehör.

Das rechtliche Gehör ist vorgeschrieben in der Verfassung, in der Disziplinarordnung, es ist eine Selbstverständlichkeit. Dennoch setzte sich Lanzinger darüber hinweg. Das ganze Vorbringen meines Anwalts wurde im Bericht nicht einmal erwähnt. Und überdies ließ Lanzinger in seinem Bericht auch Tatsachen außer Acht, die Zeugen vorgetragen hatten. Die totale Versagung des rechtlichen Gehörs war ein klarer Fall strafbarer Rechtsbeugung. Ein Spitzenbeamter des Justizministeriums, dem ich den Bericht zeigte, sagte: »Also, so geht's nun wirklich nicht!«

Seinem tiefschürfenden Werk setzte Lanzinger abschließend noch ein Sahnehäubchen auf. Er hatte in der Zeitung gelesen, dass der Untersuchungsausschussvorsitzende Peter Welnhofer mich als »psychisch auffällig im Sinne der Fachsprache« bezeichnet hatte. Offenkundig davon ermutigt, schrieb er zum Schluss: »Die Prognose fällt ungünstig aus.« Es sei anzunehmen, »dass Schl. auch künftig querulieren wird. Ob dieser Verhaltensweise Krankheitswert zukommt, kann zuverlässig nur ein erfahrener Sachverständiger beurteilen.«

Den Beweis seiner Wissenschaftlichkeit führte Lanzinger, indem er auf *Pschyrembel, Klinisches Wörterbuch*, 256. Auflage, S. 1398 verwies. Diese Beweisführung bedarf keines weiteren Kommentars.

Anzumerken ist, dass Ministerpräsident Stoiber damals die Auflösung der Landesanwaltschaft angekündigt hatte. Der weitere berufliche Werdegang Lanzingers hing somit von der Personalabteilung des Finanzministeriums ab, das für Beamtenrecht zuständig war und für die Beibehaltung disziplinarrechtlicher Untersuchungsführer plädierte. Darüber führte der Personalreferent Rothemund mit Lanzinger im Anschluss an eine Vernehmung eine Besprechung.

Noch bevor ich den Bericht in Händen hatte, konnte ich sehen, wohin der Hase lief.

Erwin Huber und sein Vorbild F.J. Strauß

Im November 1995, kurz nachdem der Untersuchungsbericht vorlag, eröffneten mir der neue Amtschef Gerhard Flaig und der Personalabteilungsleiter, man beabsichtige das Disziplinarverfahren jetzt einzustellen. Der Bericht sei leider nicht verwertbar, weil der Untersuchungsführer das rechtliche Gehör versagt habe. Dieses nachzuholen würde zu lange dauern, das wolle man mir aufgrund der mir gegenüber bestehenden Fürsorgepflicht nicht mehr zumuten.

Dass man jetzt plötzlich Mitleid mit mir bekam, erschien mir seltsam. Die Nachholung des rechtlichen Gehörs, also die Würdigung meines Verteidigungsvorbringens, wäre in kürzester Zeit zu machen gewesen. Aber natürlich wusste man, dass das, was ich vorgebracht hatte, steinhart war. Und vor allem: Vor Gericht wollte man damit nicht gehen. Wie schon mein früherer Abteilungsleiter Hubert Kranz gesagt hatte: »Bei Gericht kann man die Dinge nicht mehr so steuern.« Drei Jahre lang hatte man gegen mich eine Treibjagd veranstaltet und jetzt, wo es für die Treiber ernst wurde, kratzten sie plötzlich die Kurve. Es war alles so durchsichtig.

Finanzminister Erwin Huber, er hatte gerade das Finanzressort übernommen, gab die Einstellung des Verfahrens der Öffentlichkeit bekannt. Daraufhin lobte ihn die Presse von der *Süddeutschen* über die *Abendzeitung* bis hin zur *Bild*-Zeitung dafür, dass er mich rehabilitiert habe. Die Schlagzeile der *Abendzeitung* lautete: »Ein später Sieg für den Schrecken der Amigos.« Die *Bild*-Zeitung titelte: »Freistaat schließt Frieden mit Strauß-Opfer.« FDP und SPD begrüßten nachdrücklich meine Rehabilitierung. Die SPD erklärte, wie ich seit 1977 wegen der Aufdeckung der steuerlichen Bevorzugung von Amigos kujoniert worden sei, »sei einmalig in der bayerischen Nachkriegsgeschichte« und verdiene »eine eigene Seite in den Sozialkundelehrbüchern«.

Die Finanzgewerkschaft erklärte, die Art und Weise, wie ich für mein Eintreten für den rechtsstaatlichen Vollzug behandelt worden sei, habe »bei vielen Beschäftigten der Finanzverwaltung zu Zweifeln über den politischen Willen zu einer gleichmäßigen Anwendung der Steuergesetze für alle Steuerpflichtigen geführt«. Finanzminister Erwin Huber habe nun »ein deutliches Signal zur gleichmäßigen Anwendung der Steuergesetze für alle« gesetzt.

Doch Erwin Huber wurde gründlich verkannt. Er wollte mich gar nicht rehabilitieren und somit auch kein solches Signal setzen. Ganz im Gegenteil, er drohte mir in einem Schreiben, gegen mich erneut ein Disziplinarverfahren einzuleiten, wenn ich meine Vorwürfe wiederholen würde!

Bald nach seiner Presseerklärung bat mich Finanzminister Erwin Huber zu einem Gespräch zusammen mit Amtschef Flaig. »Sie wurden ja von der Presse gefeiert wie ein Held«, begann er. »Sie wurden aber ebenfalls heftig gepriesen«, erwiderte ich. »Ja«, meinte er, »das war aber bloß ein Nebenprodukt.« Sich in seinem Sessel zurücklehnend, den Blick in die Ferne gerichtet, hob er an: Er wolle das Disziplinarverfahren jetzt einstellen, wir sollten bloß noch in die Zukunft schauen, das Vergangene ruhen lassen. Es gebe Menschen, die nur in die Vergangenheit blickten, ja es gebe ganze Völker, die nur rückwärts schauten. Das sei sehr schlecht.

Mir stockte der Atem. So brauchte er mir nicht zu kommen! Ich kannte ihn noch als Mitarbeiter im Pressereferat, als er dort Oberinspektor war. Damals hatte er mich hin und wieder aufgesucht, wenn er eine Presseerklärung entwerfen sollte. Mich in dieser gönnerhaften Weise zu belehren, das stand ihm wirklich nicht zu. Es war ein Affront nach alldem, was hier abgelaufen war. Aber ich schluckte es hinunter.

Nur in die Zukunft blicken? Das war recht praktisch für ihn. Dann brauchte man sich für die massiven beruflichen Schädigungen und Beleidigungen nicht zu entschuldigen, für die fehlgeschlagenen Strafversetzungsversuche, Disziplinarverfahren, Strafverfahren und ausgelegten Schlingen in den Untersuchungsausschüssen, mit denen man versucht hatte, mich zu Fall zu bringen. Und so behielt Erwin Huber, der alle diese Dinge aus dem Landtag, aus der Presse und aus den Akten kannte, jegliche Worte des Bedauerns für sich, geschweige denn, dass er eine Wiedergutmachung in Aussicht gestellt hätte.

Ich sah sofort, dass es sinnlos gewesen wäre, so etwas zu verlangen. Aber ich brachte einen Vorbehalt an. Die Einstellung dürfe nicht den Charakter einer Begnadigung haben, nach dem Motto: »Sie haben sich zwar Schlimmes zuschulden kommen lassen, aber großzügigerweise lassen wir Sie davonkommen.« Ich wies Erwin Huber darauf hin, dass der Untersuchungsführer das rechtliche Gehör versagt habe, dass Beckenbauer den früheren Finanzminister Ludwig Huber in seinem Buch der Mitwirkung an seiner Steuerhinterziehung bezichtigt habe und dass Staatssekretär a.D. Wilhelm meine Verfolgung durch F. J. Strauß bestätigt und ausgesagt habe, mir sei »übel mitgespielt worden«. Erwin Huber wurde unwirsch, das wollte er nicht hören.

Amtschef Flaig stimmte mir sodann zu: Eine Begnadigung setze eine Verurteilung voraus und diese sei ja hier gerade nicht erfolgt. Erwin Huber stimmte nun ebenfalls zu. Dies war ihm auch gar nicht anders möglich. Ein Untersuchungsbericht ohne vorheriges rechtliches Gehör war völlig wertlos.

»Wenn Sie das so sehen«, sagte ich zu Erwin Huber, »dann bin ich mit der Verfahrenseinstellung einverstanden.« Rechtlich war meine Zustimmung ohnehin nicht erforderlich.

Aber in meinem Fall gab es wirklich keine geraden Wege. Als ich die Einstellungsverfügung erhielt, stand darin zu meiner Verblüffung nichts über die Erstattung meiner Anwaltskosten. Diese beliefen sich auf 30 0000 Mark. Daraufhin begehrte ich Einsicht in meine Disziplinarakte und erlebte wieder einmal eine Überraschung. Es war zu lesen, eine Kostenerstattung sei unmöglich, weil der Untersuchungsbericht massive Pflichtverletzungen »nachgewiesen« habe. Zuerst war der Untersuchungsbericht mangels rechtlichen Gehörs wertlos, dann aber war er plötzlich ein Beweis! Finanzminister Erwin Huber und Amtschef Flaig hatten dies zustimmend abgezeichnet! Genau das, wogegen ich mich in dem Gespräch mit ihnen verwahrt hatte und worin sie mir ausdrücklich zugestimmt hatten, ließen sie jetzt hinter meinem Rücken in der Personalakte festschreiben. Die Verfahrenseinstellung sollte also doch eine Begnadigung sein mit der Folge, dass man mir die Kostenerstattung verweigerte.

Was sich Erwin Huber hier geleistet hatte, war eine schlimme Sache. Wie bitter hätte er sich beklagt, wenn man ihm, als er noch ein kleiner Beamter war, so etwas hinter seinem Rücken in die Personalakte geschrieben hätte! Ich wurde sehr zornig. Durch meinen Anwalt ließ ich ihn auffordern, dies zu korrigieren, anderenfalls gehe die Sache zu Gericht.

Und jetzt geschah ein juristisches Wunder. Es war einfach unglaublich, was Erwin Huber plötzlich vollbringen konnte. Ohne dass sich irgendetwas am Sachverhalt geändert hätte, wurde die Behauptung, dass massive Pflichtverletzungen »nachgewiesen« seien, in vollem Umfang zurückgenommen! Darüber hinaus wurden in 16 Punkten die Vorwürfe gänzlich widerrufen und auch in den restlichen vier Punkten wurde jetzt nur noch von einem »Verdacht« einer Pflichtverletzung gesprochen. Es war überdeutlich, zu Gericht wollte Erwin Huber keinesfalls gehen.

Aber auch die vier verbliebenen »Verdachtsfälle« waren völlig unhaltbar. Einer davon war ein frisch erfundenes Dienstvergehen, nämlich der Tatbestand, dass ich meine erste Landtagseingabe nicht nur dem Landtagsamt zugeleitet hatte, sondern auch den Vorsitzenden der Landtagsfraktionen mit der Bitte um Unterstützung. 1977 war die Personalabteilung zu dem Ergebnis gekommen, dass dies vom Petitionsrecht gedeckt sei. Erwin Huber versuchte dennoch, mir jetzt daraus einen Strick zu drehen. Die anderen »Verdachtsfälle« betrafen u.a. bezeichnenderweise »die Pflicht zur Zurückhaltung bei politischer Betätigung« und das geschädigte »Vertrauen der Öffentlichkeit in die Integrität seiner Entscheidungsträger« – sprich Strauß, Streibl, Ludwig Huber, Tandler, von Waldenfels, Lothar Müller. Jeder von ihnen war mit gewaltigen Affären behaftet oder gar darin versunken.

In einem geharnischten Schriftsatz legte mein Anwalt daraufhin Erwin Huber anhand von Urkunden und Protokollen dar, wie es mit der Integrität all dieser Entscheidungsträger in Wirklichkeit bestellt war. Und er legte dar, welche Falschaussagen vor dem Untersuchungsausschuss gemacht worden waren. Es waren Dinge, die nicht zu bestreiten waren. Erwin Huber aber schwieg einfach dazu, er vermied es, schriftlich zu antworten. Stattdessen bat er mich zum Gespräch. Er sagte, er hätte erwartet, dass jetzt Ruhe sei. Er habe doch gesagt, der Blick sei bloß in die Zukunft gerichtet, damit sei ich nicht mehr belastet. Die Feststellung, dass ein massives Dienstvergehen nachgewiesen sei, betreffe »lediglich die Kostenentscheidung«. Erwin Huber zeigte hier ein recht eigentümliches Rechtsverständnis, ich widersprach entschieden. Es ging hin und her. Immer wieder jammerte er, er habe geglaubt, dass jetzt Ruhe sei. Sein Ruhebedürfnis schien immens zu sein. Er murmelte: »Ich kann jetzt auch nicht ausgleichen, was da früher gemacht worden ist.« Dann sagte er unvermittelt und ganz leise: »Sie sind ein Ehrenmann.«

So etwas zu sagen, dazu hatte er lange gebraucht. Aber es war mir ohnehin zu wenig. Ich hielt ihm vor, dass man mich wider besseres Wissen mit Disziplinarverfahren und Strafverfahren überzogen habe und dass ich über viele Jahre hinweg rechtswidrig und missbräuchlich von weiteren Beförderungen ausgegrenzt worden sei. Daraufhin legte er den Kopf schräg und meinte: »Also, wenn mich jetzt jemand fragen würde, ob Sie für eine Beförderung zum Abteilungsleiter in Betracht kämen, würde ich sagen, da steht nichts dagegen.« Dann jedoch sagte er: »Aber Sie wissen ja, bei solchen Entscheidungen spielt immer eine ganze Reihe von Erwägungen eine Rolle.« Deutlicher konnte er nicht sagen, dass ich von ihm nichts zu erwarten hatte. Und die 30 000 Mark Anwaltskosten wollte er auch weiterhin nicht zahlen.

Von dem Charakter, den Erwin Huber hier zeigte, war ich maßlos enttäuscht. Ausgerechnet er verhielt sich so! Was hätte er im umgekehrten Fall von mir erwartet? Gerade er, der immer wieder herauskehrte, dass er nicht bloß ganz oben schwebe, weil er aus kleinen Verhältnissen stamme.

Doch Erwin Huber war ein glühender und praktizierender Strauß-Verehrer. Im Fernsehen rühmte er Strauß als sein großes Vorbild, zeigte stolz auf eine Strauß-Büste hinter seinem Schreibtisch, die er bei jedem Arbeitsplatzwechsel mit sich schleppte. Entsprechend setzte er konsequent dessen Werk fort. Als die Zwick-Affäre aufflog und andere CSU-Politiker sich von Strauß abzusetzen versuchten, hatte er als CSU-Generalsekretär öffentlich gemahnt: »Hände weg von Strauß!« Wundern durfte ich mich also eigentlich nicht.

Erwin Huber, ausgerechnet er! Die Beurteilung »ausgerechnet er« hatte ich schon früher einmal von anderer Seite gehört. Nachdem Erwin Huber 1978 das Finanzministerium verlassen hatte, weil er für den Landtag kandidiert hatte und gewählt worden war, profilierte er sich im Ausschuss für den öffentlichen Dienst, indem er sich vehement gegen Nebentätigkeiten von Beamten wandte. Von der Sache her war das in Ordnung. Aber aus der Personalabteilung war ein unwilliges Grummeln zu vernehmen: Ausgerechnet der! Als er noch Inspektor im Pressereferat des Finanzministeriums war, hatte er nämlich die dienstliche Erlaubnis erhalten, neben seiner Berufstätigkeit das Abendgymnasium zu besuchen und anschließend Volkswirtschaft zu studieren. Und zwar unter Fortzahlung des vollen Gehalts! Wie ein Beamter aus dem Personalbereich beklagte, ließ man ihn, der damals politisch schon sehr aktiv war, »praktisch auf Staatskosten studieren«. Und das, während man gleichzeitig einem in der Registratur des Finanzministeriums beschäftigten Beamten, der lediglich per Abendgymnasium das Abitur nachmachen wollte, dies abschlug. Ihn stellte man vor die Alternative: Entweder Staatsdienst oder Abendgymnasium.

Im *Handbuch des Bayerischen Landtags* beschrieb Erwin Huber die einschlägige Passage seines Werdegangs wie folgt: »Neben dem Beruf Besuch des Abendgymnasiums, anschließend Studium der Volkswirtschaftslehre Univ. München; Diplomprüfung mit einer Arbeit aus der Finanzwirtschaft.« Was bedeutete »anschließend«?

Selbstverständlich war es sehr bedauerlich, wenn von zu Hause aus die Mittel fehlten, um studieren zu können. Erwin Huber wuchs in bescheidenen Verhältnissen auf, seine Mutter war alleinstehend. Aber in vergleichbarer Lage waren viele andere auch. Sie mussten ihr Studium mit Stipendien und angenommenen Jobs finanzieren, wie es auch heute noch bei vielen Studenten der Fall ist. Im Grunde müsste man diesen Studenten raten, sich beim Freistaat Bayern anstellen zu lassen und dann unter Berufung auf Erwin Huber und den Gleichheitsgrundsatz den Antrag zu stellen, nebenher studieren zu dürfen, bei voller Gehaltsfortzahlung natürlich. Man dürfte gespannt darauf sein, welchen Bescheid sie erhielten.

Wenn einem das Gehalt während des Studiums weitergezahlt wird, muss die Ehefrau nicht arbeiten gehen und sie braucht auch keinen Betreuungsplatz für ihr Kind. So konnte Erwin Huber am 16. Februar 2007 in Berlin der Forderung der Bundesfamilienministerin von der Leyen nach Schaffung von Kinderbetreuungstagesstätten, damit Mütter berufstätig sein können, leichten Herzens im Fernsehen entgegenhalten: Die Familienpolitik ist »keine Unterabteilung der Arbeitsmarktpolitik«.

»Ausgerechnet er!« Bei den Beamten des Finanzministeriums hatte Erwin Huber, nachdem er Landtagsabgeordneter geworden war, das Krautwasser völlig verschüttet, als er ihnen die Teilnahme am Maibockanstich im Hofbräuhaus streitig machte. Traditionell versammelten sich dort bei dieser Gelegenheit zwischen zehn und zwölf Uhr vormittags die Angehörigen des Finanzministeriums, an ihrer Spitze der Minister und der Staatssekretär, sowie die Spitzenbeamten der nachgeordneten Finanzbehörden. Die Gespräche waren, wie konnte es anders sein, meist dienstlicher Natur. Es war durchaus nützlich, sich einmal formlos und ausführlich austauschen zu können, und solche Kollegen, die man nur vom Telefon oder der Unterschrift her kannte, persönlich kennenzulernen.

Doch der nunmehrige Landtagsabgeordnete Erwin Huber nahm daran Anstoß. Es machte die Runde, dass er einen Brief an Finanzminister Streibl geschrieben habe: Zum Maibockanstich sollte man Politiker einladen, forderte er – die Beamten sollten arbeiten! Aufgrund des genossenen Bieres seien diese auch nachmittags nicht in der Lage, zu arbeiten. Natürlich erledigten die Beamten ihre Arbeit trotzdem, diese hatte sich ja während des Maibockanstichs nicht verflüchtigt. Jedenfalls dürfte Erwin Hubers Arbeitseinsatz im Finanzministerium durch sein gleichzeitiges Studium stärker beeinträchtigt worden sein. Vorlesungen und Prüfungen fanden nicht nach Feierabend statt – und Lernen musste er ja wohl auch. Über das Ausmaß seiner damaligen Präsenz im Finanzministerium könnten seine früheren Kollegen Aussagen machen. Dennoch: Erwin Huber hatte mit seiner Initiative Erfolg, den Beamten wurde von nun an die Teilnahme am Maibockanstrich verwehrt. Nur noch einige wenige Spitzenbeamte hatten Zutritt.

Als es später um die Neuordnung der Behörden ging und die Auffassung der betroffenen Beamten hierzu nicht gehört wurde, erklärte Erwin Huber öffentlich: »Wenn man einen Teich trockenlegen will, darf man nicht die Frösche fragen!« Staunend konnte man an Erwin Huber beobachten: Der einstige Frosch hatte sich in einen Prinzen, ja sogar in einen Kronprinzen verwandelt. Seine Perspektive war jetzt eine andere.

Jedenfalls war es mir befremdlich, dass Erwin Huber, der im Finanzministerium früher eine solche Vorzugsbehandlung genossen hatte, mir jegliche Wiedergutmachung sowie die geschuldete Erstattung der Anwaltskosten verweigerte. Ungerührt ließ ihn auch der Hinweis, dass Finanzminister Streibl Lothar Müller seinerzeit sogar die über die Bundesrechtsanwaltgebührenordnung hinausgehenden Strafverteidigungskosten in Höhe von 40 000 Mark »aus Fürsorgepflicht« erstattet hatte. Müllers Rechtsanwalt Alfred Stiefenhofer hatte die Höhe seines Honorars »mit der besonderen Schwierigkeit« des Falles begründet. Schließlich bot mir Erwin Huber sage und schreibe 500 Mark an. Das lehnte ich ab. Dabei ging es mir eigentlich nicht ums Geld. Aber dass das Unrecht mir noch auf kaltem Wege einen weiteren Schaden zufügen und so wiederum triumphieren sollte, dagegen wehrte ich mich.

Staatsekretär a.D. Wilhelm redete Erwin Huber in verschiedenen Gesprächen gut zu. Was Erwin Huber dabei von sich gab, machte ihn sehr betroffen. Er berichtete, Huber habe ihm immer wieder gesagt, dass er Ruhe haben möchte. Auf seinen Vorhalt, der Untersuchungsführer habe mir das rechtliche Gehör versagt, habe Huber geantwortet: »Mag ja sein.« Daraufhin habe er zu ihm gesagt: »Na, du bist gut!« Auf seine Frage, ob er es wirklich darauf ankommen lassen wolle, dass ich die Anwaltskosten in Höhe von 30 000 Mark vor Gericht geltend mache, habe Huber erwidert: »Nein, vorher zahle ich lieber!«

Die Forderung ist nach wie vor offen. Erwin Huber hat sie nicht beglichen.

Wie sehr Erwin Huber seine beamtenrechtlich geschuldete Fürsorgepflicht am Herzen lag, zeigte er auch dadurch, dass er sich zwei Jahre Zeit ließ, um über den geforderten Widerruf der angeblich nachgewiesenen Dienstvergehen und die beantragte Erstattung der Anwaltskosten zu entscheiden. Er musste durch meinen Anwalt wiederholt gemahnt werden, sogar unter Fristsetzung. Rechtswidrigerweise beantwortete er dessen Brief zudem überhaupt nicht. Er sah offensichtlich keine Chance zur Widerlegung. Auch in dem Gespräch mit mir ging er auf die schwerwiegenden Sachverhalte nicht ein, mit denen ihn mein Anwalt in Bezug auf die angeblich integeren Politiker und Spitzenbeamte konfrontiert hatte: Falschaussagen, falsche Angaben, Nichtvorlage beweiserheblicher Unterlagen, unhaltbare Rechtsargumente usw. Es wäre seine Amtspflicht gewesen, gegen die Urheber strafrechtlich und disziplinarrechtlich vorzugehen. Er aber tat nichts.

Da ich ankündigte, dass ich die Anwaltskosten einklagen würde und dass damit die ganze Affäre doch noch vor Gericht aufgerollt würde, geriet Erwin Huber schwer unter Druck. Er suchte nach einem Ausweg. Schließlich offerierte er mir eine Führungsposition bei der Landeswohnungs- und Städtebaugesellschaft Bayern (LWS), die sich in erheblichen Schwierigkeiten befand. Ich sollte zu ihrer Sanierung beitragen.

Mittlerweile ekelte es mich an, mich unentwegt mit gröbsten Rechtswidrigkeiten und Unwahrheiten auseinandersetzen zu müssen. Mehr noch widerte mich die Primitivität an. Zwei Jahrzehnte war es jetzt her, dass ich mich wegen der steuerrechtlichen Begünstigungsfälle an den Landtag gewandt hatte. Die restlichen sechs Jahre meines Berufslebens wollte ich anders verbringen. So wechselte ich im April 1998 zur LWS. Ich war glücklich, dass ich mit Erwin Huber nichts mehr zu tun hatte. Aber es war wie verhext, dort stand schon die nächste Affäre, mit der ich mich befassen musste, vor der Tür: die LWS-Affäre.

Anzumerken ist: Amtschef Flaig wurde später zum Chef der Landesbodenkreditanstalt befördert. Referatsleiter Rothemund, der das Disziplinarverfahren gegen mich so trefflich bearbeitet hatte, erhielt einen schönen Posten bei der LfA Förderbank Bayern. Dass kein einziges der von ihm behaupteten Dienstvergehen nachgewiesen wurde, hatte ihm bei Erwin Huber nicht geschadet. Im Gegenteil: Der Mann hatte sich bewährt. Referatsleiter Michael Wolf, der den Strafantrag wegen Verletzung des Steuergeheimnisses gebastelt hatte, wurde Präsident des Finanzgerichts München. Personalabteilungsleiter Gustav Hübner wurde Ministerialdirektor, sein Nachfolger Metz ebenfalls.

Die Übermacht

Die Kommandeure und der Beamtenapparat

In einer Landtagsrede zur Amigo-Affäre hielt die SPD-Abgeordnete Carmen König den CSU-Größen vor: »Zu Zeiten eines Alfons Goppel oder eines Bruno Merk war die bayerische Verwaltung ... über alle Parteigrenzen hinaus für ihre Integrität hoch geachtet.«

Die Zeiten hatten sich geändert.

Jeder der Ministerpräsidenten, jeder der Finanzminister, denen ich ausgesetzt war, war mit schwersten Affären belastet. Was ich, den von Waldenfels öffentlich als »Amigo-Jäger« einstufte, von solchen Vorgesetzten zu erwarten hatte, lag auf der Hand: nichts Gutes. Aber sie handelten nicht allein, sie befehligten den Beamtenapparat.

Die Zahl der Beamten, die im Finanzministerium zur Bewältigung der Amigo-Affäre eingesetzt waren, war im Grunde klein. Es waren nur etwa zehn Beamte, vor allem der Amtschef, der Ministerbüroleiter, der Personalabteilungsleiter, der Steuerabteilungsleiter, der zuständige Personalreferent und der Pressereferent. Nach außen allerdings firmierte diese kleine Schar eindrucksvoll als »Finanzministerium«.

Wie funktionierten nun diese Beamten? Offensichtlich zur vollen Zufriedenheit der Minister. Wie die nachstehenden Kostproben illustrieren mögen, arbeiteten sie mit vollem Einsatz.

Der Pressereferent setzte mich in seinen Presseerklärungen charakterlich herab: »Reine Luftnummer, Unverfrorenheit, Ungeheuerlichkeit, über seine Nichtbeförderung enttäuschter Beamter.« Als wir uns einmal im Finanzministerium auf dem Gang begegneten, war ihm das dann doch etwas peinlich. Er sprach mich an: »Sie sind mir doch nicht böse, dass ich Sie attackieren muss. Sie verstehen, das ist mein Job!« Ich erwiderte, ich hätte es an seiner Stelle jedenfalls abgelehnt, mit Schimpfwörtern und anderen Beleidigungen zu arbeiten, zumal dies sogar strafbar sei. Daraufhin sagte er nochmals: »Aber das ist halt mein Job!« Und weiter: »Der Ministerpräsident verlangt, dass die Presseerklärungen knackig sind.« – »Wenn ich meine Aufgabe ebenfalls bloß als Job aufgefasst hätte, hätte ich es auch einfacher«, gab ich zurück. Bald darauf wurde er zum Präsidenten der Lotterieverwaltung ernannt – er war eben ein mustergültiger Beamter.

Die Spitzenbeamten hatten zu meiner Verfolgung durch Strauß auszusagen. Das war für sie ein äußerst gefährliches Thema. Gaben sie die Verfolgung zu, belasteten sie sich selbst als Gehilfen. Warum nur war meine Beförderung nicht vor, sondern erst nach der Bundestagswahl 1980 möglich? Warum war sie von der damaligen Kanzlerkandidatur Strauß' abhängig? Ich hatte ja, wie erwähnt, vorgebracht, Finanzminister Streibl habe mir damals über den Amtschef Konrad Mayer die verbindliche Zusage gegeben, er werde nach der Bundestagswahl nochmals einen ernsthaften Versuch unternehmen, meine Beförderung bei Strauß durchzusetzen.

Zusätzliches Problem für die Spitzenbeamten: Die Beförderung war tatsächlich unmittelbar nach der von Strauß verlorenen Bundestagswahl erfolgt. Wie also erklärten sich nun die Herren Ministerialdirektoren?

Konrad Mayer formulierte sybillinisch folgendes schriftliches Dementi: »Auch habe ich keine Beförderung unmittelbar nach der Bundestagswahl zugesagt. Ich habe vielmehr darauf hingewiesen, dass jedenfalls vor der Bundestagswahl am 5. Oktober 1980 keine entsprechende Vorlage des Finanzministeriums an das Kabinett ... möglich sei.« Dieses Leugnen war jedoch nur Scheinlogik. Umgekehrt hieß das: Vor der Bundestagswahl war es nicht möglich, nach der Bundestagswahl war es schon möglich – folglich gab es doch einen Zusammenhang, so wie ich es dargestellt hatte.

Für das Bestreben, mit der Wahrheit hinterm Berg zu halten, steht auch folgender unglaubliche Vorfall. Dem Ministerialdirektor a.D. Gustav Hübner rutschte bei seiner Vernehmung durch den Untersuchungsführer auf die Frage, ob F. J. Strauß meine Beförderung blockiert habe, in schönstem Fränkisch heraus: »Na, des ham doch alle gewisst!«

Nachdem die Aussage protokolliert war, verlangte er plötzlich, sie wieder aus dem Protokoll zu streichen. Da er nicht behauptete, er habe sich geirrt, war dies natürlich nicht möglich. Er dachte einige Minuten nach. Dann unterschrieb er die Niederschrift. Warum wollte Hübner die Streichung? Vermutlich war ihm eingefallen, dass er vor dem Amigo-Untersuchungsausschuss des Landtags auf die gleiche Frage ausgesagt hatte: »Ich kann mich nicht erinnern.«

Der Ministerialdirektor a.D. Matthias Metz, der unmittelbar nach Hübner vernommen wurde, wusste nicht, dass dieser zugegeben hatte, dass Strauß meine Beförderung blockiert hatte. Auf die Frage, ob es von Strauß Widerstand gegeben habe, antwortete er mit einem klaren Nein. Selbst dann, als ihm die Erklärung des Amtschefs Konrad Mayer vorgehalten wurde, dass jedenfalls vor der Bundestagswahl am 5. Oktober 1980 eine Beförderung nicht möglich sei, behauptete er, er könne sich den Satz nicht erklären. Er blieb dabei, die Bundestagswahl habe keine Rolle gespielt.

Vor dem Amigo-Untersuchungsausschuss des Landtags hatte der Spitzenbeamte Metz auch behauptet, zuerst habe er das jahrelange Disziplinarverfahren (gemeint: das zweite Disziplinarverfahren) zu Ende führen müssen, bevor meine Beförderung zum Ministerialrat erfolgen konnte. Tatsächlich aber wurde es überhaupt erst ein halbes Jahr danach eingestellt. Überdies hatte man keine einzige Ermittlungshandlung vorgenommen, mir nicht einmal irgendeinen Vorwurf mitgeteilt – es gab also gar nichts »zu Ende zu führen«. Vielmehr hatte Metz, ohne irgendetwas zu tun, nach seinem Amtsantritt das Verfahren noch weitere zwei Jahre offengehalten.

Zum dritten Disziplinarverfahren, das man gerade vor Eröffnung des Amigo-Untersuchungsausschusses gegen mich eingeleitet hatte, sagte Metz vor dem Landtag aus: »Ich bin mir sicher, dass dieses Disziplinarverfahren – es geht ja hier vor allem um die Frage der Verletzung der Loyalitätspflicht – vor einem Disziplinargericht schwer darzutun ist … Ich bin schon fast der Meinung, der Fall lässt sich nur noch biologisch lösen.« Er bekannte damit, dass er so gut wie keine Chance sah, vor Gericht damit durchzukommen. Hier kann auch der juristische Laie nur noch den Kopf schütteln.

Der Bürger mag sich fragen: Wie können sich Spitzenbeamte in dieser Weise verhalten? In ganz normalen Zeiten, in denen sie kein persönliches Risiko eingingen? Den Ministern jedenfalls waren sie als zuverlässige Hilfskräfte willkommen. Sie sahen genau, dass es mir nur um die Rechtsstaatlichkeit gegangen war. Dass sie sich nicht an meine Seite stellten, war traurig. Aber warum versuchten sie, mir zu schaden? Viele Jahre lang war man sich als Kollegen freundschaftlich begegnet. Diese Freundlichkeit war keineswegs gespielt. Doch sie war, wie ich erkennen musste, nicht belastbar.

Was mich wirklich betroffen machte, war, wie sich ein Kollege verhielt, der in eine leitende Stellung aufgerückt war. Als junge Regierungsräte hatten wir engen Kontakt zueinander gehalten, hatten oft die Mittagspause miteinander verbracht. Es war geradezu Freundschaft. Aufgrund seiner Position hätte er die Maßnahmen gegen mich blockieren können. Aber er machte Front gegen mich. Ich war von ihm bitter enttäuscht.

Eines Tages, als ich gerade dem rückwärtigen Eingang des Finanzministeriums zustrebte, sah ich ihn aus der entgegengesetzten Richtung auf mich zukommen. Ich blieb stehen, bis er heran war, streckte die Hand aus. Er aber, mich keines Blickes würdigend, ging an mir vorbei, hinein ins Haus, ich ebenfalls. Er stapfte die Treppe hinauf, ich hinter ihm, beide schweigend.

Er befand sich auf einem Karrieresprung auf einen Posten außerhalb des Ministeriums. Hätte er für mich Partei ergriffen, hätte er sich das vielleicht verscherzt. Trotz allem hatte ich für ihn deshalb noch etwas Verständnis. Aber warum schlug er meine Hand aus?

Irgendwie bedrückte ihn die Sache doch. Als er in seine neue Position wechselte, wollte er sich bei mir verabschieden. Wie er einem Kollegen gegenüber sagte, sei er schon mehrmals an meiner Zimmertür vorbeigegangen, habe sich aber nicht getraut, einzutreten, weil er Angst gehabt hätte, ich würde ihn hinauswerfen.

Als er mich dann zufällig in der Fußgängerzone traf, verabschiedete er sich dort von mir. Zu seiner Rechtfertigung sagte er, er habe mir verübelt, dass ich mich von der *Süddeutschen Zeitung* hätte »instrumentalisieren lassen«. Wie das gegangen sein sollte, war mir rätselhaft. Irgendwann trafen wir uns später wieder bei einem Empfang. Er steuerte auf mich zu. Und ich wusste nicht, wie mir geschah, er machte mir die schönsten Komplimente: »Sie sind ein Intellektueller, und noch dazu ein standhafter ...!« Das war mir noch rätselhafter. Wenn ja, warum sah er mich plötzlich positiv? Vielleicht war der Grund, dass er inzwischen selbst in eine Finanzaffäre verstrickt war, die bald große Schlagzeilen machen sollte und für ihn nicht gerade glücklich endete.

Den auf Verlangen von Ministerpräsident Streibl gegen mich gestellten, aber von der Staatsanwaltschaft als unbegründet zurückgewiesenen Strafantrag wegen Verletzung des Steuergeheimnisses hatte der Steuerabteilungsleiter Miehler nachdrücklich befürwortet. Andernfalls, schrieb er, »würde die bayerische Finanzverwaltung insgesamt Schaden erleiden und an Glaubwürdigkeit verlieren«. Ein paar Monate später flog auf, dass der liebe Kollege dem Strauß-Freund Eduard Zwick den skandalös rechtswidrigen Steuererlass von 63 Millionen Mark gewährt hatte. Die Öffentlichkeit lief Sturm, er musste aus der Steuerabteilung entfernt werden. Jetzt jammerte er, dass der Minister ihn als Prügelknaben behandle, er bat von Waldenfels in einem Brief um Rehabilitierung.

Es gab aber auch andere. Der Ministerialrat Werner Zöberlein hatte als Leiter des Rechtsreferats meinen Fall auf den Tisch bekommen. Er und, unabhängig von ihm, eine seiner Mitarbeiterinnen, eine Oberregierungsrätin, kamen nach Prüfung der Akten zu dem Ergebnis, dass meine Landtagseingabe der Wahrheit entspreche. Zöberlein wusste überdies von dem früheren Amtschef Konrad Mayer, was man alles gegen mich inszeniert hatte. Er schrieb daraufhin an Finanzminister von Waldenfels, dass hier gegen einen Unschuldigen vorgegangen werde und dass dies ihm, dem Minister, zum Nachteil gereichen könnte, wenn es offenbar werde. Um sicherzugehen, gab er den Brief persönlich im Ministerbüro ab, außerdem leitete er den befassten Beamten Kopien zu. Eine Antwort erhielt der mutige Leiter des Rechtsreferats nicht. Von da an wurde er aber von der weiteren Sachbehandlung meines Falles ausgegrenzt.

Die CSU-Fraktion

Die Mitglieder der CSU-Fraktion gewährten ihren Ministerpräsidenten und Ministern volle Rückendeckung – als gewählte Vertreter des Volkes, das von diesen Vorgängen nichts wissen durfte. Nach der Verfassung sind zwar die Abgeordneten nur ihrem Gewissen verpflichtet; diejenigen, die das wussten, hatten insoweit jedoch keine erkennbaren Probleme.

Es gab aber auch andere, solche, die das alles nicht billigten, etwa die Staatssekretäre Paul Wilhelm, Johann Böhm und Heinz Rosenbauer, wohl auch Alfred Sauter. Ein weiterer Staatsekretär äußerte gegenüber dem *SZ*-Journalisten Michael Stiller, die CSU-Fraktion betrachte meine Vorwürfe gegen Strauß und Streibl als zutreffend.

Daneben gab es einfache CSU-Abgeordnete, die auch nicht einverstanden waren. Der Landtagsabgeordnete Johann Neumeier war ein solcher. Er war 20 Jahre Mitarbeiter Max Streibls gewesen. »Ich kannte Ihren Fall von Anfang an«, sagte er zu mir.

Das Sagen aber hatte der Ministerpräsident. Er hatte die Vorsitzenden der CSU-Bezirke im Griff, weil sie im Kabinett bleiben oder dort hinein wollten. Die »Bezirksfürsten« wiederum hatten die einfachen Abgeordneten im Griff, weil diese bei der nächsten Landtagswahl wieder aufgestellt werden wollten. Alois Glück bekannte neuerdings, dass Strauß es war, der dekretierte, wer wo kandidierte.

Auch bei den Bundestagslisten »war der Wille des Parteivorsitzenden das Maß aller Dinge«. Der Öffentlichkeit aber täuschte man innerparteiliche Demokratie vor.

Außerdem schrieb die Parteiräson vor, dass der Spitzenmann, mit dem man die nächsten Wahlen wieder gewinnen wollte, unter keinen Umständen beschädigt werden durfte. Andernfalls wäre das eigene Mandat vielleicht gefährdet gewesen. So war der Ministerpräsident das Leittier, dem die CSU-Landtagsfraktion treu ergeben folgte. Und so wurden ihre Mitglieder dann auch behandelt, insbesondere von Strauß und Stoiber, nämlich als Personal, das zu spuren hatte.

Nach der Landtagswahl im September 2008, in der die CSU auch durch Stoibers Verschulden auf 43,4 Prozent abstürzte, bekannte der CSU-Landtagsabgeordnete Günter Gabsteiger, die CSU-Abgeordneten hätten sich ständig von Stoiber »schurigeln« lassen: »Wir alle waren jahrelang ganz einfach zu feige, den Mund aufzumachen gegen Stoiber.« Zu allem habe man die Hand gehoben, jeden habe »die kalte Angst umgetrieben um die eigene Position«. Genau das war es: die Angst.

Allerdings ist der CSU-Fraktion sicher häufig die Wahrheit seitens der Ministerpräsidenten und Minister vorenthalten worden. Diese wollten natürlich nicht nur vor der Öffentlichkeit, sondern auch vor ihrer Fraktion als untadelig dastehen. Diejenigen Abgeordneten aber, die als Mitglieder eines Untersuchungsausschusses mit den Aussagen und den Akten konfrontiert waren und zusammen mit Ministerialbeamten die kritischen Punkte für die Ausschusssitzungen vorbereiteten, mussten geradezu zwangsläufig die Wahrheit erkennen. Dümmer als die Oppositionsabgeordneten, die die Fakten erkannten und zutreffend darstellten, waren sie nicht.

Wofür die CSU-Abgeordneten indes unmittelbar verantwortlich waren, war die faktische Versagung des Petitionsrechts und seines

Schutzes. Ich hatte bis dahin als Vertreter der Staatsregierung schon zu vielen Petitionen im Landtag Stellung genommen. Diese Eingaben waren von den Abgeordneten jeweils sorgfältig geprüft worden. In »politischen« Fällen aber galt offenbar etwas anderes, hier formierten sie sich zur Prätorianergarde des Ministerpräsidenten und der Minister.

Die CSU-Fraktion unter Führung von Alois Glück zeigte nicht einen Funken von Selbstachtung. So konnte Franz Beckenbauer, der vor dem Amigo-Untersuchungsausschuss aussagen sollte, öffentlich höhnen: »Die sollen doch den Mond oder den Mars befragen!« Als Duzfreund von Edmund Stoiber und dessen Frau fühlte er sich offenbar sicher. Hätte die CSU-Fraktion damals gesagt, dies könne sich ein Parlament nicht bieten lassen, wären die salbungsvollen Reden des später zum Landtagspräsidenten avancierten Alois Glück über die edlen Funktionen des Bayerischen Landtags glaubhafter.

Wie sehr hätte es das öffentliche Ansehen der CSU-Fraktion gefördert, wenn sie missbilligt hätte, was nicht zu billigen war! Aber nein, stattdessen bereitete man mithilfe der Beamten des Finanzministeriums die Sitzungen der Untersuchungsausschüsse so vor, dass die Dinge möglichst unter dem Teppich gehalten wurden. Seitens der Beamten waren das einseitige parteipolitische Dienste, eindeutig verfassungswidrig und auch sonst rechtswidrig. Noch dazu ging dies alles auf Kosten der Steuerzahler, der Bürger. Weil ich es gewagt hatte, in meiner Landtagseingabe insoweit von »Regie« zu sprechen, machte man mir dies disziplinarrechtlich zum Vorwurf. Als ich dann aber auf die erwähnten Arbeitskreise der CSU-Abgeordneten mit den Ministerialbeamten und auf deren Hilfeleistungen hinwies, zog man den Vorwurf schnell wieder zurück.

Die jederzeit abrufbare Solidarität der CSU-Fraktion war und ist für die Nutznießer geradezu eine Aufmunterung, so weiterzumachen wie vorher. Würde die Fraktion sich nur einmal aufraffen, einen Delinquenten nicht zu decken, würde sie sich in der Zukunft viele Skandale ersparen. Das hätte Abschreckungswirkung. Aber nein, die CSU-Fraktion deckte sogar Frau Hohlmeier, obwohl es hier nichts mehr zu leugnen gab. Was ihr Drohdossier gegen Parteifreunde anbetraf, war sie massiv von diesen belastet worden. Wurde sie etwa daraufhin aus der Fraktion ausgeschlossen? Natürlich nicht.

Gar komisch mussten sich die CSU-Abgeordneten vorkommen, als ich nach Beendigung der Amigo-Affäre im Landtag wieder als ganz normaler »Vertreter der Staatsregierung« auftrat. Als ich die von mir erarbeitete Neufassung des Bayerischen Kostengesetzes im Landtag zu vertreten hatte, setzte ich mich im zuständigen Ausschuss spontan neben meinen besonderen Freund Peter Welnhofer, den ausgedienten Vorsitzenden des Amigo-Untersuchungsausschusses, der mich in der Plenarsitzung des Landtags als »psychisch auffällig im Sinne der Fachsprache« bezeichnet hatte. Genierte er sich jetzt vielleicht? Wohl nicht.

Peter Welnhofer, Justitiar der CSU-Fraktion, wurde später seinerseits »auffällig«. Wegen Fahrerflucht wurde er nach einem Unfall in Regensburg zu einer Geldstrafe von 4800 Euro verurteilt. Nach einer wahren Verfolgungsjagd gestoppt, hatte er den Geschädigten gedroht: »Ihr wisst ja nicht, worauf ihr euch einlasst.« Der Richter hielt ihm vor: »Wie kann sich ein Abgeordneter nur so verhalten?«

Auffällig wurde Welnhofer auch wegen eines Prozesses gegen die Regensburger Zeitung *Die Woche*. Er wurde nämlich von dem Kriminalhauptkommissar Josef Rudingstorfer, CSU-Mitglied und stellvertretender Landesvorsitzender des Bundes Deutscher Kriminalbeamten, in einer eidesstattlichen Erklärung wie folgt beschuldigt: Welnhofer habe ihm in einem Telefongespräch erklärt, er und sein Schwager, der Vorsitzende der Kammer, hätten den Prozess »im Griff. Da kann nichts hochkommen. Wir haben auf Zeit gesetzt.« (Einen Beweis konnte der Kriminalhauptkommissar naturgemäß nicht erbringen.)

Wiederum auffällig wurde Welnhofer schließlich in der »Wahlfälscheraffäre« der CSU in München. Es ging um für eine parteiinterne Wahl gekaufte Mitglieder, 500 Euro pro Kopf, und um gefälschte Mitgliederanträge. Davon hat die Ministerin Monika Hohlmeier nach Einschätzung der Staatsanwälte, die vor dem Hohlmeier-Untersuchungsausschuss aussagten, Kenntnis gehabt. Für die Wahl engagierte Hohlmeier Welnhofer als Sitzungsleiter. Dieser erklärte notariell beglaubigte Mitgliederanträge für ordnungsgemäß. Die Sache kam vor Gericht. In seinem Urteil rügte das Landgericht München I Welnhofer scharf: Man sei »betroffen darüber, dass ein ehemaliger Richter durch seine unklaren und widersprüchlichen Aussagen nur weitere Zweifel produzierte«.

Welnhofer hat schon mehrere Untersuchungsausschüsse als Vorsitzender geleitet. Anscheinend arbeitete er zur vollen Zufriedenheit seiner Fraktion. Im April 2008 machte sie ihn erneut zum Vorsitzenden eines Untersuchungsausschusses. Dieser sollte die Erwin Huber von der Opposition vorgeworfenen Lügen über die Verluste der Landesbank aus der US-Immobilienkrise untersuchen.

Persönliche Bilanz

Verluste

Unter die Rubrik Verluste hatte ich einzubuchen Geldeinbußen in Höhe von über 100 000 Mark, dann den enormen Arbeitsaufwand und die fortwährende psychische Belastung.

Beachtlich war die Zahl der auf mich verübten Anschläge:

Art	**Datum der Aktion**	**Ergebnis**
Umsetzung	29. Januar 1977	zurückgenommen
Umsetzung	5. September 1977	durchgeführt (angeblich nur vorläufig, tatsächlich aber endgültig)
Versetzung	29. September 1977	zurückgenommen
Versetzung	21. Dezember 1978	zurückgenommen
Disziplinarverfahren	29. September 1977	zurückgenommen (bereits am nächsten Arbeitstag)
Disziplinarverfahren	21. Dezember 1978	eingestellt (nach zwei Jahren, ohne Mitteilung eines Vorwurfs)
Disziplinarverfahren	5. Februar 1993	eingestellt (nach drei Jahren)
Vorwurf nachgewiesener Dienstvergehen	5. Februar 1997	zurückgenommen
Strafantrag des FM von Waldenfels wegen angeblicher Verletzung des Steuergeheimnisses	4. Februar 1993	abgewiesen (von Staatsanwaltschaft)

Strafantrag des LZB-Präsidenten Lothar Müller wegen angeblicher übler Nachrede und Verleumdung		zurückgenommen (Strafbefehl wurde von Richterin nicht unterschrieben)
Strafantrag von MP Streibl wegen übler Nachrede und Verleumdung	1993	nicht bekannt

Zu dem von Ministerpräsident Streibl gegen mich angestrengten Strafverfahren ist anzumerken: Wie in meiner Personalakte nachzulesen war, hatte Streibl durch seine Anwälte gegen mich Strafantrag wegen üblicher Nachrede und Verleumdung gestellt. Eine Rückfrage bei der Staatsanwaltschaft durch meinen Anwalt wurde dahin beschieden, dass dort nichts von einem solchen Strafantrag bekannt sei. Sehr wohl denkbar ist aber, dass der Strafantrag keinen Erfolg hatte und dass man deshalb seine Spur getilgt hat. Dafür spricht, dass die Anfrage erst auf Mahnung beantwortet wurde und die Registratur auf telefonische Anfrage herumgedruckst hatte. Sollte Streibl hingegen seine Absicht, Strafantrag gegen mich zu stellen, wieder aufgegeben haben, würde das auch für sich sprechen.

Im Übrigen stellte Streibl auch gegen die *AZ*-Redakteurin Angela Böhm Strafantrag wegen Beleidigung und übler Nachrede im Zusammenhang mit ihrer Berichterstattung über das sogenannte Caritas-Grundstück. Der Strafantrag wurde abgewiesen, ebenso eine Klage auf Schmerzensgeld – Streibl musste 17 000 Mark Prozesskosten zahlen.

Zu all diesen Sanktionen kamen Angriffe und Herabsetzungen durch ministerielle Presseerklärungen, durch die CSU-Abgeordneten im Untersuchungsausschuss »Steuerfälle« 1978 und im Amigo-Untersuchungsausschuss 1994 sowie durch Strauß und seinen Anwalt Dannecker (»geisteskrank«, »medizinischer Fall«) hinzu.

Jedes gegen mich angestrengte Verfahren endete vorzeitig. Trotz der Schwere der Beschuldigungen wurde keine einzige Strafe oder disziplinäre Sanktion gegen mich verhängt. Damit liegt auf der Hand, dass es sich um willkürliche Verfolgung handelte. Dies straft den Ministerpräsidenten Stoiber Lügen. Am 15. April 1994 erklärte er im Plenum des Landtags: »Wer sich nichts zuschulden kommen lässt, wird nicht verfolgt.« Es ging um den Fall Eduard Zwick.

Alles, was gegen mich unternommen wurde, war ein Hohn auf die Rechtsstaatlichkeit. Da aber normalerweise in einer Demokratie alle Fälle nach Recht und Gesetz abgewickelt werden, entstand nach außen hin der für mich gefährliche Anschein, dass dies auch hier so sei.

Die Amtsträger, die selbst das Recht missachteten, hatten umgekehrt die Möglichkeit, das Recht gegen mich als Waffe einzusetzen, indem sie mich mit Verfahren überzogen.

Das Petitionsrecht bot mir nicht den geringsten Schutz vor Vergeltung. Dass das Petitionsrecht in der Verfassung garantiert ist – was scherte das die meisten CSU-Abgeordneten, wenn die politische Spitze, allen voran der Ministerpräsident, den Daumen über dem Petenten senkte. Als Selbstrechtfertigung habe ich von Politikern gehört, man könne in der Politik nicht immer so, wie man selbst gern möchte. Mit anderen Worten: Sie waren zu feige gegenüber der politischen Spitze.

Gefährlich genug war für mich ohnehin schon der große Umfang der Angaben und Aussagen, die ich zu machen hatte. Wie leicht konnte es geschehen, dass man versehentlich was Falsches sagte, sich schief ausdrückte oder einer unzutreffenden Information aufsaß. Ich wusste: Wenn ich nur einen einzigen Fehler machte, war ich dran. Umgekehrt: Wenn die Gegenseite die Dinge noch so falsch darstellte, konnte ich gewiss sein, dass kein Verfahren gegen die Verantwortlichen eingeleitet würde. In gewisser Weise war ich vogelfrei.

Als ich später einmal den früheren stellvertretenden CSU-Fraktionsvorsitzenden und Staatssekretär Heinz Rosenbauer nach seinem Ausscheiden aus der Politik in der Stadt traf, fragte ich ihn, ob er die Politik vermisse. Er antwortete: »Überhaupt nicht. Die politische Kultur hat sich verändert.« Er fügte hinzu: »Und Sie waren das erste Opfer.«

Später einmal lud mich Landtagspräsident Johann Böhm ein, mit ihm im Restaurant des Landtags zu frühstücken. Der Landtagspräsident war ein honoriger Mann. Er hängte sein Mäntelchen nicht nach dem Wind. Als wir so miteinander plauderten, ging mir durch den Kopf, was hier im Landtag schon alles gegen mich inszeniert worden war, ausgeheckt in CSU-Arbeitskreisen unter Assistenz von Ministerialbeamten. Und zwar auf Geheiß von oben, nein, von ganz oben.

Stehvermögen

Was gegen mich inszeniert wurde, entsprach nicht dem, was die CSU-Spitze am liebsten nach außen hin darstellt. Es war nicht gemütliche Folklore, es war nicht die *Liberalitas Bavariae*, es war schon gar nicht das in Pacht genommene »christliche Sittengesetz«. Es war vielmehr brutaler Ernst. Die Herren waren keineswegs so freundlich, wie sie sich in Talkshows und Interviews gaben, sie konnten auch ganz anders. Sie schlugen mit eiserner Faust zu, wenn es um ihre Interessen ging.

Hat ein Beamter den Staat im Rücken, dann fühlt er sich stark, er strahlt Hoheit aus. Hat er ihn gegen sich, empfindet er sich als schwach. Seine Beschäftigung und noch mehr seine Karriere sind abhängig von Vorgesetzten, nicht völlig, aber doch weitgehend. Er ist daher in der Regel fügsam. Zum Widerstand fehlen ihm zumeist auch die Nerven. Anders als Geschäftsleute oder andere Selbstständige muss er sich im Alltag nicht mit Streitigkeiten und Prozessen durchsetzen, er ist deshalb solchen Stress nicht gewohnt.

Zwar war ich anfangs verblüfft, später aber nicht mehr, wenn mir viele Kollegen spontan sagten: »Das, was Sie machen, könnte ich nicht. Ich hätte dazu einfach nicht die Nerven.« Dies sagten mir auch Kollegen, die bereits Abteilungsleiter waren und keine weitere Beförderung zu erwarten hatten. Dieter Kattenbeck, der frühere Vorsitzende des Beamtenbundes, sagte mir einmal: »Jeder andere an Ihrer Stelle wäre längst zusammengebrochen.«

Mein Nervenkostüm mochte vielleicht etwas stabiler sein als das anderer, ich verbrachte keine einzige schlaflose Nacht, nur schlief ich aufgrund der Anspannung bisweilen weniger lang. Doch meine innere Ruhe stützte sich vor allem auf zwei Elemente. Zum einen war die Wahrheit auf meiner Seite, ich wusste ja, dass ich nichts erfunden hatte. Da konnte mir keine noch so düstere Drohgebärde oder feinsinnige Verdrehung das Gegenteil suggerieren. Zum anderen entblößten sich die Amtsträger, die so handelten, jeder Autorität. Es waren Männer, die auf der Politschiene Karriere gemacht hatten, ansonsten war da nichts. Bis ganz oben hinauf vermochte ich keinen von ihnen größer zu sehen, als seine Körpergröße in Zentimetern maß. Und die briefliche Anrede »Herr Ministerpräsident« oder »Herr Minister« war nur als Appell an den Adressaten gerechtfertigt, dass er seine Dienstpflichten wahrnehmen möge, weil er als Amtsperson und nicht als Privatperson angesprochen werde. Im persönlichen Gespräch vermied ich diese Anrede meistens überhaupt.

Als ich eines Tages einen Kollegen aus dem Justizministerium traf, erzählte er mir, in seinem Hause rätsle man darüber, wie ich das alles durchstehen könne. Das sei ganz einfach zu erklären, erwiderte ich. Kein Staatsanwalt oder Richter würde sich von Delinquenten beeindrucken lassen. So sei das auch bei mir, zumal ich aus der vergleichbaren Funktion eines Strafsachen- und Steuerfahndungsreferenten heraus gehandelt hätte. Der Kollege schaute mich sinnend an, widersprach nicht. Irgendwie erschien ihm das einleuchtend, hatte ich das Gefühl.

Zivilcourage

Als einmal Bundespräsident Roman Herzog öffentlich zu mehr Zivilcourage aufrief, dachte ich mir: »Lieber Freund, du weißt nicht, was du sagst!« Freilich hatte er Bayern schon zu Zeiten verlassen, als noch Alfons Goppel regierte. Er wusste daher nicht, was Zivilcourage neuerdings kostete. Aber als Edmund Stoiber 2003 bei der Enthüllung der Sophie-Scholl-Büste in der Walhalla bei Regensburg eine bewegende Rede über Zivilcourage im Dritten Reich hielt, war ich sehr, sehr glücklich. Ich war mir nun sicher, dass er damals auf der richtigen Seite gestanden hätte, ganz gewiss in führender Position. So wie auch F. J. Strauß seinerzeit dem Widerstand angehört hatte, eigenen Angaben zufolge. Dafür spricht insbesondere, dass am Ende des von der Staatskanzlei in den Hofgarten führenden Säulengangs der Gedenkstein für die Weiße Rose steht.

Heribert Prantl schrieb in der *Süddeutschen* vom 19. Juli 2008 zur Erinnerung an den 20. Juli 1944: »Die Grundrechte erhalten sich nicht von selbst. Ein kleiner Widerstand – Zivilcourage, Bürgermut, aufrechter Gang – muss also ständig geübt werden. Damit der große Widerstand entbehrlich bleibt.«

Edmund Stoiber und Erwin Huber würden dem bestimmt aus vollem Herzen zustimmen.

Strickmuster

Nun könnte einer sagen, mein Fall sei zwar sehr schlimm gewesen, stehe aber singulär da und sei aus diesem Grund nicht repräsentativ für das Verhalten bestimmter CSU-Politiker. Deshalb möchte ich aufzeigen, dass das, was ich erlebt habe, sich später in anderen Fällen in gleicher oder ähnlicher Weise wiederholte. Das gilt für das rigorose Vorgehen gegen Personen, sogar gegen CSU-Parteifreunde, für die Vorzugsbehandlung gewisser Steuerpflichtiger und für das krasse Fehlverhalten von hohen Justizbeamten. Man erkennt rasch das Schema. Es gibt eine durchgehende »schwarze Linie«.

2 Parteifreunde

Justizminister Alfred Sauter und die LWS-Affäre

Mein Wechsel zur LWS

Finanzminister Erwin Huber wollte vermeiden, dass ich zu Gericht ging, um die Anwaltskosten in Höhe von 30 000 Mark einzuklagen, die er mir nicht ersetzen wollte. Er bemühte sich krampfhaft, eine zufriedenstellende Position für mich zu finden, und zwar außerhalb des Ministeriums. Innerhalb des Ministeriums war ich in seinen Augen anscheinend ein zu großes Sicherheitsrisiko.

Schließlich wurde er fündig: Ich sollte, wie erwähnt, zur Landeswohnungs- und Städtebaugesellschaft Bayern (LWS), an welcher der Freistaat über die Landesanstalt für Aufbaufinanzierung (LfA) mehrheitlich neben der Landesbank und dem Bund beteiligt war.

Kurios war, dass Kurt Miehler, mein Nachfolger in der Steuerabteilung, nach der Zwick-Affäre dorthin abgeschoben worden war, allerdings mit einem erheblich höheren Gehalt als zuvor. Nach einem halben Jahr war er verstorben. Jetzt sollte ich umgekehrt seine Nachfolge antreten. Als Generalbevollmächtigter wechselte ich im April 1998 zur LWS.

Die LWS schrieb schwere Verluste. Meine Aufgabe sollte sein, die 21 000 Wohnungen der Tochtergesellschaften der LWS als Vorstand einer zu gründenden Aktiengesellschaft an die Börse zu bringen oder als Geschäftsführer eines offenen Immobilienfonds der Verwertung zuzuführen. Mit den Erträgen sollten die enorm angewachsenen Schulden der LWS getilgt werden. Ich hatte mit Wohnungsbau noch nie etwas zu tun gehabt. Als ich darauf hinwies, wischte man dies beiseite. Man traute mir viel zu, vielleicht sogar alles.

Aufsichtsratsvorsitzender der LWS war Alfred Sauter, Staatssekretär im Innenministerium. Mit ihm musste ich meinen Anstellungsvertrag aushandeln. Ich hatte ihn viele Jahre zuvor einmal bei einer Podiumsdiskussion mit einem Gewerkschafter erlebt. Damals hatte er mich beeindruckt, weil er nicht irgendwelche fixen Positionen vertrat, sondern durchaus gegenteilige Argumente akzeptierte. Sauter zeigte sich unprätentiös und unkompliziert. Er knappste mir da und dort etwas von meinen Vorstellungen ab, war aber nicht unfair, und so wurden wir uns rasch einig. Natürlich kannte er meine Vorgeschichte. Er meinte: »Da hat man ja ganze Legionen gegen Sie eingesetzt.« Er sagte, darüber habe er sein eigenes Urteil.

Der Wind in der LWS wehte scharf. In der Sitzung, in der ich mich dem Aufsichtsrat und den Gesellschaftervertretern vorstellte, wurden unmittelbar zuvor zwei Geschäftsführer fristlos gefeuert, völlig zu Recht, wie ich später feststellte.

Ich machte mich an die Arbeit. Es galt eine Machbarkeitsstudie zu erstellen. Zu meiner eigenen Überraschung kam ich zu dem Ergebnis, dass das vorgesehene Konzept wirtschaftlich nicht sinnvoll war, zumal die zu erwartenden Erträge aus den Wohnungsbeständen aufgrund der Sozialbindung, der die meisten Wohnungen noch unterlagen, zu gering waren. Für die Position, die ich einnehmen sollte, war daher kein Raum. An sich hätte ich jetzt wieder ins Finanzministerium zurückgehen können. Aufsichtsrat und Geschäftsführer baten mich jedoch zu bleiben, weil in der LWS sehr viele rechtliche Probleme und andere Aufgaben zu bewältigen waren. So blieb ich.

Ein halbes Jahr später wurde Alfred Sauter nach der Landtagswahl 1998 Justizminister. Den Aufsichtsratsvorsitz legte er nieder. Diesen übernahm Klaus Rauscher, Vorstandsmitglied der Landesbank, den ich aus dem Finanzministerium als Streibls Ministerbüroleiter bestens kannte und in guter Erinnerung hatte.

Der Sitz der LWS befand sich in der Nymphenburger Straße, unmittelbar neben dem Strafjustizzentrum. Ganz in der Nähe waren zwei Herren ansässig, die ich ganz und gar nicht schätzte. Der eine war der Generalstaatsanwalt Hermann Froschauer, der im obersten Stockwerk des Strafjustizgebäudes residierte. Der andere war, welche Überraschung, mein früherer Widersacher Georg von Waldenfels. Man hatte ihn aus dem Hauptgebäude der heutigen E.ON ausquartiert und in einem sehr bescheidenen Büro im selben Gebäude untergebracht, wo die LWS ihr Domizil hatte. Er saß direkt im Zimmer unter mir.

Der Minister von Waldenfels hatte es stets vermieden, im Finanzministerium mit mir zu reden, ich wusste nicht einmal, ob er mich persönlich kannte. Er war auch Präsident des Deutschen Tennisbundes, von sportlicher Fairness konnte ich indes nichts bemerken. Nachdem die Einstellung des Disziplinarverfahrens gegen mich von der Presse und der Finanzgewerkschaft lebhaft begrüßt worden war, sah er sich dazu veranlasst, nachzutreten. In einer Presseerklärung eiferte er: »Der Amigo-Jäger Schlötterer ist kein Vorbild für unsere Beamtenschaft. Sogar den Bayerischen Verdienstorden soll er bekommen ...!« Zur Strafe fuhr ich mit ihm bisweilen im Aufzug hoch, während ich ansonsten die Treppen immer zu Fuß ging. Irgendwann wurde das Büro von Georg von Waldenfels dichtgemacht. Er hatte anscheinend nicht reüssiert.

Der Auftakt der LWS-Affäre

Die LWS schrieb Verluste in rasch ansteigender Kurve. Waren es 1994 noch 12,8 Millionen Mark, stiegen sie 1995 auf 76,2 Millionen Mark, 1996 auf 78,5 Millionen Mark, 1997 auf 147,3 Millionen Mark und schließlich 1998 auf 152,3 Millionen Mark. Insgesamt waren dies über 467 Millionen Mark.

Im Jahr 1997 fanden die schweren Verluste der LWS ihren Weg in die Presse. Innenstaatssekretär Alfred Sauter informierte als Aufsichtsratsvorsitzender den Landtag, ebenso durch einen Brief Ministerpräsident Stoiber. Dieser wusste von Sauter bereits 1995, dass es um die Geschäftsführung der LWS nicht zum Besten stand, insoweit gab es Gespräche wegen eines Wechsels. Seit Mitte 1996 hatten Aufsichtsrat und Gesellschafter einen empfohlenen Sanierer aus der Schweiz als Hauptgeschäftsführer verpflichtet. Man beauftragte ihn mit der Neuorganisation der LWS. Er erstellte für die LWS eine günstige wirtschaftliche Prognose, welche die Mitglieder des Aufsichtsrats und die Gesellschafter überzeugte.

Zudem wechselte man die Wirtschaftsprüfungsgesellschaft. Statt der Deutschen Baurevision wurde die KPMG beauftragt. Sie hatte alle Objekte auf ihre Risiken zu prüfen und durch entsprechende Wertberichtigungen die maximale Verlusthöhe zu ermitteln. Die finanzielle Situation erschien danach zwar schlecht, aber nicht katastrophal. Die Weichen schienen auf Durchfahrt gestellt.

Im Frühjahr 1999, Alfred Sauter war bereits mehr als ein halbes Jahr Justizminister, prüfte der Bayerische Oberste Rechnungshof die LWS. In seinen Prüfungsmitteilungen rügte er die LWS mit großer Schärfe, insbesondere wegen verlustreicher Großprojekte.

Es galt, dazu Stellung zu nehmen. Eigentlich wäre dies die Aufgabe des Finanzministeriums und der Landesanstalt für Aufbaufinanzierung sowie des Innenministeriums gewesen. Dort war man jedoch ziemlich ratlos. Die Zeit verging. Der Rechnungshof drohte schließlich, seinen Schlussbericht auch ohne die erbetene Stellungnahme vorzulegen. Da entschloss ich mich, kollegialerweise selbst einen Entwurf zu erstellen.

Ich stieg tiefer ein und stellte fest, dass die Rügen des Rechnungshofes, insbesondere soweit sie die Geschäftsführung betrafen, zwar im Wesentlichen berechtigt waren, dass aber die Hauptursache für die Verluste die schlechte Marktlage war. Die Konjunktur war massiv eingebrochen und die wirtschaftliche Entwicklung der neuen Bundesländer war weit schlechter verlaufen, als alle erwartet hatten.

Hinsichtlich der Vorhersehbarkeit der Verluste und einer möglichen Gegensteuerung kam ich zu dem Ergebnis, dass die verantwortliche Wirtschaftsprüfungsgesellschaft seinerzeit ihre Prüfungspflichten schwer verletzt hatte. Nur bei einem einzigen Projekt, das in Westdeutschland gelegen war, hatte sie auf Risiken hingewiesen, hingegen überhaupt nicht bei den in Ostdeutschland realisierten Großprojekten, gerade dort, wo die höchsten Verluste entstanden waren. Bei den zwei größten Projekten in Ostdeutschland in Höhe von 30 Millionen Mark und 50 Millionen Mark hatte sich die Wirtschaftsprüfungsgesellschaft nicht einmal die Generalunternehmerverträge vorlegen lassen. Das konnte ich leicht nachweisen. Insoweit gab es lediglich nicht unterschriebene Entwürfe. Die Folge war, dass die Generalunternehmer Nachforderungen in Höhe vieler Millionen Mark stellen konnten.

Der Aufsichtsrat unter Vorsitz von Alfred Sauter und die Gesellschaftervertreter mussten der Wirtschaftsprüfungsgesellschaft umso mehr vertrauen, als diese mit ihrer besonderen Kompetenz im Bereich Bauwesen warb. Aber es kam noch etwas Wichtiges hinzu. Bei Unternehmen der öffentlichen Hand bestimmt Paragraf 53 des Haushaltsgrundsätzegesetzes, dass eine Wirtschaftsprüfungsgesellschaft über den üblichen Jahresabschluss hinaus eine umfassende Prüfung vorzunehmen hat, die sich auch auf die Organisation erstreckt und Risiken jeder Art aufzeigen soll. In den Prüfungsberichten der Wirtschaftsprüfungsgesellschaft fanden sich indessen keine Hinweise auf schwerwiegende Missstände. Der vom Bundesfinanzministerium vorgegebene Fragenkatalog wurde vielmehr positiv beantwortet.

Aufsichtsrat und Gesellschafter durften sich daher noch viel mehr als bei einem privaten Unternehmen darauf verlassen, dass die Geschäftsführung die Projekte ordnungsgemäß abwickelte und dass keine jähen Verluste in Übergröße drohten. Das federführende Finanzministerium und das Innenministerium fanden meine Ausführungen überzeugend und übernahmen sie in ihre Stellungnahme gegenüber dem Rechnungshof.

Dann aber geschah Unerwartetes: Im Frühsommer 1999 berichtete plötzlich die *Augsburger Allgemeine* über die vom Rechnungshof bei der LWS festgestellten Verluste und Missstände. Das war kein Zufall. Irgendjemand hatte die Prüfungsmitteilungen, von denen es nur eine Handvoll Exemplare gab, der Zeitung zugespielt. Es kam der dringende Verdacht hoch, dass es sich um eine gegen Justizminister Sauter gerichtete Intrige aus dem Bereich der Staatsregierung handelte.

Zu meiner Überraschung bat mich Justizminister Sauter zu sich. Er wollte wissen, wie ich die Lage beurteile. Offenbar hatte er zu mir Vertrauen, was mich nach meiner Vergangenheit wunderte. Als ich ihm in seinem Dienstzimmer im Justizpalast gegenübersaß, dachte ich zunächst insgeheim daran, dass es hier unter seinen Vorgängern schon manche Besprechung meinetwegen gegeben hatte. Und jetzt saß ich selbst hier.

Ich erwiderte dem Justizminister, der erste Anschein sei für ihn ungünstig, weil er mehrere Jahre Aufsichtsratsvorsitzender der LWS gewesen sei. Jedoch sei es durchaus möglich, der Presse die tatsächlichen Abläufe verständlich zu machen. Zudem sei ja seit zwei Jahren allgemein bekannt, dass die LWS sich in schweren Wassern bewege. Auch von der Opposition drohe wohl keine Gefahr. Aber, fügte ich im Rückblick auf meine bösen Erfahrungen mit Edmund Stoiber hinzu, die Hauptfrage sei, ob der Ministerpräsident zu ihm stehe. Das, meinte Alfred Sauter lachend, sei überhaupt kein Problem, hinsichtlich der LWS habe stets enges Einvernehmen zwischen ihm und Stoiber bestanden. Man habe immer alles miteinander abgestimmt. Sauter war völlig davon überzeugt, dass Stoiber zu ihm, dem politischen Weggefährten seit vielen Jahren, halten würde.

Aber in Edmund Stoiber sollte er sich irren, genau so wie ich es befürchtet hatte.

Eskalation

Der Aufsichtsrat und die Gesellschaftervertreter waren über die Veröffentlichung in der *Augsburger Allgemeinen* bestürzt. Auf Vorschlag des Aufsichtsratsvorsitzenden Klaus Rauscher, der darauf hinwies, dass ich bei der Presse als besonders glaubwürdig gelte, erhielt ich den Auftrag, die Sachlage gegenüber der Presse klarzustellen.

Daraufhin nahm ich Verbindung zu dem *SZ*-Journalisten Michael Stiller auf, dem Meinungsführer in der Presselandschaft. Ich setzte ihm auseinander, dass sich die Verluste der LWS seit der Berichterstattung im Jahr 1997 zwar vergrößert hätten, im Wesentlichen gehe es dabei aber nur um weitere Wertberichtigungen an den bisherigen Objekten, weil sich die Marktlage weiter verschlechtert habe. Der Rechnungshof würde außerdem Fehler der Geschäftsführung rügen. Stiller erklärte mir, er sehe darin keinen großen Neuigkeitswert und sah von einer Berichterstattung ab.

Anschließend ging ich in Sommerurlaub nach Südfrankreich. Dort aber wurde ich durch die Schlagzeilen einer zufällig gekauften *Süddeutschen Zeitung* aufgeschreckt: Ministerpräsident Stoiber in die

LWS-Affäre verwickelt! Es ging um einen mir unbekannten Briefwechsel zwischen Innenminister Stoiber und Finanzminister von Waldenfels aus dem Jahr 1991. Darin forderte Stoiber einen verstärkten Einstieg der LWS in das Bauträgergeschäft. Das Finanzministerium hielt damals dagegen, dies sei für die LWS zu gefährlich, sie sei weder personell noch von ihrer Ausstattung her darauf eingerichtet. Stoiber aber beharrte auf seiner Forderung, das Finanzministerium gab schließlich nach.

Stoiber hatte sich durchgesetzt, die LWS stieg sofort groß in das Bauträgergeschäft ein. Dessen Volumen verzehnfachte sich innerhalb von drei Jahren von 30 auf 300 Millionen Mark. Als Alfred Sauter im Juli 1993 Aufsichtsratsvorsitzender wurde, waren nahezu alle Grundstücke, die später zu den großen Verlusten führten, bereits gekauft. Ein Zurück gab es jetzt nicht mehr, zumal bereits erhebliche Zwischenfinanzierungskosten und Planungskosten angefallen waren.

Der spätere Ministerpräsident Stoiber hatte also somit selbst die Hauptursache für die riesigen Verluste der LWS gesetzt. Gleichwohl wies er nun jede Verantwortlichkeit weit von sich. Sein Argument war: »Wenn ich eine Autobahn baue, bin ich nicht für die Unfälle verantwortlich, die darauf passieren.« Diese Verteidigungsformel war unredlich. Er hatte die kreuzlahme LWS nicht auf die Autobahn geschickt, sondern aufs Hochseil.

Wer Fehler macht, ist dafür verantwortlich. Wer sich gegen massive Einwände des federführenden Fachressorts durchsetzt, ist noch weit mehr verantwortlich. Statt jedoch die Öffentlichkeit um Pardon zu bitten nach dem Motto »Irren ist menschlich«, machte Stoiber jetzt ausschließlich andere verantwortlich. Aber er begnügte sich nicht mit Schuldzuweisungen.

Der erste Paukenschlag war, dass Stoiber die Namen der Mitglieder des Aufsichtsrats in der Presse veröffentlichen ließ. Rundum war man entsetzt. Jemanden öffentlich an den Pranger zu stellen, ohne die vorherige Chance einer Rechtfertigung zu geben, was war das für ein brutaler Stil?

Im weiteren Verlauf drängte sich sehr schnell der Eindruck auf, dass Stoiber es auf den Kopf des Justizministers abgesehen hatte, auch wenn er Sauter zunächst nicht namentlich erwähnte. Der Justizminister war bald weitgehend von Informationen abgeschnitten, hatte keine Verbindung mehr zum Ministerpräsidenten, wusste zeitweise nicht einmal, wo dieser sich aufhielt.

Stoiber warf Sauter schließlich vor, er habe gegen einen Kabinettsbeschluss vom August 1994 verstoßen, wonach die LWS im Bauträgergeschäft nur noch subsidiär und »möglichst unter Vermeidung von Risiken« tätig werden sollte. Dieser Beschluss bedeutete aber keinen sofortigen Ausstieg aus dem Bauträgergeschäft, was ohne schwerwiegende Verluste auch gar nicht möglich gewesen wäre, wie die Rechtsabteilung der Staatskanzlei selbst einräumte. Daraus also ließ sich keine Schuld Sauters ableiten.

Auch der Vorwurf Stoibers, Sauter habe ihn über die Lage der LWS falsch informiert, traf nicht zu. Ebenso wenig die Beschuldigung der Opposition, Sauter habe den Landtag unzutreffend unterrichtet. Die Darstellung Sauters entsprach vielmehr dem damaligen Erkenntnisstand. Selbst die KPMG, die der Deutschen Baurevision nachgefolgt war, hatte die Verluste erheblich niedriger eingeschätzt.

Stoiber aber ruhte nicht. Er setzte eine Arbeitsgruppe ein, die aus Beamten des Finanz- und Innenministeriums bestand und die Verantwortlichkeit untersuchen sollte. Sauter wehrte sich unterdessen öffentlich dagegen, die alleinige Verantwortung zu übernehmen oder gar als Justizminister zurückzutreten.

Die Beamten schrieben in ihrem Bericht, dass an erster Stelle die Geschäftsführer verantwortlich gewesen seien, an zweiter Stelle aber dann die Aufsichtsräte und die Gesellschaftervertreter. Hingegen bescheinigten sie fälschlicherweise den Wirtschaftsprüfern, sie hätte ihre Pflichten erfüllt; jedoch wäre es »wünschenswert« gewesen, wenn sie nachhaltiger auf die Defizite einzelner Projekte hingewiesen hätten. Vom Einbruch auf den Immobilienmärkten in den neuen Ländern hieß es lediglich, er habe die Vermarktung zusätzlich stark belastet.

Die aufgestellte Rangfolge der Verantwortlichkeiten stellte die Dinge auf den Kopf. Die Aufsichtsräte konnten die verlustbringenden Geschäfte und ihre Ursachen zu einem früheren Zeitpunkt nahezu nicht erkennen, weil die Geschäftsführer darüber nichts verlauten ließen, vor allem aber, weil diese von den Wirtschaftsprüfern bestätigt wurden. Die Wirtschaftsprüfer hatten in sämtlichen Jahresabschlüssen der Jahre 1994 bis 1997 die Verluste ausschließlich auf Konjunktur- und Marktentwicklung zurückgeführt, was auch völlig plausibel erschien. Lediglich für 1996 äußerten sie dunkel, hinzu kämen »Schwächen in der Organisation« der LWS. Was sollte da ein Aufsichtsrat argwöhnen? Was sollte er konkret tun? Und wieso hätte ein Aufsichtsrat Stoiber es besser gewusst? Ausgerechnet er, der betriebswirtschaftlich null Erfahrung hatte!

Es war nur zu klar, dass der Kopf des Justizministers rollen sollte. Die Presse berichtete bereits, dass in der nächsten Kabinettssitzung seine Entlassung erfolgen solle. Sauter wehrte sich. Er sah das unhaltbare Berichtsergebnis der Beamtengruppe als bestellte Arbeit an. Er erklärte, er werde auch dann nicht zurücktreten, wenn ihn der Ministerpräsident darum bitte.

Dann aber überstürzten sich die Ereignisse. Ganz überraschend, noch dazu per Handy, teilte Stoiber dem Justizminister am Samstag, dem 4. September 1999, mit, dass er mit sofortiger Wirkung entlassen sei.

Entlassung per Handy

Stoiber machte aus der Ankündigung Sauters einen Grund für dessen sofortige Entlassung: »Ich bin nicht bereit, derartige Vorwegfestlegungen eines Kabinettsmitglieds im Hinblick auf das Ergebnis von mir angeordneter Untersuchungen hinzunehmen«, erklärte er in Herrscherattitüde. Der angegebene Entlassungsgrund war höchst sonderbar, er entbehrte jeder Logik. Kein Mensch ist verpflichtet, das Urteil eines Gerichts sofort hinzunehmen, selbstverständlich darf er Berufung oder Revision dagegen einlegen. Und noch weniger musste ein Verdikt abhängiger Ministerialbeamter ohne vorheriges »rechtliches Gehör« hingenommen werden. Es war doch Sauters natürliches Recht, dagegen sachliche Einwände geltend zu machen. Das wusste Stoiber natürlich auch. Die Weigerung Sauters, freiwillig zurückzutreten, konnte daher nicht der wahre Entlassungsgrund gewesen sein.

Dass Stoiber grundsätzlich entschlossen war, den Justizminister über die Klinge springen zu lassen, kann als sicher gelten. Aber der Grund für die abrupte sofortige Entlassung war allem Anschein nach ein anderer. Das zeigt folgender Ablauf: Am Tag der Entlassung, kurz nach 16 Uhr, fragte die Münchner *Abendzeitung* bei CSU-Sprecher Hermann Hofmann an, ob ihre Information zutreffe, dass Edmund Stoiber bei dem Strauß-Spezi Dieter Holzer in dessen Villa an der Côte d'Azur schöne Urlaube verbracht habe. Um 16.40 Uhr teilte Stoiber per Handy dem Justizminister mit: »Das Maß ist voll, du bist fristlos gefeuert!«

Was versetzte Edmund Stoiber derart in Panik oder in Rage, dass er Sauter sofort hinauswarf? Dies außerdem nicht in Form eines gebotenen Schreibens, sondern per Handy! Noch dazu unter gröblichster Verletzung der Verfassung, wonach die vorherige Zustimmung des Landtags erforderlich war? Sämtliche Sicherungen mussten bei Stoiber durchgebrannt sein. Dass Sauter nicht freiwillig zurücktreten wollte, wusste er bereits. Deshalb konnte es für ihn überhaupt kein Grund zur Aufregung sein, wenn Sauter ankündigte, dies auch nicht auf seine Aufforderung hin tun zu wollen. Die Verfassung sah ausdrücklich vor, dass ein Minister bleiben durfte, wenn der Landtag der Entlassung nicht zustimmte.

Allein schon der enge zeitliche Zusammenhang lässt den Schluss zu, dass die Anfrage der *Abendzeitung* die wahre Ursache für die Entlassung Sauters war. Diese Anfrage war für Stoiber äußerst peinlich. Kostenlose Urlaube in der Villa des berüchtigten Lobbyisten und Waffenhändlers Dieter Holzer?! Stoiber war ohnehin schon in arger Bedrängnis, weil unmittelbar zuvor bekannt geworden war, dass er seinen Sommerurlaub in der Villa des Strauß-Leibarztes Argirov in Cap Ferrat verbracht hatte. Stoiber hatte behauptet, er habe Argirov 3000 Mark dafür bezahlt. Dieser hatte zuvor jedoch erklärt, von Freunden nehme er kein Geld. Das legte den Schluss nahe, dass Stoiber entweder die Unwahrheit gesagt hatte oder Argirov das Geld erst gab, nachdem alles aufgekommen war. Die Presse hatte die kostenlosen Urlaube als Beweis dafür angeführt, dass Stoiber weiterhin dem Amigo-System huldigte. Selbst in der CSU-Landtagsfraktion schüttelte man den Kopf; man sagte sich, der hat doch nichts dazugelernt.

Wer aber konnte die Presse über die Holzer-Urlaube informiert haben? Diese Urlaube lagen zehn Jahre zurück, davon wusste nicht jeder. Aber Sauter konnte es wissen. Und dass Stoiber Sauter, der mit dem Rücken zur Wand stehend um seine berufliche Existenz kämpfte, als Informanten verdächtigen musste, lag auf der Hand.

Die *Abendzeitung* berichtete später von mehreren Informanten, danach war es Sauter wohl nicht. Abgesehen davon aber hätte Stoiber ihm keine Verleumdung vorwerfen können. Er musste ja zugeben, dass die Urlaube der Wahrheit entsprachen.

Das Opfer

Der tief getroffene Alfred Sauter erhob laute Klage, dass er von Stoiber als »Menschenopfer« dargebracht worden sei. Wer der Situation fernstand, mochte das vielleicht als pathetisch empfinden. Aber in Wirklichkeit war es so. Angesichts Stoibers eigener schweren Fehleinschätzung, ohne welche die Verluste der LWS nicht eingetreten wären, hätte aus der Sicht Sauters zuallererst er selbst zurücktreten müssen. Dass er stattdessen ihn, den langjährigen Weggefährten, unter entwürdigenden Umständen vom Hof jagte und ihn um seine berufliche und politische Karriere brachte, erregte Abscheu.

Die Öffentlichkeit begriff, dass dies eben nicht das übliche Bauernopfer war. Franz Maget, der Vorsitzende der SPD-Landtagsfraktion, bezeichnete Stoiber sogar öffentlich als »Kameradenschwein« – ein bei der Bundeswehr geläufiger Ausdruck. Die Journalisten stuften Stoiber entsprechend ein, wenngleich mit anderen Worten. Und sie zeigten für Sauter Sympathie, als dieser nicht klein beigab, sondern Stoiber mit Widerworten öffentlich Paroli bot, sogar von »Schafscheiß« sprach.

Im LWS-Untersuchungsausschuss des Landtags vermochte Sauter sich plausibel zu rechtfertigen. Mit Spannung erwartete ich daher die Vernehmung des Ministerpräsidenten. Stoiber gab dabei kein gutes Bild ab. Zunächst lehnte er es ab, sich überhaupt zu setzen, bevor die Fotografen den Saal verlassen hatten. Bei den Fragen lavierte er sich durch, indem er seine Schuldzuweisungen nie an konkreten Fakten festmachte. Am Ende seiner Vernehmung hielt ihm der SPD-Abgeordnete Peter Gantzer, Notar von Beruf, mit einem letzten Satz vor: »Aber dem Herrn Sauter haben Sie einen Strick daraus gedreht!« Eine Antwort Stoibers habe ich nicht gehört, obwohl es im Saal ganz still geworden war.

Die *Welt am Sonntag* hatte Stoiber empfohlen, wie er die Angelegenheit fair hätte beenden können: Gemeinsam mit Sauter an die

Öffentlichkeit gehen und sagen: »Das haben wir uns gemeinsam eingebrockt, das löffeln wir gemeinsam aus.« Die *Bild*-Zeitung schrieb: »Wer die weiße Weste des Saubermanns auch nur gefährdet …, wird geopfert – auch wenn er ein treuer Freund gewesen ist.«

Pflichtverletzungen des Aufsichtsrats und seines Vorsitzenden Sauter, die zu einem Regress berechtigt hätten, konnte niemand feststellen. Umso abwegiger war es, Sauter seines Amtes als Justizminister zu entheben, zumal er dieses Amt, das mit der LWS überhaupt nichts zu tun hatte, bestens geführt hatte. Eine hohe Richterpersönlichkeit äußerte mir gegenüber: »Er war ein ausgezeichneter Justizminister – der Nachfolger, na ja …«

Bei Stoiber mag freilich noch etwas anderes eine Rolle gespielt haben. Sauter war von Haus aus keiner, der ehrfürchtig vor ihm das Haupt gesenkt hätte. So intelligent wie Stoiber war er allemal, das zeigten schon seine geschliffenen Interviews. Stoiber hatte es sicher auch nicht gern gehört, dass Sauter ihn nach einer Kabinettssitzung auf die Seite nahm und ihm sagte, er möge doch um Gottes willen nicht alles und jedes besser wissen als der zuständige Fachminister.

Konnte Sauter wenigstens auf die Solidarität oder das Mitgefühl seiner Kabinettskollegen zählen? Mitnichten. Wie Eisenspäne richteten sie sich ruckartig nach dem Magneten der Macht aus. Einer tat sich besonders hervor, der Leiter der Staatskanzlei, Erwin Huber. Er bescheinigte Sauter »grobe Illoyalität« gegenüber dem Ministerpräsidenten, wenn er sich dessen Willen widersetze. Und wenn er mit Enthüllungen drohe, gebe dies einen »tiefen Einblick in seine Charaktersituation«. Erwin Huber scheute sich nicht, den Kollegen, der gerade noch wie er die Füße unter den Kabinettstisch gestreckt hatte, nun auch noch charakterlich schlecht zu machen. Sauter war kein Amigo, in den Augen mancher war dies vielleicht ein Charaktermangel.

Der neue Justizminister Manfred Weiß strahlte auf den Pressefotos über beide Backen. Jetzt hatte er auf seine alten Tage doch noch Karriere gemacht.

Stoibers seltsame Urlaube

Die Hinweise von Informanten an die *Abendzeitung*, dass Stoiber in den Luxusvillen von Dieter Holzer und von Argirov an der Côte d'Azur Urlaub gemacht hatte, sollten Stoiber offensichtlich in Schwierigkeiten bringen. Das setzte aber voraus, dass es sich nicht um harmlose Urlaube gehandelt hatte. Und in der Tat gelang es Stoiber nicht, sie als solche hinzustellen.

Er musste zugeben, dass er zwischen 1982 bis 1989 sechs bis sieben dreiwöchige Urlaube mit seiner Familie in der Luxusvilla des Lobbyisten Dieter Holzer in Golfe Juan verbracht hatte, dreimal auch mit der Schwester und dem Schwager. Es waren also üppige Familienurlaube. Noch dazu konnte er nicht behaupten, dass er dafür bezahlt hätte, vielmehr erklärte er, er sei mit Holzer befreundet gewesen.

Dass der Lobbyist, der bei Strauß ein- und ausging und auch mit Waffen handelte, heute wegen Geschäften im Zusammenhang mit Elf Aquitaine in Frankreich zu einer Gefängnisstrafe von anderthalb Jahren wegen Bestechung verurteilt wurde und mittlerweile wegen Fluchthilfe für Holger Pfahls und Falschaussage von der Augsburger Justiz belangt wurde, Stoibers Freund war, ist an und für sich schon sehr merkwürdig. Vor allem aber ist zu bedenken: Ein Lobbyist macht nichts umsonst. So sei die Frage gestellt, was denn die Gegenleistung Stoibers war. Durfte Dieter Holzer mit seiner Familie bei ihm umgekehrt sechs- bis siebenmal in Wolfratshausen Urlaub machen? Mit oder ohne Frühstück?

Selbst wenn man einen Urlaub oder zwei Urlaube in der Luxusvilla Holzers noch mit Freundschaft erklären könnte, so ist das bei mehr Urlauben nicht mehr möglich. Worin bestand demnach die Gegenleistung Stoibers? Schon anstandshalber musste Stoiber sich doch sagen, dass er diese Luxusvilla nicht so ungeniert und noch dazu so oft in Anspruch nehmen könne, wenn Holzer nicht mindestens adäquate Vorteile aus seiner Gastfreundschaft ziehen konnte. Welches aber waren dann diese Vorteile? Wenn es sie gab, konnten sie doch nur aus der Dienststellung Stoibers resultieren.

Bemerkenswerterweise hatte Stoiber 1993 bei seiner großen öffentlichen Amigo-Beichte zwar die kostenlosen Flüge mit MBB nach Südfrankreich eingeräumt, von den kostenlosen Urlauben bei Dieter Holzer aber hatte er nichts erzählt. Welchen Grund gab es, diese Urlaube bei seiner Beichte auszusparen? Hatte er wenigstens die Flüge zu diesen Urlauben selbst bezahlt oder bezahlte Holzer auch sie? Trifft es zu, dass Holzer in die Nachtkästchen sogar »Taschengeld« für den Aufenthalt gelegt hatte?

Die Frage nach den Beziehungen Stoibers zu Holzer ist auch deshalb bedeutsam, weil es in der Regierungszeit Stoibers bei der Augsburger Staatsanwaltschaft diverse Ermittlungen gab, die in Richtung Holzer gingen oder gehen konnten. Die Schwierigkeiten, die der Oberstaatsanwalt Jörg Hillinger und der Staatsanwalt Winfried Maier seitens des Justizministeriums und des Generalstaatsanwalts bekamen, sind bekannt. Gab es insoweit Zusammenhänge?

Nicht minder in Erklärungsnot geriet Edmund Stoiber wegen seines Urlaubs in der Luxusvilla von Argirov in Cap Ferrat. Dieser war der Leibarzt von Strauß und später von Stoiber. Wie die Presse berichtete, erhielt Argirov für seine Kliniken Fördermittel des Freistaats Bayern in Höhe von 150 Millionen Mark und mehr. Die bevorzugte Förderung der medizinischen Ausstattung der beiden Argirov-Kliniken aus staatlichen Mitteln zu Zeiten von F. J. Strauß rief zum einen den öffentlichen Protest der Ärzte des Kreiskrankenhauses Starnberg hervor, zum anderen von Ärzten der Rosenheimer

Gegend. Als sich 1985 der Ministerialrat Peter Steigerwald im Sozialministerium gegen die finanzielle Förderung der Argirov-Klinik bei Starnberg sperrte, wurde ihm der Fall entzogen. Sein Abteilungsleiter Miesbach erklärte der Presse dazu, die Anordnung sei vom Minister persönlich gekommen. Und er stellte klar: »Es hatte sich rumgesprochen, dass Argirov ein Freund von Strauß ist.« Ein Jahr später wurden Argirov 25 Millionen Mark Fördermittel bewilligt.

Stoiber erregte mit dem Urlaub bei Argirov heftigen Unmut auch in der CSU. Offiziell hatte er freilich ein Hotel gebucht, in dessen Gästebuch er dann später schrieb, dass ihm der Aufenthalt sehr gefallen habe.

Im Landtag hielt ihm die SPD-Chefin Renate Schmidt seine Amigo-Urlaube vor: »Wie haben Sie sich eigentlich als Strippenzieher gefühlt, der mit seinen Ellenbogen Max Streibl zum Rücktritt gedrängt hat, weil dieser unter anderem kostenlos Ferienaufenthalte bei seinem Freund Grob verbrachte, und Sie doch gewusst haben, dass Sie selbst keinen Deut besser sind?«

Obwohl Stoiber weder die Holzer-Urlaube noch den Argirov-Urlaub plausibel erklären konnte, musste nicht er gehen, sondern Alfred Sauter. Der angehende Kanzlerkandidat Stoiber war weiterhin der Hoffnungsträger der CSU-Spitzenleute. Er vermochte die Sauter-Affäre rasch wieder aus den Schlagzeilen zu verdrängen. Die Menschen vergaßen schnell. Es galt die bayerische Lebenserfahrung: »Morgen läuft wieder eine andere Sau durchs Dorf!«

Franz Schwarzmann

In diesem Abschnitt geht es nicht um einen Parteifreund, aber der Fall gehört dennoch hierher. Franz Schwarzmann war ein ausgezeichneter Jurist. Er kam aus dem Finanzministerium, wurde Vorstandsmitglied der LfA Förderbank Bayern und ab Mai 1994

Aufsichtsratsmitglied der LWS, schließlich stellvertretender Aufsichtsratsvorsitzender. Er hatte sich von Anfang an nachweislich intensiv bemüht, die LWS-Strukturen zu verbessern und einen Sanierer einzustellen. So hatte es auch der Rechnungshof dargestellt. Dennoch forderte Stoiber auch seinen Kopf.

Im Kabinett widersetzte sich Wirtschaftsminister Otto Wiesheu der Entlassung Schwarzmanns, es half nichts. Finanzminister Kurt Faltlhauser musste Schwarzmann schließlich seine Entlassung als Vorstandsmitglied der LfA mitteilen, was er mit den bedauernden Worten tat: »Ich müsste Ihnen eigentlich eine Tapferkeitsmedaille verleihen, aber ich muss Sie leider entlassen.«

Obwohl Stoiber selbst die Ausgangsursache für die Verluste der LWS gesetzt hatte und obwohl er nie eigenes betriebswirtschaftliches Können unter Beweis gestellt hatte, ließ er einen weiteren Menschen über die Klinge springen. Der Öffentlichkeit aber wurde dadurch einmal mehr der Eindruck vermittelt: Ein untadeliger Ministerpräsident sorgt für Ordnung und Sauberkeit im Freistaat Bayern, ganz ohne Ansehen der Person.

Druck

Das Vorgehen Stoibers gegen Sauter und Schwarzmann stand auch im Widerspruch dazu, dass die LWS-Gesellschaftervertreter in einer Sitzung den Beschluss fassten, den früheren Aufsichtsratsmitgliedern Entlastung zu erteilen. Das bedeutete, dass keine Pflichtverletzungen festzustellen waren, die zu Regressansprüchen berechtigt hätten. Ich hatte in dieser Sitzung Protokoll geführt. Wie üblich übersandte ich das Protokoll unverzüglich dem Vorsitzenden Heinrich Schmidhuber, Präsident des Sparkassen- und Giroverbandes, zur Unterschrift.

Gewöhnlich sandte Schmidhuber die Protokolle in wenigen Tagen an mich zurück, sie wurden dann den Mitgliedern der Gremien der LWS zugestellt. Dieses Mal aber kam das Protokoll zu meiner

Überraschung nicht zurück. Als ich mich danach erkundigte, erfuhr ich, dass Schmidhuber das Protokoll sofort unterschrieben hatte, anschließend war er in den Ruhestand gegangen. Aber unter dem Siegel strengster Verschwiegenheit teilte man mir weiter mit, dass das Protokoll auf Verlangen von politischer Seite zurückgehalten werde. Als Grund sei der anstehende Untersuchungsausschuss genannt worden.

Das bedeutete, dass Sauter, Schwarzmann und die anderen Mitglieder des Aufsichtsrats nichts von ihrer Entlastung erfuhren. Vor dem Entlastungsbeschluss hatte ich zudem gehört, dass 1 Million Mark bereitgestellt worden sei, um eine Anwaltskanzlei in Köln oder Düsseldorf mit der Geltendmachung von Regressansprüchen gegen die Aufsichtsratsmitglieder zu beauftragen. Wenn dies zutraf, musste insbesondere Sauter mit seiner wirtschaftlichen Vernichtung rechnen.

Als nach mehr als drei Monaten das Protokoll immer noch zurückgehalten wurde, entschloss ich mich, diesem Spielchen ein Ende zu bereiten. Ich verlangte die Versendung des Protokolls mit der Begründung, anderenfalls würde ich als Protokollführer ins Zwielicht gestellt. Daraufhin wurde das Protokoll schließlich freigegeben und versandt, freilich erst, wie man mir sagte, nach Rückfrage bei der politischen Instanz.

Wie ich später erfuhr, hatte Sauter bereits schriftlich wegen der ausstehenden Entlastung angefragt, jedoch eine Antwort erhalten, die ihn im Ungewissen ließ.

Mir kamen diese Methoden bekannt vor. Als meine Zeugenvernehmung durch den Amigo-Untersuchungsausschuss seinerzeit bevorstand, hatte man mich termingerecht, wie schon geschildert, mit Strafverfahren und Disziplinarverfahren umzingelt.

Dass man damals damit Druck auf mich als Belastungszeugen ausüben wollte, wurde im Landtag von der CSU zurückgewiesen.

Aber welche Erklärung gab es sonst dafür? Und welche Erklärung hätte man dafür parat gehabt, dass man das Protokoll, das Sauter entlastete, so lange zurückhielt?

Die *Süddeutsche* meldete: »Bei Stoiber habe die Entscheidung der Gesellschafter zugunsten Sauters großes Missfallen erregt, heißt es in der CSU.«

Erfolg

Für all das, was gegen Sauter und Schwarzmann ins Werk gesetzt wurde, war Ministerpräsident Edmund Stoiber persönlich verantwortlich. Das Bedrückende aber war, er kam damit durch. Stoiber kandidierte als Bundeskanzler, beinahe hätte er die Bundestagswahl sogar gewonnen. Er behauptete hartnäckig, er kenne sich in Sachen Wirtschaft bestens aus und er wisse, wie die ständig steigende Arbeitslosigkeit rasch zu beseitigen sei. Viele sahen in Stoiber den Strohhalm, nach dem es zu greifen galt. In Bayern hatte er besonders viele Stimmen, die Menschen hatten entweder nicht begriffen, was abgelaufen war, oder sie hatten es schon wieder vergessen. Diejenigen aber, die es begriffen und auch nicht vergessen hatten, waren bei Weitem in der Minderzahl.

Im Endergebnis schien alles wieder in schönster Ordnung zu sein, abgesehen davon, dass Stoiber und Sauter keine Freunde mehr waren. Sauter aber genoss großen öffentlichen Respekt.

Staatssekretär Erich Riedl

Ein Feind namens Max Strauß

Der langjährige CSU-Bundestagsabgeordnete und parlamentarische Staatssekretär im Bundeswirtschaftsministerium, Erich Riedl, hatte in der Münchner CSU einen Feind: Max Strauß. Das hatte zwei

Gründe. Zum einen wollte Max Strauß Bundestagsabgeordneter werden und deshalb anstelle von Riedl bei der Bundestagswahl 1998 in dessen Wahlkreis kandidieren, was ihm jedoch nicht gelang. Zum anderen war ihm Riedl als Kreisvorsitzender wegen einer finanziellen Angelegenheit zu nahe getreten. Und das kam so:

Im CSU-Ortsverband 17b, dessen Vorsitzender der inzwischen zurückgetretene CSU-Stadtrat Curt Niklas war, waren trotz mehrfacher Mahnungen der CSU-Bezirksgeschäftstelle und der CSU-Landesleitung keine Rechenschaftsberichte abgegeben worden. Deshalb musste seinerzeit auch der Rechnungslegungsbericht der Partei gegenüber dem Bundestag korrigiert werden. Inzwischen hatte sich herausgestellt, dass der Kassenfehlbetrag in diesem zu den kleinsten Ortsverbänden der CSU gehörenden Ortsverband 17b 236 000 Mark betrug. Verantwortlich dafür waren Curt Niklas und Max Strauß, dem als Schatzmeister sowohl die fristgemäße Erstellung der Rechenschaftsberichte als auch die Begründung dieses horrenden Minusbetrages oblag. Bis heute ist der Grund für den Fehlbetrag von den Gremien der Münchner CSU nicht geklärt. Kurt Faltlhauser als Schatzmeister des CSU-Bezirks schrieb: »Es fehlt der Widerschein dieses enormen Fehlbetrages.« Vornehm formuliert!

(Für ein einfaches Parteimitglied stellt sich die Frage: Wurde Strafanzeige gestellt?)

Ein Ermittlungsverfahren und die Rolle Edmund Stoibers

Ende 1995 leitete die Augsburger Staatsanwaltschaft gegen Erich Riedl ein Ermittlungsverfahren ein wegen des Verdachts, er habe von dem Lobbyisten Karlheinz Schreiber 500 000 Mark Schmiergeld erhalten und nicht versteuert. Der Bundestag hob seine Immunität auf. Anlass der Ermittlungen war, dass sich im beschlagnahmten Notizbuch Schreibers unter einer Rubrik, in der unter Tarnnamen verschiedene Schmiergeldempfänger vermerkt waren, sich folgendes Kürzel befand: »E.R.o.5.«. Dieses Kürzel begründete den Anfangsverdacht, dass es sich hierbei um Erich Riedl handelte und dass dieser illegal 500 000 Mark im Zusammenhang mit der Lieferung von Spürpanzern der Bundeswehr der Marke Fuchs an Saudi-Arabien erhalten hätte.

Die Staatsanwaltschaft kam jedoch bald zu dem Ergebnis, dass sich der Verdacht nicht aufrechterhalten ließ. Zum einen gab es in dem Notizbuch eine zweite Rubrik, in der die erfolgten Auszahlungen an die Empfänger vermerkt waren und mit der auch die Kontobewegungen übereinstimmten. In dieser Auszahlungsrubrik war jedoch das Kürzel E.R. nicht vermerkt, auch gab es keine entsprechende Kontobewegung. Zum anderen hatte die Steuerfahndung des Finanzamts Augsburg-Stadt nach Überprüfung der Vermögensverhältnisse und der Konten Erich Riedls sowie der sonstigen Unterlagen in einem Bericht vom 25. Oktober 1996 festgestellt, dass es keinen Hinweis darauf gebe, dass Erich Riedl die besagten 500 000 Mark erhalten habe. Es war auch völlig offen, ob das Kürzel E.R. überhaupt »Erich Riedl« bedeutete. Die Durchsuchung seiner Wohnung und seines Büros hatte ebenfalls keinerlei Beweise erbracht.

Daher beabsichtigte die Staatsanwaltschaft Augsburg pflichtgemäß, das Verfahren gegen Erich Riedl einzustellen. Der Leitende Oberstaatsanwalt Jörg Hillinger teilte dem Generalstaatsanwalt Hermann Froschauer mit Bericht vom 29. Oktober 1996 mit, der ermittelnde Staatsanwalt werde eine Einstellungsverfügung fertigen. Doch welche Überraschung! Das Justizministerium untersagte Hillinger die Einstellung des Verfahrens – in einer »Rücksprache«, also nicht schriftlich, sondern mündlich. Hillinger gab diese Weisung an den Staatsanwalt Weigand weiter mit der Maßgabe, dieser dürfe dem Anwalt von Erich Riedl nichts davon sagen. Vielmehr solle er diesen (wahrheitswidrig!) dahin bescheiden, der Behördenleiter habe die Sache an sich gezogen. Dies hielt der ermittelnde Staatsanwalt Jochen Weigand in einem Aktenvermerk fest.

Bei der Bedeutung des sehr prominenten CSU-Staatssekretärs war davon auszugehen, dass der Justizminister Hermann Leeb persönlich hinter der Weisung des Justizministeriums stand. Des Weiteren war aus dem gleichen Grund anzunehmen, dass er in Absprache mit Ministerpräsident Edmund Stoiber handelte. Der ganze Vorgang war höchst erstaunlich. Anstatt zu begrüßen, dass ein so herausragender CSU-Politiker vom Verdacht der Schmiergeldannahme und Steuerhinterziehung befreit wurde, sollte das Ermittlungsverfahren nicht eingestellt werden, mit der Folge, dass Erich Riedl weiterhin öffentlich am Pranger stand, behaftet mit dem Verdacht, bestechlich zu sein und Steuern hinterzogen zu haben.

Der Vorsitzende des Immunitätsausschusses des Bundestags, der SPD-Abgeordnete Dieter Wiefelspütz, hatte nach einem halben Jahr vorschriftsgemäß zu prüfen, ob der Verdacht sich bestätigt hatte oder ob die Immunität wiederherzustellen war. Er reiste nach München zum Justizministerium. Dort gab es jedoch keine Beweise zum Fall Riedl, obwohl die besagte Weisung des Justizministeriums an die Staatsanwaltschaft ergangen war. Nach einem halben Jahr reiste Wiefelspütz wieder an, mit demselben Ergebnis. Daraufhin sah sich der Deutsche Bundestag im November 1997 aufgrund der substanzlos gebliebenen Anschuldigung gegen Riedl gezwungen, dessen Immunität wiederherzustellen: Der Beschluss wurde über alle Fraktionen hinweg fast einstimmig gefasst! Es war der bisher einzige Fall, in dem ein Bundestagsabgeordneter die Immunität zurückerhielt.

Inzwischen war der Ruf Riedls jedoch so ruiniert, dass er bei der Bundestagswahl 1998 seinen als sicher geltenden Bundestagswahlkreis in München verlor. Dazu hatte auch ein Flugblatt beigetragen, das auf die laufenden staatsanwaltschaftlichen Ermittlungen gegen Riedl hinwies. Für dieses Flugblatt zeichnete ein Rechtsanwalt verantwortlich, der erklärtermaßen für Hintermänner handelte, die unbekannt bleiben wollten. Riedl vermutete, dass es sich dabei um Max Strauß sowie zwei weitere CSU-ler handelte.

Nach der Bundestagswahl ging es mit der Verfolgung weiter. Riedl war nun kein Bundestagsabgeordneter mehr, die Immunität schützte ihn nicht mehr. Flugs wurde das Ermittlungsverfahren gegen ihn wieder eröffnet und weiterhin anderthalb Jahre lang offengehalten, obwohl es überhaupt keine neuen Anhaltspunkte und auch keine Ermittlungshandlungen gegen ihn gab. Warum nur diese Verfolgungsjagd?

Die Fortsetzung der Strafverfolgung gegen Riedl war umso weniger gerechtfertigt, als Karlheinz Schreiber in Briefen vom 9. Oktober und 5. November 1997 an Ministerpräsident Stoiber und dessen Justizminister Leeb geschrieben hatte, dass Erich Riedl mit der ganzen Sache nichts zu tun habe und von ihm keine Zahlungen erhalten habe. Diese Schreiben, die Riedl zusätzlich entlastet hätten, enthielt das Justizministerium jedoch der Staatsanwaltschaft vor. Warum nur?

Der Justizminister gab später als Grund an, die Staatsanwaltschaft habe »nicht eingeschüchtert« werden sollen, da Schreibers Briefe auch Drohungen enthalten hätten. Waren es Morddrohungen? Sicher nicht. Richteten sich die Drohungen überhaupt gegen die Staatsanwaltschaft? Die Einlassung des Justizministers war in keiner Weise schlüssig. Das Justizministerium hätte im Übrigen solche Stellen schwärzen oder wenigstens die Entlastung Riedls durch Schreiber der Staatsanwaltschaft Augsburg mitteilen können. Das hatte man indes nicht getan. Es war eine offensichtliche Schutzbehauptung des in die Enge getriebenen Justizministers Leeb. Diesem hatte im Jahr 1994 der frühere CSU-Innenstaatssekretär Erich Kiesl im Landtag in öffentlicher Sitzung vorgeworfen, die Bayerische Justiz würde »zu politischen Zwecken missbraucht«. Dies sei gang und gäbe.

Erst im März 2000, also nach mehr als vier Jahren, wurde das Ermittlungsverfahren endgültig eingestellt. Erich Riedl machte nun seinerseits Front gegen den Justizminister und insbesondere gegen Ministerpräsident Stoiber. Diesen machte er verantwortlich für das langjährige Verfahren gegen ihn und die Vernichtung seiner politischen Existenz. »Selbstverständlich« müsse Stoiber informiert gewesen sein. »Mir ist natürlich völlig klar, wen der Ministerpräsident schützen wollte. Mich auf jeden Fall nicht«, erklärte er öffentlich.

In einer 19-seitigen Strafanzeige erhob Riedl durch seinen Anwalt den Vorwurf der Rechtsbeugung und der Verfolgung Unschuldiger, worauf bis zu zehn Jahre Gefängnis stehen. Klarzustellen ist, dass ein Ermittlungsverfahren nicht länger dauern darf als unbedingt notwendig. Seit November 1996, als das Justizministerium die Einstellung des Strafverfahrens untersagt hatte, waren somit dreieinhalb Jahre vergangen – jedoch ohne irgendeine Ermittlungshandlung! Im Übrigen hätte man das eingestellte Ermittlungsverfahren, wenn neue Verdachtsmomente aufgetaucht wären, jederzeit wieder aufnehmen können – es gab also auch keinen verfahrensrechtlichen Grund, das Strafverfahren vorsorglich aufrechtzuerhalten.

Die Strafanzeige Riedls blieb natürlich erfolglos. Vor dem Schreiber-Untersuchungsausschuss des Landtags aber wiederholte Riedl am 27. November 2001 seine Vorwürfe gegen Ministerpräsident Stoiber und den Justizminister. Unterstützung fand er bei den CSU-Mitgliedern des Untersuchungsausschusses nicht. Warum sollten sie Solidarität üben oder auf Rechtsstaatlichkeit pochen, wenn ihr Häuptling Edmund Stoiber anders dachte? Die praktische Anwendung der vom Fraktionsvorsitzenden Alois Glück entwickelten »Ethik der Macht« wartete auf einen geeigneteren Fall als den des Bundestagsabgeordneten und Parteifreundes Erich Riedl.

Welches Motiv aber hatte Edmund Stoiber gehabt? Einen persönlichen Grund, so Riedl, etwa eine Konkurrenzsituation, gab es für Stoiber nicht. Was aber war es dann, das ihn dazu nötigte, den prominenten Bundestagsabgeordneten jahrelang grundlos der Strafverfolgung auszusetzen? Erich Riedl erkannte als Beweggrund Stoibers: Er wollte Max Strauß schützen, gegen den die strafrechtlichen Ermittlungen weiterliefen. Wenn die Ermittlungen gegen Riedl eingestellt worden wären, hätte dies umgekehrt die Öffentlichkeit darauf schließen lassen, dass der Verdacht gegen Max Strauß begründet war. Dies konnte dem Strauß-Sohn in keiner Weise recht sein. Und dass sein Feind Erich Riedl als unschuldig dastand, war bestimmt nicht sein Wunschtraum.

Erich Riedl stellte heraus, dass Max Strauß Edmund Stoiber in der Hand hatte: »Wenn der Max sich einen Tag hinsetzt und aufschreibt, was er über Stoiber weiß, ist dieser erledigt«, erklärte Erich Riedl. Es war herausgekommen, dass Stoiber Amigo-Leistungen in Anspruch genommen hatte. Wenn Max Strauß Stoiber noch weiterer Dinge bezichtigte, man denke an Stoibers kostenlose Luxusurlaube in der Mittelmeervilla des Lobbyisten Dieter Holzer, dann war das für Stoiber brandgefährlich. Bereits in der Zwick-Affäre war er gewaltig unter Druck gekommen, als sich herausgestellt hatte, dass er Kenntnis von einer beabsichtigten Vorwarnung Eduard Zwicks vor einem drohenden Haftbefehl aus Frankfurt hatte. Die Schlussfolgerung Erich Riedls, dass Max Strauß Edmund Stoiber unter Druck setzen konnte, war daher nachvollziehbar.

Welche Erklärung hätte es sonst für das Verhalten Edmund Stoibers aus der Sicht Erich Riedls gegeben? Stoiber selbst gab keine ab, was höchst merkwürdig war. Warum äußerte er sich nicht zu dem Vorwurf Erich Riedls, dass er unter dem Druck von Max Strauß verhindert habe, dass das Strafverfahren gegen ihn, Riedl, eingestellt wurde? Dieser Vorwurf war doch eine gewaltige Beschuldigung. Fürchtete er, wenn er dementierte, bei einer Aussage vor einem Untersuchungsausschuss in Schwierigkeiten zu kommen? Warum durfte Erich Riedl nicht erfahren, dass das Justizministerium Weisung erteilt hatte, das Verfahren gegen ihn nicht einzustellen? Sicher nur deshalb, weil er dann sofort auf Stoiber hätte rückschließen können!

Hinzu kommt, dass auch sonst in die Augsburger Ermittlungsverfahren immer wieder »von oben« zugunsten von Max Strauß eingegriffen wurde. Es gab:

- die Vorwarnung an Max Strauß vor einer bevorstehenden Durchsuchung im Jahr 1996 (so die Beschuldigung des Oberstaatsanwalts Hillinger gegenüber dem Ministerialdirektor Held). Wenn Max Strauß erzählte, wer ihn vorgewarnt hatte oder wer ihn vorwarnen hatte lassen, für wen hätte das schwerwiegende Folgen gehabt?
- die gesetzwidrige Ablehnung des Landeskriminalamts, den Versuch zu unternehmen, die gelöschte Festplatte von Max Strauß wieder lesbar zu machen.
- das an den Staatsanwalt Winfried Maier gestellte Ansinnen des Justizministeriums, das Verfahren gegen Max Strauß einzustellen.
- das an den Staatsanwalt Maier gestellte Ansinnen des Generalstaatsanwalts, eine Aufteilung der verschiedenen Ermittlungsverfahren an andere Staatsanwaltschaften vorzuschlagen, was Maier zufolge das Ende der Verfahren oder eine endlose Verzögerung bedeutet hätte.

Alle diese Vorgänge waren ebenso außergewöhnlich wie das so unerbittlich gegen Erich Riedl betriebene Strafverfahren. Die Staatsanwaltschaft sah sich von oben her rechtswidrig gegängelt und leistete Widerstand. Wenn in dieser Weise von oben eingegriffen wurde, musste äußerste Not am Mann sein.

Warum betrieb man auf Weisung von oben die Einstellung des Strafverfahrens gegen Max Strauß, untersagte aber die Einstellung des Strafverfahrens gegen Erich Riedl, den der Strauß-Sohn als Feind bekämpfte? Warum hier so und dort so? Edmund Stoiber musste zudem wissen, dass damit das Bundestagsmandat Riedls für die CSU verloren gehen konnte (wie es dann auch geschah). Bei knappem Wahlausgang konnte das über die Regierungsmehrheit im Bundestag entscheiden. Dass Edmund Stoiber dies freiwillig in Kauf nahm, war dies denkbar?

Die von Erich Riedl gegen Edmund Stoiber erhobene Beschuldigung, er habe Max Strauß schützen wollen, fand eine Parallele bei dessen Schwester Monika Hohlmeier. Obwohl gegen diese schon eine Reihe von schwersten Vorwürfen öffentlich im Raum stand – wie Wahlfälschung durch Stimmenkauf, versuchte Nötigung durch ein Dossier, Beschäftigung zahlreicher Beamter des Kultusministeriums für Parteizwecke –, hielt Stoiber immer noch an ihr fest. In der CSU fragte man sich: Warum? Warum nur? Und warum wurde sie sogar im Untersuchungsausschuss, der ihr Verhalten untersuchte, rehabilitiert – trotz der belastenden Aussagen von mehreren Vorstandsmitgliedern der Münchner CSU, darunter der Landtagsabgeordnete und spätere Kultusminister Ludwig Spaenle.

In der CSU fragte man sich: Welche Macht haben die Geschwister Strauß über Edmund Stoiber? Als das Hohlmeier-Dossier bekannt wurde, warf der SPD-Fraktionsführer Franz Maget öffentlich die Frage auf, ob Stoiber erpressbar sei, etwa durch ein Hohlmeier-Dossier über ihn.

Das Tüpfelchen auf dem i war, wie Erich Riedl erzählt, folgende Episode: Die Bundestagsverwaltung gab eine Broschüre über die Stellung der Bundestagsabgeordneten heraus. Darin schilderte sie die Wirkung der Immunität und wies darauf hin, dass es nur einen einzigen Abgeordneten in der Geschichte des Bundestags gegeben habe, der seine Immunität wiedererlangt habe, nämlich Erich Riedl. Daraufhin, so Erich Riedl, habe die Staatskanzlei über die Landesvertretung bei der Bundestagsverwaltung gegen diese Erwähnung interveniert! Allerdings vergeblich, der sicherlich eingeschaltete Bundestagspräsident blieb fest. Aber durch die Intervention der Staatskanzlei wurde nochmals offenkundig: Die Spur führte mit hoher Wahrscheinlichkeit direkt zu Edmund Stoiber.

Was die Bundestagsverwaltung unter der Überschrift »Immunität« ausführte, konnte Edmund Stoiber gar nicht munden. Er musste eine gewaltige, ihn betreffende Beschuldigung lesen. Böswillige Strafverfolgung eines Volksvertreters wurde ihm vorgeworfen. Es hieß dort:

»Selbst in normalen Zeiten kann es geschehen, dass Volksvertreter böswillig verdächtigt, angezeigt und so einem Strafverfahren ausgesetzt werden ...

Wem diese Befürchtung übertrieben erscheint, der sei an den Fall Riedl erinnert.

Im Juni 1996 hatte der Bundestag die Immunität des Abgeordneten Riedl aufgehoben ... Die Durchsuchung von Riedls Wohnung und Büroräumen förderte jedoch keine Beweise zutage. Gleichwohl wurde das Strafverfahren nicht eingestellt; es wurden aber auch keine weiteren Ermittlungen angestellt. Auf mehrfache Nachfrage des Bundestags konnten die Justizbehörden nicht plausibel darlegen, warum die Ermittlungen nicht abschlussreif seien ... Deshalb beschloss der Bundestag im November 1997, nach 17 Monaten, dem Parlamentarier seine Immunität wieder zurückzugeben.

Mit diesem in der Geschichte des Bundestags einmaligen Beschluss wurden die Bayerischen Justizbehörden gezwungen, das Ermittlungsverfahren gegen Riedl sofort auszusetzen.

Der Fall macht deutlich, dass sich Gefahrenmomente auch aus dem bundesstaatlichen Aufbau unserer Republik ergeben können.

Polizei, Staatsanwaltschaft und die meisten Gericht unterstehen den Ländern ...«

Die Schwere des Falles Erich Riedl kann gar nicht hoch genug veranschlagt werden, schließlich war Erich Riedl Mitglied des Bundestags! Den Schutz der Immunität zu unterlaufen rührte an eine Grundfeste der parlamentarischen Demokratie. Was hier geschah, wird noch klarer, wenn ich mein eigenes Erleben daneben stelle. Auch in dem gegen mich angestrengten Strafverfahren wegen Verletzung des Steuergeheimnisses hatte die Staatsanwaltschaft, wie erwähnt, eine Einstellungsverfügung verfasst, weil der Strafantrag unbegründet war. Dennoch wurde das Strafverfahren von Finanz- und Justizministerium weiterhin offengehalten, bis die Sache nach einem dreiviertel Jahr aufflog. Dahinter stand nachgewiesenermaßen eine Regie!

Edmund Stoiber war wohl für das Vorgehen gegen Erich Riedl verantwortlich. Dies ist nicht dadurch erledigt, dass Stoiber sich nicht mehr im Amt befindet. Die Bürger müssen sich bewusst machen, was los ist, wenn in der Spitze der Landesregierung solche Dinge ablaufen. Wenn selbst ein CSU-Bundestagsabgeordneter und parlamentarischer Staatssekretär und wenn selbst ein Ministerialrat vor unbegründeter Strafverfolgung nicht sicher sind, immerhin Menschen, die sich einigermaßen zu wehren wissen, was ist dann sonst noch alles möglich? Was war insbesondere in den von außen nicht einsehbaren Schattenreichen der Justiz und der Steuer noch möglich? Die freie Disposition über das Absehen von Strafverfolgung und der »Erlass« riesiger Steuerschulden?

Am erschreckendsten aber war, dass Edmund Stoiber völlig unbehelligt als Ritter ohne Furcht und Tadel zur Kanzlerkandidatur schreiten konnte – so, als ob er mit dem Fall Erich Riedel gar nichts zu tun habe, so, als ob im Freistaat Bayern mustergültig Recht und Ordnung herrschten, wie er es stets öffentlich behauptete.

In der Öffentlichkeit fand das Schicksal Erich Riedls keine große Beachtung. Man sagte sich wohl, CSU-Politiker tragen hier einen kleinen Hahnenkampf unter sich aus, das ist ja ganz amüsant, das ist der CSU einmal zu gönnen. Was sich wirklich abspielte, erkannte niemand. Ich muss zugeben, auch ich nicht. Dazu war die Berichterstattung in der Presse zu dürftig, zu unscharf. Nicht einmal das öffentliche Aufsehen bot Riedl Schutz.

Für Erich Riedl war die Sache bitterernst. Er erzählt: Eines Tages habe er einen Telefonanruf von einem Bekannten erhalten. Dieser habe ihn gefragt, ob er bereit sei, sich mit einem Bediensteten der Polizei zu treffen. Der habe ihm etwas Wichtiges zu sagen. Man vereinbarte ein Treffen im Arabella-Westparkhotel in München. Der Mann, den Riedl dort traf, stellte sich als Polizeibeamter vor. Er sagte zu Riedl: Wir möchten Sie warnen. Passen Sie auf Ihr Leben auf! Wir kennen die Gebräuche von ...*.

Erich Riedl war völlig konsterniert. Er dachte an den mysteriösen Verkehrsunfall, bei dem der Augsburger Oberstaatsanwalt Jörg Hillinger ums Leben kam – einige Tage nachdem die Haftbefehle gegen Holger Pfahls und die Thyssen-Manager Winfried Haastert und Jürgen Maßmann erlassen worden waren.

* Auf die namentliche Wiedergabe der Seite, woher die Gefahr drohte, wird hier verzichtet.

3 Strafverfolger und Ermittler

Staatsanwälte

Staatsanwalt Winfried Maier

»Auch ich habe jetzt meinen Fall Schlötterer«, soll Wolfgang Held, der Amtschef des Justizministeriums, in der Runde der Ministerialdirektoren der bayerischen Ministerien geklagt haben. Er meinte damit den Fall des Augsburger Staatsanwalts Winfried Maier. Held hatte zweifellos recht, die beiden Fälle glichen sich weitgehend wie ein Ei dem anderen.

Der Staatsanwalt Winfried Maier war ein ausgezeichneter Jurist. Er hatte früher unter F. J. Strauß in der Staatskanzlei, später im Wirtschaftsministerium gearbeitet. Winfried Maier führte die Ermittlungen in den Strafverfahren gegen Max Strauß, Karlheinz Schreiber, Holger Pfahls und in der CDU-Spendenaffäre. Dabei sah er sich nachhaltig »von oben« behindert. Er leistete dagegen Widerstand und wurde dafür gemaßregelt. Als die Stelle eines Gruppenleiters bei der Staatsanwaltschaft Augsburg frei wurde und er sich bewarb, wurde seine Beförderung rundweg abgelehnt.

Auch der Fall des Staatsanwalts Maier und was damit zusammenhing, fällt in die Verantwortlichkeit des Ministerpräsidenten Stoiber. Die Ermittlungen, um die es in Augsburg ging, waren politisch so brisant, dass davon auszugehen ist, dass er darüber selbstverständlich vom Justizministerium informiert wurde. Er räumte auch selbst ein, dass er wegen des Haftbefehls gegen Karlheinz Schreiber eingeschaltet war.

Über seine Ermittlungen sagte Winfried Maier 2001 vor dem Untersuchungsausschuss des Bundestags sowie einem Untersuchungsausschuss des Landtags aus. Es war eine Riesenanklage gegen den Generalstaatsanwalt Froschauer, das Justizministerium und, unausgesprochen, gegen den verantwortlichen Ministerpräsidenten Edmund Stoiber. Was herauskam, war ein unfassbarer politischer Justizskandal.

Bei seinen Ermittlungen in der CDU-Spendenaffäre und gegen Max Strauß, Holger Pfahls u.a. wurde Staatsanwalt Maier vom Leiter der Augsburger Staatsanwaltschaft, dem Leitenden Oberstaatsanwalt Jörg Hillinger, mit dem er eng zusammenarbeitete, gestützt und geschützt. Beide aber sahen sich durch den Generalstaatsanwalt Froschauer in ihrer Arbeit schwerstens behindert. Froschauer wiederum besprach sich, wie er selbst vor dem Untersuchungsausschuss aussagte, jeweils mit Wolfgang Held, dem Amtschef des Justizministeriums, ohne dass es je einen Dissens gegeben hätte. Mit anderen Worten, er handelte in Absprache mit der politischen Spitze, letztlich mit dem Justizminister. Dieser wiederum handelte in wichtigen politischen Dingen, wie angenommen werden darf, nicht ohne Absprache mit dem Ministerpräsidenten.

Eine Durchsuchung der CDU-Zentrale wurde Staatsanwalt Maier ebenso verboten wie eine Vernehmung von Helmut Kohl, nachdem er die Schwarzgeldkonten der CDU entdeckt hatte. Die in Augsburg »bringen uns noch das ganze Land durcheinander«, hieß es, wie Maier aussagte, in München.

Die gegen Holger Pfahls, Walter Leisler Kiep und zwei Thyssen-Manager ausgestellten Haftbefehle wurden, obwohl sie bereits von einem Richter genehmigt worden waren, von Froschauer zur angeblichen Überprüfung aufgehalten und erst Tage später freigegeben. Pfahls gelang vor dem Vollzug des Haftbefehls die Flucht. Daraus sowie aus anderen Hinweisen ergab sich, dass eine Vorwarnung erfolgt war.

Eine solche Vorwarnung hatte es bereits vier Jahre zuvor gegeben, als die Staatsanwaltschaft die Villa von Holger Pfahls am Tegernsee durchsuchte. Dies sagte der Augsburger Oberstaatsanwalt Hans-Jürgen Kolb vor dem Schreiber-Untersuchungsausschuss des Landtags aus. Allerdings wurden damals zwei Aktenordner mit Originaldokumenten zu einem Steuerermittlungsverfahren entdeckt, die Holger Pfahls von F. J. Strauß als dessen Büroleiter in der Staatskanzlei »zur Erledigung« erhalten hatte. Strauß wollte, dass man dem Steuersünder helfe, so die Aussage des Oberstaatsanwalts. Wer war denn der »arme« Steuersünder?

Eine Vorwarnung vor einer Durchsuchungsaktion erhielt anscheinend auch Max Strauß. Dieser warnte seinerseits, wenn auch grundlos, Staatssekretär Erich Riedl vor einer bevorstehenden Durchsuchung, wie dessen Ehefrau als Zeugin bekundete.

Es gab hier also drei spektakuläre Vorwarnungen. Zu erinnern ist aber noch an zwei weitere Vorwarnungen: In der Zwick-Affäre sagten Steuerbeamte aus, sie hätten bei einer Durchsuchung im Büro Eduard Zwicks die Kopie eines Telex des Justizministeriums gefunden, in dem vor Durchsuchungen der Steuerfahndung und der Staatsanwaltschaft gewarnt wurde. Einem Aktenvermerk der Staatskanzlei war ferner zu entnehmen, dass Zwick auch vor einem Haftbefehl der hessischen Staatsanwaltschaft »mündlich« gewarnt werden sollte. Die Anregung beruhte auf einer Auskunft von Wolfgang Held, der damals bereits Amtschef im Justizministerium war.

Die Typik, dass die Vorwarnungen jeweils nach Berichterstattung der Staatsanwaltschaft »nach oben« erfolgt waren und jeweils Persönlichkeiten betrafen, die bestimmten Inhabern eines Spitzenamts persönlich verbunden waren, ist augenfällig. Man kann sich die dramatische Frustration vorstellen, der die ermittelnden Staatsanwälte und Steuerbeamten ausgesetzt waren.

So war es recht plausibel, dass der Leitende Oberstaatsanwalt Jörg Hillinger den Amtschef Wolfgang Held der Vorwarnung vor den Augsburger Maßnahmen verdächtigte. Der Verdacht war bei ihm offenbar bis zur Gewissheit gereift. Er konfrontierte Held 1999 im Justizministerium mit diesem Vorwurf. Er hielt ihm vor, dass alle drei Berichte über bevorstehende Maßnahmen, zu denen es eine Vorwarnung gegeben habe, über seinen, Helds, Schreibtisch gegangen seien.

Ein Motiv konnte sich Hillinger gut vorstellen. Held kannte aus seiner Zeit in der Staatskanzlei Holger Pfahls und Max Strauß bestens. Schreiber war sein Duzfreund, dem er bis 1995 jährlich eine Weihnachtskarte schickte und der ihm seinerseits immer einen Lachs schenkte. Den Vorwurf der schwer strafbaren Strafvereitelung gegen den obersten Justizbeamten zu erheben war ungeheuerlich. Hillinger riskierte damit, dass Held ihn deswegen belangen würde. Er musste also seiner Sache sehr, sehr sicher sein. Held sagte dazu später vor dem Untersuchungsausschuss des Landtags aus, er habe zu Hillinger gesagt: »Sind Sie narrisch, wie kommen Sie mir vor.« Als Entlastungsargument dürfte Hillinger dies wohl als etwas zu schwach empfunden haben. Zwei Vorwarnungen durch das Justizministerium hatte es ja nachweislich schon gegeben.

Der Grund der Vorwarnungen muss jedoch keineswegs Freundschaft gewesen sein, dafür war das Risiko für den Vorwarnenden zu groß. Weitaus wahrscheinlicher ist vielmehr, dass der Vorwarnende befürchtete, die Betroffenen würden, in Bedrängnis geraten, auspacken oder »politisch« verfängliche Unterlagen besitzen, die besser nicht beschlagnahmt werden sollten.

Staatsanwalt Winfried Maier sagte ferner aus, Staatskanzlei und Justizministerium hätten ihm Unterlagen vorenthalten, die von Schreiber stammten. Warum? Hatten sie kein Interesse daran, dass die Ermittlungen alles aufklärten?

Generalstaatsanwalt Froschauer erteilte Maier zufolge die Weisung, »die Steuerfahndung nicht mehr so stark in die Ermittlungen einzubeziehen«, obwohl gerade die Steuerfahndung wertvolle Erkenntnisse lieferte. Die Weisung war somit eklatant rechtswidrig.

Eine ebensolche Unglaublichkeit war, was hinsichtlich der Dokumentation der Entscheidungsvorgänge zutage kam. Staatsanwalt Maier bekundete, er habe »bestellte« Berichte an die Vorgesetzten schreiben sollen. Es habe z.B. einen Bericht gegeben, der Generalstaatsanwalt Froschauer nicht gefallen habe. Man habe ihm daraufhin vorgeschrieben, wie der Bericht aussehen solle. Dann habe man den neuen Bericht geschrieben und den alten zerrissen.

Der Sinn der Aussage von Maier war klar: Damit hatte Froschauer einen Bericht, dem er voll zustimmen konnte, ohne dass er als Eingreifender in Erscheinung trat. Ein solches Vorgehen ist disziplinarrechtlich grob rechtswidrig, gegebenenfalls sogar strafbar. Die Verantwortlichkeit für eine Entscheidung darf keinesfalls verdeckt werden. Schon gar nicht darf ein Untergebener angewiesen werden, hierzu Vorschub zu leisten. Zugleich verstößt es gegen Beamtenrecht und das Grundgesetz (Artikel 1), einem Untergebenen eine fachliche Stellungnahme abzuverlangen, diese ihm jedoch vorzugeben und ihm damit eine Verantwortung aufzubürden, die er nicht übernehmen will und kann.

Winfried Maier sagte außerdem aus, dass er teilweise vergeblich verlangt habe, ihm mündlich erteilte Weisungen auch schriftlich zu geben. Auf Schriftlichkeit hatte er einen Rechtsanspruch. Wer eine Weisung erteilt, muss in nachweisbarer Form dazu stehen. Wenn die Weisungsgeber dies dennoch ablehnten, zeigten sie damit, dass sie ihre Verantwortlichkeit nicht aufscheinen lassen wollten.

Froschauer, so Maier weiter, habe ihn nach München bestellt und ins Gebet genommen. Ermittlungsaufträge an die Steuerfahndung sollten nur noch ohne Begründung oder Erläuterungen ergehen. Das Justizministerium, so Froschauer gegenüber Maier, würde ihm sonst vorwerfen, er habe »seinen Laden nicht im Griff«. Wohlgemerkt, das Justizministerium! Das heißt nichts anderes, als dass die politische Spitze keineswegs über all diesen Dingen schwebte, sondern die Ermittlungen überwachte und bei Bedarf einschritt. Der Generalstaatsanwalt war der verlängerte Arm des Justizministers.

Am 28. April 1999 verunglückte Jörg Hillinger, der Leiter der Augsburger Staatsanwaltschaft, bei einem Verkehrsunfall tödlich. Als seinen Nachfolger erwählte das Justizministerium Reinhard Nemetz, den bisherigen Stellvertreter Hillingers. Seine Aussagen vor dem Untersuchungsausschuss des Landtags wiesen Nemetz als bemerkenswerte Erscheinung aus. Er hatte nämlich seinen Staatsanwälten die Weisung erteilt, amtsinterne Differenzen nicht mehr in den Handakten zu vermerken. Auffällig war, dass er diese einschneidende Weisung nicht schriftlich, sondern nur mündlich erteilte. Seine Begründung vor dem Ausschuss: »So eine Handakte ist kein Tagebuch.« Eine Kollegin Maiers bestätigte als Zeugin, dass es diese Anweisung von Nemetz tatsächlich gab. Sie selbst halte aber weiterhin »wichtige Fragen fest, um mich abzusichern«.

Als ich von der Aussage des Reinhard Nemetz in der *Süddeutschen Zeitung* las, traute ich meinen Augen nicht. Das konnte nicht wahr sein! Da gab ein Justizbeamter, der immerhin die Amtsbezeichnung »Oberstaatsanwalt« für sich in Anspruch nehmen konnte, eine solche Zensurweisung. Und er rechtfertigte sie auch noch auftrumpfend vor dem Untersuchungsausschuss des Landtags damit, dass eine Handakte kein Tagebuch sei!

Nach Paragraf 15 der Allgemeinen Dienstordnung für Behörden sind über alle Vorgänge, die für die Bearbeitung bedeutsam sein können, Aktenvermerke zu fertigen. Mit seiner Weisung verstieß Nemetz gegen diese Vorschrift, aber auch dagegen, dass nach Beamtenrecht Verantwortlichkeiten klar feststellbar sein müssen. Das Justizministerium hätte Nemetz daher schärfstens zurechtweisen müssen. Davon wurde indessen nichts bekannt.

Schriftliche Dokumentation ist überdies das letzte Mittel, mit dem sich ein Beamter gegen Zumutungen von oben verteidigen kann und darf, aber auch absichern muss für die Stunde der Wahrheit. Bereits der Ministerialdirektor Lothar Müller hatte 1978 vor dem Untersuchungsausschuss des Landtags gerügt: »Schlötterer fertigt meines Erachtens zu viele Aktenvermerke. In die Akten gehören nur die allerwichtigsten Vorgänge.« Nemetz befand sich somit in bester Gesellschaft, Maier aber auch.

Der Staatsanwalt Winfried Maier ließ sich bei seinen Ermittlungen nicht beirren. Das sollte er büßen. Ab 1999 wurde der hervorragende Jurist von seinem neuen Chef Nemetz dienstrechtlich plötzlich als »eigenmächtig und unverträglich« abqualifiziert. Er sprach ihm die »soziale Kompetenz« ab. (Zum Vergleich: Mir sprach Finanzminister von Waldenfels vor dem Amigo-Untersuchungsausschuss »eine gewisse Fähigkeit der Menschenführung« ab.) Es fragt sich freilich: Warum »unverträglich«? Nemetz eröffnete ihm, als Staatsanwalt könne er nichts mehr werden. Er ließ ihn, so Maier, im Vorzimmer jeweils ewig lange warten, bis er ihn vorließ. Aus dem Justizministerium sei die Drohung gekommen, man werde »das Nest ausräuchern«. Er gehöre »in die Wüste geschickt«, habe der Pressesprecher des Justizministeriums nach einer Pressekonferenz erklärt. Damit tat der Pressesprecher in rüdester Form kund, welches Ziel der Justizminister und sein Ministerialdirektor Held verfolgten.

Froschauer setzte im Untersuchungsausschuss des Landtags noch eins drauf. Maier sei zu Recht innerhalb der Staatsanwaltschaft die Beförderung verweigert worden, er sei als Abteilungsleiter nicht geeignet. Dies war sicher richtig, allerdings nur aus der Sicht Froschauers. In merkwürdigem Gegensatz dazu stand nämlich seine Aussage, er habe die Beförderung Maiers ins Richteramt am Oberlandesgericht unterstützt. Damit gab er zu, dass Maier hoch qualifiziert war. Warum war er dann als Staatsanwalt untauglich? Doch nur, weil er nicht so spurte, wie Froschauer dies wollte.

Tatsächlich wurde Maier dann Richter am Oberlandesgericht. Früher schon, so Maier, habe man ihn ins Justizministerium bestellt und ihm die Beförderung ans Oberlandesgericht angeboten, ihm sogar eine Zusage des Justizministers Manfred Weiß für eine weitere Beförderung nach fünf Jahren ans Bayerische Oberste Landesgericht offeriert, allerdings erst, wenn er das Verfahren gegen Max Strauß abgeschlossen hätte. Das habe er, Maier, abgelehnt.

Gegen den Staatsanwalt Winfried Maier wurde kein Verfahren wegen falscher Anschuldigung oder Falschaussage eingeleitet. Seine Aussagen waren nicht zu widerlegen. Im Gegenteil, sie wurden bestätigt durch den Oberstaatsanwalt Kolb und die Staatsanwältin Pöschl, soweit diese ausgesagt haben. Wäre Maier eine Verleumdung seiner Vorgesetzten nachzuweisen gewesen, hätte man ihn sicher nicht zum Richter am Oberlandesgericht befördert.

Andererseits waren der Ministerialdirektor Held und der Generalstaatsanwalt Froschauer durch die Aussagen Maiers, aber auch durch die bekannt gewordene Beschuldigung des Oberstaatsanwalts Hillinger sowie den Aktenvermerk des Staatsanwalts Weigand in der Sache Erich Riedl schwerstens belastet worden. Daher hätten der Justizminister und der Ministerpräsident ihrer Pflicht nachkommen müssen, gegen beide strafrechtliche Ermittlungsverfahren wegen des Verdachts der Strafvereitelung und der Rechtsbeugung (bzw. des Versuchs hierzu) sowie Disziplinarverfahren wegen des Verdachts schwerer Pflichtverletzungen zu veranlassen. Warum unterließen sie dies?

Als Ministerpräsident trug Edmund Stoiber die politische Verantwortung für die Justiz. Wenn er aber hier nichts gegen Wolfgang Held und Hermann Froschauer veranlasste, war er sogar unmittelbar verantwortlich. Er konnte nicht sagen, das gehe ihn nichts an. Es handelte sich um oberste Amtsträger der Justiz und zugleich um den Justizminister, der sie befehligte. Informiert war Stoiber jedenfalls bestens. Die Presse berichtete riesengroß. Dennoch sah er seelenruhig zu, wie der Staatsanwalt Maier von seinen Vorgesetzten in der Öffentlichkeit heruntergemacht wurde und wie der CSU-Mehrheitsbericht des Untersuchungsausschusses des Landtags ihn ebenfalls abqualifizierte und charakterlich herabsetzte. Warum passierte Held und Froschauer nichts? Edmund Stoiber ist damit selbst schwer belastet.

In ihrem Abschlussbericht zum Schreiber-Untersuchungsausschuss schrieb die CSU-Mehrheit, die Aussage Maiers, er habe auf Weisung von oben »bestellte Berichte« schreiben müssen, sei »eine Irreführung der Öffentlichkeit«. Richtig, durch so eine Aussage konnte die Öffentlichkeit an der Justiz irre werden, noch dazu, wenn der Zeuge anschließend zum Richter am Oberlandesgericht befördert wurde! Auch habe sich Maier mit den Entscheidungen der Justizhierarchie »sehr schwer getan«, stellte der CSU-Bericht weiter fest. Damit ehrte er den Staatsanwalt ganz außerordentlich, ohne es allerdings zu merken.

Als Generalstaatsanwalt Froschauer 2001 in den Ruhestand trat, wurde er mit einem Festakt verabschiedet. Der Justizminister Weiß lobte ihn in den höchsten Tönen. Der Ministerialdirektor Held konnte ebenfalls in aller Gelassenheit seinen Ruhestand antreten. Beide hatten zur vollsten Zufriedenheit ihrer Vorgesetzten gearbeitet. Die anderen Angehörigen der Justiz konnten sich an ihnen ein Beispiel nehmen.

Winfried Maier, seit 2000 Richter am Oberlandesgericht München, wurde 2002 von der Humanistischen Union der Preis für den »Aufrechten Gang« zuerkannt.

Oberstaatsanwalt Jörg Hillinger

Die belastenden Aussagen des Staatsanwalts Maier fanden eine weitere Bestätigung darin, dass unstreitig der frühere Leiter der Augsburger Staatsanwaltschaft, der Oberstaatsanwalt Jörg Hillinger, die Ermittlungen Maiers billigte und unterstützte. Von seiner Seite gab es keine Rüge für den Staatsanwalt, ganz im Gegenteil. Vielmehr machte Hillinger Front gegen Froschauer und Held. Er kämpfte gegen diese an, weil er ihr Verhalten als rechtswidrig einstufte.

Es spricht Bände, dass Hillinger schon beim Haftbefehl gegen Schreiber und später bei den Haftbefehlen gegen Pfahls, Haastert und Maßmann anordnete, die Haftbefehlsanträge nicht vorher mit dem Generalstaatsanwalt abzusprechen, sondern diesem darüber erst dann zu berichten, wenn sie das Gericht erlassen habe. So eine eklatante Weisung hatte einen Grund: Es mussten negative Erfahrungen vorausgegangen sein!

Die Situation muss dramatisch gewesen sein. Maier bekundete vor dem Landtagsuntersuchungsausschuss, Hillinger habe frühzeitig Aufzeichnungen für den Fall hinterlassen, »dass wir uns später einmal in einem Untersuchungsausschuss rechtfertigen müssen oder ich nicht mehr sein sollte«.

Es war schlecht möglich, nach Maier posthum auch Oberstaatsanwalt Hillinger abzuqualifizieren, etwa als einen, der über keine ausreichenden Fachkenntnisse verfügte oder kein Augenmaß hatte. Hillinger hatte früher in der Staatskanzlei gearbeitet, er war sogar CSU-Mitglied. Nicht zu verkennen ist vor allem, dass das gegensätzliche Wollen von Froschauer und Held einerseits und Hillinger und Maier andererseits nicht etwa irgendwelche Feld-, Wald- und Wiesenfälle betraf. Vielmehr handelte es sich um Fälle höchster politischer Brisanz für die politische Spitze Bayerns.

Unter Anspielung auf die Reaktionen, welche die Augsburger Ermittlungen gegen Max Strauß, Holger Pfahls, Walter Leisler Kiep, Karlheinz Schreiber u.a. in den bayerischen Ministerien ausgelöst hatten, äußerte Jörg Hillinger 1996 gegenüber der *Süddeutschen Zeitung*, es sei fraglich, »ob man ihn heute für den Posten nochmals nehmen würde«. Damit erhob er in aller Öffentlichkeit den Vorwurf, dass die politische Spitze in München anders gestrickte Intentionen verfolgte und diese gegebenenfalls durch geeignete personelle Besetzung durchzusetzen bereit war.

Der Umstand, dass Hillinger als gemeinsamer Vorgesetzter von Maier und Nemetz die Ermittlungen Maiers nicht nur billigte, sondern nachhaltig förderte, stellte seinem Nachfolger Nemetz, der das Vertrauen von Held und Froschauer genoss, ein gar schlechtes Zeugnis aus. Wie hätte Nemetz überzeugend darlegen können, warum gerade er dann das Vorgehen Maiers missbilligte, ja ihm sogar die Fähigkeit zum Abteilungsleiter absprach?

Staatsanwalt Josef Weindl

Ein gebranntes Kind scheut das Feuer. Dieses Sprichwort gilt indes nicht immer. Es gibt Menschen, die sich auch durch negative Erlebnisse nicht beeindrucken lassen. Das ist das Phänomen der Unbelehrbarkeit. Schreckhaft waren der Ministerialdirektor Held und der Generalstaatsanwalt Froschauer jedenfalls nicht. Bereits 1994 hatte ein früherer Staatsanwalt, Josef Weindl, vor dem Zwick-Untersuchungsausschuss Justizobere beschuldigt, ihn durch rechtswidrigen Druck zu einer Verfahrenseinstellung veranlasst zu haben.

Es ging um ein Ermittlungsverfahren gegen drei Mitarbeiter des CSU-Parteiorgans *Bayernkurier* wegen des Verdachts der Beihilfe zur Steuerhinterziehung durch den Bäderkönig Eduard Zwick.

Der *Bayernkurier* hatte im Oktober 1973 Zwick zehn Rechnungen über elf ganzseitige Anzeigen über einen Gesamtbetrag von 201 000 Mark gestellt. Diese Anzeigen waren jedoch gar nicht erschienen. Es handelte sich demnach um fingierte Rechnungen, somit um eine verkappte illegale Parteispende. Gegen Zwick selbst, der den gezahlten Betrag noch im selben Jahr gewinnmindernd abgesetzt hatte, leitete die Staatsanwaltschaft ein Verfahren wegen Steuerhinterziehung ein.

Der für das Verfahren gegen die drei Mitarbeiter des *Bayernkuriers* zuständige Staatsanwalt Weindl stellte das Verfahren jedoch ein. Im Rahmen des Zwick-Untersuchungsausschusses des Landtags wurde er als Zeuge vernommen, nachdem ruchbar geworden war, dass die Verfahrenseinstellung rechtswidrig war. Weindl, inzwischen nicht mehr Staatsanwalt, sondern Professor an der Fachhochschule in Landshut, sorgte für eine gewaltige Überraschung. Er sagte aus, er habe das Verfahren 1981 »auf Weisung von oben« eingestellt. Das Signal dazu sei aus München gekommen. »Und dann weiß man als kleiner Staatsanwalt, was man zu tun hat.«

Das war ein schlimmer Vorwurf, der das Justizministerium aufrüttelte. Es bezichtigte Weindl der Falschaussage und kündigte an, die Staatsanwaltschaft werde den Fall prüfen und entsprechende Entscheidungen treffen. Weindl ließ sich jedoch nicht einschüchtern. Auch bei einer nochmaligen Vernehmung durch den Untersuchungsausschuss blieb er bei seiner Darstellung. Er bekräftigte, dass er eine Weisung erhalten habe und ohne diese das Verfahren »mit Sicherheit« nicht eingestellt hätte.

Die Aussage Weindls war uneingeschränkt glaubhaft. Er hatte keinerlei Grund, seine früheren Vorgesetzten zu Unrecht zu beschuldigen. Vor allem aber bezichtigte er sich selbst, rechtswidrig gehandelt zu haben. Er gab nämlich zu, dass er sich nur deshalb nicht geweigert habe, weil er damals noch in der Probezeit gewesen sei; außerdem hätte dann ein anderer Staatsanwalt das Verfahren bekommen. Dass Weindl es auf sich nahm, sich selbst in dieser Weise bloßzustellen, um der Wahrheit die Ehre zu geben, nötig Respekt ab.

Der vom Untersuchungsausschuss vernommene Leiter der Staatsanwaltschaft Landshut wandelte die Darstellung Weindls dahin ab, dass es zwar eine »Anregung« aus München gegeben habe, aber keine Weisung. Was er wohl übersehen hatte: Auch eine Anregung zu einer rechtswidrigen Verfahrenseinstellung ist strafbar, und zwar als Anstiftung. Im Übrigen ist eine »Anregung« von oben, selbst wenn sie als solche ausdrücklich bezeichnet wird, vom Adressaten als Weisung zu betrachten, wie Weindl bei seiner Vernehmung zutreffend ausführte. Dass das Justizministerium trotz der ergangenen rechtswidrigen »Anregung« Weindl sogar noch mit Strafverfolgung drohte, spricht Bände. Man leugnet nicht bloß, nein, man greift sogar noch an, es wird flugs noch eine weitere rechtswidrige Tat draufgesetzt.

Wie versucht wird, belastende Fakten durch Jonglieren mit Begriffen wegzuwischen, zeigte in beschämender Weise auch die Aussage eines beim Generalstaatsanwalt in München tätigen Oberstaatsanwalts. Er unterstrich bei seiner Vernehmung, es habe keinerlei Weisung gegeben. Man habe vielmehr versucht, sich mit Landshut »auf eine Meinung zu einigen, die von beiden Seiten getragen werden könnte«. So kann man es natürlich auch ausdrücken! Der Oberstaatsanwalt musste jedoch einräumen, es sei zu seiner Zeit nicht vorgekommen, dass der betreffende Staatsanwalt nach einem solchen Gespräch auf seiner Meinung beharrt habe. Im anderen Fall »hätte man eventuell den Sachbearbeiter ausgewechselt«.

Das aber war genau das, was Weindl gemäß seiner Aussage seinerzeit als Staatsanwalt erwartet hätte: Er wäre abgelöst worden.

Dass F. J. Strauß eine Einstellung des Strafverfahrens gegen die Mitarbeiter des *Bayernkuriers* ebenso wie gegen Eduard Zwick selbst zu erreichen versuchte und tatsächlich erreichte, ist im Übrigen dokumentiert in einem Vermerk des Justizministeriums, der dem Untersuchungsausschuss des Landtags vorlag. Darin wurde die Weisung an den Generalstaatsanwalt festgehalten, darauf zu achten, dass der Komplex »Bayernkurier« vom Gericht in der Hauptverhandlung gegen Zwick ausgeschieden werde. Ministerpräsident Strauß gehe offenbar davon aus, dass »dieser Teilkomplex bereits eingestellt sei«. Damit stand ein kleiner Staatsanwalt wirklich auf verlorenem Posten.

Was den Justizminister, das Justizministerium und die Generalstaatsanwaltschaft im Hinblick auf die Staatsanwälte Hillinger, Weindl und Maier zusätzlich belastet, ist wieder die Typik der Fälle. Ausgerechnet in Fällen wie Zwick, Bayernkurier, Max Strauß und ähnlichen Fällen, in denen ein erhebliches Interesse der politischen Spitze an einer Verfahrenseinstellung angenommen werden kann, werden sie in dieser Richtung tätig. Und ausgerechnet in diesen Fällen vertreten sie vehement eine andere Meinung als die ermittelnden Staatsanwälte – wobei das Wort »Meinung« nicht im herkömmlichen Sinn zu verstehen ist. Und wie erfolgt die Belehrung von oben? In schriftlicher Form, wie es schon wegen der Wichtigkeit der Sache geboten wäre? Nein, es geschieht nur mündlich, immer nur mündlich, bekundeten Maier und Weindl.

Aufklärung: Dieter Holzers Dienste

»Einem Freund zu helfen gehört zum Komplex der Ehre in Deutschland«, sagte Dieter Holzer am 24. Juli 2008 nach Verlassen des Gerichtssaals in Augsburg, wo er gerade wegen Strafvereitlung zu neun

Monaten Gefängnis auf Bewährung und zur Zahlung einer Auflage von 250 000 Euro verurteilt worden war. Vor Gericht hatte er angegeben, er habe bis 1996 in großem Stil das Geschäft mit Schmiermitteln betrieben (Öle und Fette), dann habe er das Leuna-Projekt realisiert.

Holzer war langjähriger Freund von F. J. Strauß gewesen. Er war enger Freund von Edmund Stoiber gewesen – diesem hatte er, wie erwähnt, zu kostenlosen Urlauben an der Côte d'Azur verholfen. Und schließlich war er ein Freund des früheren Büroleiters von F. J. Strauß und späteren Staatssekretärs im Bundesverteidigungsministerium, Holger Pfahls. Diesem verhalf er ebenfalls zu einem kostenlosen Aufenthalt in Frankreich, als er auf der Flucht vor der deutschen Justiz fünf Jahre lang untertauchte. Holzer vermittelte ihm heimliche Wohnungen und finanzierte ihn mit 200 000 Euro – keine geringe Summe. Und das alles »aus Ehre«?

Ehre konnte nicht Holzers Fluchthilfemotiv gewesen sein. Ein französisches Gericht hat ihn wegen Bestechung in der Leuna-Affäre zu einem Jahr und drei Monaten Gefängnis und 1,5 Millionen Euro Geldstrafe sowie zur Rückzahlung der Bestechungssumme von 39 Millionen Euro verurteilt. Was war das wirkliche Motiv?

Das Fuchs-Panzer-Geschäft mit Saudi-Arabien, in das Pfahls verwickelt war, konnte es nicht gewesen sein – damit hatte Holzer nichts zu tun gehabt. Aber Leuna konnte es sein, musste es sein. Hier musste Holzer ein vitales Interesse daran haben, dass Pfahls nicht den Mund aufmachte. Der Genfer Generalstaatsanwalt Bernard Bertossa hatte der deutschen Justiz deutsche Politiker als Empfänger der Schmiergeld-Millionen und als zentrale Personen der Affäre Dieter Holzer und Holger Pfahls genannt – mit Hinweisen auf das zentrale Holzer-Konto bei der DSL Bank Luxemburg, einer Tochter der halbstaatlichen DSL Bank in Bonn.

Als der Augsburger Staatsanwalt Winfried Maier und der Steuerfahnder Kindler wegen eines Darlehens von Max Strauß in Höhe von 780 000 Mark bei der DSL Bank in Bonn ermitteln, sagt ihnen ein Vertreter der Bank, die DSL Bank sei schon seit den Achtzigerjahren von der Union als »Hausbank« missbraucht worden, vornehmlich von der CSU.

Maier und Kindler durften in der Sache Leuna nicht ermitteln. Dass im Strafprozess gegen Dieter Holzer alles aufgeklärt worden ist – was schon wegen der Strafzumessung erforderlich gewesen wäre –, ist weder ersichtlich noch glaubhaft. Der hilfsbereite Dieter Holzer konnte sich freuen: Er musste nicht ins Gefängnis. Und sicher war auch mancher seiner Freunde erleichtert, vielleicht auch sein früherer Freund Edmund Stoiber.

Regierungsdirektor Henner Fischer-Stabauer

Zwick und Tandler

Henner Fischer-Stabauer war Ministerialrat im nordrhein-westfälischen Finanzministerium. Der Vater von sechs Kindern war politisch entschieden CDU/CSU-orientiert. Da er aus privaten Gründen nach Bayern übersiedeln wollte, wechselte er 1993 in den Dienst der bayerischen Steuerverwaltung. Um dies zu erreichen, ließ er sich sogar zurückstufen zum Regierungsdirektor.

Ab 1. April 1995 wurde er als Leiter der Bußgeld- und Strafsachenstelle zum Finanzamt Passau abgeordnet, um die Steuerverwaltung im anstehenden Strafprozess gegen Johannes Zwick, den Sohn des Bäderkönigs Eduard Zwick, vor dem Landgericht Landshut zu vertreten. Der Mammutprozess stand im Fokus der Medien. Zum einen hatte das Bayerische Finanzministerium – wie bereits erwähnt – in einem rechtswidrigen Steuererlass über Jahre hinweg angehäufte Steuerschulden Zwicks in Höhe von rund 63 Millionen Mark erlassen. Zum anderen waren für die Sachbehandlung verantwortlich die Finanzminister Streibl, Tandler und von Waldenfels sowie der Steuerabteilungsleiter Gerhard Miehler. Tandler stand bei Eduard Zwick in dieser Zeit mit 1,7 Millionen Mark in der Kreide.

Als der skandalöse Steuererlass aufflog, wurde er unter dem Druck der Öffentlichkeit widerrufen. Tandler musste als stellvertretender CSU-Vorsitzender zurücktreten. Eduard Zwick aber saß in der Schweiz und weigerte sich, seine Steuerschulden zu bezahlen. Der Fiskus machte daher seinem Sohn Johannes, der verhaftet wurde, den Prozess. Im Verlauf des Prozesses kam der Regierungsdirektor Fischer-Stabauer zu dem Ergebnis, dass gegen Tandler der Verdacht der Beitreibungshinterziehung bestehe. Dem stimmten auch das Finanzministerium und die Oberfinanzdirektion München zu. Daraufhin leitete der Regierungsdirektor Ende November 1995, unmittelbar vor Ablauf der Verjährungsfrist, ein Steuerstrafverfahren gegen Tandler ein.

Mittlerweile ging der Strafprozess gegen Johannes Zwick dem Urteilsspruch entgegen. Im Hintergrund fanden Verhandlungen wegen einer Bewährungsstrafe statt, gegen ein Geständnis und Zahlung eines Teils der Steuerschulden. Diese Verhandlungen führte Fischer-Stabauer. Und tatsächlich gelang es ihm Mitte Februar 1996, Johannes Zwick zur Zahlung von 33 Millionen Mark zu veranlassen. Im Finanzministerium herrschte darob eitel Freude. Der zuständige Ministerialrat Michael Wolf zollte Fischer-Stabauer, was nur recht und billig war, ausdrücklich Anerkennung: Sein Vorgehen sei »äußerst trickreich« gewesen.

Fischer-Stabauer führte die Ermittlungen gegen Tandler fort. Ende Februar 1996, also nur zwei Wochen, nachdem er so belobigt worden war, wurde er plötzlich in die Oberfinanzdirektion München bestellt. Dort erlebte er eine böse Überraschung. Man untersagte ihm, mit der Staatsanwaltschaft Landshut den Fall Tandler zu erörtern, einen bereits mit dem dortigen Oberstaatsanwalt vereinbarten Termin musste er absagen. Außerdem wurde er angewiesen, wie er später berichtete, die Strafsache Tandler nicht an die Staatsanwaltschaft abzugeben.

Einige Wochen ermittelte Fischer-Stabauer noch weiter. Bis ihm, so Fischer-Stabauer, von seinem Finanzamtsvorsteher eines Tages mitgeteilt wurde, das Finanzministerium habe durch den Ministerialrat Michael Wolf (denselben, der Fischer-Stabauer zuvor so gelobt hatte) telefonisch verfügt, dass er ab sofort für das Verfahren gegen Tandler nicht mehr zuständig sei. Der Ministerialrat habe außerdem heftig gerügt, dass er sich für eine Durchsuchung bei dem inzwischen abgelösten Steuerabteilungsleiter Miehler ausgesprochen habe. Man frage sich, auf welcher Seite Fischer-Stabauer eigentlich stehe. (Der besagte Michael Wolf war derjenige, der den gegen mich gestellten Strafantrag wegen angeblicher Verletzung des Steuergeheimnisses zusammengebastelt hatte!)

Einige Tage später wurde Fischer-Stabauer die Eignung zum Finanzamtsvorsteher, die man ihm 1992 zuerkannt hatte, wieder aberkannt. Finanzminister war zu dieser Zeit Erwin Huber, seit November 1995.

Rechtfertigungsversuche

Die Ablösung Fischer-Stabauers wurde publik. Finanzminister Erwin Huber versuchte, sich im Landtagsausschuss für Staatshaushalt und Finanzfragen am 4. November 1997 zu rechtfertigen.

Er beteuerte, die Ablösung habe das Strafverfahren gegen Tandler nicht verschleppen, sondern im Gegenteil beschleunigen sollen. Fischer-Stabauer habe nach Einleitung des Verfahrens am 28. November 1995 bis Ende Februar 1996 keinen einzigen Ermittlungsschritt unternommen. Den Beweis dafür, dass dies wirklich das Motiv der Ablösung war, blieb Erwin Huber jedoch schuldig.

Hubers Darstellung konnte keinesfalls stimmen. Zum einen war das eine ganz andere Begründung als die, die Fischer-Stabauer von seinem Finanzamtsvorsteher zuvor überbracht worden war. Sodann waren seit der Einleitung des Strafverfahrens effektiv nur zweieinhalb Monate vergangen, weil noch zwei Wochen für die Zeit um Weihnachten und Neujahr abzuziehen waren; viele Leute sind in dieser Zeit erfahrungsgemäß nicht erreichbar. Vor allem aber hätte man Fischer-Stabauer, wenn man wirklich das Verfahren beschleunigen wollte, zunächst zu mehr Eile ermahnt, statt ihn Knall auf Fall abzulösen. Dies schon deshalb, weil er sich in die Sache bestens eingearbeitet hatte. Aber man hatte Fischer-Stabauer nicht einmal gefragt, warum die Sache nicht schneller vorangehe, ja sich nicht einmal nach dem Sachstand erkundigt. Und Erwin Huber hätte zweifellos auch keinen zweiten Fall vorweisen können, in dem man einen ermittelnden Beamten des höheren Dienstes wegen angeblicher Säumnis abgelöst hatte, schon gar nicht nach so extrem kurzer Zeit. Das, was er dem Landtag erzählte, konnte daher nicht die Wahrheit sein.

Fischer-Stabauer suchte und fand den Beistand von Peter Spörlein, einem der renommiertesten deutschen Fachanwälte für Steuerstrafrecht. Der Anwalt vermochte Erwin Huber der Unwahrheit zu überführen. In einer Petition an den Landtag vom 12. März 1998, die er für Fischer-Stabauer einreichte, wies er dem Minister nach, dass sein Mandant in der fraglichen Zeit über 20 Ermittlungsschritte getätigt hatte, in Form von Akteneinsicht, Terminvereinbarungen, Besprechungen, Aktenvermerken, Dienstreisen usw.

Erwin Huber war in tiefer Not. Er wusste sich jetzt nicht mehr anders zu helfen, als zu behaupten, dabei habe es sich lediglich um »vorbereitende Tätigkeiten« gehandelt und nicht um Ermittlungsschritte im strafprozessualen Sinne (z.B. Zeugenvernehmungen). Als ob es nur Ermittlungsschritte dieser Art gäbe! Selbstverständlich müssen Zeugen- und Beschuldigtenvernehmungen sorgfältig vorbereitet werden. Das sind unabdingbare Vorarbeiten, was auch Erwin Huber bewusst sein musste. Dass solche Arbeiten nicht im Handumdrehen durchzuführen sind, zumal wenn wie hier eine Vielzahl von Personen und Behörden mitwirken, liegt auf der Hand.

Das Finanzamt Passau ließ sich mehr als ein Jahr lang Zeit, bis es das Steuerstrafverfahren an die Staatsanwaltschaft abgab. Und das, obwohl schon von Anfang an feststand, dass es um eine Hinterziehung in Höhe von 1,7 Millionen Mark ging. Im Landtag entschuldigte Erwin Huber die lange Verfahrensdauer damit, dass bei »Verfahren dieser Größenordnung« so etwas leider nicht ungewöhnlich sei. Plötzlich also wusste er das! Dem Regierungsdirektor Fischer-Stabauer aber hatte er aus der angeblich zu schleppenden Sachbehandlung einen Strick gedreht! Von einer Beschleunigung nach dessen Ablösung konnte gar keine Rede sein, genau das Gegenteil war der Fall. Aber anders als Fischer-Stabauer wurde der nachfolgende Ermittler nicht abgelöst, was Erwin Huber zusätzlich belastet.

Beim Neujahrsempfang der Sauerlacher CSU im Januar 1997 erhob Erwin Huber den hehren Anspruch: »Ein CSU-Politiker lügt nicht, ein niederbayerischer schon gar nicht!« Mit diesem Ausspruch erntete er, wie die *Süddeutsche Zeitung* berichtete, beim Publikum einen Lacherfolg.

Einer Erklärung bedurfte natürlich auch die schon vor der Ablösung ergangene rigorose Verfügung, Fischer-Stabauer habe in der Sache Tandler jeglichen Kontakt zur Staatsanwaltschaft zu unterlassen. Ebenso war zu erklären, warum der mit dem zuständigen Oberstaatsanwalt vereinbarte Termin, in dem die Abgabe der Sache Tandler an die Staatsanwaltschaft erörtert werden sollte, plötzlich abgesagt werden musste. Scheute sich der Fall Tandler vor der Abgabe an die Staatsanwaltschaft?

Als Fischer-Stabauer vor dem Verwaltungsgericht gegen seine dienstliche Beurteilung klagte, offenbarte die Oberfinanzdirektion München erstmals überraschend (mit Schreiben vom 28. August 1998), dass die Generalstaatsanwaltschaft das Finanzministerium zu dieser Aktion veranlasst habe. Der Generalstaatsanwalt sei über die »Missachtung verfahrensrechtlicher Kompetenzen« verärgert gewesen. Unerfindlich blieb, inwiefern überhaupt Kompetenzen der Staatsanwaltschaft verletzt worden sein könnten.

Wer war der fragliche Generalstaatsanwalt? Es war wiederum Hermann Froschauer, über den sich der Staatsanwalt Winfried Maier vor dem Untersuchungsausschuss des Landtags bitter wegen seines Eingreifens in die Verfahren gegen Max Strauß, Holger Pfahls und andere Beschuldigte beklagt hatte, gegen den er sogar den Vorwurf eindeutiger Rechtswidrigkeit erhoben hatte. Wegen der Bedeutung Tandlers ist davon auszugehen, dass Froschauer entweder auf Weisung des Justizministeriums und damit des Justizministers, zumindest aber in Absprache mit diesem gehandelt hatte.

Nachdem sich alle angegebenen Ablösungsgründe als haltlos erwiesen hatten, erhob Rechtsanwalt Spörlein gegen Finanzminister Erwin Huber und den Generalstaatsanwalt Froschauer den Vorwurf, der wahre Grund sei die Intention gewesen, das Steuerstrafverfahren gegen den ehemaligen Finanzminister Tandler »geräuschlos« zu erledigen.

Tatsächlich hatte das Verfahren gegen Tandler, sein Schuldenberg von 17 Millionen Mark und seine monetäre Verstrickung mit dem Bäderkönig Eduard Zwick in der Öffentlichkeit bereits eine riesige Staubwolke aufgewirbelt. Das konnte nicht allen recht sein. Albert Scharf, der Intendant des Bayerischen Rundfunks, mokierte sich, so hieß es, über einen CSU-Spitzenpolitiker, der ihn aufgesucht und gebeten habe, dass Bayern 5 nicht so oft in seinen sich viertelstündlich wiederholenden Beiträgen über Tandler berichten möge.

Der ehemalige CSU-Generalsekretär, stellvertretende CSU-Vorsitzende und Finanzminister war zum Mühlstein am Hals der CSU geworden. Aber es kam noch dicker für ihn. Der Vorsitzende Richter im Zwick-Prozess erstattete gegen ihn von Gerichts wegen Anzeige wegen Falschaussage vor dem Gericht bzw. vor dem Untersuchungsausschuss des Landtags. Tandler wurde deswegen und wegen Steuerhinterziehung in Höhe von 2,2 Millionen Mark angeklagt – die schlüssige Anzeige des Vorsitzenden Richters war nicht zu umgehen. Er musste eine Geldbuße von 150 000 Mark zahlen.

Anschließend war Tandler noch weitere Jahre als Vorstandsmitglied der Linde AG aktiv. Er hatte sich schon vor dem Ausbruch der Zwick-Affäre gezwungen gesehen, den Posten des Finanzministers aufzugeben und sich einen gut dotierten Job anderweitig zu suchen. Und er erhielt ihn. Mithilfe der Allianz war er zu Linde gewechselt, wo er, wie es hieß, ein Gehalt von 1 Million Mark jährlich bezog. Mit seltener Ungeniertheit erklärte der Vorstandsvorsitzende der Allianz öffentlich, Tandler habe als Finanzminister Verständnis für die Probleme der Allianz gezeigt, darum helfe man jetzt auch ihm.

Ende der Karriere

Fischer-Stabauer hingegen, dessen Karriere wegen seines Vorgehens gegen Tandler zu Bruch gegangen war, hatte keine mächtigen Freunde. Eine von Spörlein für seinen Mandanten eingereichte Landtagseingabe schmetterte die CSU-Fraktion ab – Erwin Huber wurde gedeckt. Der Regierungsdirektor musste nun einsam mit Erwin Hubers Finanzministerium und später vor Gericht gegen seine schlechte dienstliche Beurteilung kämpfen.

Rechtsanwalt Spörlein verwies auf den Widerspruch, dass einerseits der Ministerialrat Michael Wolf seinem Mandanten besondere Anerkennung dafür ausgesprochen hatte, dass er von Zwick 33 Millionen Mark Steuerschulden hereingeholt hatte, sein Mandant andererseits aber schlecht beurteilt werde. Dazu ließ Erwin Huber nunmehr erklären, dieses Lob habe sich nicht allein auf Fischer-Stabauer bezogen, sondern auf die gesamte Personengruppe, die mit der Sache befasst war. Dem stand entgegen, dass Fischer-Stabauer die Verhandlungen geführt hatte. Und selbst Erwin Huber zufolge hatte sich das Lob jedenfalls auch auf ihn erstreckt. Unter schwierigen Umständen für den Staat 33 Millionen Mark hereinzuholen war eine Leistung. Erwin Huber aber honorierte dies, wie er es für richtig hielt.

In einem scharfen Artikel unter der Überschrift »In dubio pro Tandler« hielt die *Süddeutsche Zeitung* Erwin Huber vor, dass er das Ansehen eines hoch qualifizierten Beamten, der unerschrocken gegen den Alt-Amigo Tandler ermittelt habe, in wenigen Wochen ruiniert habe. Sie hielt ihm außerdem vor, dass er den SPD-Abgeordneten Georg Kronawitter bei einer Anfrage zur Ablösung Fischer-Stabauers nicht mit der vollen Wahrheit bedient habe. Erwin Huber hatte nämlich behauptet, Fischer-Stabauer sei abgelöst worden, weil der Zwick-Prozess zu Ende gegangen sei. Tatsächlich war dies nicht der Fall gewesen, die Urteilsverkündung erfolgte erst später.

Der Regierungsdirektor Fischer-Stabauer resignierte schließlich. Er gab sich mit der ihm angebotenen Position des Leiters der Bußgeld- und Strafsachenstelle am Finanzamt Ingolstadt zufrieden. Finanzamtsvorsteher wurde der ehemalige Ministerialrat nicht mehr, obwohl ihm der Präsident der Oberfinanzdirektion München später die Eignung zum Finanzamtsvorsteher wieder zuerkannte.

Die Verantwortlichkeit für die Behandlung Fischer-Stabauers traf indessen nicht allein Erwin Huber. Sie traf in gleicher Weise den Ministerpräsidenten Edmund Stoiber. Abgesehen von dem, was hinter den Kulissen gelaufen sein mag, musste er schon aus den Berichten der *Süddeutschen Zeitung* wissen, was in diesem spektakulären Fall ablief. Es ist davon auszugehen, dass ohne seine ausdrückliche oder stillschweigende Billigung das Vorgehen Erwin Hubers gegen Fischer-Stabauer nicht möglich gewesen wäre. Das Gleiche gilt für das Vorgehen des Generalstaatsanwalts und des hinter ihm stehenden Justizministers.

Im Übrigen: Es läge nicht außerhalb jeder Lebenserfahrung, dass Gerold Tandler das simultane Vorgehen Erwin Hubers und Hermann Froschauers gegen Fischer-Stabauer veranlasst haben könnte.

Unübersehbar ist: Erwin Huber hatte sein eigenes berufliches Fortkommen aufgrund der Vorzugsbehandlung durch das Finanzministerium, das ihn bei voller Gehaltsfortzahlung nebenher studieren ließ, beträchtlich fördern können. Er hatte andererseits keine Hemmungen, das berufliche Fortkommen des pflichtbewussten Regierungsdirektors Fischer-Stabauer schwer zu schädigen. Im Internet gab Erwin Huber als Ziel und Überzeugung an: »Für mich persönlich ist der Bezug zum christlichen Menschenbild die wichtigste Orientierung bei meinen Entscheidungen. Würde und Wert jedes Einzelnen ... sind die Prinzipien, die unser tägliches Handeln leiten.«

Steueramtsrätin Ingrid Meier

Die Amtsrätin Ingrid Meier war eine überdurchschnittlich qualifizierte Betriebsprüferin. Deshalb wurde ihr die Betriebsprüfung des Rüstungsunternehmens Diehl in Nürnberg anvertraut, auch auf Wunsch der Firma selbst.

Im Verlauf der Prüfung stellte die Betriebsprüferin 1997 fest, dass zwei Beteiligungen der Diehl GmbH & Co. an den Rüstungsschmieden Rheinmetall und Krauss-Maffei veräußert worden waren. Diese Beteiligungen hatten zehn Jahre lang zum Betriebsvermögen gehört. Der Veräußerungsgewinn war daher steuerpflichtig, sodass 60 Millionen Mark Steuer anfielen. Stattdessen aber deklarierten die Diehl-Gesellschafter die Beteiligungen plötzlich als Privatmögen, sodass die Veräußerung steuerfrei gewesen wäre. Aufgrund der zivilrechtlichen Verträge und anderer Fakten wollte die Betriebsprüferin das nicht akzeptieren. In ihrer Auffassung wurde sie unterstützt von ihren Vorgesetzten und ganz entschieden vom Bundesamt für Finanzen.

Dann geschah Seltsames: Mit Schreiben vom 29. Juli 1999 erteilte die Oberfinanzdirektion Nürnberg Weisung, beide Beteiligungen als Privatvermögen anzuerkennen – jedoch ohne Begründung. Dem widersprach das Bundesamt für Finanzen mit Schreiben vom 3. Dezember nachdrücklich; es erklärte die Weisung als »nicht nachvollziehbar«.

Da ein Beamter rechtswidrige Weisungen nicht blind vollziehen darf, sah die Betriebsprüferin sich gezwungen, von ihrer Pflicht und ihrem Recht zur »Remonstration« gemäß Artikel 65 des Bayerischen Beamtengesetzes Gebrauch zu machen. Sie erhob Gegenvorstellung und bat um nochmalige Bestätigung der Weisung.

Daraufhin wurde der Vorsteher des Finanzamts, dem die Steueramtsrätin angehörte, in die Oberfinanzdirektion einbestellt. Dort erhielt er anscheinend den Auftrag, als unmittelbarer Vorgesetzter von Ingrid Meier die Weisung zu bestätigen, obwohl sie nicht von ihm, sondern von der Oberfinanzdirektion erteilt worden war. Der Finanzamtsvorsteher meldete sich jedoch anschließend krank, erschien nicht mehr zum Dienst und ging nach einiger Zeit vorzeitig in Pension.

Und es geschah weiter Seltsames: Die Prüferin erhielt die erbetene Bestätigung nicht, stattdessen wurde sie plötzlich von der Prüfung abgezogen. Wozu gab es das Remonstrationsrecht, wenn es auf diese Weise durchkreuzt wurde? War diese Sanktion auch eine Folge davon, dass die Betriebsprüferin der Strafsachenstelle Meldung gemacht hatte, nachdem die Steuerfahndung Düsseldorf Unterlagen bei der Dresdner Bank beschlagnahmt hatte?

Aber nicht genug damit. Die Betriebsprüferin erhielt jetzt auch noch eine schlechtere dienstliche Beurteilung. Damit wurde ihr weiteres berufliches Fortkommen blockiert. Wieso eine schlechtere Beurteilung, wenn das Bundesamt für Finanzen dieselbe Auffassung vertrat wie die Prüferin? Diese klagte dagegen, jedoch, wie meist bei Beurteilungen, vergeblich. Dennoch kämpft sie nach wie vor um ihre Rehabilitierung. Sie bezeichnet den Verzicht auf die Steuern als »politisch motiviert«.

Eingeschaltet in den Fall war Faltlhausers Finanzministerium, aber wegen der mehrfachen Bedeutung der Firma Diehl vermutlich auch Ministerpräsident Edmund Stoiber.

Unübersichtlich wird der Fall dadurch, dass das Bundesamt für Finanzen später seine so entschieden vertretene Auffassung aufgab, anscheinend ohne Begründung.

Fest steht jedenfalls, dass hier nicht alles mit rechten Dingen zuging. Der *SZ*-Redakteur Michael Stiller berichtete, dass der Firma Diehl schon in den Achtzigerjahren »ohne ersichtlichen Grund« vom bayerischen Finanzministerium mehrere Millionen Mark aus einer Firmenveräußerung im Iran erlassen worden seien. Das wäre demnach ein Parallelfall gewesen.

Der Fall erhält eine zweite Dimension, wenn man bedenkt, wer Karl Diehl, der im Februar 2008 verstorbene Seniorchef des Rüstungsunternehmens, war. Karl Diehl war ein besonders enger Strauß-Freund. Die »Connection« währte viele Jahre – noch am 2. September 1988, kurz vor seinem Tode, benutzte Strauß den Jet von Karl Diehl zum Rückflug von Südfrankreich nach München.

In skandalöser Weise trat Diehl erstmals in der »Onkel Aloys«-Affäre des damaligen Bundesverteidigungsministers auf. Unter Vermittlung des Strauß-Vertrauten Aloys Brandenstein machte Diehl damals lukrative Geschäfte. Er erwarb billig die Panzerkettenfabrik Backhaus, nachdem Aufträge und Zahlungen des Bundesverteidigungsministeriums rapide zurückgegangen waren. Nach dem Erwerb durch Diehl gingen Aufträge und Zahlungen wieder nach oben. Und der Bundesverteidigungsminister Strauß kaufte Panzergranaten in Portugal, die aber Diehl vorher dorthin exportiert hatte.

Strauß war damals in den schweren Verdacht der Korruption geraten. Zum einen gelangte sein völlig mittelloser Vertrauter Aloys Brandenstein in wenigen Wochen auf unerklärliche Weise zu einem Millionenvermögen. Zum anderen sagte dessen Fahrer später vor Gericht aus, er habe Brandenstein wiederholt zum Haus von Strauß in Bonn gefahren, jeweils mit einem Koffer, in dem er bei anderer Gelegenheit viel Geld gesehen habe. Nach dem Besuch bei Strauß sei der Koffer immer viel leichter gewesen. Das Gericht sah dies zutreffend nicht als ausreichenden Beweis dafür an, dass Brandenstein Strauß Geld überbracht habe, der Verdacht war damit indes auch nicht widerlegt.

Der Fall Diehl bekommt aber noch eine dritte Dimension, wenn man einen Sachverhalt bedenkt, den die Prüferin offensichtlich nicht kannte. Dieser Sachverhalt würde erklären, warum, wie die Prüferin sagte, es den Anschein gehabt habe, als bestimme der Diehl-Konzern das Besteuerungsverfahren. Dann sähe der Fall noch ganz anders aus.

Fugendicht dazu passt ein Justizskandal, den im Mai 2009 die *Nürnberger Nachrichten* aufdeckten. Aufgrund einer Strafanzeige der Betriebsprüferin gegen Karl Diehl und die Verantwortlichen der Oberfinanzdirektion Nürnberg wurde innerhalb der Nürnberger

Staatsanwaltschaft ein Gutachten erstellt, das die Vorwürfe der Betriebsprüferin bestätigte. Die zuständige Staatsanwältin sah den Verdacht der Steuerhinterziehung bei Diehl und der Untreue bei den Finanzbehörden gegeben. Letztere seien »vorsätzlich pflichtwidrig vorgegangen«; statt aufzuklären, hätten sie die Betriebsprüferin »in ihren Nachforschungen behindert und die Steuerfestsetzung im Sinne Diehls abgeschlossen«. Eine Ermittlungsrichterin ordnete Durchsuchungen bei der Dresdner Bank in Luxemburg und Frankfurt an, die jedoch aufgrund vorheriger Benachrichtigung der Bank fehlschlugen.

Das Justizministerium schaltete sich ein. Ein Ministerialrat löcherte in einem Schreiben die Nürnberger Staatsanwälte mit Fragen, worauf sie denn ihren Verdacht stützten. Er verwies auf die »bekannten Schwierigkeiten mit Luxemburg in Strafsachen«. Es zeigt sich auch hier wieder die gleiche Fürsorge für Karl Diehl wie bei den oberen Finanzbehörden. Das Verfahren wurde 2004 eingestellt. Die *Nürnberger Nachrichten* zitieren als Beweis für den Druck von oben einen leitenden Mitarbeiter der Justiz: »In diesem Verfahren konnte man mit vereinten Kräften das Schlimmste verhindern. Sonst hätte die Stadt einen Ehrenbürger weniger.«

Der Fall Diehl war eines der »politisch brisantesten Steuerstrafverfahren« im vergangenen Jahrzehnt, wie die *Süddeutsche* herausstellte.

Und welch eine wundersame Fügung: Im Sommer 2008, ein paar Monate vor der Landtagswahl, wurde Werner Diehl, dem Sohn des inzwischen verstorbenen Seniorchefs, von Ministerpräsident Günther Beckstein der Bayerische Verdienstorden verliehen!

Kriminalhauptkommissar Hans Brendel

Um die Mitte des Jahres 1998 ging der Kriminalhauptkommissar Hans Brendel in Pension. Unter der Überschrift »Tango corrupti für einen unbequemen Kommissar« widmete ihm die *Süddeutsche Zeitung* einen großen Artikel. Hans Brendel hatte bei der Aufdeckung krimineller Handlungen im Bereich der Wirtschaftskriminalität Großes geleistet. Er war Leiter der Sonderkommission »Bayerische Raiffeisenzentralbank«, deckte die Schmiergeldzahlungen beim Bau von 230 Kläranlagen sowie die Schmiergeldaffäre beim Bau des Münchner Flughafens auf, die 1991/1992 als (erste) Siemens-Bestechungsaffäre bekannt wurde. Damals ergingen nahezu 300 Verurteilungen. Der hoch angesehene Kriminalbeamte hielt bundesweit Vorträge über Korruption.

Erstmals öffentlich bekannt wurde Brendel dadurch, dass er gerade über Korruption nicht reden durfte. Am 2. April 1994 sollte er in der Universität München einen Vortrag halten mit dem Titel »Wirtschaftskriminalität in München – München im Filz von Bürokratie, Wirtschaft und Politik«. Doch ein hoher Herr griff ein: Auf Veranlassung des Generalstaatsanwalts Hermann Froschauer wurde Brendel der Vortrag vom Polizeipräsidium Oberbayern untersagt.

Der Skandal war perfekt, der Generalstaatsanwalt kam groß in die Presse. Für dieses Verbot gab es keine Rechtsgrundlage. Nach Artikel 74, Absatz 1, Nummer 4 des Bayerischen Beamtengesetzes war Vortragstätigkeit einem Beamten erlaubt. Sie konnte nur dann untersagt werden, wenn der Beamte dabei Dienstpflichten verletzte. Dafür aber gab es keinerlei Anhaltspunkte. Zudem hatte Brendel vorher schriftlich versichert, dass er nicht über laufende Verfahren sprechen würde.

Dennoch trumpfte der Generalstaatsanwalt öffentlich auf. Die Leitung von Ermittlungsverfahren läge bei der Staatsanwaltschaft.

Deshalb habe nur sie über Mitteilungen hierzu zu entscheiden. Das allerdings galt nicht, wenn der ganze Fall abgeschlossen war. Der Generalstaatsanwalt nahm den Kriminalhauptkommissar per Telefax auch noch persönlich ins Visier. »Herr Brendel redet zu viel …« Froschauer hätte sich sicher nicht so weit aus dem Fenster zu hängen gewagt, wenn er nicht die Rückendeckung des Justizministeriums gehabt hätte, genauer: die des Justizministers.

Im Übrigen hielt der Herr Generalstaatsanwalt selbst am 14. Januar 1997 in der Münchner Juristischen Gesellschaft einen Vortrag über das Thema »Bekämpfung der Korruption«.

Überhaupt wusste die *Süddeutsche Zeitung* Seltsames aus dem Zuständigkeitsbereich des Generalstaatsanwalts zu berichten: »Sobald ein Referatsleiter der Staatsanwaltschaft im Schmiergeldgeflecht auf brisante Personen aus Konzernen, Behörden oder aus einer bestimmten Partei stieß, wurde er versetzt.« Brendel habe man schon lange bei seinen Ermittlungen zu behindern versucht, sogar durch Disziplinarverfahren.

Im Fall Siemens, so hieß es, habe die Staatsanwaltschaft seinerzeit keine Durchsuchung bei den Niederlassungen in Karlsruhe und Erlangen vorgesehen, sondern nur in München. Dort aber hätten von den Unterlagen große Teile gefehlt. Offenbar sei eine Vorwarnung erfolgt.

Brendel prangerte das Verhalten der Staatsanwaltschaft an. Vor Gericht sagte er 1992 aus: »Die Staatsanwaltschaft hatte uns angewiesen, alle Aktionen gegen Siemens mit deren Rechtsanwalt Professor Hammerstein abzusprechen. So etwas habe ich in 31 Jahren als Polizist vorher nicht erlebt.«

Nachdem Brendel den Anwalt Hammerstein davon unterrichtet habe, dass er am nächsten Tag bei Siemens in Erlangen nach einem Beleg für eine Schmiergeldzahlung suchen würde, sei der Beleg nicht mehr zu finden gewesen.

Was Brendel aussagte, war der klare Vorwurf der strafbaren Strafvereitlung und Rechtsbeugung. Da ein Verfahren gegen Siemens natürlich Chefsache war, richtete sich der Vorwurf, ohne dass Brendel dies ausdrücklich sagen musste, zugleich gegen den Generalstaatsanwalt Froschauer und den Justizminister. Verständlicherweise aber erhob die Staatsanwaltschaft keine Anklage gegen ihre eigenen Vorgesetzten – so etwas war im Justizsystem nicht vorgesehen.

Und noch einen weiteren Justizskandal rügte Brendel öffentlich über Presse und Rundfunk. Ende 1992 gab es einen riesigen Münchner Schmiergeldskandal, die Zentralfigur war der Elektrogroßunternehmer Helmut Schmid (Firma Elsid). Er wurde zu dreieinhalb Jahren Gefängnis verurteilt (vom Bundesrechnungshof geschätztes Vermögen: 300 Millionen Mark). Doch während 34 andere Verurteilte in Haft saßen, erhielt Helmut Schmid unverzüglich Freigang, ganz entgegen der allgemein üblichen Vorgehensweise. In Freiheit absolvierte er ein dichtes Programm, nämlich zweimal in der Woche Massage und bei der Volkshochschule Augsburg den Besuch eines Computerkurses. Nur zur Übernachtung kehrte er in die Strafanstalt zurück. Brendel damals: »Das ist ein Saustall. In 36 Jahren Dienstzeit habe ich so etwas nicht erlebt.« CSU-Mitglied Brendel machte auch klar, dass die Anweisung von Schmids Freigang »von ganz oben« kam – das habe ihm der Anstaltsleiter des Gefängnisses gesagt. Der zuständige Oberstaatsanwalt Stocker kommentierte den Freigang Schmids mit den vielsagenden Worten: »Ein ungewöhnlicher Fall.« Damit bestätigte er, dass die Beschwerde Brendels begründet war.

Von ganz oben – das bedeutete, dass die Weisung der Generalstaatsanwalt erteilt hatte, sicher in Absprache mit dem Justizministerium. Das öffentliche Vorbringen Brendels zum Fall war wiederum nichts anderes als der Vorwurf der Strafvereitlung. Daher war es durchaus nachvollziehbar, wenn der Generalstaatsanwalt rügte, Brendel rede zu viel.

Freilich kann nicht angenommen werden, dass das Justizministerium und der Generalstaatsanwalt von sich aus auf die Idee gekommen wären, Helmut Schmid entgegen allen Regeln Freigang zu gewähren. Dazu bedurfte es schon eines Anstoßes von außen. Da Helmut Schmid enge Beziehungen zu Politikern hatte, liegt es nicht außerhalb jeder Lebenserfahrung, anzunehmen, dass die Anregung von dorther kam.

Vergleicht man die beruflichen Schicksale des Staatsanwalts Winfried Maier, des Regierungsdirektors Fischer-Stabauer, der Steueramtsrätin Ingrid Meier, des Kriminalhauptkommissars Hans Brendel und mein eigenes, so stellt man fest, dass sie sich in verblüffender Weise ähneln. Dies gilt insbesondere für die persönliche Diffamierung und Maßregelung seitens hoher Amtsträger, aber auch für die massiven Vorwürfe rechtswidriger Eingriffe von hoher Hand.

LKA-Präsident Hermann Ziegenaus

Es wäre einseitig, zu verschweigen, dass es auch andere Verhaltensweisen gibt als etwa die des Staatsanwalts Winfried Maier oder die des Kriminalhauptkommissars Hans Brendel.

Steigt ein Beamter dank seiner Fähigkeiten, mit Gottes Hilfe oder der Hilfe vergleichbarer Instanzen zum Präsidenten einer Behörde auf, so erwartet man von ihm, dass er sich dienstlich in jeder Hinsicht untadelig verhält. Erst recht erwartet man dies von einem Präsidenten des Landeskriminalamtes. Doch Verlass ist darauf nicht. Dies stellte Hermann Ziegenaus, der frühere Präsident des Bayerischen Landeskriminalamtes, öffentlich unter Beweis.

Vor dem Schreiber-Untersuchungsausschuss des Landtags sagten er und die Kriminalkommissare Bernhard Paul und Hans Stenger Mitte 2001 dazu aus, warum das Landeskriminalamt es 1996 abgelehnt hatte, technische Hilfe beim Entziffern eines Datenbandes zu leisten, das die Staatsanwaltschaft Augsburg bei Max Strauß beschlagnahmt hatte. Ihre Aussagen lauteten dahin, es habe kein Auftrag der Staatsanwaltschaft vorgelegen. Der Zusammenhang des Beweismittels mit Max Strauß sei außerdem unbekannt gewesen. Präsident Ziegenaus sei auch mit der Sache überhaupt nicht befasst gewesen. Den Verdacht der Opposition auf Protektion machte Ziegenaus gar als »Denken aus Costa Rica« lächerlich.

Als daraufhin der Untersuchungsausschuss die Akten des Landeskriminalamtes anforderte, stellte sich indessen heraus, dass der Verdacht doch keinem Denken aus Costa Rica entsprungen war. Denn, wie Innenminister Beckstein jetzt eilends dem Landtag mitteilte, die Aussagen waren falsch. Ziegenaus war nachweislich mit der Sache befasst gewesen, es war auch bekannt, dass es sich um Beweismaterial gegen Max Strauß handelte und dass ein förmliches Ersuchen der Staatsanwaltschaft Augsburg vorlag. Der Skandal war perfekt, zum einen wegen der rechtswidrigen Verweigerung der technischen Amtshilfe, zum anderen wegen der Falschaussagen, noch dazu mit dem bekannten politischen Hintergrund. Aber was passierte dem Präsidenten und den beiden Beamten? Es ist nicht bekannt, dass gegen sie irgendein Verfahren wegen Falschaussage eingeleitet wurde. Warum nicht?

Verwunderlich war freilich, dass das Landeskriminalamt – der Darstellung der Beteiligten zufolge – die Amtshilfe im Fall Max Strauß verweigert hatte, ohne das Innenministerium einzuschalten.

Das Landeskriminalamt war nach Artikel 7, Absatz 2, Nummer 5 des Polizeiorganisationsgesetzes verpflichtet, der Staatsanwaltschaft Augsburg Amtshilfe zu leisten. Dass Präsident Ziegenaus dies rechtswidrig aus eigener Machtvollkommenheit verweigerte, noch dazu in dem spektakulären Fall Max Strauß, ist auszuschließen. Wenn er nicht in Absprache mit Becksteins Innenministerium gehandelt hatte, hatte er dann in Absprache mit dem Justizministerium und Generalstaatsanwalt Froschauer gehandelt? Jedenfalls hatte, wie die *Süddeutsche* berichtete, der Generalstaatsanwalt die Entzifferung der Festplatte nicht gewünscht. Das Ganze hat also Logik.

Wenn ja, dann würde das auch erklären, warum Ziegenaus und die beiden Kriminalkommissare eine Falschaussage machten, die sie offenkundig zumindest unter sich abgesprochen hatten. Sie mussten sich dabei vor Strafverfolgung sicher fühlen. Und nochmals: Warum wurde gegen sie tatsächlich kein Strafverfahren eingeleitet? Der Generalstaatsanwalt Froschauer und der Justizminister konnten die Falschaussage aus der Zeitung ersehen, dort wurde groß darüber berichtet!

Und warum leitete Innenminister Beckstein kein Disziplinarverfahren ein wegen der rechtswidrig verweigerten Amtshilfe und wegen der Falschaussage?

Diese Fragen verlangen eine Antwort. Es ging hier nicht um Bagatellen.

Ein ehemaliger Beamter des Landeskriminalamtes beklagte in einem Leserbrief an die *Süddeutsche Zeitung*, dass, wie in anderen vergleichbaren Fällen, auch hier eine Ahndung nicht erfolgte. Zugleich erinnerte er daran, dass sein früherer Chef Ziegenaus 1995/1996 vor dem Plutonium-Untersuchungsausschüssen in Bonn und München eine umstrittene Darstellung über das Vorgehen seines Amtes abgegeben hatte. Gab es demnach auch damals eine falsche Aussage des Hermann Ziegenaus?

Im Hinblick auf die unwahre Aussage des früheren LKA-Präsidenten wirkte das von Innenminister Beckstein verantwortete Verbot gegenüber dem Kriminalhauptkommissar Brendel besonders bizarr. Der Fall des Präsidenten Ziegenaus zeigt aber auch, ebenso wie das geschilderte Verhalten anderer Amtsträger in Schlüsselstellungen, wem und wozu sich etliche Beamte verpflichtet sehen. Umgekehrt fragt sich: Wem und worauf kann der Bürger noch vertrauen?

Angesichts des Terrorismus sind Lauschangriffe, Videoüberwachung und Computerzugriffe unumgänglich. Die Angst der Bürger vor Missbrauch versuchte Innenminister Günther Beckstein durch den Hinweis zu zerstreuen, richterliche Kontrolle schütze hiervor. Aber was sind solche Zusicherungen wert, wenn man das Verhalten eines Präsidenten des Landeskriminalamts und seiner Beamten betrachtet? Was sind sie wert, wenn man sich das geschilderte Verhalten des Justizministers und seiner Leute vor Augen führt?

Die Antwort lautet: Sie sind etwas wert – im Regelfall. Aber im Ausnahmefall gibt es keine Gewähr.

Generalstaatsanwalt Hermann Froschauer

Harald Güller (SPD), der Vorsitzende des Schreiber-Untersuchungsausschusses des Landtags von 2001, forderte den Rücktritt des Justizbeamten Froschauer. Dazu sah Froschauer selbst keinen Anlass. Die Grünen erstatteten Strafanzeige gegen ihn wegen versuchter Strafvereitlung aufgrund seiner Eingriffe in die Augsburger Ermittlungen, vergeblich. Staatsanwalt Winfried Maier hatte, wie erwähnt, ausgesagt, dass Froschauer ihn gehindert habe, die von einem Richter bereits erlassenen Haftbefehle gegen Pfahls, Haastert und Maßmann zu vollziehen, und dies als »eindeutig« rechtswidrig bezeichnet.

Nach dem Legalitätsgrundsatz (Paragraf 152 der Strafprozessordnung) ist die Staatsanwaltschaft verpflichtet, Straftaten zu verfolgen, »sofern zureichende tatsächliche Anhaltspunkte vorliegen«. Sie hat demnach ohne Ansehen der Person und ohne Rücksicht auf entgegenstehende Wünsche von Politikern zu handeln. Aber was erklärte der Generalstaatsanwalt Froschauer vor dem Untersuchungsausschuss? Die Staatsanwaltschaft habe »auch das Kräftefeld der politischen Strebungen, Erwünschtheiten, besser Verträglichkeiten, einzubeziehen«. Unglaublich, dass er seine gesetzwidrige Praxis auch noch ganz ungeniert offenlegte.

Stoiber und sein Justizminister Weiß sahen keinen Anlass, gegen Froschauer etwas zu unternehmen. Er hatte die ihm gestellten Aufgaben wohl immer zufriedenstellend gemeistert. Er sagte selbst glaubhaft aus, dass er stets im Einvernehmen mit dem Justizministerium gehandelt habe. Was also sollten ihm seine politischen Vorgesetzten ankreiden?

Für seine Schuldlosigkeit spricht vor allem, dass er die gegen ihn erhobenen Vorwürfe samt und sonders entschieden bestritt.

Beliebt indes scheint Froschauer nicht bei jedem Justizangehörigen gewesen zu sein. Ein Rechtsanwalt etwa berichtete, P., Vorsitzender Richter einer Strafkammer, habe sich im Beisein eines Staatsanwalts außerordentlich zornig über Froschauer und dessen Stellvertreter Veit Sauter geäußert. Er habe erzählt, man habe ihm wegen seiner Äußerungen über Froschauer sogar schon ein Disziplinarverfahren angedroht. Davor aber habe er gewarnt, als man ihn vorgeladen habe. Er werde dann »die Kiste aufmachen«, habe er angekündigt.

Lange Jahre war Froschauer Generalstaatsanwalt, von 1983 bis 2001, also unter Strauß, Streibl und Stoiber. Dass sein engagierter Einsatz nicht mit einer höheren Karrierestufe honoriert wurde, war ein trauriges Schicksal, wie es freilich auch manch anderen trifft.

Anscheinend war er aufgrund seiner legendären Tüchtigkeit als Generalstaatsanwalt unentbehrlich und damit gewissermaßen sein eigenes Opfer geworden.

Ministerialdirektor Wolfgang Held

Wolfgang Held war Büroleiter von F. J. Strauß in der Staatskanzlei. Er tat sich dort unter anderem in der Sache Eduard Zwick hervor, wurde stellvertretender CSU-Generalsekretär, dann Amtschef des Justizministeriums. Damit war er der Vorgesetzte von Generalstaatsanwalt Froschauer und die Brücke des Justizministers zu diesem.

Im Schreiber-Untersuchungsausschuss des Landtags sagte Froschauer aus, er habe sich öfter mit Held über das Verfahren unterhalten. Dann erhob er gegen seinen Chef eine schwere Beschuldigung: Held habe nie gesagt, er solle etwas anders machen!

Soweit bekannt, ist Held dieser Beschuldigung nicht entgegengetreten.

Aus den Aussagen von Froschauer und Held ergab sich somit, dass sie als Zweigespann, das den schwer beladenen Karren der bayerischen Strafjustiz über holprige Wege zu ziehen hatte, stets vertrauensvoll zusammenwirkten.

Aber nochmals sei klargestellt: Froschauer und Held waren zwar die unmittelbaren Akteure, insoweit aber nur folgsame Beamte, die auf Weisung oder mit Zustimmung des unsichtbaren Justizministers handelten. Es ist kein einziger Fall bekannt, in dem der Justizminister ihr Verhalten missbilligt hätte.

Die Justiz im Allgemeinen

Der Vorwurf des politischen Missbrauchs

Es war in den Achtzigerjahren, als in Nordrhein-Westfalen Strafverfahren gegen den Bundeswirtschaftsminister Otto Graf Lambsdorff, seinen Amtsvorgänger Hans Friderichs und andere wegen Bestechlichkeit und Steuerhinterziehung eingeleitet wurden. CSU-Generalsekretär Gerold Tandler erhob damals gegen den Generalstaatsanwalt in Düsseldorf den schweren Vorwurf, er agiere nach politischer Opportunität. Wie konnte, musste man sich damals verwundert fragen, Gerold Tandler, der gelernte Bankkaufmann, es für möglich halten, dass ein leibhaftiger Generalstaatsanwalt sich nicht strikt nach Recht und Gesetz verhielt? Woher hatte er solche Einsichten?

Strauß spottete als Kanzlerkandidat 1980 bei Treffen mit Wirtschaftsführern über die gegen die CDU wegen Parteispenden laufenden Strafverfahren: In Bayern gebe es mit Staatsanwälten keine Probleme, die seien an der kurzen Leine.

Ein besonderes Kapitel gebührt der strafrechtlichen Verfolgung von Siemens-Vorständen wegen schwarzer Kassen. Im ersten Siemens-Schmiergeldskandal von 1991/92 behinderte die Staatsanwaltschaft massiv durch rechtswidrige Weisungen die polizeilichen Ermittlungen (so Brendel). So etwas konnte die Staatsanwaltschaft nicht aus eigener Machtvollkommenheit tun, dafür bedurfte es einer Willenskundgebung von oben. Im Schmiergeldskandal 2007/08, in dem es um mehr als 1 Milliarde Euro geht, erklärte unversehens die Staatsanwaltschaft im April 2008, der Zentralvorstand, zumal Heinrich von Pierer, habe von nichts gewusst und sei daher unschuldig. Obwohl der Antikorruptionsbeauftragte Albrecht Schäfer am 14. Februar 2008 ausgesagt hatte, er habe schon 2003 den Zentralvorstand über Schmiergeldzahlungen informiert, und obwohl laut *Süddeutscher Zeitung* die Aufsichtsräte den Zentralvorstand für schadensersatzpflichtig hielten. Da staunt man schon! Die *SZ* berichtete über ein entsprechendes Eingreifen des Generalstaatsanwalts Strötz, was dieser bestritt – andererseits ist die *SZ* eine sehr gewissenhaft recherchierende Zeitung. Sie berichtete ferner über einen früheren Besuch von Pierers bei Innenminister Beckstein.

Blendet man zurück, so erinnert man sich, dass Kultusminister Hans Maier – seiner eigenen Aussage zufolge – 1978 die Einführung eines obligatorischen Berufsschulgrundjahres fallen lassen musste, weil Strauß mit Siemens über eine Wahlkampfspende von 20 Millionen Mark verhandelte. Und dass CDU-Schatzmeister Kiep laut dessen Mitarbeiter Lüthje in den späten Achtzigerjahren in der Schweiz 8 oder 9 Millionen Mark von Siemens in Empfang nahm.

Wer zahlt, schafft an. Dieser Verdacht drängt sich auf. Oder gibt es eine andere Erklärung?

Im Januar 1994 kam es im Rechts- und Geschäftsordnungsausschuss des Bayerischen Landtags zu einem gewaltigen Eklat. Justizminister Hermann Leeb rechtfertigte eine heftig umstrittene Durchsuchungsaktion bei der FDP-Abgeordneten Karin Hiersemenzel und ihrem Ehemann. Da ergriff plötzlich der frühere Innenstaatssekretär und Münchner Ex-Oberbürgermeister Erich Kiesl das Wort. Er warf dem Justizminister zu dessen Entsetzen vor, dass spezielle Teile von Staatsanwaltschaft und Gerichten in Bayern sich »zu politischen Zwecken gebrauchen lassen oder missbraucht werden«. Dies sei gang und gäbe. Dem höchst erregten Justizminister, der ihn vergeblich zu stoppen versuchte, schleuderte er entgegen: »Ich bin in der Partei nicht mehr so gebunden, dass ich Rücksichten nehmen müsste.«

Erich Kiesl mochte seine Schwächen haben, es wurde damals gegen ihn wegen Falschaussage, Veruntreuung und Steuerhinterziehung ermittelt. Aber er wusste, was er sagte. Wie beispielsweise die Verfahren gegen Lothar Müller, Eduard Zwick und den *Bayernkurier* gelaufen waren, wusste er; er sah, welche Freiheiten Helmut Schmid/Elsid eingeräumt wurden. Als ehemaliger Innenstaatssekretär wusste er aber noch einiges mehr.

Erich Kiesls Vorwurf des politischen Missbrauchs der Justiz bezog sich zwangsläufig auf den Justizminister, den Ministerpräsidenten sowie auf die ausführenden Spitzenbeamten.

Ein weiterer CSU-Politiker, Erich Riedl, früher Staatssekretär im Bundeswirtschaftsministerium, erhob, wie bereits dargestellt, ebenfalls den Vorwurf des politischen Missbrauchs der Justiz. Auch er machte ausdrücklich Ministerpräsident Stoiber persönlich dafür verantwortlich, dass ein Ermittlungsverfahren gegen ihn entgegen der Auffassung der Augsburger Staatsanwaltschaft vier Jahre lang nicht eingestellt wurde.

Nimmt man hinzu, was der Staatsanwalt Winfried Maier, der ehemalige Staatsanwalt Weindl und der verunglückte Oberstaatsanwalt Jörg Hillinger an Vorwürfen gegen das Justizministerium sowie gegen den Generalstaatsanwalt als dessen verlängerten Arm erhoben haben, so gelangt man rasch zu der Überzeugung, dass das alles nicht erfunden ist.

Wie entwürdigend sich die Justiz, das heißt der Justizminister, Froschauer und andere, in dem Strafverfahren gegen Lothar Müller und in der Sache Finanzminister Ludwig Huber/Beckenbauer sowie in anderen Fällen verhalten haben, habe ich bereits oben skizziert.

Darüber hinaus lassen sich noch andere Einzelfälle anführen, die das Bild abrunden. Sie zeigen, was alles möglich ist.

Beispiele

Eines Tages, ich stand am Bahnsteig der U-Bahn-Station Odeonsplatz und wartete auf den Zug, trat ein mir flüchtig bekannter Rechtsanwalt auf mich zu, sein Name war mir nicht mehr geläufig. Er sprach mich auf meine »Affäre« an und drückte mir seine Anerkennung aus. Dann sagte er: »Das Schlimmste an all diesen Sachen aber ist, dass bei uns die Justiz nicht funktioniert.« Mit Empörung schilderte er mir folgende Geschichte:

Im Jahr 1986 wurden vier Geschäftsführer einer Münchner Gesellschaft wegen versuchter Steuerhinterziehung im Zusammenhang mit einem Hotelprojekt in Gran Canaria zu Gefängnisstrafen von über einem Jahr verurteilt. Das Verfahren gegen den fünften Geschäftsführer hingegen, den schwerreichen Bus- und Reiseunternehmer Horst Tanner*, der genau das Gleiche getan hatte wie die anderen Geschäftsführer, wurde kurz vor der Hauptverhandlung gegen Zahlung von 50 000 Mark eingestellt. Dies war nicht einmal eine Geldstrafe, sondern nur eine Auflage gemäß Paragraf 153 a der Strafprozessordnung. Diesen Betrag konnte er bei seinen Vermögensverhältnissen aus der Portokasse zahlen.

Als die anderen Angeklagten zur Hauptverhandlung erschienen und feststellten, dass Horst Tanner nicht gekommen war, weil das Verfahren gegen ihn eingestellt worden war, waren sie außer sich. Er war mit Abstand der wirtschaftlich Potenteste von ihnen gewesen. Er hatte bei dem Projekt das Sagen gehabt. Die Verteidiger, darunter der renommierte Strafrechtsprofessor Blei aus Berlin, schrieen Zeter und Mordio wegen dieser unfassbaren Ungleichbehandlung. Aber es half alles nichts, das Verfahren gegen ihre Mandanten wurde nicht eingestellt.

* Name geändert.

Horst Tanner hatte allerdings von Anfang an wiederholt seelenruhig erklärt, ihm werde nichts passieren. Das verwunderte seine Mitangeklagten sehr. Tatsächlich aber war er der Einzige, der nicht in Untersuchungshaft genommen wurde. Selbst als die Staatsanwaltschaft Anklage erhob, wiederholte Tanner, ihm werde nichts passieren. Seine Mitangeklagten und ihre Verteidiger hielten das alles für grenzenlosen Optimismus. Nun aber war wirklich das Verfahren gegen ihn eingestellt worden. Weder Gericht noch Staatsanwaltschaft vermochten den Verteidigern der Mitangeklagten plausible Gründe dafür anzugeben.

Und peinlich, peinlich: Im Urteil musste das Gericht darstellen, wer welche Tathandlungen vorgenommen hatte. Da die fünf Geschäftsführer immer alles gemeinsam gemacht hatten, konnte das Gericht nicht anders, als zugleich immer auch Horst Tanner als Mittäter zu nennen. Im Urteil war somit klipp und klar nachzulesen, dass er mindestens in gleichem Maße wie die anderen an der Tat beteiligt war.

Das Rätsel, warum Horst Tanner seinen Kopf aus der Schlinge ziehen konnte, löst sich dann, wenn man erfährt, dass ihm der Rechtsanwalt und Steuerberater Karl-Heinz Aigner zur Seite stand. Tanner hatte angekündigt, dieser werde alles in Ordnung bringen. Tatsächlich war Aigner ein einflussreicher Mann. Er war bis 1981 Schatzmeister des CSU-Bezirks Oberbayern gewesen. Als später ein Journalist in der Sache bei einem der Verurteilten recherchierte, wehrte dessen Mitarbeiterin erschreckt ab: »Um Gottes willen, dann müssten wir uns ja mit Max Streibl anlegen!« Streibl war Vorsitzender des CSU-Bezirks Oberbayern und zum Zeitpunkt der Verfahrenseinstellung Finanzminister.

Allein schon der Urteilstext ist ein ausreichendes Beweismittel dafür, dass hier eine unglaubliche Ungleichbehandlung erfolgte. Darüber hinaus liegt der dringende Verdacht der Strafvereitlung und Rechtsbeugung vor. Angesichts des Urteilstextes erscheint es schlechterdings ausgeschlossen, dass dieser Verdacht ausgeräumt werden könnte. Dass das Gericht der Einstellung des Verfahrens gegen Tanner zugestimmt hatte, macht die Sache keineswegs besser, sondern noch schlimmer. Der Vorsitzende der Kammer war mir schon in einer anderen Sache unangenehm aufgefallen, als er noch Staatsanwalt war. Auch ein leitender Beamter der Oberfinanzdirektion München hatte sich bei mir über ihn bitter beklagt.

Im Februar 1993 berichtete die *Augsburger Allgemeine*, ein Betriebsprüfer, dessen Name ihr bekannt sei, aber dem Informantenschutz unterliege, habe ihr mitgeteilt, er habe bei der Prüfung eines großen Reiseunternehmers in München eine VIP-Kartei entdeckt über bayerische Spitzenpolitiker, die kostenlos reisen durften. Die Betriebsprüfung des »Amigo-Reisebüros« sei in diesem Punkt nicht zu Ende geführt worden, weil dies zu brisant gewesen wäre. Finanzminister von Waldenfels stellte, nachdem er sich zunächst geweigert hatte, nach Erscheinen des Berichts gegen den Informanten Strafantrag wegen Verletzung des Steuergeheimnisses. Die Geschichte war demnach nicht erfunden. Besonders interessant: Horst Tanner soll Inhaber oder Gesellschafter dieses Reisebüros gewesen sein!

Der *SZ*-Redakteur Michael Stiller wurde wegen seiner hervorragenden Berichterstattung wiederholt mit dem Wächter-Preis ausgezeichnet. Er berichtete auch ausführlich über Zwick, Fischer-Stabauer und Tandler. Letzteren störte dies offenbar sehr. So veranlasste er die Staatsanwaltschaft dazu, gegen Stiller ein Ermittlungsverfahren wegen des Verdachts der Anstiftung zur Verletzung von Dienstgeheimnissen und wegen angeblicher Wiedergabe von Ermittlungsakten einzuleiten. Der Umstand, dass Stiller laufend über (angeblich) vom Steuergeheimnis geschützte Vorgänge berichte, stifte Geheimnisträger dazu an, sich an die Zeitung zu wenden, ließ

Tandler durch seinen Anwalt vortragen. Die Staatsanwaltschaft lud Stiller zu einer Vernehmung vor.

Selbst einem juristischen Laien und erst recht jedem Staatsanwalt ist klar, dass die bloße Berichterstattung eines Journalisten keine Anstiftung sein kann. Die Staatsanwaltschaft hätte deswegen überhaupt kein Ermittlungsverfahren einleiten dürfen. Dem stand schon das strafrechtliche Verbot der Verfolgung Unschuldiger entgegen. Deswegen ist davon auszugehen, dass die Staatsanwaltschaft hier auf politische Weisung »von oben« gehandelt hat. Es kann nicht anders sein.

Das Verfahren musste mangels Substanz wieder eingestellt werden. Weil es Tandler gelungen war, die Einleitung eines rechtswidrigen Strafverfahrens gegen Stiller zu erreichen, besteht Grund zu der Vermutung, dass er auch die rechtswidrige Ablösung des gegen ihn ermittelnden Regierungsdirektors Fischer-Stabauer veranlasst hatte – mit dem Ziel, die Abgabe seiner Strafsache an die Staatsanwaltschaft zu verhindern oder möglichst lange hinauszuzögern. Auch die unhaltbaren Begründungen des Finanzministers Erwin Huber für seine Maßnahmen gegen Fischer-Stabauer lassen sich auf diese Weise erklären.

Der zuverlässige Oberstaatsanwalt Veit Sauter, der vergeblich rechtswidrig versucht hatte, mich nach dem Strafantrag des Landeszentralbankpräsidenten Lothar Müller einer Bestrafung wegen angeblicher übler Nachrede zuzuführen, wurde von seinem Chef Froschauer auch für die heiklen Augsburger Strafverfahren eingesetzt. Dies jedoch in einer Weise, über die sich der Staatsanwalt Winfried Maier später öffentlich bitter beklagen sollte. Er wurde nämlich im Mai 1999 in die Generalstaatsanwaltschaft nach München zitiert. Dort erteilte ihm Veit Sauter, wie Maier aussagte, die »zwingende Anregung«, die Verfahren gegen Max Strauß, Erich Riedl, Holger Pfahls und Walter Leisler Kiep an andere Staatsanwaltschaften abzugeben sowie das Verfahren gegen Schreiber vorläufig einzustellen.

Veit Sauter und Reinhard Nemetz hätten ihn noch dazu, wie Maier aussagte, aufgefordert, all das in einem Bericht an den Generalstaatsanwalt selbst vorzuschlagen. Damit hätten sie sich gegen den Vorwurf des Eingriffs »von oben« absichern wollen.

Die Beamten der Steuerfahndung in Augsburg kündigten aber »erbitterten Widerstand« gegen diese Zerschlagung des Verfahrens an. Staatsanwalt Maier kam dem Ansinnen nicht nach. Er stellte keinen Antrag, das Verfahren abzugeben, sodass der Plan schließlich fallen gelassen werden musste. Die Abgabe der einzelnen Verfahren an andere Staatsanwaltschaften hätte zwangsläufig eine gewaltige Verzögerung oder gar das faktische Ende der Verfahren bedeutet, stellte Maier heraus. Im Klartext: Maier erhob den Vorwurf der versuchten Strafvereitelung in diesen politisch brisanten Fällen.

Die Beispiele rechtswidrigen Handelns bestimmter Amtsträger der Justiz ließen sich durchaus noch vermehren. Klargestellt sei aber auch, dass es sich letztlich nur um einige wenige, in Schlüsselpositionen sitzende Akteure handelt. Dies zeigt auch die zitierte Äußerung des früheren Leiters der Staatsanwaltschaft Augsburg, Jörg Hillinger, gegenüber der *Süddeutschen Zeitung*, er zweifle, ob man ihn nochmals auf diese Position setzen würde. Aber nicht jeder, der in eine Schlüsselposition gelangt, ist »nachgiebig«, wie wiederum das Beispiel des Jörg Hillinger beweist. Es wäre auch völlig verfehlt, die Mehrzahl der Staatsanwälte zu bezichtigen. Die korrekten Staatsanwälte werden jedoch durch die anderen in Verruf gebracht. Das Gleiche gilt für die Beamten des Justizministeriums, weitaus die meisten verhalten sich korrekt.

Der Außenstehende fragt sich, wie solche Vorgänge in einem Rechtsstaat, in einer Demokratie mit Gewaltenteilung möglich sind. Die Antwort ist einfach: Die Macht ist in der Staatsspitze gebündelt. Die Staatanwälte sind weisungsgebunden. Lediglich die Gerichte sind unabhängig, aber auch insoweit ist blindes Vertrauen verfehlt, wie der Fall des Horst Tanner zeigt.

Um gegen einen Oberstaatsanwalt oder Generalstaatsanwalt den Vorwurf der Rechtsbeugung oder Strafvereitlung erheben zu können, bedarf es der genauen Kenntnis der Sachlage. Der Außenstehende bekommt die Justizakten, sofern sie überhaupt die Abläufe vollständig und korrekt wiedergeben, nicht zu Gesicht. Hinzu kommt, dass Staatsanwälte ohnehin als scharfe Juristen gelten. Kaum einer möchte annehmen, sie würden selbst vom Pfad der Tugend abweichen. Und überdies: Wer traut sich schon, Staatsanwälte zu beschuldigen? Man muss damit rechnen, gleich selbst mit Strafverfolgung überzogen zu werden.

Aber was passiert, wenn sich einer nicht beirren lässt, sondern tatsächlich Strafanzeige gegen einen Staatsanwalt wegen Rechtsbeugung oder Strafvereitelung stellt? Dann bearbeitet diese Anzeige, wie mir einmal ein Staatsanwalt erklärte, »halt der Kollege im Zimmer nebenan«. Richtet sich die Anzeige gegen den Oberstaatsanwalt oder den Generalstaatsanwalt oder gar gegen den Justizminister, wird der Verfolgungseifer eines Staatsanwalts bestimmt nicht größer sein. Es ist eine Art »Insichgeschäft« der Justiz.

Der Staatssekretär a.D. Erich Riedl musste sich also keinesfalls wundern, dass seine 19-seitige Strafanzeige wegen Verfolgung eines Unschuldigen von der Staatsanwaltschaft zurückgewiesen wurde. Seine Anzeige hatte er wohl nur erstattet, um seinen Protest zu zeigen und die Presse einzuschalten.

In Einschätzung dieser Situation habe ich selbst stets davon abgesehen, Strafanzeige gegen irgendeinen Spitzenpolitiker in Bayern zu erstatten. Anlass dazu hätte ich genug gehabt, insbesondere was

Strauß, Streibl, Stoiber und von Waldenfels betraf. Die Staatsanwaltschaft hätte mit absoluter Sicherheit eine solche Anzeige als unbegründet zurückgewiesen. Und der Angezeigte hätte triumphiert: »Jetzt hat auch noch die Staatsanwaltschaft meine Unschuld bestätigt!« Umgekehrt hätte man mich als Querulanten hingestellt.

Ein Vorschlag zur Abhilfe: Die Generalstaatsanwälte sollten weisungsunabhängig sein. In Italien sind sogar alle Staatsanwälte unabhängig wie Richter. Nur so waren z.B. die zahlreichen Strafverfahren gegen den übermächtigen Berlusconi möglich. In Bayern wäre ein Strafverfahren gegen F. J. Strauß oder Edmund Stoiber völlig undenkbar gewesen – die Justizhoheit lag bei ihnen, sie konnten andere verfolgen lassen, waren aber selbst unantastbar.

4 Anklagen von dritter Seite

Die Anklagen der Finanzgewerkschaft

Welches Ausmaß die Unruhe bayerischer Finanzbeamter über die Begünstigung bestimmter Steuerpflichtiger erreicht hatte, zeigte ein veröffentlichter Protest der Bayerischen Finanzgewerkschaft gegen politische Protektion. Darüber berichtete das *Handelsblatt* im Dezember 1993, ebenso die übrige Presse. Der Vorsitzende der Finanzgewerkschaft, Josef Bugiel, zugleich Vorsitzender des Hauptpersonalrats im bayerischen Finanzministerium, hatte in einem Brief an Finanzminister von Waldenfels bitter beklagt, dass es unter den Finanzbeamten erhebliche Kritik daran gebe, dass durch Weisungen »von oben« Millionenbeträge nicht festgesetzt, erlassen oder aber niedergeschlagen wurden. Bei den Beamten bestehe der Eindruck, es gehe nicht mit rechten Dingen zu.

- Der Brief nahm ausdrücklich Bezug auf die Steuerfälle Bäderkönig Eduard Zwick, Fleischgroßhändler Alexander Moksel und Großkaufmann Jost Hurler.
- Dem steinreichen Eduard Zwick hatte das Finanzministerium rechtswidrigerweise eine Steuerschuld von 63 Millionen Mark erlassen.

- Zu Moksel berichtete die Presse, das Finanzministerium habe widerrechtlich Einnahmen in Höhe von 100 Millionen Mark, die Moksel auf Schweizer Konten transferiert hatte, als steuerfrei anerkannt. Moksel hatte sie als treuhänderisch deklariert, sich aber geweigert, den Treuhänder zu nennen.
- Über den Großkaufmann Jost Hurler, ein enger Spezi von F. J. Strauß, wurde in der Presse berichtet, er habe ein rechtswidriges Steuergeschenk erhalten – statt 100 Millionen Mark habe er nur 40 Millionen Mark an Steuern zahlen müssen. Ein Finanzbeamter, der sich namentlich bei der *Süddeutschen Zeitung* meldete, gab an, dass Hurler sogar einen dreistelligen Steuernachlass erhalten habe, nachdem er seit Jahren keine Steuererklärung mehr abgegeben hatte. Einem leitenden Angestellten von Hurler zufolge war der Steuerdeal etwa vier Wochen vor dem Flugzeugabsturz des Hurler-Sohnes im Hotel Überfahrt am Tegernsee mit Strauß ausgehandelt worden.

Wie der Bäderkönig Eduard Zwick und der Wienerwald-Inhaber Friedrich Jahn stellte auch Jost Hurler Strauß sein Flugzeug zur Verfügung. Darüber hinaus hielt sich hartnäckig das Gerücht, F. J. Strauß sei in irgendeiner Form an dem Unternehmen von Hurler bzw. Suma beteiligt gewesen. Ferner soll eine bei Hurler beabsichtigte Betriebsprüfung blockiert worden sein – von oben. Der Zwick-Untersuchungsausschuss griff 1994 den Fall Hurler auf, untersuchte ihn aber wegen Zeitmangel nicht mehr.

Immer ging es um riesige Summen, Steuerausfälle, für die andere aufkommen mussten: solche, die weit weniger verdienten, und solche, die viel verdienten. Es war eine Vielzahl von Beamten, die sich hier gegen die Zumutung zur Wehr setzten, auf die einen das Gesetz anzuwenden und auf die anderen nicht.

Darüber hinaus leitete Bugiel dem Finanzminister ein Bündel von Unterlagen über weitere derartige Steuerfälle zu, in denen nach

Auffassung von Finanzbeamten rechtswidrige Entscheidungen von oben ergangen waren.

Dieser Protest von Finanzbeamten war einmalig in der Geschichte der Bundesrepublik. Gewerkschaften vertreten die Interessen ihrer Mitglieder hinsichtlich Bezahlung, Status und Arbeitsbedingungen. Hier aber fand erstmals ein Aufstand statt gegen Weisungen von oben, d.h. gegen die Amtsführung des Finanzministers.

Wirkung hatte der Protest freilich keine. Finanzminister von Waldenfels überließ es seinem Staatssekretär Alfons Zeller, mit dem Vorsitzenden der Finanzgewerkschaft über die gerügten Fälle ein Gespräch zu führen. Der Protest wurde als unbegründet zurückgewiesen. Und das war es dann.

Ich erinnerte mich an die Antwort von Ministerialdirektor Lothar Müller, als ich ihn darauf hinwies, ein Steuerbeamter habe bei einer Sitzung offen gegen die Protektion von zwei bekannten Steuerpflichtigen durch Finanzminister Ludwig Huber protestiert. Müller erwiderte damals: »Die haben zu tun, was man ihnen sagt!« Haben nachgeordnete Beamte auch eine Menschenwürde? Gilt Artikel 1 des Grundgesetzes, der die Menschenwürde garantiert, auf den unteren Ebenen nicht? Anscheinend ist es so.

Die Anklagen des Rechtsanwalts Peter Spörlein

Strafanzeigen im Fall Zwick

Mitten im Elend der Strafverfolgung »in bestimmten Fällen« erwuchs verschiedenen bayerischen Spitzenpolitikern unerwartet ein gewaltiger öffentlicher Ankläger außerhalb der Staatsanwaltschaft. Einer, der unabhängig war. Einer, der wusste, dass ein Steuerhinterzieher ab 50 000 Euro verkürzte Steuer mit einer meist auf Bewährung verhängten Freiheitsstrafe zu rechnen hatte, bei mehr als 500 000 Euro mit Gefängnis ohne Bewährung.

Der Rechtsanwalt Spörlein trat erstmals mit zwei gepfefferten Leserbriefen in der *Süddeutschen Zeitung* zum Fall Zwick öffentlich in Erscheinung. Er rügte massiv, was aufgedeckt worden war. Und das war nur zu verständlich. Er war ein renommierter Fachanwalt für Steuerrecht und Steuerstrafrecht, er verteidigte viele Steuersünder vor Gericht, die wegen Steuerhinterziehung oder fahrlässiger Steuerverkürzung belangt wurden. Weil er ständig erlebte, wie konsequent Finanzbehörden und Staatsanwaltschaft normalerweise gegen Steuersünder vorgingen, empörte es sein Gerechtigkeitsempfinden, wie Strauß-Freund Eduard Zwick jahrelang ungestraft dem Finanzamt Steuern vorenthalten durfte, schließlich einen rechtswidrigen Erlass seiner Steuerschulden in Höhe von 63 Millionen Mark erreichte und sogar vom ersten Mann im Staat, dem Ministerpräsidenten F. J. Strauß persönlich, den schriftlichen Rat erhielt, eine ärztliche Bescheinigung einzuholen, dass er verhandlungsunfähig sei, um so die Aufhebung des gegen ihn verhängten Haftbefehls zu erreichen.

Was den Rechtsanwalt besonders aufbrachte, war, dass die schuldigen Amtsträger strafrechtlich nicht zur Verantwortung gezogen wurden. Strauß war tot, aber da waren noch Streibl, Tandler und von Waldenfels, die als Finanzminister zuständig gewesen waren, sowie der Steuerabteilungsleiter Kurt Miehler.

Spörlein erstattete 1994 Strafanzeige gegen Miehler wegen des Verdachts der Untreue. Er wies Staatsanwaltschaft sowie Justizminister Hermann Leeb darauf hin, dass sich Miehler eindeutig strafbar gemacht habe. Dass die rechtlichen Voraussetzungen für den gewährten Steuererlass fehlten, hatten bereits der Bayerische Oberste Rechnungshof und das Oberlandesgericht München festgestellt. Außerdem hatte Miehler weder die erforderliche Zustimmung des Bundesfinanzministeriums eingeholt noch, wie vorgeschrieben, den Bayerischen Obersten Rechnungshof eingeschaltet. Über diese Erfordernisse hatte er sich hinweggesetzt. Miehler selbst hatte in einer früheren, im *Spiegel* zitierten Vorlage an den Finanzminister geschrieben: »Rechtlich lässt sich dieser Vergleich nicht mehr rechtfertigen.« Dennoch hatte er den Steuererlass vorgenommen.

Aber die Staatsanwaltschaft, unter der Oberleitung des Generalstaatsanwalts Froschauer stehend, gab der Anzeige nicht statt. Dies war angesichts der erdrückenden Beweislage etwas, das den Rechtsanwalt zutiefst empören musste. Wann überhaupt, wenn nicht hier, war Anklage zu erheben? Warum vermied es die Staatsanwaltschaft, ein Gericht entscheiden zu lassen?

Spörlein erstattete Strafanzeige wegen Rechtsbeugung gegen den Justizminister Hermann Leeb. Natürlich wies die Staatsanwaltschaft die Strafanzeige gegen ihren obersten Vorgesetzten zurück.

Erfolg hatte der Rechtsanwalt trotzdem. Die Presse berichtete groß über seine Angriffe und brachte damit die angeprangerten Missstände ins Bewusstsein der Öffentlichkeit. Was Spörlein jedoch überraschte, war der Zuspruch, den er aus der Richterschaft erhielt. Nicht wenige Richter, darunter etliche Vorsitzende Richter des Landgerichts, sprachen ihm ihre Anerkennung aus, ja sie ermunterten ihn, die Dinge nicht auf sich beruhen zu lassen.

Der angegriffene Justizminister Leeb verlor nach der Landtagswahl 1998 sein Amt.

Die Besteuerung des Zwick-Aktiendeals

Im Mittelpunkt des Zwick-Skandals stand der rechtswidrige Erlass von 63 Millionen Mark Steuerschulden. Darüber hinaus gab es einen weiteren skandalösen Verzicht auf Steuern in Höhe von 40 bis 50 Millionen Mark (einschließlich Hinterziehungszinsen). Diese waren angefallen, als Zwick senior 1988 sein Bäderimperium auf seinen Sohn Johannes übertrug, indem er ihm – unter missbräuchlicher Zwischenschaltung von Basisgesellschaften – gegen Zahlung von 110 Millionen Mark die Aktien verkaufte. Dies geschah über dem tatsächlichen Wert, sodass, wie die Münchner Steuerfahndung 1993 in einem Aktenvermerk feststellte, Steuern in Höhe von 40 bis 50 Millionen Mark auf den Gewinn zu erheben gewesen wären (Paragraf 17 des Einkommensteuergesetzes).

Dennoch unterließ das Finanzministerium die Besteuerung. Dagegen lief der Steuerexperte Spörlein Sturm. Unterstützt wurde er von dem SPD-Landtagsabgeordneten und Münchner Alt-Oberbürgermeister Georg Kronawitter, der im Landtag diverse Anfragen an Finanzminister Erwin Huber richtete. Dieser erwiderte laut Landtagsprotokoll, dass der Vorgang nach Maßgabe der einschlägigen gesetzlichen Vorschriften »besteuert wurde«.

Als aber Spörlein in Erfahrung brachte, dass der Aktiendeal in Wahrheit nicht besteuert wurde, erstattete er gegen Erwin Huber Strafanzeige wegen des Verdachts der Untreue und Rechtsbeugung. Wie nicht anders zu erwarten, wurde die Strafanzeige zurückgewiesen. Erwin Huber berief sich schließlich im Haushaltsausschuss des Landtags darauf, der Richter am Amtsgericht, der 1994 über die Haft von Johannes Zwick entschied, habe festgestellt, der Wert der Aktien entspreche dem Kaufpreis, somit liege kein steuerpflichtiger Gewinn vor.

Auch einem Erwin Huber musste indessen bewusst gewesen sein, dass ein Haftrichter nur eine kursorische Entscheidung trifft, ohnehin kein Steuerfachmann ist und schon gar nicht für die Finanzverwaltung verbindliche Entscheidungen treffen kann. Spörlein ließ daher nicht locker. Er wandte sich an Ministerpräsident Stoiber.

Die Presse berichtete, die Opposition wurde immer misstrauischer. Der öffentliche Druck auf Finanzminister Erwin Huber wuchs. Da geschah wieder einmal Unglaubliches: Erwin Huber beauftragte den Präsidenten der Steuerabteilung der Oberfinanzdirektion Nürnberg, Rolf Müller-Fassbender, ein Gutachten zur Besteuerung des Aktiendeals zu erstellen, ganz so, als ob das Finanzministerium nicht selbst die Rechtslage beurteilen könne. Und siehe da, Müller-Fassbender bestätigte, dass ein zu versteuernder Veräußerungsgewinn vorliege, so wie Rechtsanwalt Spörlein gesagt hatte. Nunmehr ließ Erwin Huber die Steuern festsetzen – in zweistelliger Millionenhöhe, wie es hieß.

Zuvor war Rechtsanwalt Spörlein von den Sprechern des Finanz- und Justizministeriums in übelster Weise beschimpft worden, seine Strafanzeige sei Rufmord, hieß es. Entschuldigte sich Erwin Huber nun? Oder ließ er Spörlein gar ein anerkennendes Schreiben zukommen dafür, dass der Fiskus jetzt viele Millionen kassieren konnte? Vier Jahre lang hatte Spörlein beharrlich immer wieder auf die wunde Stelle gezeigt! Nichts dergleichen geschah. Erwin Huber war sich zu gut dazu.

Auch Ministerpräsident Stoiber sah keine Veranlassung, Spörlein eine Anerkennung zuteil werden zu lassen. Der Rechtsanwalt hatte ihn bereits 1995 vergeblich auf die Steuerpflicht des Aktiendeals hingewiesen, dann nochmals mit Schreiben vom 9. August 1999. Dabei hielt er ihm die Schmähungen seitens der Ministerien vor. Er forderte von Stoiber, mit der »politischen Protektion bei einzelnen Steuerfällen« müsse nun endgültig Schluss sein. Stoiber indes blieb stumm. Er und Erwin Huber hatten offenbar von ihren Amtspflichten andere Vorstellungen.

Den Steuerfachanwalt Spörlein aber konnte man von nun an nicht mehr als üblen Querulanten hinstellen.

Der Fall Weingartner

Mit der Erkenntnis, dass manche Leute gleicher waren als gleich und dass die Staatsanwaltschaft Minister und Ministerpräsidenten von jeder Strafverfolgung verschonte, wollte sich der engagierte Rechtsanwalt Spörlein nicht abfinden. Er kämpfte weiter.

Ein prominentes Opfer wurde Alfons Zeller, der Staatssekretär im Finanzministerium. Gegen das in der Großgastronomie tätige, mit wichtigen Politikern wie schon mit F. J. Strauß bestens bekannte Ehepaar Weingartner hatte die Münchner Steuerfahndung ein Strafverfahren wegen Steuerhinterziehung in Millionenhöhe eingeleitet. Das Ehepaar kam in Untersuchungshaft. Darüber hatte die Presse groß berichtet. Trotz des laufenden Strafverfahrens wandte sich der schlaue Finanzstaatssekretär Alfons Zeller mit einem Brief, in dem er um eine Parteispende bat, an die Weingartners. Zeller hatte gewaltiges Pech. Was er nicht wusste: Die Weingartners hatten mit ihrer Verteidigung ausgerechnet den Rechtsanwalt Spörlein beauftragt. Dieser machte das in dieser Situation ungehörige Ansinnen des Finanzstaatsekretärs publik, Zeller musste zurücktreten.

Der Herr Finanzstaatssekretär, der immer wieder stolz betonte, wie weit er es auch ohne Studium gebracht habe, hätte sich vielleicht doch einige Rechtskenntnisse aneignen sollen. Auch bei dem Vorgehen gegen mich hatte er recht unbekümmert mitgewirkt. Jetzt war er in eine selbst gegrabene Grube gefallen.

Der Fall Bletschacher

Der CSU-Fraktionsvorsitzende im Münchner Stadtrat, Gerhard Bletschacher, hatte Spenden in Höhe von 5 Millionen Mark aus dem von ihm geleiteten, als gemeinnützig anerkannten Verein »Stille Hilfe für Südtirol« in seine Käseschachtelfabrik umgeleitet. Schlimm war die Dreistigkeit dieses Politikers, schlimm war aber auch die jahrelange Duldung seiner Verstöße gegen das Gemeinnützigkeitsrecht durch das Finanzamt sowie das Finanzministerium, das seit 1990 davon Kenntnis hatte, aber nichts unternahm.

Gleichwohl wurden die Strafanzeigen Spörleins und ebenso die Strafanzeigen des Alt-Oberbürgermeisters Kronawitter von der Staatsanwaltschaft zurückgewiesen.

Nach Abschluss des eingesetzten Untersuchungsausschusses forderte die SPD die Einleitung eines Disziplinarverfahrens gegen drei Beamte, auch der Rechnungshof hatte massive Pflichtverstöße festgestellt. Finanzminister Erwin Huber aber kam dieser Aufforderung nicht nach. Warum nicht? Lediglich Bletschacher selbst wurde 1996 zu mehr als drei Jahren Gefängnis verurteilt.

Im Prozess gegen drei Wolfratshauser Steuerbeamte, welche die Steuererklärungen von Bekannten frisiert und dafür 120 000 Mark kassiert hatten, argumentierte ein Verteidiger: »Wenn man sieht, wie der Fall Zwick und der Subventionsbetrüger Moksel abgehandelt wurden, dann hat der Staat seinen Strafanspruch verwirkt.« Sein Mandant, sagte er, habe lediglich 40 000 Mark als Honorar kassiert. Was hätten Ministerpräsident Stoiber und sein Finanzminister Erwin Huber darauf erwidern können?

Leo Kirchs Formel-1-Kredite und Stoibers Kanzlerkandidatur

Der spektakulärste Skandal, den Rechtsanwalt Spörlein als Straftat der schweren Untreue des Ministerpräsidenten Stoiber sowie der Minister Erwin Huber und Kurt Faltlhauser zur Anzeige brachte, war die Gewährung eines Kredits der Bayerischen Landesbank an Leo Kirch in Höhe von 2 Milliarden Mark.

Anfang 2001 schickte sich Leo Kirch an, Bernie Ecclestone das Formel-1-Geschäft abzukaufen. Dazu benötigte er aber sehr viel Geld, das er gar nicht hatte, nämlich 2 Milliarden Mark. Deshalb wandte er sich an die Bayerische Landesbank. Dort aber war sein Unternehmen bereits mit rund 2 Milliarden Mark verschuldet. Insgesamt betrug seine Schuldenlast damals sogar 7 Milliarden Mark. Überdies liefen seine Geschäfte schlecht. Insbesondere sein Abo-Sender Premiere World fuhr katastrophale Verluste ein, weil es ihm nicht gelang, die angestrebte Zahl von Abonnenten zu erreichen. Darüber wurde laufend in der Presse berichtet.

Leo Kirch war daher für die Landesbank alles andere als der Wunschkandidat für einen solchen Riesenkredit. Doch so unglaublich es war, er fand trotzdem politische Amtsträger, die ihm, dem Hochverschuldeten, zu noch mehr Kredit verhalfen. Im Februar 2001 unternahm es Staatskanzleiminister Erwin Huber – zweifellos im Auftrag seines Chefs –, die HypoVereinsbank zu einem Konsortialkredit für Leo Kirch zu bewegen. Diese aber lehnte ab, was Erwin Huber gar nicht gefiel. Das zuständige Vorstandsmitglied mokierte sich Dritten gegenüber über die Art und Weise, wie Erwin Huber ihn in einem Telefongespräch bedrängt hatte.

Erwin Huber verteidigte sich in einem Interview mit der *Süddeutschen Zeitung* damit, der Erwerb der Formel-1-Rechte durch ein bayerisches Unternehmen habe den »Einsatz der Staatsregierung notwendig gemacht«. Es habe sich um einen »Big Point der bayerischen Medienpolitik« gehandelt.

Nachdem auch andere Banken abgesagt hatten, übernahm die Landesbank das Risiko allein (abgesehen von einer kleinen Beteiligung der mittlerweile pleitegegangenen Bank Lehmann-Brothers). Unter maßgeblicher Mitwirkung der im Verwaltungsrat der Landesbank sitzenden Minister Huber und Faltlhauser erhielt die Kirch-Gruppe rund 2 Milliarden Mark zusätzlichen Kredit. Damit wurde die Landesbank mit Abstand größter Gläubiger Kirchs mit insgesamt 4 Milliarden Mark. Hinzu kam ein Kredit von 250 Millionen Mark ihrer Tochtergesellschaft WABAG an Kirch.

Erwin Huber versicherte öffentlich, die gestellten Sicherheiten würden sich im Rahmen eines banküblichen Risikos halten. Im September 2001 übernahm Finanzminister Faltlhauser im Landtag die »generelle Verantwortung« für den Milliardenkredit. Dafür müsse man geradestehen, erklärte er. Angesichts der desolaten Finanzlage des Abo-Senders steuerten, wie die *Süddeutsche Zeitung* damals schrieb, Stoiber, Faltlhauser und Huber die Landesbank »mit Vollgas ins Risiko«.

Nur ein Jahr später, Anfang April 2002, stellte die Kirch-Gruppe Insolvenzantrag. Die Landesbank blieb auf Kirchs Schulden von 2 Milliarden Mark sitzen. Erwin Huber freilich hatte einen Monat zuvor, im März 2002, den Verwaltungsrat der Landesbank verlassen. »Minister Huber brachte sich in Sicherheit«, lauteten die Schlagzeilen der Presse.

Aus dem »Big Point« war eine »Big Pleite« geworden, wie die Grünen-Landtagsabgeordnete Emma Kellner formulierte. Und aus der Landesbank war verlautet: »Kein vernünftiger Betriebswirt hätte je diese Kredite gegeben.«

Ministerpräsident Stoiber verteidigte sich im Landtag damit, die Investitionen der Kirch-Gruppe seien der wichtigste Magnet für die Entwicklung Münchens zum führenden deutschen Medienstandort geworden. Doch für den Kauf der Formel 1 gab es in München keine wesentlichen Investitionen Kirchs. Und vor allem: Welchem Unternehmer gab und gibt die Landesbank nur wegen beabsichtigter Investitionen Milliardenkredite ohne zureichende Sicherheiten? So etwas wäre jeder Bank durch das Kreditwesengesetz untersagt.

Die vorgebliche Absicht, den Medienstandort München weiter auszubauen, konnte demnach, so Spörlein, nicht der wahre Beweggrund Stoibers für die Kredite gewesen sein. Sein Vorwurf: Das wahre Motiv Stoibers konnte nur sein, von Kirch als Gegenleistung die Medienunterstützung für seine Kanzlerkandidatur zu erhalten!

In der Friede-Springer-Biografie von Inge Kloepfer wird F. J. Strauß mit einer Warnung gegenüber Axel Springer zitiert: »Verlass dich nie auf Kirch. Er unterstützt mich im Wahlkampf, aber er ist ein Haifisch.« Es galt demnach anscheinend das Prinzip: *Do ut des* – Ich gebe, damit du gibst.

Vor der Bundestagswahl 1994 räumte der Kirch-Sender Sat.1 Bundeskanzler Helmut Kohl mit der Sendefolge *Zur Sache, Kanzler* eine Wahlkampfplattform zur besten Sendezeit ein, ohne dass ein Vertreter der Opposition eingeladen war. Wahlanalysten stellten später fest, dass Kohl die für ihn sehr knapp ausgegangene Bundestagswahl 1994 ohne diese Sendung nicht gewonnen hätte. Natürlich musste Edmund Stoiber dies bestens bekannt sein, ebenso die Wahlkampfhilfe Kirchs für Strauß.

Daher der Vorwurf Spörleins: Die ausgefallenen Kredite an Kirch waren der vom Bürger bezahlte Kaufpreis für dessen Wahlkampfhilfe – ohne direkten Griff in die Staatskasse, stattdessen in die Kasse der halbstaatlichen Landesbank. Diese sei Stoibers »Spielbank« gewesen, schrieb Spörlein.

Und wie war es mit der Haftung? Stoiber hatte Sauter für die Verluste der LWS persönlich verantwortlich gemacht. Stand Stoiber nun für die Verluste der Landesbank ein? Diese waren mehr als viermal so hoch wie die der LWS. Aus der Landesbank war verlautet, es sei der »dringende Wunsch der Staatskanzlei« gewesen, die von Kirch gewünschten Kredite zu gewähren.

Zur Qualität der von Kirch geleisteten Sicherheiten hatte Erwin Huber öffentlich eingestanden: »Dass der Medienbereich zu den etwas riskanten Geschäften gehört, ist klar.« Er war sich also durchaus bewusst gewesen, dass die Kredite flöten gehen konnten. Haftete demnach Erwin Huber?

Ministerpräsident Stoiber, so Spörlein, könnte seine persönliche Verantwortung nicht mit dem Hinweis abstreiten, er sei nicht Mitglied in den Gremien der Landesbank gewesen. Auch ohne eine solche Funktion habe er dort das Sagen gehabt. Spörlein verwies auf folgende Episode: Als Stoiber Werner Schmidt als neuen Vorstandsvorsitzenden der Landesbank aussuchte und auf einer Pressekonferenz vorstellen wollte, befand sich der gesamte Vorstand der Landesbank zufällig in Frankfurt. Stoiber forderte daraufhin, dass der Vorstand bis Mittag nach München zurückkehren müsse. Und er kam zurück.

Aber welch ein dummer Zufall: Die Bundesanstalt für Finanzdienstleistungsaufsicht stellte schwere Missstände bei der Kreditvergabe an Kirch fest (Schreiben vom 20. November 2002). Sowohl bei der Kreditbearbeitung als auch bei der Bestellung der Sicherheiten habe es zum Teil schwerwiegende Mängel gegeben, beanstandete sie. Die Bundesanstalt erteilte den zuständigen Vorstandsmitgliedern der Landesbank eine »nachhaltige Rüge«.

Dabei hatte schon im Februar 2000, also ein Jahr vor der Ausreichung der Formel-1-Kredite, die Innenrevision der Landesbank in einem schriftlichen Bericht das Kreditengagement bei Kirch als zu hoch beanstandet und gefordert, es zurückzuführen. Doch genau das Gegenteil geschah: Die Kredite wurden sogar verdoppelt!

Den Rechtsanwalt Spörlein erzürnte das sehr. Nach der Zwick-Affäre hatte er jeglichen Respekt vor Stoiber, Huber und Faltlhauser verloren. Er stellte gegen sie sowie gegen das unmittelbar zuständige Vorstandsmitglied der Landesbank, Dietrich Wolf (den früheren Amtschef des Finanzministeriums) Strafanzeige wegen Untreue (Paragraf 266 des Strafgesetzbuches). Vergeblich.

Der staatsanwaltschaftliche Einstellungsbescheid stieß Spörlein gewaltig auf. Mit einer Begründung von lediglich etwa 30 Zeilen wurden Stoiber und Huber freigesprochen. Es gebe keine nachprüfbaren Tatsachen, dass sie auf die Kreditvergabe Einfluss genommen hätten, hieß es. Das widersprach dem öffentlichen Eingeständnis von Erwin Huber, dass er sich für die Kreditvergabe an Kirch eingesetzt habe.

Dass Finanzminister Faltlhauser die erforderliche »Eilgenehmigung« aussprach – wohlgemerkt, eine Eilgenehmigung bei 2 Milliarden Mark! – wurde im Einstellungsbescheid für unbedenklich erklärt. Zum einen habe er sich über die schriftliche Kreditvorlage hinaus mündlich durch ein Vorstandsmitglied informieren lassen. Als ob ein solches Informationsgespräch, dessen Inhalt nicht einmal wiedergegeben wurde, exkulpieren könnte! Zum anderen, so hieß es in der Einstellungsverfügung weiter, habe der Minister ja verlangt, das Kreditengagement bei Kirch zurückzuführen. Was sollte das? Der Minister stimmte einer Verdoppelung der Kreditvergabe zu und sagte im gleichen Atemzug, das Kreditengagement sei zu hoch!

Das für die Kreditvergabe zuständige Vorstandsmitglied Dietrich Wolf räumte zum 31. Dezember 2002 seinen Vorstandsposten, zwei Jahre vor Ablauf seines Vertrages. Allerdings wurde er in allen Ehren verabschiedet, sein Vertrag wurde bis zum Ende der Laufzeit gehaltsmäßig voll erfüllt. Er hatte also keinen Grund, Stoiber, Huber und Faltlhauser mangelnder Solidarität zu zeihen.

Die Opposition in Bayern wetterte, dass die Kredite eindeutig politisch motiviert gewesen seien und dass »alle Fäden in die Staatskanzlei« hin zu Stoiber liefen. Die *Zeit* kommentierte die Kirch-Kredite: »Der Herr nimmt es, der Herr gibt es, und in Bayern heißt der Herr Stoiber.«

Die Staatsanwaltschaft wollte indessen Stoiber nicht als Geber erkennen. In der Einstellungsverfügung schrieb sie: »Aus den vorliegenden Kreditakten ist keinerlei Befassung von Herrn Ministerpräsident Stoiber und/oder Herrn Staatsminister Huber ersichtlich.« Klar, wenn kein Bekennerschreiben bei den Akten liegt, kann ja nichts gewesen sein! So konnte man einem Rechtsanwalt Spörlein natürlich nicht kommen.

Einen ganz anderen Verfolgungseifer entwickelte die Staatsanwaltschaft, als 2007 ein Mann bei einem Gebirgsschützentreffen, um gegen die Nichtgewährung des Sorgerechts für sein Kind zu protestieren, ein Plakat hochhielt, in dem er Edmund Stoiber duzte: »Du, Edmund Stoiber ...« Die Staatsanwaltschaft wollte das Duzen als Beleidigung ahnden. Das Landgericht München I sprach ihn jedoch vom Vorwurf der Majestätsbeleidigung frei.

Die von Kirch gestellten Sicherheiten waren unzureichend gewesen. Finanzminister Faltlhauser erklärte, »erst in einigen Jahren« könne man sagen, in welcher Höhe Ausfälle zu verzeichnen sind.

Dazu eine Notiz: Im Juni 2007 erhob die Staatsanwaltschaft Düsseldorf gegen Jürgen Sengera, den ehemaligen Chef der Westdeutschen Landesbank, Anklage wegen Untreue in einem besonders schweren Fall. Er hatte 1999 einen Kredit über 1,35 Milliarden Euro an den britischen Fernsehverleiher Boxclever »ohne ausreichende Risikoprüfung« bewilligt, wodurch der Westdeutschen Landesbank ein Schaden von 477 Millionen Euro entstanden war. In Nordrhein-Westfalen scheint ein schärferes Strafgesetzbuch in Kraft zu sein als in Bayern.

Das Steuerstrafverfahren gegen Leo Kirch:
»Endstation Liechtenstein«

Rechtsanwalt Spörlein spießte noch einen weiteren Handel auf, der ihn als Fachanwalt für Steuerrecht zutiefst empörte – und das mit vollem Recht. Es ging um die Anfang Juli 1998 erfolgte Einstellung eines Strafverfahrens gegen Leo Kirch, das drei Jahre zuvor wegen des Verdachts der Steuerhinterziehung in Höhe von 400 Millionen Mark eingeleitet worden war.

Kirch hatte 1989 Filmrechte für 550 Millionen Mark an die in der Schweiz sitzende MH Medien-Handels AG des Metro-Gründers Otto Beisheim verkauft. Bald darauf aber kauften die Kirch-Sender ProSieben und Sat.1 die Filmrechte für 1,5 Milliarden Mark wieder von ihr zurück. Dem Anschein nach hatte Kirch somit einen Verlust von 1 Milliarde Mark gemacht. Dies war angesichts seiner bekannten Geschäftstüchtigkeit sehr verwunderlich. Das Finanzamt schöpfte deshalb Verdacht, dass ihm das Geld heimlich wieder zufloss. Steuerersparnis: 400 Millionen Mark.

Tatsächlich konnte die Steuerfahndung ermitteln, dass die gezahlte 1 Milliarde Mark gar nicht bei der Medien-Handels AG verblieb, sondern (zusammen mit den Filmrechten) an eine Rocks AG in Liechtenstein weitergeleitet wurde, hinter der Leo Kirch stand. Dafür, dass dies so war, konnte die Steuerfahndung massives Beweismaterial anführen: Bei der Rocks AG in Vaduz handelte es sich lediglich um eine Briefkastenfirma (laut Bundesamt für Finanzen), zugelassen auf einen Günter Kiss. Dieser, ein guter Bekannter von Leo Kirch, diente laut Steuerfahndung Kirch nur als Strohmann. Er kannte nicht einmal richtig den Namen der angeblich ihm gehörenden Firma, er schrieb nämlich wiederholt »Rockx AG« statt »Rocks AG«.

Die Firma hatte der Kirch-Anwalt Joachim Theye aus Bremen am 27. Dezember 1989 gegründet und auch die Gründungskosten übernommen. Aus einem Schreiben des Anwalts an Günter Kiss vom 30. März 1996 ergab sich, dass dieser sich verpflichtete, nicht ohne Zustimmung von Leo Kirch über die an die Rocks AG übertragenen Filmrechte zu verfügen. Die Steuerfahndung folgerte: Kirch hatte demnach die Filmrechte nicht wirklich verkauft, sondern nur zum Schein. Und tatsächlich verkaufte er sie ganz ungeniert auf dem Markt fleißig weiter.

Zu allem Unglück für Kirch konnten die Steuerfahnder bei Durchsuchungen einen Aktenvermerk des Metro-Managers Conradi beschlagnahmen. Darin schilderte dieser seinem Chef Otto Beisheim, dass Kirch mit seiner Hilfe eine »steuersparende Transaktion« über Firmen in der Schweiz und in Liechtenstein beabsichtige. Zitat aus dem Aktenvermerk: Aus den Kirch-Filmen sei ein Gewinn von 1,6 Milliarden Mark zu erwarten. »Es würden also Kirch über Liechtenstein direkt zufließen 800 Millionen Mark.« Und: »Otto Beisheim würde aus dem 50-Prozent-Anteil 400 Millionen Mark einnehmen, die irgendwie wieder zu Kirch zurück müssen.« Conradi stellte Otto Beisheim die weitere Frage: »... würden wir bei einer solchen Transaktion, die sicherlich an den Rand der Legalität geht, mitwirken wollen?«

Deutlicher als hier wurde wohl selten eine Steuerhinterziehungsabsicht dokumentiert.

Für Rechtsanwalt Spörlein, der von solchen Vorgängen etwas verstand, war sonnenklar, dass die zuständige Staatsanwaltschaft München I hier zwingend Anklage gegen Kirch zu erheben hatte. Was an Beweisen auf dem Tisch lag, ließ sich nicht mehr umstoßen. Es war ohnehin erstaunlich, dass Kirch nicht längst in Untersuchungshaft saß wegen Verdunkelungsgefahr und auch wegen Fluchtgefahr. Leo Kirch konnte sich offenbar sicher fühlen.

Warum eigentlich? Man erinnert sich an den schon geschilderten Fall des schwerreichen Bus- und Reiseunternehmers Horst Tanner, der zusammen mit vier Mittätern der Steuerhinterziehung in Millionenhöhe angeklagt wurde, aber immer wieder versicherte: »Mir wird nichts passieren!«, und der dann tatsächlich gegen eine Zahlung von 50 000 Mark davonkam, während die anderen Mittäter zu Gefängnisstrafen verurteilt wurden.

Und siehe da, im Juli 1998, gerade vor der im Herbst anstehenden Bundestagswahl, wurde das Ermittlungsverfahren gegen Leo Kirch eingestellt. Mangels ausreichender Anhaltspunkte, wie der Leitende Oberstaatsanwalt Manfred Wick öffentlich behauptete. Dabei verplapperte er sich jedoch böse, wie Spörlein feststellte. Der Herr Oberstaatsanwalt hatte zugleich erklärt, die Festsetzung der Steuer werde von der Verfahrenseinstellung »nicht berührt«. Wie konnte er dann behaupten, dass es keine ausreichenden Anhaltspunkte für die Steuerhinterziehungsaktion gab? Und Spörlein zufolge wurde die Steuer tatsächlich festgesetzt, aufgrund einer Schätzung in Höhe von 250 Millionen Mark statt 400 Millionen Mark (oder sogar statt 800 Millionen Mark?). Wenn es wirklich »keine ausreichenden Anhaltspunkte« für die Steuerhinterziehung gegeben hätte, hätte ja auch die Steuer nicht erhoben werden können. Dazu mussten nicht nur Anhaltspunkte, sondern sogar Beweise vorliegen!

Aber selbst wenn man unterstellt, es hätte noch Restzweifel gegeben: Warum ließ der Oberstaatsanwalt Wick nicht das Gericht entscheiden? Warum scheute der Fall Leo Kirch das Gericht?

Die Münchner Steuerfahndungsbeamten, erfuhr Rechtsanwalt Spörlein, waren aufs Äußerste aufgebracht. Schon vorher hatten sie sich empört, mit welchen Samthandschuhen Kirch von der Staatsanwaltschaft angefasst worden war. Kirch wurde (nach drei Jahren Ermittlungsdauer!) nur ein einziges Mal vernommen! In einem Aktenvermerk des Leiters der Steuerfahndung vom 15. April 1998 hieß es dazu, die Staatsanwaltschaft habe von vornherein »kein Kreuzverhör, d.h. keine strenge Vernehmung, geplant«. Angeordnet habe dies, einer Äußerung des Oberstaatsanwalts Michael Rogger zufolge, »die Justiz außerhalb der Staatsanwaltschaft«.

Außerdem wurde zu der Vernehmung Kirchs nicht, wie sonst üblich, der mit der Sache am besten vertraute Steuerfahndungsbeamte zugezogen. Dieser konnte somit Kirch keine Fragen stellen. Auf eine Anfrage der Landtagsabgeordneten Emma Kellner von den Grünen behauptete der Oberstaatsanwalt Rogger nunmehr: »Für eine strenge Vernehmung waren die Ermittlungen noch nicht weit genug fortgeschritten.« Eine zweite, strenge Vernehmung Kirchs fand aber überhaupt nie statt. Und das, obwohl es einen »der größten Fälle von Steuerhinterziehung in der Geschichte der Bundesrepublik« aufzuklären galt (so Sonia Mikich in der Sendung *Monitor* am 29. Januar 2004).

Der Aktenvermerk des Leiters der Steuerfahndung vom 15. April 1998 erregte natürlich enormes Aufsehen, denn die Steuerfahndung prangerte damit eine rechtswidrige politische Lenkung an. Der Aktenvermerk wurde daher sowohl dem Finanzministerium als auch dem Justizministerium zugeleitet. Dort konnte man sehen: Es gab Protest, ja Gegenwehr von unten. Aufhalten aber ließ man sich nicht, das Strafverfahren wurde eingestellt.

Rechtsanwalt Spörlein erstattete Strafanzeige gegen Ministerpräsident Stoiber, den er aufgrund der Gesamtumstände als Hauptverantwortlichen ausmachte – die Mühe war vergeblich. Außerdem erstattete er Strafanzeige gegen den Justizminister Leeb, seinen Generalstaatsanwalt Froschauer und Finanzminister Erwin Huber – natürlich vergeblich.

Die Fernsehsendung *Monitor* und die *Süddeutsche Zeitung* berichteten über den Skandal, ebenso der *Stern*.

Der *Stern* fand außerdem heraus, dass bestimmte Politiker auf der Gehaltsliste Leo Kirchs standen, insbesondere Altkanzler Helmut Kohl mit 600 000 Mark im Jahr – angeblich für Beratungsleistungen. Als ob ein Helmut Kohl einem Leo Kirch im Mediengeschäft mit Ratschlägen hätte dienen können! Jedenfalls aber hat sich Helmut Kohl dadurch verdient gemacht, dass er Silvio Berlusconi, dem Geschäftspartner Leo Kirchs, den Weg in die Europäische Volkspartei geebnet hat. Gegen Kohl wurden schwere Vorwürfe erhoben, weil er Berlusconis Partei auf diese Weise salonfähig gemacht habe. Liegt es außerhalb jeder Lebenserfahrung, anzunehmen, dass Berlusconi Kirch gebeten hat, auf Kohl einzuwirken? Und dass Kohl dieser Bitte entsprochen hat?

Der Oberstaatsanwalt Rogger bestätigte *Monitor* gegenüber wie auch gegenüber dem *Stern* die Richtigkeit des erwähnten Aktenvermerks der Steuerfahndung vom 15. April 1998: Kirch habe damals gedrängt, seine Sicht der Dinge darzustellen, um das Verfahren abzukürzen. »Von der Justizhierarchie wurden wir ersucht, dem nachzukommen.« Damit gab Rogger zu, dass die Staatsanwaltschaft auf Weisung »von oben« gehandelt hatte – auf Weisung des Generalstaatsanwalts Froschauer und letztlich des Justizministers sowie, wegen der gewaltigen Bedeutung Kirchs, ganz gewiss unter Einschaltung oder auf Veranlassung Stoibers.

Mit anderen Worten: Kirch versuchte damals, die Einstellung des Strafverfahrens zu erreichen. Und dies vor der anstehenden Bundestagswahl 1998, für die Kanzler Kohl (wie schon vor der Bundestagswahl 1994) und Ministerpräsident Stoiber dringend seine Medienunterstützung benötigten. Exakt zwei Monate vor der Bundestagswahl wurde das Verfahren eingestellt. Und trotz der Aufdeckung des Skandals wurde es auch nicht wieder aufgenommen.

Leo Kirch diente Helmut Kohl sogar als Trauzeuge, als dieser am 13. Mai 2008 nochmals heiratete. Der Kirch anhaftende Steuerskandal störte den Altkanzler offensichtlich nicht – eine so innige Symbiose vermochte derlei nicht zu trüben.

Schließlich war auch der zwielichtige Vaduzer Anwalt Herbert Batliner, der Deutschen bei der Steuerhinterziehung half, ein langjähriger Freund Helmut Kohls, der jenen 1997 eigens in Liechtenstein besuchte. Ganz ungeniert ließ sich der damalige Bundeskanzler zusammen mit Batliner fotografieren. Was scherte es ihn, dass dieses von der Presse präsentierte Skandalfoto ehrliche deutsche Steuerzahler erschüttern musste! Dass ihm die CDU-Spitze unter Angela Merkel später den Ehrenvorsitz aberkannte, mag vielen eine Genugtuung gewesen sein.

Der Fall Leo Kirch weist die gleichen Ingredienzen auf, wie sie auch die Staatsanwälte Winfried Maier und Josef Weindl bei ihren Fällen beklagt haben.

Anzumerken ist: Vom Justizministerium zur Rede gestellt, bestritt Rogger, dass er gesagt habe, es habe eine »Anordnung« vorgelegen, und dass er dies gegenüber *Monitor* bestätigt habe. Dann haben also die Steuerfahndung, der *Stern* und *Monitor* alle zusammen gelogen?

Und noch einen weiteren höchst dubiosen Kirch-Deal nahmen der *Stern* und in dessen Gefolge Rechtsanwalt Spörlein aufs Korn. Es ging um das sogenannte »Tefi-Paket«. Die Steuerfahnder hatten ermittelt, dass Beisheims MH Medien-Handels AG über Beisheims Tefi-Handels AG für 350 Millionen Mark von einem Kirch-Konkurrenten 1001 Filmlizenzen erworben hatte. Jedoch: Der Vertrag darüber wurde in Kirchs Münchner Stadtbüro unterschrieben! Und wieder kauften danach Kirch-Sender die Filmrechte. Auch dieses Mal floss der Kaufpreis in die Schweiz.

Von dort floss das Geld, wie der *Stern* aus ihm vorliegenden Verträgen folgerte, wieder an die Rocks AG aus Liechtenstein, hinter der – wovon die Steuerfahndung ausging – eben wieder Leo Kirch stand. Die Rocks AG hatte sich »eine unwiderrufliche und unbefristete Call-Option« auf die Filmrechte gesichert – genauso wie beim ersten Kirch-Beisheim-Deal.

Spörlein und auch der Grünen-Landtagsabgeordnete Eike Hallitzky verlangten von der Staatsregierung Auskunft, ob dieser Deal besteuert worden sei – als mutmaßliche Steuerhinterziehung. Eine Antwort zur Sache blieb aus.

Im Vergleich zum Fall Kirch/Liechtenstein ist der Fall Zumwinkel/Liechtenstein geradezu lächerlich. Einmal wegen der Höhe der Steuer, vor allem aber: Im Fall Kirch hat sich die staatliche Hierarchie zu verantworten! Unmittelbar nachdem die Liechtenstein-

Affäre Schlagzeilen machte, erklärte Finanzminister Erwin Huber im Februar 2008: Steuerhinterziehung sei »Diebstahl am Gemeinwohl«. Die Steueroasen in Liechtenstein, der Schweiz und auf den Kanalinseln sollten ausgetrocknet werden. Wären Leo Kirch und Otto Beisheim nach seiner Einschätzung geeignete Objekte für den Anschauungsunterricht gewesen? Wenn nein, warum nicht?

Damit man sieht, wie die Ahndung in anderen Fällen gehandhabt wird: Ein Münchner Autohändler, der 2 Millionen Mark hinterzogen und sich nach Kanada abgesetzt hatte, aber reuig zurückkehrte und sich der Staatsanwaltschaft stellte, wurde sofort festgenommen und im Juli 2000 zu mehr als drei Jahren Gefängnis verurteilt. Und die Münchner *tz* berichtete von einem Ehepaar, gegen das ein Strafverfahren wegen Steuerhinterziehung in Höhe von 76 Mark eingeleitet worden war. Das Ehepaar hatte acht Fachbuchbelege der Buchhandlung Hugendubel vorsätzlich falsch ausgefüllt. Rechtsanwalt Spörlein, der sie vor Gericht vertrat, prangerte das Bestehen eines »Zwei-Klassen-Steuerrechts« und eines »Zwei-Klassen-Strafrechts« an: »Die Kleinen hängt man, die Minister und ihre Amtsdiener lässt man dagegen laufen.«

Nachspiel zu Leo Kirch und Otto Beisheim

Nach der Insolvenz des Kirch-Konzerns zahlte eine bis dahin unbekannte »Faller-Stiftung« in Vaduz am 13. Dezember 2000 ein Darlehen Kirchs bei der Credit Suisse in Höhe von 121 Millionen Dollar zurück. Der Verdacht, dass Kirch selbst hinter der Transaktion stand, lag nahe. Stellte die Staatsanwaltschaft nunmehr nochmals Ermittlungen an? Davon ist nichts bekannt. Und Leo Kirch macht weiterhin große Geschäfte.

Im Übrigen machte Spörlein auch in Richtung Otto Beisheim mobil, der bei den Kirch-Deals über Schweiz und Liechtenstein hilfreich war. Im November 2003 wies er die Steuerfahndungsstelle des Finanzamts Rosenheim schriftlich darauf hin, dass Otto Beisheim zwar offiziell in der Schweiz lebe, aber auch einen Wohnsitz in Rottach-Egern unterhalte. Damit sei er nach Artikel 4 des Doppelbesteuerungsabkommens mit der Schweiz in Deutschland unbeschränkt steuerpflichtig. Bei der Verleihung des Bayerischen Verdienstordens an Beisheim am 19. Juli 2000 sei als Wohnsitz Rottach-Egern angegeben worden. Beisheim sei auch Mitglied des Golfclubs Bad Wiessee. Ob Steuerfahndungsmaßnahmen erfolgt sind? Was hat der Finanzminister insoweit veranlasst? Oder gibt es einen Riesenskandal Beisheim? Hier geht es gegebenenfalls um sehr viele Steuermillionen.

Merkwürdig übrigens: Edmund Stoiber verleiht einem angeblich in der Schweiz ansässigen Steuerflüchtling den Bayerischen Verdienstorden!

Rechtsanwalt Peter Spörlein, der aufgrund seines Gerechtigkeitssinns, seiner Fachkenntnisse und seiner langjährigen Berufserfahrung gegen die skandalösen Begünstigungen von Zwick und Kirch ohne jeden eigenen Nutzen gekämpft hatte, der öffentlich für die Gleichbehandlung aller Bürger durch Edmund Stoiber und sein Gefolge eingetreten war, starb im Frühjahr 2006. Der aufrechte Mann verdient ein ehrendes Gedenken.

Landesbankverluste, Erwin Huber und die Wahrheit

Die Bayerische Landesbank machte im Zuge der US-Hypothekenkrise 2007/2008 schwere Verluste. Am 11. Dezember 2007 erklärte Erwin Huber als stellvertretender Verwaltungsratsvorsitzender der Bank im Landtag, der Umfang der Wertberichtigungen sei nicht überschaubar, obwohl ihm die Landesbank zuvor 1,4 Milliarden Euro genannt hatte. In der Folge bezifferte er die notwendigen

Wertberichtigungen auf 100 Millionen Euro. Noch am 12. Februar 2008 behauptete er vor dem Haushaltsausschuss des Landtags, er könne darüber hinaus »keine belastbaren Zahlen« nennen.

Tatsächlich aber hatte die Landesbank bereits in der Sitzung des Verwaltungsrats am 22. Januar 2008 den vorläufigen Jahresabschluss für 2007 vorgelegt und darin die Belastungen mit insgesamt 1,9 Milliarden Euro beziffert. Laut Sitzungsprotokoll bezeichnete der damalige Finanzvorstand den »Härtegrad« der Zahlen als »gut«.

Als dies aufkam, bezichtigten die SPD und die Grünen Erwin Huber, er habe gelogen, um die Verluste vor den Bürgern bis zur Kommunalwahl im März 2008 geheim zu halten. Sie forderten vehement seinen Rücktritt, vergeblich. Ausgerechnet er aber hatte seinerzeit Justizminister Alfred Sauter vorgeworfen, er habe ihn über die Verluste der LWS nicht zutreffend informiert (was nicht der Wahrheit entsprach).

Nach der Landtagswahl am 28. September 2008 stellte sich indessen heraus, dass die Verluste sogar mehrere Milliarden Euro betrugen, was Huber schon vorher gewusst haben musste. Damit war Hubers Rücktritt als Finanzminister unvermeidlich.

Betrachtet man den Umgang Erwin Hubers mit der Wahrheit, beispielsweise im Fall Fischer-Stabauer, so war das nicht anders bei den Landesbankverlusten: Erwin Huber war sich treu geblieben.

Betrachtet man den Umgang Erwin Hubers, Kurt Faltlhausers und Edmund Stoibers mit dem Geld der Landesbank bei der Vergabe des 2 Milliarden-Mark-Kredits an Leo Kirch (Formel 1), so konnten die späteren 10 Milliarden Euro Verluste der Landesbank nicht wirklich überraschen. Ein Manager der Landesbank, ohne Namensnennung in der *SZ* zitiert, schimpfte, einer der Gründe dafür sei, dass die Landesbank »politisch geführt« worden sei. Nicht die Sachkunde, sondern andere Interessen hätten häufig den Ausschlag gegeben.

Zwischen 2002 und 2004 hatte der damalige Vorstandsvorsitzende Werner Schmidt den Verwaltungsrat wiederholt gewarnt, die Bank habe bis zu 6 Milliarden Euro an Wert verloren – aufgrund der Kirch-Pleite und anderer ausgefallener Großkredite. Horst Seehofer hat sich für das Fehlverhalten der früheren Regierung öffentlich entschuldigt. Aber Huber, Faltlhauser und Stoiber stehen für nichts ein.

Nach seinem erzwungenen Rücktritt vom Parteivorsitz und vom Amt des Finanzministers machte die CSU-Fraktion Erwin Huber zu ihrem wirtschaftspolitischen Sprecher und Vorsitzenden des Wirtschaftsausschusses des Landtags. Seine Fähigkeiten hierfür hatte er ja bei der Landesbank trefflich unter Beweis gestellt.

5 Verantwortlichkeit

Die Verantwortlichkeit des Ministerpräsidenten, der Minister und der Beamten ist dokumentiert in ihrem Amtseid. Er lautet: »Ich schwöre Treue der Verfassung des Freistaates Bayern, Gehorsam den Gesetzen und gewissenhafte Erfüllung meiner Amtspflichten, so wahr mir Gott helfe.« (Artikel 2, Absatz 1 des Gesetzes über die Rechtsverhältnisse der Mitglieder der Staatsregierung; Beamte schwören zusätzlich »Treue dem Grundgesetz für die Bundesrepublik Deutschland«, Artikel 73 des Bayerischen Beamtengesetzes.)

Mit welcher Unverfrorenheit sich bestimmte Herren ihrer Verantwortlichkeit zu entledigen versuchten, zeigt, was ihnen das Vertrauen, das die Bürger in sie setzten, wert war. Einige signifikante Beispiele mögen dies belegen.

Das Ausweichen und Abstreiten

Ministerpräsident Edmund Stoiber

Stoiber hat bekanntlich als Leiter der Staatskanzlei unter Strauß einen Aktenvermerk des Ministerialrats Mittendorfer abgezeichnet, wonach Zwick junior »mündlich« gewarnt werden sollte, dass gegen seinen Vater ein Haftbefehl in Frankfurt bestehen oder drohen könnte. Vor dem Untersuchungsausschuss redete sich Stoiber damit heraus, er habe mit dem Abzeichnen nur Kenntnis genommen, aber damit keine Verantwortung übernommen. Das war blanke Rechtsverdrehung: Ein Vorgesetzter übernimmt durch Kenntnisnahme sehr wohl Verantwortung! Das Strafgesetzbuch (Paragraf 357, Absatz 1) bestimmt deshalb: »Ein Vorgesetzter, welcher … eine rechtswidrige Tat seiner Untergebenen geschehen lässt, hat die für diese rechtswidrige Tat angedrohte Strafe verwirkt.«

Stoiber selbst bescheinigte sich in einem *SZ*-Interview: »Ich war immer ein sehr pflichtbewusster Mensch.« Da staunt man schon.

Finanzminister von Waldenfels

Als die Grünen-Abgeordnete Emma Kellner und die SPD-Abgeordnete Carmen König im Amigo-Untersuchungsausschuss diesem Minister seine unwahren Angaben zu meiner Landtagseingabe vom 11. Januar 1993 vorhielten, wies er jede Verantwortlichkeit von sich. Der Landtag von ihm getäuscht? Unverfroren erwiderte er: »Fragen Sie dazu doch bitte die zuständigen Referenten, Ministerialdirigenten oder Ministerialdirektoren!« Also: Ihn ging das nichts an. Was interessierte ihn seine Verantwortung, die ihm die Verfassung auferlegte?

Er hatte die unwahre Stellungnahme unterschrieben, ja er hatte sie trotz persönlicher schriftlicher Aufforderung nicht berichtigt. Es ließ ihn kalt – wer konnte ihm schon was tun?

Finanzminister Erwin Huber

Ihm gelang es sogar, die Verantwortlichkeit umzudrehen. Dem Landtag erzählte Erwin Huber, dass er den Regierungsdirektor Fischer-Stabauer vom Fall Gerold Tandler nach drei Monaten abgelöst habe, weil der zu langsam ermittelt hätte. Nicht er, Erwin Huber, war also schuld, sondern Fischer-Stabauer!

Kultusministerin Monika Hohlmeier
Die Strauß-Tochter präsentierte sich als »die Unschuld von der Stadt«, als sie 2005 vor dem Hohlmeier-Untersuchungsausschuss zum Vorwurf des Mitgliederkaufs (500 Mark pro Nase) aussagen musste, den Münchner CSU-Politiker gegen sie erhoben hatten. Sie bestritt jede Verantwortlichkeit. »So viel menschliche Niedertracht hatte ich nicht erwartet«, warf sie ihren Münchner Parteifreunden vor. Der spätere Kultusminister Ludwig Spaenle äußerte nach ihrer Aussage: »Frau Hohlmeier lügt wie gedruckt.« – »Das ist ein Abgrund von Lüge und Verrat«, verurteilte Hans Podiuk, vormals Vorsitzender der Münchner CSU-Stadtratsfraktion, ihr Verhalten.

»Die kann was!«, lobte sie der frisch gekürte Ministerpräsident Horst Seehofer, als er sie im Dezember 2008 zur CSU-Spitzenkandidatin für die Europawahl machen wollte. Dies scheitert am parteiinternen Widerstand.

Es gibt aber noch weitere Techniken, sich der Verantwortung zu entledigen: Die schlichte Behauptung, mit einer Sache nichts zu tun zu haben, das Nichtabzeichnen von Vorlagen und insbesondere die Berufung auf Nichtwissen und Nichterinnern.

Die Ausrede »Ressortprinzip«

Ein bewährtes Mittel für einen Ministerpräsidenten, die eigene Verantwortlichkeit wegzudrücken, war und ist der Verweis auf das »Ressortprinzip«. Dieser in der Verfassung verankerte Grundsatz besagt, dass jeder Minister für seinen Zuständigkeitsbereich allein verantwortlich ist. Als ich mich an Streibl wandte, nachdem er Ministerpräsident geworden war, ließ er mich abwimmeln: Nach dem Ressortprinzip sei der Finanzminister zuständig. Genauso erging es mir mit Stoiber. Der Rechtsanwalt Spörlein, der sich an ihn wandte, wurde ebenso abgewiesen: Ressortprinzip! So einfach war das.

Die rechtliche Wirklichkeit war jedoch anders. Was Stoiber betrifft, so enthüllte der langjährige Minister Hans Zehetmair im September 2007 unbedacht in einem Interview gegenüber der *Süddeutschen Zeitung*: »Er kümmerte sich um jede Kleinigkeit. Nichts ließ er außer Betracht. Wenn er morgens kam, hatte er bereits alle denkbaren Zeitungen durchgearbeitet und auch schon bei dem einen oder anderen Minister angefragt, was denn da los sei.«

Stoiber habe sich dann, so Zehetmair, einzelne Minister durchaus zur Brust genommen. Berief sich ein Minister dann vielleicht auf das Ressortprinzip?

Stoiber sah sich folglich überhaupt nicht gehindert, einzugreifen. Er schwebte keineswegs über den Wolken. Wenn er in den Skandalfällen, die durch die Presse gingen oder wegen der er angeschrieben wurde, nicht eingriff, so fand, was da ablief, seine Billigung, entweder von vornherein oder im Nachhinein. Dasselbe galt für Strauß und Streibl.

Speziell zum Vorgehen gegen Beamte und Staatsanwälte, die sich gegen rechtswidrige Übergriffe von oben wehrten, führte Michael Stiller in seinem Buch *Edmund Stoiber. Der Kandidat* zutreffend aus: »Da es sein Arbeitsstil ist, alles, was irgendwie bedeutend oder gefährlich erscheint, an sich zu ziehen und sich nichts entgehen zu lassen, kann ihm die Drangsalierung pflichtbewusster Beamter nicht entgangen sein ... Den Ärger bekamen auch in Stoibers Ägide stets die Veröffentlicher, nicht die Verursacher staatlichen Fehlverhaltens.«

Selbstverständlich wurde Stoiber nicht nur durch die Presse, sondern vor allem durch seine Beamten über alles informiert, was irgendwie von Interesse für ihn sein konnte. Dies war schon dadurch sichergestellt, dass spiegelbildlich jedes Ministerium einen Beamten in die Staatskanzlei entsendet, die sogenannten Spiegelreferenten. Deren Aufgabe ist es, in allen relevanten Angelegenheiten ihres Ressorts den Ministerpräsidenten und seine Spitzenbeamten zu informieren – dies auch in der umgekehrten Richtung. Kein solcher Referent würde eine auch nur halbwegs wichtige Information unterlassen. Er könnte sich sonst einen Rüffel einhandeln, vor allem aber möchte jeder seine Wichtigkeit unter Beweis stellen, um die eigene Karriere zu befördern.

Die rechtliche Verantwortung trifft einen Minister oder Ministerpräsidenten, wenn seine Schuld erwiesen ist. Dazu bedarf es keines Urkundenbeweises. Die beständige Typik der Funktionsweise eines Regierungsapparats lässt durchaus den Schluss zu, dass hinter einer Aktion der Wille des Regierungschefs oder eines Ministers gestanden hat – die jahrelange Nichteinstellung des Verfahrens gegen Erich Riedl ist ein klassisches Beispiel hierfür, Edmund Stoiber war verantwortlich.

Die politische Verantwortung trifft ein Regierungsmitglied dann, wenn es seine Schuldlosigkeit nicht zweifelsfrei nachweisen kann. Weil Außenstehende in seinen Apparat nicht hineinschauen können, geht die Unklarheit zu seinen Lasten. Natürlich muss die politische Verantwortlichkeit zu Konsequenzen führen. Wenn ein Amtsinhaber sagt: »Ich habe einen Fehler gemacht, dafür übernehme ich die politische Verantwortung«, er aber seelenruhig in seinem Sessel sitzen bleibt, dann hat er keine Verantwortung übernommen.

Die Gehilfen

Zur Verantwortlichkeit der Beamten, die sich in den geschilderten Fällen eines Fehlverhaltens schuldig gemacht haben, ist festzustellen: Kein einziger, aber auch wirklich kein einziger wurde je von seinem Minister zur Rechenschaft gezogen. Im Gegenteil, sie machten weiter Karriere, wurden in Spitzenpositionen befördert! Alle diese Beamten konnten sich stolz in die Brust werfen und den anderen zujubeln: Wie hab ich es herrlich weit gebracht!

Der Umstand, dass diesen Beamten nichts passiert ist und sie sogar noch befördert worden sind, überführt den jeweiligen Ministerpräsidenten und Minister, dass sie ihre Zustimmung zum Fehlverhalten dieser Beamten erteilt haben. Es beweist, dass nichts gegen ihren Willen geschehen ist. Dadurch, dass sie das Fehlverhalten nicht geahndet haben, belasteten sie sich selbst.

Nicht zu verkennen war auch, dass Spitzenbeamte sich von vornherein meist nur CSU-Politikern verantwortlich fühlten. Zum einen galten diese als »rechtmäßige« Inhaber der Macht, weil sie schon so lange amtierten, dass man meinte, sie gehörten dorthin, zum anderen, weil überhaupt keine Änderung in Sicht war. Die einseitige Abhängigkeit in der Karriere war ohnehin gegeben. Anders gesagt: Die von dem bekannten Staatsrechtsprofessor Carl Schmitt stammende Definition, Politik ist Freund-Feind-Situation, erstreckte sich auch auf das Verhalten der Regierungsbeamten: Die Angehörigen der Regierungspartei waren die Freunde, die der Oppositionsparteien die Feinde, ja Erzfeinde.

Es stellt sich die Frage, wie es möglich war, dass die Inhaber eines Spitzenamts sich so ungeniert aufführen konnten. Die Skandale wurden ja oft publik, sie wurden sogar unter den Augen der Öffentlichkeit und der protestierenden Landtagsopposition abgewickelt. Die Antwort ist schlicht: Die Opposition in Bayern war in der Vergangenheit so schwach, dass sie in den Augen der Wähler keine Alternative darstellte. Die absolute Mehrheit der CSU schien in alle Ewigkeit zementiert zu sein. Das hatte zur Folge, dass jeder Skandal eine Episode ohne irgendwelche Konsequenzen blieb. Das war der entscheidende Unterschied zu allen anderen Bundesländern.

Hinzu kam, dass die Menschen im Land häufig die Dimensionen eines Skandals nicht erkennen konnten. Es ging meistens um finanzielle und damit nicht sehr übersichtliche Vorgänge. Und dann gab es eine Gegendarstellung der Regierung, die alles abstritt. Überdies haben die Menschen draußen nicht die Zeit, sich mit solchen Dingen näher zu befassen. Sie haben ihre eigenen Alltagssorgen: Beruf, Familie, Gesundheit, Geld usw. Außerdem ist die Zeit schnelllebig, man vergisst schnell.

Und noch eins: Je skandalöser der Vorwurf gegen einen im Gewande der bürgerlichen Wohlanständigkeit auftretenden Inhaber eines Spitzenamts ist, desto weniger glaubhaft wirkt er. Ich muss zugeben: Hätte mir ein anderer das erzählt, was ich selber erlebt habe, ich hätte es nicht geglaubt. Allzu absurd wäre mir das alles erschienen. Die Unglaublichkeit eines Vergehens ist die engste Verbündete des Delinquenten.

All das führte dazu, dass unter Strauß, Streibl und Stoiber das Recht entgleiste.

6 Gnade und Gnadenlosigkeit

Gnade

Orden sind ideelle Wohltaten, die von den höchsten Inhabern der staatlichen Macht an Bürger verteilt werden, die sich um die Gemeinschaft sehr verdient gemacht haben. Ein besonderer Orden ist der Bayerische Verdienstorden – die Zahl der Träger ist auf 2000 beschränkt. Er wird verliehen für »hervorragende Verdienste um den Freistaat Bayern und das bayerische Volk«. Neben denen, die völlig zu Recht ausgezeichnet werden, gibt es aber auch solche, die sich vor allem um die Person des Ordensverleihers verdient gemacht haben. Es gibt sogar solche, die Staat und Volk massiv geschädigt haben.

F. J. Strauß vermittelte seinem Zahnarzt Sanih Savdir das Bundesverdienstkreuz am Bande. Strauß-Spezi Friedrich Jahn, der wegen Steuerhinterziehung in Millionenhöhe vorbestraft war, hätte den Bayerischen Verdienstorden nach den Statuten deswegen nicht erhalten dürfen. Aber er sollte ihn dennoch erhalten – seine Vorstrafe wurde einfach »im Gnadenwege« aus dem Strafregister gelöscht. Dem Strauß-Spezi Eduard Zwick, größter Steuerschuldner des Landes, war das Bundesverdienstkreuz 1. Klasse zugedacht; er konnte es indessen nicht entgegennehmen, weil er vor einem Haftbefehl in die Schweiz geflüchtet war.

Otto Wiesheu, Generalsekretär der CSU, verursachte in betrunkenem Zustand auf der Autobahn nördlich von München einen Auffahrunfall, bei dem ein Pole ums Leben kam und ein weiterer schwer verletzt wurde. Nach ständiger Rechtsprechung verhängten die Gerichte in solchen Fällen Gefängnis ohne Bewährung. Demgemäß wurde er in erster Instanz zu 13 Monaten Gefängnis ohne Bewährung verurteilt. In zweiter Instanz aber wurde er »begnadigt«, er erhielt Bewährung. Es war eine sensationelle Ausnahme von ständiger Gerichtspraxis. Und, welche Überraschung für die Öffentlichkeit, es dauerte nicht lange, da verlieh ihm Strauß auch noch den Bayerischen Verdienstorden.

1987 wurde auch Friedrich Voss von Strauß der Bayerische Verdienstorden verliehen. Voss war sein Büroleiter in Bonn gewesen. Hervorgetan hatte er sich als Verfasser des berüchtigten Heubl-Dossiers, das Strauß in der CSU verbreitete, um den ihm verhassten stellvertretenden CSU-Vorsitzenden Franz Heubl bloßzustellen. Das war in der Tat ein herausragendes Verdienst um Volk und Staat!

Und es gab noch die Strauß-Tochter Monika, die nach dem Tod ihrer Mutter bei der Begrüßung von Staatsgästen wiederholt als First Lady fungieren durfte. Angesichts solcher Verdienste war natürlich bald das Bundesverdienstkreuz fällig. Da es nicht schicklich war, dass der Herr Papa ihr das selbst überreichte, musste dies Max Streibl als stellvertretender Ministerpräsident tun. Die Ordensübergabe erfolgte im Finanzministerium, im mit blauen Seidentapeten ausgestatteten Salon des früheren Palais Leuchtenberg.

Als Streibl Ministerpräsident geworden war, zeigte auch er verblüffende Präferenzen. So erhielt den Bayerischen Verdienstorden sein Gehilfe Max Forster, ein früherer Inspektor der Schlösser- und Seenverwaltung, den er bis zum Ministerialrat beförderte. Forster hatte sich lange Jahre hindurch um die persönliche Betreuung von

Max Streibl und seiner Familie verdient gemacht, etwa beim Bau seines Hauses in Wildsteig. Selbst in der CSU-Landtagsfraktion schüttelte man über diese Ordensverleihung unwillig den Kopf. Einen Orden, das Bundesverdienstkreuz 1. Klasse, erhielt auch Albert Wanner, er war der Steuerberater Streibls. Der Unternehmer Anton Staudinger, Besitzer der Poseidon-Gärten auf der Insel Ischia, in denen bestimmte CSU-Spitzenpolitiker häufig zu Gast waren, wurde von Streibl mit dem Bayerischen Verdienstorden belohnt.

Edmund Stoiber schaffte es mit einer Ordensverleihung sogar in die Aufmacherschlagzeilen der Münchner *Abendzeitung*. Seinen Zahnarzt Sanih Savdir, der schon Strauß als Gebisskonstrukteur gedient hatte, bedachte er zusätzlich zum Bundesverdienstkreuz auch noch mit dem Bayerischen Verdienstorden. Seinem Doktorvater, dem Professor Schröder, heftete er sogar das Große Verdienstkreuz der Bundesrepublik an die Brust.

Aufschlussreich ist aber auch, wer eines Ordens für unwürdig befunden wurde.

Ernst Maria Lang, genialer Karikaturist und Präsident der Bayerischen Architektenkammer, war Ministerpräsident Strauß für den Bayerischen Maximiliansorden für Wissenschaft und Kunst vorgeschlagen worden, und zwar von der großen Mehrheit der Ordensträger. F. J. Strauß aber strich ihn von der Liste – Langs Karikaturen hatten ihm bekanntlich nicht immer gefallen. Die von ihm verbal zur Schau getragene *Liberalitas Bavariae* war purer Schein.

Keinen Orden erhielt natürlich auch der Rechtsanwalt Peter Spörlein. Der frühere Münchner Oberbürgermeister Georg Kronawitter hatte ihn öffentlich dafür vorgeschlagen, weil er jahrelang mit seinem exzellenten Fachwissen für korrektes Steuerverhalten gekämpft hatte. Im Fall Zwick hatte er durch seine Hartnäckigkeit Finanzminister Erwin Huber dazu gebracht, einen Aktiendeal zu besteuern, der dem Staat zu 14 Millionen Mark Einnahmen verhalf. Er hatte schwerstes Fehlverhalten von Spitzenpolitikern aufgedeckt, der Finanzstaatssekretär Zeller musste zurücktreten. In den Augen Stoibers aber waren dies anscheinend keine Verdienste.

Zu Beginn der Amigo-Affäre 1993 hatte Claus Strunz, Journalist der Münchner *Abendzeitung* (später Chefredakteur von *Bild am Sonntag*), Ministerpräsident Max Streibl schriftlich verschiedene Fragen zu meinem Fall gestellt. Darunter war die Frage, ob er mir nicht eigentlich den Bayerischen Verdienstorden verleihen müsste. Streibls in der Zeitung abgedruckte Antwort: »Nach dem oben Ausgeführtem erübrigt sich diese Frage.«

Nach dem Ende des letzten Disziplinarverfahrens gegen mich wurde ich, wie schon erwähnt, von FDP, SPD, der Finanzgewerkschaft und der Presse öffentlich gelobt für jahrelanges rechtsstaatliches Standvermögen. Die *Regensburger Woche* meinte, man solle mir das Große Bundesverdienstkreuz verleihen. Die SPD deklarierte mich sogar zum Kandidaten für den Bayerischen Verdienstorden. Abgesehen davon, dass ich den Orden unter keinen Umständen erhalten hätte: Aus der Hand eines Max Streibl oder eines Edmund Stoiber hätte ich ihn nie und nimmer entgegengenommen.

Dafür aber erhielt ich für mich und meine Frau eine Ehrenkarte von Gerhard Polt für eine Aufführung von *Tschurangrati* in den Münchner Kammerspielen. Er und der Autor Hanns Christian Müller hatten mich zuvor aufgesucht, um von mir etwas über die Lage im Land zu erfahren. Sie wollten, wie sie mir sagten, »auf gesicherten Ahnungen aufbauen«.

Eine Ehrung durch Edmund Stoiber ereilte mich zu guter Letzt doch noch, aber nur deshalb, weil ich sie nicht verhindern konnte. Für 30-jährige Mitgliedschaft in der CSU erhielt ich 2005 eine von ihm unterschriebene Ehrenurkunde. Nachdem ich die Entgegennahme seinetwegen abgelehnt hatte, schickte sie mir mein honoriger Ortsverband Pullach, der nicht wusste, was er mir damit antat, mit der Post zu.

Gnadenlosigkeit

Dass F. J. Strauß der treu sorgende Landesvater war, ist ein Märchen für das Volk, dessen Mehrheit vertrauensvoll zu dem wortgewaltigen Prediger von Recht und Ordnung aufschaute und sich nicht vorstellen konnte, dass der Mann so war, wie er wirklich war: brutal gegen alle, die sich ihm in den Weg stellten. Er war ein gnadenloser Verfolger – und das war in der CSU-Führung auch bekannt.

Wie rigoros sein Nachfolger Max Streibl mit missliebigen Personen umsprang, wurde bereits oben geschildert. »Der menschliche Umgang miteinander«, den er propagierte, wo er ging und stand, war nur die sanfte Behandlung, die er für seine eigene Person wünschte!

Wie verhielt es sich mit Edmund Stoiber?

»Wie würden Sie das Herrschaftssystem Stoiber beschreiben?«, wurde Justizminister Alfred Sauter kurz vor seiner Entlassung im September 1999 in einem *SZ*-Interview gefragt. »Hart und gnadenlos«, war seine Antwort. Dass das keine Übertreibung war, stellte Stoiber selbst unter Beweis. Dafür stehen insbesondere die Namen Alfred Sauter, Franz Schwarzmann, Erich Riedl, Fischer-Stabauer, Winfried Maier und Wilhelm Schlötterer. »Gott vergibt, Stoiber nie«, hieß es in der CSU, so Stiller in seinem Buch *Edmund Stoiber. Der Kandidat*. Und Erich Riedl, früher CSU-Staatssekretär im Bundeswirtschaftsministerium, bekräftigte 2002 in einem Presseinterview: »So ist Edmund Stoiber – gnadenlos, wenn es um ihn geht.«

Umso überraschter musste man sein, als 2005 die Münchner *Abendzeitung* sensationell das »dunkle Geheimnis um Stoibers Vater« aufdeckte. Edmund Georg Stoiber war Anfang der Fünfzigerjahre in die Geschäfte des Supergauners Josef Schäffler verwickelt und bei dessen erstem Prozess Mitangeklagter. Als angeblicher amerikanischer »Oberst Horn« hatte Stoiber senior bei der Maskerade Schäfflers u.a. bei einer betrügerischen »Gold-Übergabe« in Mittenwald mitgewirkt. Dem Münchner Polizeipräsidenten, einem Bankdirektor und einem Schuhgroßhändler hatte Schäffler »Goldbarren aus dem Mussolini-Schatz« gegen eine Anzahlung von 150 000 Mark angeboten, was damals eine ungeheure Summe war. Die Übergabe des angeblichen Goldes gegen die Hingabe des Geldes fand in Mittenwald statt – tatsächlich waren es nur billige Attrappen aus Messing.

In der Urteilsverkündung am 1. August 1950 wurde das Verfahren gegen Stoibers Vater aufgrund eines Amnestiegesetzes eingestellt. In der *Abendzeitung* hieß es damals: »Der amerikanische Kollege Horn alias Edmund Stoiber nahm ungläubig die Einstellung seines Verfahrens ... entgegen.«

Hier war also Gnade vor Recht ergangen. Der Strafprozess hatte die Familie Stoiber sicher stark belastet, Stoiber junior hat dies bestimmt nie vergessen. Umso mehr muss es befremden, wie gnadenlos er selbst gegen andere verfuhr. Allerdings könnte er sich darauf berufen, dass ein Gnadenerweis begriffsnotwendig nur Schuldigen zuteil werden kann, Unschuldige gehen leer aus. Ist nicht der Fall Erich Riedl ein Beispiel dafür?

Früher schon war Stoiber einmal auf das Gerücht um seinen Vater angesprochen worden. Damals hatte er geantwortet: »Ja, mein Vater ist da völlig unschuldig in eine Sache hineingeschlittert, mit Freunden, die da irgendwelche Goldgeschäfte gemacht haben.« Die Staatsanwaltschaft sah das freilich anders. Es gehörte schon eine verwegene Kaltblütigkeit dazu, als angeblicher amerikanischer Oberst bei einer Aktion mitzuwirken, die den Ruin der betrogenen Opfer bedeutete.

Der Gnadenlosigkeit gleichzustellen sind Akte der privaten Bespitzelung. Die Landrätin Gabriele Pauli beschwerte sich, Stoibers Mitarbeiter Höhenberger habe versucht, ihr Privatleben auszuspionieren. Als sie Stoiber deswegen auf einer Sitzung des CSU-Landesvorstands am 18. Dezember 2006 um ein Gespräch bat, weigerte er sich: »Dafür sind Sie nicht wichtig genug.« Pauli erklärte, außer ihr seien noch weitere kritische CSU-Politiker bespitzelt worden, sie meinte wohl im Auftrag von Stoiber. Der frühere CSU-Chef und Bundesfinanzminister Theo Waigel antwortete auf die Journalistenfrage: »Sind Sie von Stoiber privat ausgespäht worden?« (1993 beim Machtkampf um die Nachfolge Streibls), wie folgt: »Sie können schreiben: Herr Theo Waigel schweigt!« Gerüchte über eine solche Ausspähung durch Stoiber kursierten schon seit Langem, Waigel bestätigte sie hiermit.

Nach außen hin aber, dem Wähler gegenüber, hielt Stoiber es für angezeigt, als milde zu erscheinen. Nach der Bundestagswahl 2005 rügte er, wie die *Süddeutsche* berichtete, die »herzlose Sprache« von Angela Merkel im Wahlprogramm.

In der CSU hieß es nach Stoibers Sturz, er habe nie die Herzen gewonnen. Seine emotionale Kälte war ihm schließlich doch noch zum Verhängnis geworden.

Wie einst Wilhelm Buschs Rabe Hans Huckebein, der vielen böse mitgespielt hatte, dann vom süßen Likör übermütig geworden war, glitt Stoiber aus und baumelte, tödlich verfangen im »künstlichen Gestricke« – ausgelegt hier von Gabriele Pauli.

Aber Edmund Stoiber sollte sich rächen – gnadenlos. Seinem Nachfolger Günther Beckstein ließ er so gut wie keine Chance, sich zu profilieren. Die CSU verlor bei der Landtagswahl 2008 fast ein Drittel der Mandate, Beckstein musste aufgrund von Stoiber-Aktionen zurücktreten. Die Inszenierung Stoibers als Rachegott habe sie »entsetzt, wie mich wenig anderes entsetzt hat in meinem Leben«, bekannte die CSU-Landtagsabgeordnete Christa Matschl laut *Süddeutscher Zeitung*. Der CSU-Abgeordnete Günter Gabsteiger nannte Stoiber den »Racheengel«.

Hatte die CSU-Fraktion früher Stoibers Gnadenlosigkeit mehrheitlich unterstützt, so war sie jetzt selbst deren Opfer geworden. Und alsbald rollten die Köpfe seiner vormaligen getreuen Helfer Erwin Huber und Günther Beckstein.

7 Das Waffenarsenal

Werden Minister oder Ministerpräsidenten von der Opposition oder von anderer Seite, ausnahmsweise auch von einem Beamten oder gar einem Parteifreund, rechtswidriger Handlungen beschuldigt, so pflegen sie zu Angriffs- und Verteidigungswaffen verschiedenster Art zu greifen. Nachfolgend werden typische Waffen des Arsenals dargestellt, damit sie der arglose Bürger erkennen kann und sieht, wie sie wirken. Es sind Einsichten, die aus eigenem Erleben und aus der Analyse anderer Fälle erwachsen sind.

Waffen des Ministers und des Beamten

Die Möglichkeiten von Angriff und Verteidigung sind für Beamte, die sich gegen rechtswidrige Übergriffe eines Ministers (oder Ministerpräsidenten) zur Wehr setzen, sehr viel geringer als umgekehrt. Der Beamte ist auf sich gestellt und ist im Grunde durch beamtenrechtliche Pflichten, wie z.B. die Pflicht zur Wahrung des Steuergeheimnisses, zur Amtsverschwiegenheit und zur Mäßigung, an Händen und Füßen gefesselt. Ein Regierungspolitiker hingegen ist daran nicht gebunden oder er kann sich darüber hinwegsetzen.

Der Minister kann eine große Schar von Offizieren und Soldaten einsetzen (z.B. Ministerialdirektoren, Abteilungsleiter, Referatsleiter, Pressereferenten und sogar Oberstaatsanwälte). Er muss nicht selbst kämpfen, er lässt kämpfen. Daher ist er weitgehend nicht angreifbar. Der Beamte hingegen muss selbst kämpfen, er hat weder personelle noch finanzielle Ressourcen. Auf Kollegen darf er sich keinesfalls verlassen, sie sind hinsichtlich ihres beruflichen Fortkommens von ihrem Minister abhängig. Wird der Beamte ausnahmsweise von Kollegen in seinem Vorbringen bestätigt, so hat er Glück gehabt. Die Waffen des Ministers richten sich gegen die Person des Beamten, dieser aber muss gegen einen Apparat antreten, man kann auch sagen: gegen einen Roboter.

Ein Ministerpräsident hat den zusätzlichen Vorteil, dass er einen Minister an seiner Stelle vorschicken kann. So handhabte es Strauß mit Streibl, dieser später mit von Waldenfels. So mussten sie sich nicht selbst im Landtag unbequemen Fragen der Opposition stellen.

Der Angriff gegen den Beamten kann zielen:

- auf seinen Charakter: Er wird als unverträglich, rechthaberisch oder gar als psychisch problematisch eingestuft.
- auf seine Psyche: Er wird eingeschüchtert.
- auf seine Fähigkeiten: Er erhält eine schlechte Beurteilung, gegebenenfalls selbst dann, wenn die bisherigen Beurteilungen gut oder sogar ausgezeichnet waren (z.B. Steueramtsrätin Ingrid Meier).
- auf das berufliche Fortkommen: Er wird nicht befördert, meist als Folge einer schlechten Beurteilung (z.B. der Staatsanwalt Winfried Maier und der Regierungsdirektor Fischer-Stabauer). So wird er »auf kaltem Wege« bestraft, ohne dass es eines Disziplinarverfahrens bedarf.
- auf die berufliche Position: Versetzung oder Umsetzung auf andere Stellen, eventuell auf ein Abstellgleis.

- auf die berufliche Existenz: Strafverfahren und Disziplinarverfahren (wegen falscher Anschuldigung, Verleumdung, übler Nachrede oder Verletzung des Steuergeheimnisses, Verletzung der Loyalitätspflichten). Die schärfste Form: Der Beamte wird für geisteskrank und damit für dienstunfähig erklärt; oder er wird insoweit unter Verdacht gestellt.

Wie real solche Vorgänge sind, zeigt dieses Buch. Spektakulär ist aber auch der vom *Stern* geschilderte Fall eines äußerst erfolgreichen Teams der Frankfurter Steuerfahndung, das 1 Milliarde Mark hinterzogener Steuern hereingeholt hatte und von der Oberfinanzdirektion Frankfurt deswegen schriftlich belobigt worden war. Lästig geworden, wurde es durch gesetzwidrige Weisungen behindert, die frustrierten Beamten wurden wegversetzt, der Amtsrat Rudolf Schmenger (41 Jahre) und der Steueramtmann Heiko Feser (39 Jahre) wurden 2004 wegen angeblicher Geisteskrankheit zwangspensioniert. Verantwortlich: Roland Kochs Finanzminister Karlheinz Weimar. Nunmehr ermittelt ein Richter.

Eine »Waffengleichheit« gibt es nicht: Der Minister kann seine Darstellung mit Presseerklärungen verbreiten, der Beamte hingegen muss stillhalten. Zwar hätte er nach der höchstrichterlichen Rechtsprechung das Recht, sich in gleicher Weise zu wehren. Aber er riskiert, zunächst einmal mit Sanktionen überzogen zu werden, gegen die er sich, wenn überhaupt, nur durch Anrufung der Gerichte wehren kann. Dass dabei erhebliche Anwaltskosten auf ihn zukommen, erschwert die Sache zusätzlich.

Ganz besonders wirkt gegen den Beamten die Zeitdauer von Disziplinarverfahren. Der Minister kann ein Verfahren einleiten und sich beruhigt zurücklehnen, denn das Verfahren kann jahrelang dauern. Wenn der Beamte nicht ausnahmsweise sehr gute Nerven hat, ist er irgendwann zermürbt oder vielleicht sogar krank (siehe auch die in dem Buch *Anklage unerwünscht!* von Jürgen Roth, Rainer Nübel und Rainer Fromm dargestellten Einzelfälle).

Und was kann man gegen den Beamten nicht alles vorbringen! Kann man ihn in der Sache nicht widerlegen, so hat er zumindest angeblich die »Loyalitätspflicht« gegen den Vorgesetzten verletzt. Fast immer wird man ihm auch die Form anlasten, wie er sich gewehrt hat. Dann sagt man: »In der Sache mag er ja noch so recht haben, aber in der Form hat er sich vergriffen! So geht es nun wirklich nicht!« Während die Wahrheit nur ein Ja oder Nein kennt, gibt es für die Form eine Vielzahl von Varianten – ohne festen Wegweiser.

Hat der Beamte dennoch alles überstanden, wird er von seinen Vorgesetzten sicher nicht mit einem Karrieresprung belohnt. Es gibt keine Beispiele hierfür. Er kann froh sein, dass er mit heiler Haut davongekommen ist.

Der Beamte hat auch Waffen, zwar nur ganz wenige und noch dazu recht stumpfe, aber immerhin, er kann sich wehren.

Seine stärkste Waffe ist die Wahrheit. Während die Gegenseite das Problem hat, sich in Widersprüche zu verwickeln und durch den Beweis der Unwahrheit bloßgestellt zu werden, kann der Beamte geradlinig fechten.

Allerdings ist die Wahrheit nur dann eine wirksame Waffe, wenn sie anhand von Schriftstücken beweisbar ist, auf Zeugenaussagen ist kein Verlass. Genau das aber ist das Problem. Die Gegenseite wird sicher nicht in die Akten hineinschreiben, welche bösen Absichten sie mit einer Maßnahme verfolgt. Die Akten werden von belastenden Hinweisen auf Rechtswidrigkeiten peinlich sauber gehalten.

Was weitgehend unbekannt ist: Nach der Rechtsprechung darf ein Beamter tatsächliche Umstände »ohne Rücksicht auf deren Beweisbarkeit« vorbringen, wenn er von ihrer Richtigkeit ausgeht und tatsächliche Anhaltspunkte dafür hat. Es trifft ihn nicht die Beweispflicht der üblen Nachrede nach Paragraf 186 des Strafgesetzbuches. Die Dienstpflicht ist nur verletzt, wenn sich »ausschließen« lässt, dass er von der Richtigkeit seiner Behauptung ausging und dafür auch Anhaltspunkte hatte.

Der Beamte hat nach dem Beamtengesetz das Remonstrationsrecht. Das heißt, er kann gegen rechtswidrige Weisungen Gegenvorstellung erheben. Bestätigt der Vorgesetzte oder die vorgesetzte Behörde die erteilte Weisung, so muss sie der angewiesene Beamte vollziehen. Der Staatsanwalt Winfried Maier hat von diesem Recht Gebrauch gemacht, aber später dazu erklärt: »Über Konsequenzen erlaube ich mir zu schweigen.« Auch die Steueramtsrätin Ingrid Meier hat vom Remonstrationsrecht Gebrauch gemacht. Es ist ihr ebenfalls schlecht bekommen. Kein Wunder. Die Remonstration ist nichts anderes als der Vorwurf der Rechtswidrigkeit. Dies akzeptieren Vorgesetzte höchst ungern.

Und dann hat der Beamte das verfassungsmäßig garantierte Petitionsrecht. Er darf sich an das Parlament wenden, ohne hinterher Racheakte befürchten zu müssen. Viele Bürger machen vom Petitionsrecht Gebrauch, die Petitionen werden gewissenhaft von den Abgeordneten geprüft, nachdem das zuständige Ministerium dazu eine (in aller Regel) sorgfältige und wahrheitsgemäße Stellungnahme abgegeben hat. Ich selbst habe häufig im Landtag die Stellungnahme der Staatsregierung zu Petitionen vertreten.

Die Erfahrung zeigt jedoch, dass in Bayern, solange die CSU die absolute Mehrheit hatte, der Schutz des Petitionsrechts missachtet wurde, wenn es um Petitionen ging, die einen Minister oder gar den Ministerpräsidenten belasteten. Dies erging mir so, aber ähnlich auch dem Regierungsdirektor Fischer-Stabauer, der sich ebenfalls mit einer Petition an den Landtag gewandt hatte.

Hat ein Beamter den Dienstweg und das Petitionsrecht ergebnislos ausgeschöpft, so darf er sich nach der Rechtsprechung des

Bundesverfassungsgerichts auch an die Öffentlichkeit wenden, um gegen Missstände anzugehen. Dies gilt selbst dann, wenn Amtsgeheimnisse tangiert werden, sofern er die Preisgabe auf das Notwendige beschränkt. Vorsichtshalber sollte die Petition durch einen Anwalt eingereicht werden.

In der Regel ist es für einen sich wehrenden Beamten ratsam, sich einen Anwalt zu nehmen. Ein Anwalt ist Waffe und Schutzschild zugleich. Erstens kann er juristisch exakt argumentieren und er kann, ganz wichtig, Akteneinsicht nehmen (z.B. in Strafverfahren), was dem Beamten verwehrt ist. Zweitens kann man sein Vorbringen, auch wenn es sehr scharf ist, nicht dem Beamten disziplinarrechtlich anlasten, denn er ist Organ der Rechtspflege. Trägt der Beamte alles selbst vor, läuft er große Gefahr, dass man ihn wegen Beleidigung, übler Nachrede oder falscher Anschuldigung packt, egal ob zu Recht oder zu Unrecht.

Ich selbst habe mir in der Steueraffäre 1977–1980 keinen Anwalt genommen, weil mir nie ein Vorwurf eröffnet wurde. Auch wollte ich den Anschein vermeiden, als müsste ich mich wegen irgendeines Vergehens rechtfertigen. Erst als in der Amigo-Affäre Strafverfahren und Disziplinarverfahren gegen mich eingeleitet wurden, benötigte ich einen Anwalt.

Eine meist unterschätzte »Waffe« in der Hand eines Beamten, aber auch in der Hand der Opposition ist die Beharrlichkeit. Hohe Amtsträger weisen Vorwürfe in kategorischer Weise zurück. Es gilt dann einen langen Atem zu haben, dagegenzuhalten und nachzufassen. Das bringt viel. Manches, was aussieht wie gegossener Zement, fängt dann an zu bröseln.

Vor allem aber sollte ein Beamter keine Angst haben vor Mitbürgern, welche die Politik als Beruf gewählt haben, aber sonst auch nichts Besseres sind und meist schon gar keine Supermänner. Stark macht sie nur der Apparat. »Wer sich grün macht, den fressen die

Ziegen«, hat Bismarck gesagt. Wer zu viel Respekt zeigt oder gar Angst, hat schon fast verloren.

Für die Zukunft sollte allerdings eine Art Ombudsmann in Gestalt eines unabhängigen Kollegialorgans geschaffen werden, dem sich ein Beamter anvertrauen kann und das ihn gegebenenfalls schützt. Ohne eine solche neutrale Institution bleiben engagierte Richter, Staatsanwälte, Polizeibeamte, Betriebsprüfer und vergleichbare Beamte meist tragische Einzelkämpfer, die für ihre Zivilcourage im übertragenen Sinn bestraft werden.

Außerdem sollte der Rechnungshof – wie früher – wieder das Recht erhalten, Zeugen zu vernehmen. Nur die Akten zu prüfen sagt zu wenig über die Verantwortlichkeit. Mündliche Weisungen »von oben« müssen feststellbar gemacht werden. Andernfalls bleiben die Prüfungsberichte des Rechnungshofs häufig nur an der Oberfläche.

Die vorstehenden Gesichtspunkte gelten entsprechend auch für andere »Machtkonstellationen«, etwa im Verhältnis eines Beamten gegenüber einem Oberbürgermeister oder Landrat.

Der missbrauchte Schutzschild »CSU«

»Ausgerechnet der, der der CSU solche Schwierigkeiten macht!«, sagte, wie schon erwähnt, Ministerpräsident Edmund Stoiber zu dem Vorsitzenden des Hochschulausschusses im Landtag und Staatssekretär a.D. Paul Wilhelm, als dieser sich Anfang 1995 in einem erbetenen Gespräch für mich einsetzte.

In Wirklichkeit hatte ich niemals die CSU angegriffen, ich war ja selbst CSU-Mitglied (und zahlte einen höheren Beitrag als die Schlaumeier, die sich auf den Mindestbeitrag beschränkten). Was Stoiber behauptete, war die Unwahrheit. Die CSU hatte überhaupt keine Schwierigkeiten mit mir, sondern nur bestimmte Spitzenpolitiker wie Strauß und Streibl oder gerade auch Stoiber, der die Aufdeckung von Missständen nicht hinnehmen wollte. Doch das Umlenken von Vorwürfen hat System, es zeigte sich z.B. auch in den Fällen Fischer-Stabauer, Winfried Maier und Alfred Sauter.

Belastendes Vorbringen gegen die Person des Ministerpräsidenten oder eines Ministers wird umgemünzt in einen angeblichen Anschlag auf die CSU. Das gilt sogar, wenn sich ein CSU-ler nur gegen einen Parteioberen wehrt. Dann heißt es plötzlich, er schade der »Partei«, einem neu gekürten moralischen Wert, der über allen anderen Werten steht, insbesondere dem der Wahrheit. Die Landtagsfraktion hat daraufhin ihren Schutzschild vor den Angegriffenen zu halten und den bösen Feind niederzukämpfen – und sei dieser noch so unschuldig. Die »Staatsräson« hat Vorrang.

Weil ich diese Masche schon kannte, hatte ich, als ich dem CSU-Fraktionsvorsitzenden Alois Glück meine Landtagseingabe vom 11. Januar 1993 mit der Bitte um Unterstützung übersandte, betont, »dass sich die Eingabe nicht gegen die CSU richtet, sondern gegen das Verhalten bestimmter Amtsträger«. Geholfen hat es nichts.

Die CSU werde »quasi in Geiselhaft genommen«, rügte der frühere Innenminister Bruno Merk in einem Gespräch mit der *SZ*, als die Affäre um die Hundertausende Mark aufflog, welche die Ministerpräsidenten Strauß und Streibl rechtswidrig vom Baur-Versand bezogen. Das Gleiche galt etwa für die finanziellen Vorteile, die Strauß vom Wienerwald-Inhaber Friedrich Jahn und dem Bäderkönig Eduard Zwick erhielt. In gleicher Weise wurde Stoiber reingewaschen, als es um seine Luxusurlaube bei Holzer und Argirov ging oder um seine kostenlosen Urlaubsflüge mit MBB.

Für all dieses persönliche Verhalten einzelner Spitzenpolitiker hatte die Partei den Kopf hinzuhalten. Das idealistisch gesinnte

Parteivolk, das sich in Ortsverbänden, Kreisverbänden und Bezirken engagiert für die CSU einsetzt, musste herhalten als personelles Substrat der Macht und der materiellen Bedürfnisse bestimmter Spitzenleute.

Den moralischen Gegensatz zwischen bestimmten Nutznießern an der Spitze einerseits und den von ihnen für Zubringerdienste benützten einfachen CSU-Mitgliedern und CSU-Funktionären andererseits brachte kein Geringerer als der frühere Kultusminister Hans Maier zum Ausdruck. In einem Interview mit der *SZ* sagte er: »Der kleine Mann in der CSU ist schon in Ordnung.« Ein unscheinbarer Satz, aber er sagt alles. Im Umkehrschluss heißt das nichts anderes, als dass der große Mann in der CSU oft nicht in Ordnung ist.

Ebenso sah es wohl der frühere Innenminister Bruno Merk. Er wahrte kritischen Abstand zu bestimmten CSU-Spitzenpolitikern, insbesondere zu Strauß. Der an der Sache und am Recht orientierte Merk musste sich von Strauß vorwerfen lassen, »ich sei ein Beamtenminister, der von seinem Haus gesteuert werde, ich sei ja gar kein richtiger Politiker«. Das Umfeld von Strauß sorgte dafür, dass Merk bei der nächsten Vorstandswahl nach dem Amtsantritt von Strauß als Ministerpräsident 1978 sehr schlecht abschnitt. »Danach ging die Partei auf Distanz zu mir. Das zeigt, wie sehr die CSU auf ihren alles dominierenden Vorsitzenden ausgerichtet war«, beklagte Merk.

Die beiden früheren Minister wussten, wovon sie redeten. Und sie wussten sicher sehr viel, wovon sie nicht redeten.

Der Schutzschild »Unwissenheit«

Nichtwissen und Nichterinnerung höchster bayerischer Amtsträger sind mittlerweile gerichts- und landtagsbekannte Tatsachen.

Die *Süddeutsche Zeitung* titelte 1994 zum Zwick-Prozess vor dem Landgericht Landshut: »Drei Minister namens Hase«. Zu diesem Zweitnamen waren die Minister aus folgendem Grund gekommen:

Ministerpräsident a.D. Streibl hatte vor dem Landgericht bekundet, er könne zu dem Fall Zwick nichts sagen. Als Finanzminister habe er zu seinen Beamten gesagt: »Lasst's mich mit dem Zeug in Ruh.«

Finanzminister a.D. Tandler hatte ausgesagt, er sei mit der Steuersache Zwick »nicht befasst gewesen«, obwohl er doch als Schuldner Zwicks ein großes Interesse daran gehabt haben musste. Und obwohl seinem Ministerbüro eine Ausarbeitung zur Steuersache Zwick zugeleitet worden war!

Finanzminister von Waldenfels hatte gar behauptet, er habe »erst aus den Medien« vom Fall Zwick und der Niederschlagung von 63 Millionen Mark, die zwei Wochen nach seinem Amtsantritt erfolgt war, erfahren, so als ob dies alltägliche Peanuts gewesen wären.

Daraufhin stellte der Vorsitzende Richter Dobler die zornige Frage: »Wozu haben wir in Bayern überhaupt Minister?« Er hielt ihnen vor: »Ihre fachliche Kompetenz haben Sie ja eindrucksvoll hier als Zeugen bewiesen.« Genüsslich zitierte er die Äußerung eines Verteidigers, im Finanzministerium gebe es »offenbar ein berufsbedingtes Krankheitsbild namens Alzheimer oder so was«. Im Urteil sprach das Landgericht Landshut von einer »auffälligen Nichtbefassung« der verantwortlichen Minister.

Im zweiten Zwick-Prozess vor dem Landgericht Hof wurde Streibl jedoch durch einen Ministerialbeamten schwer belastet: Streibl habe Kenntnis von allen bedeutenden Vorgängen gehabt, diese aber partout nicht abzeichnen wollen. Der Minister wollte »seinen Servus nicht draufmachen, um sich bedeckt zu halten«. Demnach hatte Streibl vor dem Landgericht Landshut gelogen. Der Vorsitzende Richter Eugen Poswa warnte, vonseiten des Finanzministeriums werde »mit verdeckten Karten gespielt«.

Vor dem Amigo-Untersuchungsausschuss erinnerte sich Streibl nicht einmal mehr daran, ob er eine Straftat begangen hatte oder nicht. Auf die Frage, ob er den vollständigen Rechnungshofbericht, von dem er vormals gesagt hatte, er unterliege dem Steuergeheimnis, an CSU-Abgeordnete oder Strauß weitergegeben habe, antwortete er: »Ich kann mich nicht erinnern.«

Im Monika-Hohlmeier-Untersuchungsausschuss sagte Edmund Stoiber auf die Frage, ob er von der Wahlfälscheraffäre der Münchner CSU gewusst habe: Von all dem habe er nur aus der Zeitung erfahren. Dies war höchst erstaunlich. Andererseits wusste die CSU-Landesleitung davon, insbesondere der CSU-Generalsekretär. Der CSU-Vorsitzende Edmund Stoiber selbst aber war angeblich ahnungslos.

Die *Süddeutsche Zeitung* titelte dazu wiederum ungewöhnlich massiv: »Mein Name ist Stoiber, ich weiß von nichts«.

Angeblich aber hatte Stoiber sehr wohl von der Wahlfälscheraffäre gewusst und den Urhebern durch den CSU-Landtagsabgeordneten Heinrich Traublinger sogar ausrichten lassen: »Hund seid's schon!« Als der Abgeordnete dazu im Hohlmeier-Untersuchungsausschuss vernommen wurde, schloss er dies bemerkenswerterweise nicht aus. Vielmehr erklärte er, das sei ihm »nicht mehr erinnerlich«. Dabei war die Sache erst etwa ein Jahr alt. Und ob er darüber mit dem Ministerpräsidenten gesprochen hatte, musste ihm in jedem Fall in Erinnerung geblieben sein. Mit seiner ausweichenden Aussage hatte er Stoiber bloßgestellt.

Auch in dem früheren Filz-Untersuchungsausschuss, der sich mit der Ausarbeitung seines Mitarbeiters Michael Höhenberger im Innenministerium über die mögliche Ausbreitung der CDU in Bayern bzw. der CSU außerhalb Bayerns befasste, hatte Stoiber ausgesagt, er habe davon nichts gewusst. Er habe auch nicht gewusst, dass die Ausarbeitung von einer Sekretärin im Innenministerium getippt wurde.

Im Fall Zwick behauptete Stoiber, er habe, obwohl er Leiter der Staatskanzlei war, nichts von den Bemühungen von Strauß und der Staatskanzlei gewusst, Zwick aus der Patsche zu helfen. Als die *Süddeutsche* es wagte, dies infrage zu stellen, zumal er unbestritten zwei Aktenvermerke in dieser Sache abgezeichnet hatte, konterte er im Landtag indigniert: Die Aktenlage lasse keinen Raum für die Unterstellung, er habe auf den Steuerfall Zwick eingewirkt. Aber erstens hatte die *Süddeutsche* gar nicht behauptet, er habe »eingewirkt«, zweitens schränkte er auf die »Aktenlage« ein. Und drittens widersprach ihm Gerold Tandler: Auf der bereits erwähnten Strauß-Geburtstagsfeier in Südfrankreich 1983, an der Stoiber und Gattin teilgenommen hätten, sei »eigentlich den ganzen Abend nur über den Steuerfall Zwick gesprochen worden«.

Nach alledem stellt sich die Grundsatzfrage: Wie will man eigentlich von normalen Bürgern noch verlangen, dass sie als Zeugen überhaupt aussagen und noch dazu wahrheitsgemäß? Wenn die höchsten Amtsträger des Freistaats, die als solche vornehmlich zur Wahrung des Rechts verpflichtet sind, sich in dieser Weise gerieren, kann man die Vorschriften über Zeugnisverweigerungsrecht und Falschaussage genauso gut abschaffen.

Der Schutzschild »Steuergeheimnis«

Das Steuergeheimnis verhindert fast vollständig die Ausübung des Petitionsrechts, wenn ein Beamter auf Missstände bei Steuerfällen hinweisen will. Und es verhindert die Kontrolle durch das Parlament. Als der Landtag früher einen Untersuchungsausschuss zur Affäre Hanns Maier in Sachen Fort Haslang bei Ingolstadt eingesetzt hatte und ein steuerlicher Sachverhalt zu prüfen war, hatte das Finanzministerium das öffentliche Interesse an der Durchbrechung des Steuergeheimnisses allein schon aufgrund des Untersuchungsbeschlusses des Landtags bejaht. Inzwischen liest man's anders, man behauptet, das Steuergeheimnis verbiete jede Auskunft. Das stimmt nicht. Nur die steuerlichen Verhältnisse eines Steuerpflichtigen unterliegen dem Steuergeheimnis, nicht aber die verwaltungsmäßige Behandlung eines Steuerfalls.

In einem Brief an Ministerpräsident Stoiber im Jahr 1994 forderte die bayerische Finanzgewerkschaft, Finanzbeamten zu ermöglichen, sich unmittelbar an den Bayerischen Obersten Rechnungshof zu wenden, wenn sie sich »unter dem Schutz des Steuergeheimnisses« unzulässiger politischer Einflussnahme ausgesetzt sähen. Diese Forderung stieß bei Stoiber auf taube Ohren. Warum eigentlich? Das Steuergeheimnis bliebe doch gewahrt!

Bemerkenswert ist, dass das Steuergeheimnis »intern« anders gehandhabt wurde. F. J. Strauß kannte »das kleinste Detail« der von mir gerügten Steuerfälle. Und aus den Justizministeriumsakten zum Verfahren gegen Lothar Müller ergab sich, dass Wilhelm Knittel, sein persönlicher Referent in der CSU-Landesleitung, »informiert« war, ja dass sogar der Justizminister Hillermeier angeordnet hatte, ihm, Knittel, das Ergebnis der Überprüfung mitzuteilen.

Der Schutzschild »Fehldokumentation«

Dieser Schutzschild beugt Eventualitäten vor. Die Dokumentation in einer Behörde kann überhaupt fehlen, z.B. wenn Weisungen nur mündlich ergehen oder wenn das Festhalten von Weisungen und Gegensätzen in Aktenvermerken verboten wird (siehe Aussagen der Staatsanwälte Weindl und Maier).

Vorhandene Dokumentation kann aber auch täuschen, z.B. »wenn der Vorgesetzte einen ihm passenden Bericht bestellt« (siehe Aussage Maier). Der Herr Generalstaatsanwalt kann sich dann in seiner Antwort auf die schlaue Formulierung beschränken: Ihrer Auffassung »wird nicht entgegengetreten«. Damit bringt er zum Ausdruck, dass er sich jeglichen Eingriffs enthalte.

Die Dokumentation kann verschleiern oder unvollständig sein (so der Vorwurf des Landgerichts Landshut im Zwick-Prozess). Schließlich kann sie überhaupt fehlen. So tauchte in meiner Personalakte der Name Strauß kein einziges Mal auf, obwohl er der Urheber aller Sanktionen gegen mich war.

Weisungen können auch in der Weise erfolgen, dass von oben eine Dienstbesprechung anberaumt wird. Der zitierte Beamte kommt mit seiner eigenen Meinung an, zieht dann aber mit der des Vorgesetzten von dannen – ein echter »Meinungsaustausch« hat stattgefunden.

Telefonische Bitten der Vorgesetzten, oftmals als Reaktion oder im Vorfeld von Berichten an die vorgesetzte Behörde sind »die häufigste, einfachste und gefährlichste Art der Einflussnahme«, formulierte der frühere Staatsanwalt Winfried Maier.

Ein Kollege aus dem Justizministerium erzählte mir, ein früherer Amtschef habe großen Wert darauf gelegt, dass alle Vorgänge minutiös in den Akten festgehalten wurden, sogar mit Angabe der Uhrzeit. Davon aber sei man abgegangen, als man gemerkt habe, dass das für Untersuchungsausschüsse wenig vorteilhaft sei.

Mit anderen Worten: Der Umstand, dass aus den Akten etwas nicht ersichtlich ist, besagt in keiner Weise, dass es nicht gewesen ist.

In abgewandelter, harmloser Form habe ich des Öfteren noch eine andere Handhabung von Mündlichkeit und Schriftlichkeit erlebt. Ein CSU-Abgeordneter X wandte sich schriftlich mit einem Anliegen an den Minister, das vielleicht heikel war. Dann wurde bisweilen mit dem Ministerbüroleiter abgesprochen: Wir leiten dem Minister das Schreiben noch nicht zu, sondern informieren ihn nur mündlich. Wenn er dann in der Fraktionssitzung von X angesprochen wird, kann er sagen: »Mir liegt noch nichts vor.«

Der Schutzschild »Aktenschwund«

In den fast drei Jahrzehnten meiner Zugehörigkeit zum Finanzministerium habe ich es kein einziges Mal erlebt, dass Akten oder auch nur einzelne Teile davon verschwunden sind. Die Registratoren sind gut geschult, sie finden meist eine Sache sogar dann, wenn sie unter einem anderen Betreff abgelegt ist.

Umso erstaunlicher war es, wie das Landgericht Landshut und das Landgericht Hof im Zwick-Prozess immer wieder das Fehlen von Aktenteilen des Finanzministeriums rügen mussten. Auch in eigener Sache erlebte ich es, dass unbestreitbar existierende Briefe, etwa von Streibl an Strauß oder von Gustl Lang an Streibl, oder ausführliche Aktenvermerke über meine berufliche Diskriminierung angeblich »nicht auffindbar« waren. Wenn man Schriftstücke nicht über die Registratur laufen lässt, z.B. eingehende Briefe an den Minister, und sie auch nicht der einschlägigen Akte beigibt, kann man hinterher wahrheitsgemäß erklären, »die Registratur« habe alles abgesucht, aber nichts feststellen können.

Als in dem Disziplinarverfahren gegen mich auf Antrag meines Verteidigers die Akten des Justizministeriums in der Strafsache Lothar Müller beigezogen werden sollten, weigerte sich das Justizministerium zunächst. Als es schließlich doch die Akten herausgab, fehlten darin Schriftstücke, wie sich aus Bezugnahmen in vorliegenden Schriftstücken ergab.

Der Verdacht, dass in den genannten Fällen Schriftstücke vorsätzlich unterdrückt wurden, ist manifest. Dabei ist zu berücksichtigen, dass sich in wichtigen Fällen die beteiligten Amtsträger ohnehin Kopien für ihre Handakten machen.

Den Vogel schoss der Generalstaatsanwalt Froschauer ab. Als in meinem Disziplinarverfahren auch die Akten des Generalstaatsanwalts beigezogen werden sollten, schrieb er keck zurück: »Über die von Ihnen angesprochenen Sachverhalte sind bei meiner Behörde Akten nicht mehr vorhanden.« Selbst wenn das zutraf, musste er genau wissen, wo sie waren, in einem Archiv oder im Justizministerium oder sonst wo. Sicher war seine Antwort mit dem Justizministerium abgesprochen. Vermutlich scheuten seine Akten in ganz besonderem Maße das Licht. Nach meiner Information hatten die Staatsanwälte nämlich ursprünglich Anklage gegen Lothar Müller erheben wollen.

Die »Aktionseinheit«

Zur Abwehr der Nachforschungen der Opposition in Untersuchungsausschüssen bilden die CSU-Abgeordneten und die Ministerialbeamten eine Aktionseinheit. Die Sitzungen werden zusammen vorbereitet. Dass dies eine Verletzung der verfassungsrechtlichen und beamtenrechtlichen Pflichten der Staatsdiener zu Neutralität und Objektivität darstellt – Beamte dürfen nicht Diener oder gar Soldaten einer Partei sein –, ist offenkundig.

Für den Untersuchungsausschuss »Steuerfälle« gab es hierfür einen eigenen CSU-Arbeitskreis, der jeweils dienstags, 14 Uhr, im Landtag tagte. Als ich einmal an einem Dienstag von der Mittagspause kommend die Eingangstür des Finanzministeriums öffnete, sah ich mich plötzlich sechs mit Aktentaschen bewaffneten Kollegen gegenüber, Ministerialdirektor Konrad Mayer an der Spitze. Sie wollten gerade in die draußen stehenden Dienstwagen steigen, um rüber in den Landtag zum Arbeitskreis zu fahren – nur um mich, der jetzt vor ihnen stand, dort zu bekämpfen. Die Situation war urkomisch, wir alle mussten spontan laut lachen. Beschämend war es trotzdem, für sie, die feinen Herren Kollegen.

Im Zuge des Untersuchungsausschusses zur Mega-Petrol-Affäre der Landesbank (270 Millionen-Mark-Pleite) kam das unseriöse Geschäftsgebaren der Ministerialbeamten durch eine Panne ans Tageslicht. Man war auf einschlägige Papiere gestoßen. Ein Beamter des Innenministeriums empfahl in einem Vermerk, durch einen anderweitigen Bericht »möglichst viele Themen einer Untersuchung zu entziehen«. Der Amtschef des Finanzministeriums, Konrad Mayer, erklärte dazu schriftlich, sein Haus habe vor, »so zu verfahren«. Aus weiteren Formulierungen wurde ersichtlich, dass die Ministerialbeamten der CSU Tipps gaben, wie sie die SPD im Untersuchungsausschuss auflaufen lassen konnten. Die Opposition prangerte das im Landtag an, natürlich ohne dass es für die Zukunft Folgen gehabt hätte.

Die unscheinbare Waffe »Anschein«

Diese Waffe wird als solche gar nicht wahrgenommen, sie ist der im Gewand der Rechtsstaatlichkeit verborgene Dolch. Der Minister veranlasst gegen einen Beamten die Einleitung eines Strafverfahrens oder Disziplinarverfahrens – zur Klärung des Sachverhalts durch die Staatsanwaltschaft, ein Gericht oder einen Untersuchungsführer, damit alles »ganz objektiv« durch unabhängige Instanzen geklärt wird. Dagegen kann niemand etwas einwenden, auch nicht die Opposition. Außerdem vergeht viel Zeit, das öffentliche Interesse lässt nach.

Und doch kann gerade ein solches Verfahren für den Betroffenen katastrophal enden.

Die Staatsanwaltschaft ist zwar zur Objektivität verpflichtet, aber sie ist weisungsgebunden, insoweit kann man sie von oben her steuern. Und in einem Gerichtsverfahren oder vor einem Untersuchungsführer in Disziplinarsachen (sofern dieser nicht ohnehin unter Einfluss steht) kommt es darauf an, welche Beweise erhoben werden, ob die Akten vollständig sind, wie die Zeugen aussagen und wie die Beweiswürdigung erfolgt.

Ein Beispiel: Wenn zwei oder drei Ministerialbeamte, die noch nie im Gefängnis saßen, nach der Belehrung zur Wahrheitspflicht gegen einen anderen aussagen, ist dieser normalerweise rettungslos verloren. Selbst wenn ein Richter durchschaut, was gespielt wird: Wie will er begründen, dass diese unbescholtenen Spitzenbeamten unglaubwürdig sind? Der Betroffene unterliegt, irgendwann ist alles rechtskräftig. Das Ganze ist in einem ordentlichen rechtsstaatlichen Verfahren verlaufen, es hat den Anschein völliger Legalität, niemand kann endgültig mehr etwas sagen.

Den Anschein völliger Legalität hatte auch das vierjährige Ermittlungsverfahren gegen Erich Riedl. Wer konnte schon etwas gegen besonders gründliche staatsanwaltschaftliche Nachforschungen haben? Dass in Wirklichkeit schon nach einem halben Jahr nicht mehr ermittelt wurde, konnte die Öffentlichkeit nicht erkennen. Die Vernichtung der politischen Existenz des Bundestagsabgeordneten war so scheinbar ein »leider« unvermeidlicher Kollateralschaden eines scheinbar rechtsstaatlichen Verfahrens.

Die Beweismanipulation

Gemeint ist damit die Manipulation erbrachter oder erhobener Beweise. Es ist wohl die primitivste, die schäbigste Waffe. Sie wird dann eingesetzt, wenn sonst nichts mehr hilft.

Die Manipulation geschieht bei Zeugen, indem deren Aussagen in einem Untersuchungsbericht entstellt oder nur teilweise wiedergegeben oder gar ins Gegenteil verkehrt werden. Oder indem die Glaubhaftigkeit der Zeugen willkürlich oder sogar beleidigend herabgewürdigt wird. So geschah es etwa im CSU-Mehrheitsbericht des Untersuchungsausschusses zur Zwick-Affäre. Darin wurden die Aussagen von Steuerfahndungsbeamten über eine Vorwarnung des Zwick-Sohnes vor einer Durchsuchung als unglaubwürdig abgetan. Daraufhin verwahrte sich die Finanzgewerkschaft in einem Brief an Ministerpräsident Stoiber gegen die Unterstellung, die Finanzbeamten hätten die Unwahrheit gesagt. Auch die höchst unangenehmen Aussagen des Staatsanwalts Winfried Maier wurden im CSU-Mehrheitsbericht in beleidigender Weise verworfen.

Bei Schriftstücken ist die Manipulation schwieriger, aber dennoch für manchen Verwegenen möglich. So wurde z.B. eine Fahndungsvorlage von mir, die über Ministerialdirektor Müller an Finanzminister Ludwig Huber gerichtet war, in »ein Schreiben an Ministerialdirektor Müller« umdeklariert.

Wenn sich gewählte Volksvertreter, Minister oder Juristen in einem Ministerium zu so etwas hergeben, ist die Stufe der Rechtskultur, auf der sie stehen, deutlich gekennzeichnet. Es ist eine Art juristischer Kannibalismus.

Andere Waffen

Neben den aufgezählten gibt es noch genug andere Angriffs- und Verteidigungswaffen. Kurz erwähnt seien noch die Folgenden.

Amtlicher Auftritt

Ein Amtsträger hat Amtspflichten und daher die Vermutung für sich, dass er auch danach handelt. Stellt er einen Sachverhalt unter behördlichem Briefkopf, in nüchterner Fachsprache und mit dezidierten Formulierungen plausibel dar, dann ist ein Angriff zunächst einmal abgewehrt.

Ich habe Ausführungen von Ministern, Ministerialbeamten und Staatsanwälten gelesen, die eine eindeutige Unwahrheit oder Verdrehung waren, aber auf den ersten Anschein überzeugend wirkten.

Grundsätzlich gilt: Eine Behörde lügt nicht. Sie wird dies tatsächlich nur im äußersten Notfall tun. Will sie etwas verbergen, wird sie vorzugsweise einen kritischen Punkt unterschlagen oder eine möglichst abstrakte, mehrdeutige Formulierung wählen. Juristen sind darin Meister. Dagegen hilft nur, sofern man die Wahrheit nicht kennt, sorgfältigste Sprachanalyse. Die ministeriellen Antworten auf unangenehme parlamentarische Anfragen werden sprachlich penibelst ausgefeilt. Sie muss man mit sehr wachen Augen lesen.

Strafanzeige und Strafantrag

Zu Zeiten der absoluten CSU-Mehrheit galt: Gegen einen bayerischen Minister oder Ministerpräsidenten Strafanzeige oder Strafantrag wegen einer dienstlichen Handlung oder dienstlichen Aussage zu stellen, ist völlig sinnlos. Das Gleiche gilt für gehobene Chargen wie Spitzenbeamte, Generalstaatsanwälte, Oberstaatsanwälte usw. Der Rechtsanwalt Spörlein ist mit keiner einzigen Strafanzeige durchgedrungen. Gerold Tandler wurde allein deshalb verurteilt, weil der Vorsitzende Richter ihn von Amts wegen anzeigte.

Stellt umgekehrt ein Minister oder Ministerpräsident Strafanzeige oder Strafantrag, ist das für den Betreffenden gefährlich. Die Aktion kann aber noch viel gefährlicher für den Urheber werden, weil letztlich ein Gericht prüft und womöglich dem Betroffenen Recht gibt. Gegen die Wahrheit ein Strafverfahren anzustrengen ist selbst für einen Spitzenpolitiker riskant. Der gescheiterte Strafantrag Streibls gegen die Journalistin Angela Böhm wegen ihrer Berichterstattung über das Caritas-Grundstück ist ein Beispiel dafür.

Eideshelfer

Eine der probatesten Angriffs- und Verteidigungswaffen in der Hand von Ministern sind ihre Ministerialbeamten, wenn diese als Zeugen aussagen, z.B. vor einem Untersuchungsausschuss. Erstens sind sie in ihrer Karriere von ihrem Minister abhängig, zweitens müssten sie sich selbst belasten, wenn sie bei einer rechtswidrigen Sache mitgemacht haben. Ihre Aussagen sind daher in der Regel völlig wertlos. Ein höherer Dienstrang bedeutet keineswegs einen höheren Wahrheitsgehalt.

Dennoch können solche Aussagen der Wahrheitsfindung dienen, weil oft Widersprüche sichtbar werden, wenn man genau analysiert und hartnäckig nachfragt. Wenn nicht viel Zeit für eine Antwort bleibt, machen auch Spitzenbeamte viel Bockmist. Falschaussagen vor dem Amigo-Untersuchungsausschuss waren genug nachweisbar.

Pressereferenten und Journalisten

Ein ministerieller Pressesprecher dient keineswegs nur dazu, die Öffentlichkeit zu informieren. Sein Chef erwartet mehr von ihm, nämlich dass er sich im Krisenfall mit voller Kraft für ihn schlägt. Dass dabei häufig die beamtenrechtliche Dienstpflicht zur Wahrheit grob verletzt wird, ist traurige Realität.

Andererseits lassen sich Journalisten nicht gern einen Bären aufbinden und schon gar nicht durch »Hintergrundgespräche« manipulieren. Entgegen der gängigen Meinung halten die meisten Journalisten entschieden auf ihre Berufsehre. Die Erfahrung zeigt: Die Berichterstattung der *Süddeutschen* und des *Spiegels* ist bis ins Detail ausgezeichnet, die anderer großer Zeitungen wie der *Augsburger Allgemeinen* oder der *Nürnberger Nachrichten* gut. Zur beschämenden Hofberichterstattung einer anderen großen bayerischen Tageszeitung schweigt des Sängers Höflichkeit.

Schweigen

Es ist nicht das Schweigen von Unschuldslämmern, wenn zu einem Vorwurf nichts gesagt wird, sondern die letzte Zuflucht, der letzte Selbstschutz.

Beispiele: Ministerpräsident Streibl schwieg anderthalb Jahre lang zu meinem öffentlichen Vorwurf, er habe heimlich den dem Steuergeheimnis unterliegenden Rechnungshofbericht CSU-Abgeordneten weitergegeben. Finanzminister von Waldenfels schwieg in seiner Stellungnahme gegenüber dem Landtag zu der von mir dargestellten Verfolgung durch Strauß. Ministerpräsident Stoiber schwieg hartnäckig zu dem Vorwurf von Erich Riedl, er habe die Einstellung des Strafverfahrens gegen ihn verhindert – zugunsten von Max Strauß.

Schon im Kindergarten wird den Kleinen beigebracht: »Finger auf den Mund, dann bleibt das Herz gesund!«

Scheinlogik

Diese Methode wird häufig angewandt. Sie ist aber nicht so einfach erkennbar, wie man meinen möchte. Meist denkt der Adressat, er sei zu begriffsstutzig und verstehe deshalb nicht. Ein Beispiel: Auf die Anzeige des Rechtsanwalts Spörlein gegen Finanzminister Faltlhauser wegen der Vergabe des Formel-1-Kredits an Leo Kirch führte die staatsanwaltschaftliche Einstellungsverfügung zur Entlastung von Faltlhauser u.a. an, dass dieser vor seiner Entscheidung in einem Gespräch zusätzlich von einem Vorstandsmitglied der Landesbank informiert wurde. Das war ein völlig unsinniges Argument: Wenn das Vorstandsmitglied Faltlhauser dabei gewarnt haben sollte, war er doch umso mehr belastet!

Im Schmiergeldskandal Siemens erklärte der Leiter der Staatsanwaltschaft, Christian Schmidt-Sommerfeld, zu einem Gespräch zwischen Beckstein und Heinrich von Pierer, dieses habe keine Auswirkungen auf das Ermittlungsverfahren gehabt. Begründung: »Die Tatsache des Gesprächs ist hier erst Monate später bekannt geworden.« Das besagt indes überhaupt nichts. Über den Generalstaatsanwalt könnte man die Staatsanwaltschaft steuern, ohne ihr etwas von dem Gespräch zu verraten.

In den meisten Fällen tritt die Scheinlogik mit den Worten auf: »deshalb« und »daher«, obwohl die Schlussfolgerung unverständlich bleibt oder nicht zwingend ist.

Gefechtsfeld »Untersuchungsausschuss«

Wird ein Untersuchungsausschuss eingesetzt, gibt es zusätzliche Angriffs- und Verteidigungswaffen.

Zunächst werden die Fragen der Opposition im Untersuchungsauftrag möglichst eingeengt, gegebenenfalls muss der Verfassungsgerichtshof entscheiden. Dieser entscheidet in aller Muße. Dadurch gewinnt man Zeit, so viel Zeit, dass – wie beim Amigo-Untersuchungsausschuss – kaum mehr eine Untersuchung möglich ist, weil die Legislaturperiode zu Ende geht. So war es in der Amigo-Affäre. Der Bayerische Verfassungsgerichtshof hat das damals sicher nicht übersehen.

Welche Zeugen vernommen werden, entscheidet bei absoluter Mehrheit die Regierungspartei. Sie kann die Vernehmung »gefährlicher« Zeugen ablehnen, ebenso die Vernehmung »gefährdeter« Personen, wie es z.B. bei Strauß und Ludwig Huber der Fall war. Sie kann Fragen der Opposition als unzulässig abblocken. Die Opposition ihrerseits unterlässt es häufig, bei nicht eindeutigen Antworten nachzubohren. Dies ist ihr größtes Defizit. Natürlich ist sie im Nachteil, weil die Mehrheitspartei von den Ministerialbeamten unterstützt und präpariert wird. Dies entschuldigt aber nicht grobe Nachlässigkeit.

Der Mehrheitsbericht und der Minderheitsbericht sind jeder für sich genommen nahezu wertlos. Liest man sie zusammen, ergibt sich aber meist ein aufschlussreiches Bild.

Die Hauptwaffe gegen Parteifreunde: Das Dossier

Das berühmteste Dossier ist jenes, das F. J. Strauß 1976 gegen den stellvertretenden CSU-Vorsitzenden Franz Heubl in Umlauf brachte. Es war eine Sammlung der »Verfehlungen« Heubls, insbesondere derer gegen Strauß selbst. Ein Untersuchungsausschuss des Landtags befasste sich damit. Heubl ging vor Gericht, Strauß musste schließlich im Einigungswege klein beigeben. Es war für ihn eine Riesenblamage.

Das zweitberühmteste Dossier ist dasjenige, das die Strauß-Tochter Monika Hohlmeier am 16. Juli 2004 in einer Sitzung des Münchner CSU-Vorstandes auf den Tisch knallte. Es ging um die Affäre Stimmenkauf und gefälschte Aufnahmeanträge von Mitgliedern.

Als man ihr den Rücktritt als Bezirksvorsitzende nahelegte, erklärte sie: »Wenn das so ist, gibt es gegen jeden von euch auch etwas!« So die Aussage des CSU-Landtagsabgeordneten Ludwig Spaenle vor dem Hohlmeier-Untersuchungsausschuss des Landtags. Zu ihm selbst habe sie gesagt: »Deine Frau hat eine Wahl gefälscht.« Dabei habe Monika Hohlmeier einen Zettel aus ihrem Ordner genommen. Den CSU-Landtagsabgeordneten Thomas Zimmermann habe sie angefahren: »Bei dir wissen wir ja, was dich belastet.« Der CSU-Politiker Aribert Wolf bestätigte dies und fügte hinzu, sie habe zum damaligen CSU-Bezirksgeschäftsführer gesagt: »Über deine Frau habe ich auch was.« Aus den Umständen habe sich ergeben, dass sie mit einem Dossier erschienen sei, das sie schon vorbereitet hatte.

Ähnlich verhielt sich die gelernte Hotelkauffrau, als sie im Februar 2004 die Oberstudiendirektoren von sechs Gymnasien wegen deren Gegnerschaft zur achtjährigen Gymnasialausbildung ins Kultusministerium vorlud. Im Hohlmeier-Untersuchungsausschuss sagten die Schulleiter aus, die Ministerin habe sie mit einem Ordner konfrontiert, der »personenbezogene Mitteilungen« enthalten haben soll. Sie habe mit Disziplinarverfahren gedroht und gesagt: »Wir können auch anders!« Sie habe ein wahres Schreckensszenario aufgebaut.

Dennoch schaffte der Untersuchungsausschussvorsitzende Engelbert Kupka in seinem Bericht das Kunststück, die Strauß-Tochter von allen Vorwürfen zu entlasten. Daraufhin warf ihm der CSU-Landtagsabgeordnete Spaenle öffentlich vor, seine Glaubwürdigkeit und die anderer Zeugen infrage zu stellen. Vergeblich. Die Verpflichtungen gegenüber der Familie Strauß waren offenbar stärker.

Die Strauß-Tochter musste als CSU-Bezirksvorsitzende und schließlich auch als Kultusministerin zurücktreten. Strauß-Sohn Max wurde wegen Anlagebetrugs bei der WABAG verurteilt. Ein

Kabarettist witzelte im Fernsehen: »Ich verstehe gar nicht, warum man den Strauß-Kindern so zusetzt, wo doch der Vater so ein anständiger Mann war.« Zu einem Comeback-Versuch der Strauß-Tochter als Vorsitzende des Haushaltsausschusses hieß es dann doch im CSU-Fraktionsvorstand: »Das wäre der Treppenwitz der Geschichte.« Und: »Wie weit muss die CSU noch unten ankommen?«, so der Bericht der *Abendzeitung*.

Der frühere stellvertretende Ministerpräsident und Finanzminister Ludwig Huber saß, wie er einem Journalisten offenbarte, auf einer riesigen Menge von Dossiermaterial, von dem er sagte, er habe vorsichtshalber schon »sechzehn Kisten« davon bei Freunden in der Toskana ausgelagert. Und er sagte später auch in aller Öffentlichkeit, dass er brisantes Material habe und nicht ausschließen wolle, dass er darüber noch schreiben werde.

Ministerpräsident Max Streibl drohte kurz vor seinem erzwungenen Rücktritt: »Ein Koffer mit brisanten Enthüllungen ist bereits gepackt.« Daran war nicht zu zweifeln. Aber Streibl traute man anders als Ludwig Huber weder die Kraft noch die Intelligenz zu, diese Drohung in die Tat umzusetzen. Vor allem aber wusste Streibl, dass er selbst gefährdet war, wenn er auspackte – es gab genug Belastendes gegen ihn.

Man ließ keine Papiere liegen! Tandler beklagte vor dem Zwick-Untersuchungsausschuss, Streibl habe ihm völlig leere Büroschränke hinterlassen, als er dessen Nachfolge im Finanzministerium antrat. Streibl seinerseits habe völlig leere Büroschränke in der Staatskanzlei vorgefunden, als er dort einzog, erzählte mir sein Büroleiter Stäbler. Stoiber und der Beamte Amtstätter hätten dies besorgt. Man war auf der Hut voreinander.

Die aktuellste Dossier-Affäre ist die um Horst Seehofer. Als bekannt wurde, dass er gegen Erwin Huber als CSU-Parteivorsitzender kandidiere, berichtete die Presse im Mai 2007, CSU-Parteifreunde streuten das Gerücht, Seehofer habe seit drei Jahren eine heimliche Geliebte in Berlin. Das Gerücht stellte sich als wahr heraus. Jemand in der CSU hatte also Wissen gespeichert und es jetzt lanciert. Solange Seehofer nur stellvertretender CSU-Vorsitzender war, hatte die heimliche Geliebte auffallender Weise nicht gestört.

Seehofer hatte seinerseits aber auch Wissen gespeichert. In einem Interview gegenüber dem *Stern* tat er dies kund: »Ich bin gut informiert. Ich weiß viel. Ich hab viel Material.« Dabei deutete der Bundeslandwirtschaftsminister laut *Stern* auf seinen Schreibtisch, offenbar befand sich darin das Material. Seehofer fügte treuherzig hinzu: »Aber ich habe nie gesammelt, was mir zugespielt wurde.« Nun ja, man muss nichts sammeln, es genügt schon, wenn man es aufhebt für den Bedarfsfall. Zu seinen dienstlichen Aufgaben gehörte beides jedenfalls nicht.

Der Konterschlag Seehofers zielte nach oben, nach ganz oben. Nur dann, wenn es dort etwas zu verbergen gab, konnte seine Drohung überhaupt Wirkung haben. Jedenfalls erklärten weder Edmund Stoiber noch Erwin Huber, Seehofer komme wegen seines Privatlebens als Parteivorsitzender oder als stellvertretender Vorsitzender nicht in Betracht. Dies war höchst erstaunlich. Dass Seehofer neben seiner Frau jahrelang eine Geliebte hatte, musste die christsoziale Wählerschaft verstören.

Die Landrätin Gabriele Pauli, als langjähriges Mitglied des CSU-Landesvorstands sicherlich nicht schlecht informiert, forderte Seehofer auf, seine Informationen über die Affären anderer Politiker zu veröffentlichen. »Denn wir haben in der CSU eine Doppelmoral.« Sie forderte, »den Schleier zu heben, der über viele Vorgänge gebreitet ist. Die Herren in der CSU sollten ihre politischen Aussagen an ihre gelebte Welt anpassen. Wir brauchen keine Schauspieler, die nach außen ein Scheinleben führen.« Wen meinte sie nur?

Jedenfalls waren ganz konkrete Namen im Umlauf. Sie reichten von der Ärztin X bis hin zur Mandatsträgerin Y und der Spitzenbeamtin Z. Ende 2008 hob sich der Schleier etwas, als der langjährige Landtagsjournalist Rudolf Erhard, der für den Bayerischen Rundfunk arbeitet, sein Buch *Edmund Stoiber. Aufstieg und Fall* veröffentlichte und darin eine angebliche Affäre Stoibers mit einer jungen CSU-Bundestagsabgeordneten erwähnte. Sogar bayerische Kabinettsmitglieder sprachen Erhard zufolge Journalisten darauf an, warum sie nicht über diese Affäre Stoibers berichteten.

Eduard Zwick erzählte 1994 gegenüber dem *Spiegel*, Strauß, Dannecker, Schöll und er hätten sich in Wien in einem verschwiegenen Etablissement vergnügt. Die Puffmutter habe ihnen schließlich angeboten, sich am Umbau einer Edelabsteige finanziell zu beteiligen. Sie hätten sich dann gemeinsam die Pläne angeschaut und sich fantastische Gewinne ausgerechnet. Schließlich aber hätten sie davon Abstand genommen, weil man sich den Betrieb eines Bordells doch nicht hätte erlauben können. Niemand forderte Eduard Zwick zum Widerruf seiner Darstellung auf.

Der frühere stellvertretende CSU-Vorsitzende Ludwig Huber brachte 1987, inzwischen Landesbankpräsident, gar seine Geliebte Renate Thyssen spektakulär zu einem staatlichen Empfang in der Münchner Residenz mit. Das hätte er sicher nicht gewagt, wenn er nicht seinerseits genug über Strauß gewusst hätte. Man hielt sich gegenseitig in Schach.

Dem Volk aber wurde tiefchristliche Sittsamkeit vorgespielt. Zumal vor Wahlen präsentierte sich der Kandidat zusammen mit der innigst geliebten Ehefrau der Öffentlichkeit. Als Strauß-Freund Dannecker sich scheiden ließ, wurde dies, wie es hieß, streng geheim gehalten und deshalb in Österreich über den dortigen Obersten Gerichtshof abgewickelt. Und als Strauß sich anschickte, nach dem Tod seiner Frau eine gewisse Renate Piller zu heiraten, machte er zur Bedingung, dass sie ihre erste Ehe annullieren ließ, was erstaunlicherweise auch gelang. Ein bayerischer Ministerpräsident bedürfe zwingend der kirchlichen Trauung, meinte Strauß. Der fromme Schein war ihm wichtig.

Dass bestimmte Spitzenpolitiker belastendes Material übereinander sammeln, um es im Bedarfsfall einzusetzen, ist ein Spezifikum der CSU, es ist einmalig in der Bundesrepublik. Beängstigend aber für die Bürger ist, dass es offenbar Dinge gibt, die höchstrangige Amtsinhaber belasten, jedoch der Öffentlichkeit vorenthalten werden.

Die Werteskala hat sich unter Horst Seehofer als neuem CSU-Chef keineswegs geändert. Er versuchte, die politisch abgehalfterte Hohlmeier den Wählern als Spitzenkandidatin für die Europawahl 2009 vorzusetzen. Gegen massiven innerparteilichen Widerstand erhielt sie schließlich – mithilfe des dienstbeflissenen, nicht die geringsten Skrupel zeigenden Generalsekretärs Karl-Theodor zu Guttenberg – einen sicheren Listenplatz. Ihre Dossieraktion hatte Seehofer nicht gestört, so wie er seine eigene Drohung mit »viel Material« auch in Ordnung gefunden hatte.

Einige Jahre zuvor hatte Seehofer in einem Rundfunkinterview eine Kandidatenkür seiner Ingolstädter CSU als »Fauxpas« beanstandet. Nunmehr rügten viele CSU-ler seine Hohlmeier-Kür, insbesondere die Oberfranken. Leserzuschriften an die *Süddeutsche* mutmaßten: »Wahrscheinlich hat Hohlmeier über Seehofer auch ein Dossier.«

Ein prominenter CSU-Spitzenpolitiker lästerte über einschlägige Gefährten: »Aber wenn der Papst kommt, dann stehen sie alle ganz vorne dran!«

Grenzen des Waffeneinsatzes

Moralische Grenzen, verfügbare Waffen einzusetzen, gibt es für die Übermacht vielfach nicht. Wenn der Betroffene unterliegt, ist es sein Schicksal, wie vieles im Leben. Man kann es auch säkularisiertes Pech nennen. Die »Betrachter« werden dann achselzuckend sagen: »Er hat sich halt in diese Sache verrannt!« Und wenn der Betroffene in einem gerichtlichen Verfahren unterlegen ist, werden sie sagen: »Wenn man nicht über ausreichend Beweise verfügt, sollte man so etwas nicht anfangen!« So einfach ist das.

Rechtliche Grenzen gibt es insoweit nicht, als die Übermacht keine Strafverfolgung für ihr Handeln befürchten muss. Die Staatsanwaltschaft ist an ihre Weisungen gebunden und, was Beförderungen anbetrifft, von ihr abhängig. Umgekehrt stößt allerdings die Strafverfolgung oder disziplinarische Verfolgung des Gegners doch auf Schranken: Vor Gericht sind die Dinge nicht mehr sicher steuerbar. Letztlich kann eine Strafsache außerhalb des eigenen Hoheitsgebietes landen, nämlich beim Bundesgerichtshof oder gar Bundesverfassungsgericht. Aus dem gleichen Grund sind zivilrechtliche Klagen auf Widerruf oder Unterlassung für die Übermacht äußerst riskant.

Politische Schranken gibt es für die Übermacht dann, wenn sie auf einen Koalitionspartner angewiesen ist oder wenn ihre absolute Mehrheit in Gefahr geraten könnte. Allerdings besteht ein gewisses Restrisiko im Hinblick auf die Presse und die öffentliche Meinung, wenn der Gegner noch nicht gezogene Trümpfe in der Hand hält oder bei ihm solche noch vermutet werden. Dies gilt es insbesondere vor Wahlen sorgfältig zu kalkulieren.

Physische Grenzen sind es, welche die Handlungsfähigkeit des Gegners der Übermacht einengen. Seine Überlebenschancen hängen von seiner Gesundheit und seiner psychischen Belastbarkeit ab.

Letztere nimmt aber ab, je länger sich eine Auseinandersetzung hinzieht. Und diese kann viele Jahre dauern, wenn gerichtliche oder disziplinarische Verfahren durchgeführt werden.

Taktische Grenzen können es verbieten, gegen sämtliche Akteure einer Befehlskette anzugehen. Klüger ist es, nur den Hauptverantwortlichen anzugreifen, auch wenn dieser sich – etwa als Minister – im Hintergrund hält. Beschuldigt man alle – und sei es noch so berechtigt –, sagen sich die Außenstehenden: »So viele Leute auf einmal können nicht Unrecht tun.« Absolut unklug ist es, auf einen vorgeschickten Beamten loszugehen, sich etwa mit einem Ministerialdirektor, der ein böses Schreiben unterzeichnet hat, herumzuschlagen – sein Chef im Hintergrund wird sich an einem solchen »Stellvertreterkrieg« freuen.

Zu bedenken ist generell: Das, was man unterlässt, ist ebenso wichtig wie das, was man tut.

Nachwort

Im Saal des Großen Rats im Dogenpalast zu Venedig sind unterhalb der Kassettendecke in zeitlicher Reihenfolge die Porträts aller Dogen angebracht. Ein Bildnis ist mit einem schwarzen Tuch übermalt, das des Dogen Marino Faliero, der 1355 die Republik stürzen wollte.

Von den Porträtfotos bayerischer Ministerpräsidenten hat die CSU das von Max Streibl längst mit einem schwarzen Tuch verhängt, Streibl wird totgeschwiegen. Aber wie sieht es mit den Porträtfotos rechts und links von ihm aus? Sie werden von der Parteispitze mit starken Scheinwerfern angestrahlt, insbesondere das des 1988 verstorbenen Großmeisters, damit sie vor dem gemeinen Publikum leuchtend in Erscheinung treten. Ist das gerechtfertigt?

Wer nicht viel über die Abgebildeten weiß, mag dies bejahen. Wer aber mehr weiß über sie, wird bestürzt sein, wie weit sie es in diesem demokratischen Rechtsstaat gebracht haben. Zum Ministerpräsidenten sowieso, aber beinahe noch zum Bundeskanzler.

Mit Energie und einer ergebenen Partei im Rücken, die zur Regierungsmehrheit gebraucht wird, lässt sich in der Bundesrepublik wohl jedes Spitzenamt erreichen. Ergibt sich eine Lücke in der politischen Landschaft, in die ein Kandidat hineinstoßen kann, etwa weil der eine Mitbewerber noch zu jung ist, der andere schon zu alt, der dritte eine Affäre am Hals hat, ist die Chance besonders groß. Und sogar politische Konkurrenten, sei es der eigenen Partei oder sogar der gegnerischen Partei, sind bereit, an der Wegbeförderung nach oben mitzuwirken, wenn sie sich den gefährlichen Aspiranten damit vom Hals schaffen können. Unsere Demokratie ist insoweit erschreckend anfällig.

Die Zeit ist vorangeschritten. Dennoch ist es nicht zu spät für Korrekturen – und sei es nur am geschichtlichen Bild. Das Unterfangen bestimmter CSU-Spitzenpolitiker, einen »Mythos Strauß« zu schaffen, um als Stellvertreter von Strauß auf Erden daraus für sich Glanz abzuleiten, ist eine böse Täuschung der Bürger. Man kann Strauß dem Volk nicht seitens der CSU und schon gar nicht staatlicherseits als vorbildlichen Landesvater, mit einer Gloriole um sein Haupt, darstellen, wenn er in Wirklichkeit ganz, ganz anders war. Seine Geschäfte, sein Steuer- und Finanzgebaren und das von ihm hinterlassene Erbe bedürfen einer öffentlichen Untersuchung, die rechtliche Möglichkeit dazu besteht.

Bei Streibl ist der Aufklärungsbedarf erheblich geringer. Vieles ist ohnehin nachgewiesen, niemand hebt mehr für ihn die Hand. Die CSU-Spitze will vergessen machen, dass es ihn gegeben hat.

Stoiber könnte – ungeachtet strafrechtlicher Verjährung – vom Landtag vor dem Verfassungsgerichtshof wegen des Verdachts, dass er vorsätzlich die Verfassung und die Gesetze verletzt habe, gemäß Artikel 59 der Verfassung des Freistaates Bayern unter Ministeranklage gestellt werden. In Betracht kommen der Verdacht der Täuschung oder Duldung der Täuschung des Landtags, der Verfolgung Unschuldiger (z.B. die Fälle Erich Riedl und Wilhelm Schlötterer), der Strafvereitlung (z.B. Kirch und die Augsburger Fälle), der Untreue (Kirch-Kredite). Die Ministeranklage müsste auch auf die Minister erstreckt werden, die im Verdacht stehen, dabei mitgewirkt zu haben.

Erwin Huber könnte vom Landtag wegen des Verdachts zur Rechenschaft gezogen werden, dass er ihn mit falschen Angaben zum Fall des Regierungsdirektors Fischer-Stabauer getäuscht und diesen grob rechtswidrig geschädigt hat. Er sollte sich verantworten wegen des Falles Schlötterer: unterlassene Korrektur von falschen Angaben und Aussagen gegenüber dem Landtag, unterlassene Ahndung der strafbaren Verfolgung eines Unschuldigen, rechtswidrig versagte Erstattung von 30 000 Mark Anwaltskosten. All das schon ergibt ein gerüttelt Maß. Hinzu kommen die Steuerfälle Kirch und gegebenenfalls Beisheim.

Das große Fragezeichen, das am Ende dieses Buches steht, ist: Was werden die Verantwortlichen in der CSU mit diesen massiven Vorwürfen anstellen? In gewohnter Manier auf Teufel komm raus bestreiten, was nicht zu bestreiten ist? Oder könnte es sein, dass man sich eines Besseren besinnt?

Die CSU-Spitze hat durch ihre Skandale, die sich praktisch alle erst nach der soliden Regierungszeit von Alfons Goppel ereignet haben, viel Vertrauen verspielt. Auf Dauer rächte sich das. Zwar vergaßen die meisten Bürger verhältnismäßig schnell, viele aber nicht und schon gar nicht die Journalisten. Deren Berichterstattung sah entsprechend aus, als die Partei allgemein Schwäche zeigte in den letzten Stoiber-Jahren und unter Erwin Huber. Dies hat wohl mit dazu beigetragen, dass die CSU bei der Landtagswahl im September 2008 auf 43,4 Prozent abstürzte.

Eine von der CSU nach der Wahl in Auftrag gegebene Studie der Bamberger Politikberatung Pragma, basierend auf der Befragung von 1034 ausgewählten Bürgern Bayerns, ergab: Alle Bayern halten die CSU für arrogant. Drei Viertel halten sie für verfilzt. Weniger als die Hälfte hält sie für glaubwürdig. Die Niederlage bei der Landtagswahl sei, so Pragma, »mit Sicherheit kein Ausrutscher« gewesen. Als Georg Schmid, der Vorsitzende der CSU-Landtagsfraktion, dieses Resultat ehrlicherweise veröffentlichte, erhielt er deswegen innerparteilich heftige Vorwürfe.

Ob sich jetzt etwas ändert?

Edmund Stoiber pries F. J. Strauß als »größten Sohn der CSU«, Erwin Huber ist ebenfalls erklärter Strauß-Fan, mit stets mitgeführter Strauß-Büste. Markus Söder forderte: »Strauß gehört in die Heldengalerie« – und nicht, wie derzeit, im Berliner Wachsfigurenkabinett der Madame Tussaud unter der Rubrik »Bösewichter« ausgestellt.

Peter Ramsauer, der Chef der CSU-Landesgruppe im Bundestag, verlangte für Strauß gar einen Platz in der Ehren- und Ruhmeshalle Walhalla. Solche Wertmaßstäbe stimmen nicht hoffnungsfroh.

»Heilige und Scheinheilige«, schrieb die *Süddeutsche Zeitung* spöttisch neben ein buntfarbiges Foto, das die CSU-Spitze im feierlichen Gedenken an den 20. Todestag von Strauß in der Rokokokirche von Rott am Inn zeigte – Horst Seehofer in der ersten Bank kniend, die Hände zum Gebet gefaltet, den Blick himmelwärts gerichtet.

Doch plötzlich, im April 2009, geschah Ungeheuerliches. Die CSU-Sozialministerin Christine Haderthauer bekannte in einem Radiointerview, Strauß sei kein Vorbild für Politiker: »Da gab's ja dann doch viele Dinge, die ich jetzt vielleicht anderen nicht zur Nachahmung empfehlen würde.« Seehofer drohte daraufhin, sie aus dem Kabinett »rauszuschmeißen«. Sofort widerrief Haderthauer: »Strauß«, erklärte sie, »hat Einzigartiges geleistet für Bayern, die CSU und Deutschland.« Welches die »vielen Dinge« waren, die Haderthauer zufolge bei Strauß anstößig waren, dürfen die Menschen im Land weiterhin nicht erfahren.

Vorerst besteht demnach keine Aussicht, dass das »christliche Sittengesetz« künftig anders praktiziert wird als bisher.

Wenn der Papst wieder einmal vorbeischaut, sollte man ihn fragen, wie er das sieht. Vielleicht könnte Horst Seehofer das übernehmen, der einen »absoluten Neuanfang« versprochen hat – man erinnert sich. Zwar hat ihn Benedikt XVI. bereits am 22. Januar 2009 in Privataudienz empfangen, über dieses Thema aber wurde anscheinend nicht geredet. »O je!«, habe der Papst zum 10-Milliarden-Loch der Landesbank gesagt, berichtete Seehofer.

Literaturverzeichnis

Bickerich, Wolfram: *Franz Josef Strauß. Die Biographie*. Düsseldorf: Econ, 1996.

Biermann, Werner, Ulrike Brincker und Marcel Kolvenbach: *Liebe an der Macht. Paare, die Geschichte schrieben*. Berlin: Rowohlt Berlin, 2005.

Beckenbauer, Franz: *Ich. Wie es wirklich war*. München: Bertelsmann, 1992.

Erhard, Rudolf: *Edmund Stoiber. Aufstieg und Fall*. Köln: Fackelträger, 2008.

Finger, Stefan: *Franz Josef Strauß. Ein politisches Leben*. München: Olzog, 2005.

Huber, Ludwig: »Mein politischer Weg.« In: *Was nicht in den Akten steht ... Für Ludwig Huber zum 65. Geburtstag*. Hrsg. von Karl Böck. Passau 1995. S. 59–88.

Kilz, Hans Werner, und Joachim Preuss: *Flick. Die gekaufte Republik*. Reinbek bei Hamburg: Rowohlt, 1983 (Spiegel-Buch; Bd. 48).

Kloepfer, Inge: *Friede Springer. Die Biographie*. Hamburg: Hoffmann und Campe, 2005.

Koch, Peter: *Das Duell. Franz Josef Strauß gegen Helmut Schmidt*. 2. Aufl. Hamburg: Gruner und Jahr, 1980 (Stern-Buch).

Köpf, Peter: *Stoiber. Die Biografie*. Hamburg: Europa-Verlag, 2001.

Lang, Ernst Maria: *Das wars. Wars das? Erinnerungen*. München/Zürich: Piper, 2004.

Leyendecker, Hans, Michael Stiller und Heribert Prantl: *Helmut Kohl, die Macht und das Geld*. Göttingen: Steidl, 2000.

Morstein, Manfred: *Der Pate des Terrors. Die mörderische Verbindung von Terrorismus, Rauschgift und Waffenhandel*. München/Zürich: Piper, 1989.

Roth, Jürgen, Rainer Nübel und Rainer Fromm: *Anklage unerwünscht! Korruption und Willkür in der deutschen Justiz*. Frankfurt am Main: Eichborn, 2007.

Schönhuber, Franz: *Freunde in der Not*. München: Langen Müller, 1983.

Stiller, Michael: *Edmund Stoiber. Der Kandidat*. München: Econ, 2002.

Strauß, Franz Josef: *Die Erinnerungen*. München: Goldmann, 1998.

Ein weiterer Titel
von Fackelträger

Fackelträger